Determinanten der Dividendenpräferenz deutscher Privatanleger

Betriebswirtschaftliche Forschung im Rechnungswesen

Herausgegeben von Nils Crasselt, Rolf Uwe Fülbier, Joachim Gassen,
Bernhard Pellens und Thorsten Sellhorn

Band 9

PL ACADEMIC RESEARCH

Adam Strzyz

Determinanten der Dividendenpräferenz deutscher Privatanleger

Eine empirische Analyse

PL ACADEMIC RESEARCH

Bibliografische Information der Deutschen Nationalbibliothek
Die Deutsche Nationalbibliothek verzeichnet diese Publikation in der Deutschen Nationalbibliografie; detaillierte bibliografische Daten sind im Internet über http://dnb.d-nb.de abrufbar.

Zugl.: Bochum, Univ., Diss., 2012

Gedruckt auf alterungsbeständigem,
säurefreiem Papier.

D 294
ISSN 2191-6098
ISBN 978-3-631-63926-9

www.peterlang.de

Für Ingrid und Lech Strzyz

Geleitwort

Gemäß dem Dividendenirrelevanztheorem von Miller/Modigliani, das bis heute einen der zentralen Grundsteine der Finanzierungstheorie darstellt, sollten Anleger der Dividendenpolitik von Unternehmen indifferent gegenüberstehen. In der Realität lösen (unerwartete) Dividendenänderungen jedoch regelmäßig Kapitalmarktbewegungen und mitunter sogar emotionale Reaktionen bei den Aktionären aus. Die Frage nach den Gründen hierfür und damit nach den Determinanten der Dividendenpräferenz hat in der Vergangenheit bereits zu einer kaum zu überblickenden Vielzahl an Veröffentlichungen geführt.

Die vorliegende Arbeit von Adam Strzyz reiht sich in diesen Forschungszweig ein. Anders als der überwiegende Teil der bisherigen empirischen Studien, die zumeist auf Kapitalmarktdaten basieren und nur einzelne Theorien behandeln, wird in seiner Arbeit die Dividendenpräferenz des Privatanleger vor einem breiten theoretischen Hintergrund beleuchtet. Die empirische Analyse basiert auf Daten zweier überaus umfangreicher Privataktionärsbefragungen zu den Jahreswechseln 2003/2004 bzw. 2007/2008, bei denen jeweils 800.000 bzw. 400.000 Anleger kontaktiert wurden.

Die Arbeit von Adam Strzyz bietet einerseits einen aktuellen Überblick über die verschiedenen in der ökonomischen Literatur diskutierten Erklärungsansätze zur Relevanz der Dividendenpolitik. Soweit bereits verfügbar, werden hier auch entsprechende empirische Studien dargestellt. Andererseits liefert Adam Strzyz mit seinen eigenen umfangreichen empirischen Studien überaus interessante Ergebnisse zur Erklärungsrelevanz einzelner Theorieansätze.

Mit seinen anspruchsvollen und sorgfältigen Untersuchungen für einen umfangreichen Datensatz ist Adam Strzyz eine überaus überzeugende Arbeit mit vielfältigen spannenden Ergebnissen für Theorie und Praxis gelungen. Ich wünsche ihr daher im Namen aller Herausgeber, dass sie die verdiente Anerkennung in der Fachöffentlichkeit erhalten wird.

Bochum, im Juli 2012 Bernhard Pellens

Vorwort

Heute wurde verkündet, dass Zypern die Aufnahme unter den Euro-Rettungsschirm beantragt hat. Mittlerweile gehört die Eurokrise zum Alltag und es fällt schwer, den Überblick über die Länder zu behalten, die schon gerettet wurden, gerade gerettet werden bzw. als nächstes zu retten sind. Was jedoch auffällt, ist ein Element der medialen Berichterstattung, das sich oft in Beiträgen findet: Die Gründe für die Krise und damit das Schicksal des Euros liegen in den Händen einiger Weniger. Damit sind nicht Politiker gemeint, sondern seelenlose Konstrukte, die zumeist als „die Kapitalmärkte" bezeichnet werden. Geläufige Unterkategorien sind „Ratingagenturen, Banken, Hedge-, Pensions- oder Versicherungsfonds".

Hinter diesen Konstrukten stehen letztlich aber Aktionäre, Arbeitnehmer, Kunden, Pensionäre, Versicherte – schlichtweg der Einzelne, der sein Erspartes, seine Versicherungs- oder Rentenbeiträge möglichst gut angelegt wissen möchte. Man muss zugegebenermaßen manchmal tief hineinschauen, um die zahlreichen Schichten von Interessenvertretern, Verbänden, Behörden, Holdingstrukturen und Überkreuzbeteiligungen zu durchdringen. Früher oder später stößt man auf den einzelnen, d.h. privaten Anleger. Dessen Ansichten, (Risiko-)Neigungen und Unzulänglichkeiten bestimmen – oftmals über viele Umwege – die Entwicklungen am Kapitalmarkt.

Daher habe ich mich mit dieser Arbeit, die im Januar 2012 von der Fakultät für Wirtschaftswissenschaft der Ruhr-Universität Bochum als Dissertation angenommen wurde, bewusst für den Privatanleger als Untersuchungsobjekt entschieden. Und dieser reagiert offensichtlich bei kaum einem anderen Thema so sensibel wie bei der Dividendenpolitik. Die hohe Kapitalmarktrelevanz dieses Themas, gekoppelt mit der Möglichkeit, es anhand einer einzigartigen Datenbasis untersuchen zu können, war ausschlaggebend für die Wahl als Promotionsprojekt.

Die Arbeit entstand während meiner Zeit am Lehrstuhl für Internationale Unternehmensrechnung. Folglich gilt ein ganz besonderer Dank dem Inhaber desselbigen, meinem Doktorvater und akademischen Lehrer, Prof. Dr. Bernhard Pellens. Als Student profitierte ich von seiner Fähigkeit, Menschen für Fragen der Rechnungslegung und Finanzierung begeistern zu können. Später war es sein unerschöpfliches Forschungsinteresse und Engagement in diesen Fragen, das mir als Mitarbeiter die Mitwirkung in zahlreichen spannenden Projekten ermöglichte. Neben der konstruktiven Betreuung meiner Arbeit bin ich ihm insbesondere für seinen vertrauensvollen, ergebnisorientierten und kritikoffenen Führungsstil dankbar. Hierdurch setzte er den Rahmen dafür, dass ich die Lehrstuhlzeit stets in bester Erinnerung halten werde.

Einen mindestens ebensogroßen Anteil daran haben die anderen Mitglieder der Lehrstuhlfamilie. Ein herzliches Dankeschön geht daher an meine ehemaligen Kolleginnen und Kollegen Dr. Holger Amshoff, Dr. Ole Berger, Dr. Andreas Bonse, Dr. Eva Brandt, Prof. Dr. Nils Crasselt, Dr. Karsten Detert, Stefan Jannett, Dr. Dirk Jödicke, Tom Jungius, Kai Lehmann, Dr. Stefan Neuhaus, Prof. Dr. Uwe Nölte, Philipp Obermüller, Beate Preuß, Sebastian Riemenschneider, Torben Rüthers, Prof. Dr. Thorsten Sellhorn, Jan-Henning Sohlmann und Dr. Markus Weinreis. Unseren studentischen Hilfskräften danke ich für die tolle Unterstützung bei der Literaturarbeit.

Weiterhin möchte ich mich bei Prof. Dr. Stefan Paul und Prof. Dr. Hans Dirrigl für die Übernahme des Zweitgutachtens bzw. die lebendige Diskussionsleitung bei der Disputation bedanken.

Zu ganz besonderem Dank bin ich meinen Korrekturlesern Julia Marre, Dr. Thomas Kemper-Scharpegge, Dr. André Schmidt und Laura Wegener verpflichtet, die allesamt trotz äußerst sportlicher Fristen gewissenhaft und selbstlos Unklarheiten und Fehler aufgespürt haben. Gerade für Julia muss es schwierig gewesen sein, ist sie doch seit Jahren bestens darin trainiert, über meine Fehler hinwegzusehen. Ich hoffe, dass sie sich dennoch so sehr auf unsere gemeinsame Zukunft freut, wie ich es tue.

Untrennbar mit der Zeit am Lehrstuhl war mein Engagement im K103 verbunden. Daher möchte ich mich ausdrücklich bei meinem Mitgesellschafter Carsten Dietz bedanken. Mit seiner Hilfe entwickelte sich das K103 zu einer festen Branchengröße, deren exzellenter Ruf heute weit über die Stadtgrenzen Bochums hinaus geht. Auf dem Weg dahin galt es jedoch so manch heikles Gespräch mit unserer Aufsichtsrätin zu überstehen. In diesem Kontext bitte ich um Nachsicht für meine zahlreichen empirischen Langzeituntersuchungen an Molkereiprodukten. An dieser Stelle sei auch stellvertretend allen Freunden, LFC-Profis, Mikroschluckern, Fifa-Opfern und sonstigen Stammkunden des K103 für die tollen Jahre gedankt.

Letztlich gilt mein größter Dank jedoch meinen Eltern Ingrid und Lech Strzyz. Sie haben mich während der Studien- und Promotionszeit mit allen Kräften und in jeglicher Hinsicht unterstützt. Ihnen sei diese Arbeit gewidmet.

Düsseldorf, im Juli 2012 Adam Strzyz

Inhaltsverzeichnis

Abkürzungsverzeichnis

Abb.	Abbildung
Abs.	Absatz
ACC	American Chamber of Commerce
AG	Aktiengesellschaft
AID	Automatic Interaction Detection
AktG	Aktiengesetz
allg.	allgemein
AMEX	American Stock Exchange
Aufl.	Auflage
BMF	Bundesministerium der Finanzen
bspw.	beispielsweise
bzw.	beziehungsweise
c.p.	ceteris paribus
ca.	circa
CAPM	Capital Asset Pricing Model
CEO	Chief Executive Officer
CHAID	Chi-Square Automatic Interaction Detector
df	Freiheitsgrade (degrees of freedom)
d.h	das heißt
DAI	Deutsches Aktieninstitut
DAX	Deutscher Aktienindex
DPAG	Deutsche Post AG
EPS	Earnings per Share
ESt	Einkommensteuer
EStG	Einkommensteuergesetz

et al.	et alii (und andere)
etc.	et cetera
F&E	Forschung & Entwicklung
f.	folgende
ff.	fortfolgende
gem.	gemäß
ggf.	gegebenenfalls
GLS	Generalized Least Squares
GuV	Gewinn- und Verlustrechnung
HDAX	Aktienindex aus allen Werten des DAX, MDAX und TecDAX
Hrsg.	Herausgeber
HV	Hauptversammlung
i.d.R.	in der Regel
i.e.S.	im engeren Sinn
i.o.S.	im obigen Sinn
i.S.	im Sinn
i.V.m.	in Verbindung mit
IFU	Institut für Unternehmensführung der Ruhr-Universität Bochum
IPO	Initial Public Offering
Jg.	Jahrgang
JGTRRA	Jobs and Growth Tax Relief Reconciliation Act
Kfz	Kraftfahrzeug
KSt	Körperschaftsteuer
KStG	Körperschaftsteuergesetz

M&A	Mergers & Acquisitions
MDAX	Mid-Cap-Deutscher Aktienindex
mind.	mindestens
Mio.	Millionen
ML	Most Likelihood
Mrd.	Milliarden
NASDAQ	National Association of Securities Dealers Automated Quotations
NYSE	New York Stock Exchange
OLS	Ordinary Least Square
PRE	Proportional Reduction in Error
PwC	PricewaterhouseCoopers
RRA	Revenue Reconciliation Act
S.	Seite(n)
SDAX	Small-Cap-Deutscher Aktienindex
sog.	sogenannte
SolZ	Solidaritätszuschlag
Tab.	Tabelle
TecDAX	Deutscher Aktienindex für Technologiewerte
TRA	Tax Reform Act
u.a.	unter anderem
u.U.	unter Umständen
UK	United Kingdom
Unsich.koeff.	Unsicherheitskoeffizient

US / USA	United States / United States of America
Vol.	Volume (Jahrgang)
vgl.	vergleiche
XBRL	Extensible Business Reporting Language
z.B.	zum Beispiel

Symbolverzeichnis

π	Entscheidungsgewicht (Prospect Theory)
d_i	Dividendenrendite der Wertpapiers i
D	Dividende (vor Steuern)
D_t	am Tag t ausgezahlte Dividende
$E(r_m)$	erwartete Rendite des Marktportfolios
GE	Geldeinheit(en)
K	Kursänderung
MRP	Marktrisikoprämie
n	Anzahl an Beobachtungen
p	Wahrscheinlichkeit
P_0	Aktienkurs am Tag des Erwerbs
P_{Cum}	Aktienkurs am letzten Cum-Tag
P_{Ex}	Aktienkurs am Ex-Tag
P_t	Aktienkurs am Tag t
$E(R_i)$	erwartete Rendite von Aktie i (vor Steuern)
r_f	risikoloser Zinssatz
s_D	Steuersatz für Dividenden
s_K	Steuersatz für Kursgewinne
$u(x_i)$	Nutzenwert von x_i (Erwartungsnutzentheorie)
USD	US-Dollar
v(a)	Wert von a (Prospect Theory)
a, b	Entscheidungsergebnisse (Prospect Theory)
x_i	Entscheidungsergebnis i (Erwartungsnutzentheorie)
β_i	Betafaktor von Aktie i (Maß für systematisches Risiko)
R_t	Vorsteuerrendite einer Aktie am Tag t
R_t^s	Nachsteuerrendite einer Aktie am Tag t

Abbildungsverzeichnis

Abb. 9: Baumanalyse der Variable dividendenpräferenz (2008er Datensatz, Teil 3) 210

Abb. 9: Baumanalyse der Variable dividendenpräferenz (2008er Datensatz, Teil 3) 210

Tabellenverzeichnis

„Do you know the only thing that gives me pleasure?

It's to see my dividends coming in; just to see my dividends coming in!"

John. D. Rockefeller[*]

1 Einleitung

1.1 Problemstellung

Ende April 2010 explodierte im Golf von Mexiko die Bohrinsel „Deepwater Horizon".[1] Das Unternehmen BP, in dessen Auftrag die Bohrinsel betrieben worden war, musste für die Beseitigung der Schäden aus der größten Ölkatastrophe in der US-Geschichte nach letzten Schätzungen insgesamt 41 Mrd. USD aufwenden.[2] Als sich die Größenordnung der Kosten abzuzeichnen begann, forderten US-Politiker den damaligen CEO Tony Hayward vehement dazu auf, die Dividende auszusetzen.[3] Dabei stand die BP-Aktie zu diesem Zeitpunkt in dem Ruf, aufgrund der traditionell üppigen Dividende ein „Witwen- und Waisenpapier" zu sein.[4]

Vor diesem Hintergrund war es abzusehen, dass die Überlegungen zur Dividendenaussetzung bei den Aktionären des britischen Mineralöl- und Energieunternehmens wohl kaum auf positive Resonanz stoßen würden. Das Ausmaß und die Emotionalität, mit welcher die Aktionäre letztlich gegen die Überlegungen von Politik und Management protestierten, waren dennoch bemerkenswert. Aussagen wie „Hayward wird in erster Linie danach beurteilt, wie sich die Dividende entwickelt, an zweiter Stelle kommt sein Krisenmanagement" oder „Wenn die Dividende ausfallen sollte, kann sich Hayward einen neuen Job suchen"[5] erweckten beinahe den Eindruck, als würde bei einzelnen Aktionären die Empö-

---

* Zitiert nach Winkler (2007), S. 105 f.

1 Infolge des Unglücks, bei dem elf Menschen starben, traten ca. 780 Mio. Liter Öl ins Meer aus. Vgl. z.B. Eberle (2010), S. 33; Kaiser (2010), S. 9.

2 Vgl. BP (2011a), S. 28.

3 Vgl. Slodczyk (2010a), S. 26.

4 Vgl. Eberle/Maisch (2010), S. 20. BP hatte in den beiden vorhergehenden Jahren 2008 und 2009 jeweils über 10 Mrd. USD an seine Aktionäre ausgezahlt. Dies entsprach einer Ausschüttungsquote von 63 % (2009) bzw. 49 % (2008) und machte ca. 12 % der gesamten Dividendenzahlungen britischer Unternehmen aus. Vgl. Dörner/Slodczyk (2010), S. 22; BP (2011b), S. 23, 29.

5 Zwei BP-Anleger zitiert nach Slodczyk (2010b), S. 20.

rung über eine drohende Dividendenaussetzung den Unmut über mögliche Managementfehler im Zusammenhang mit der Ölkatastrophe übersteigen.

Letztlich beugte sich Hayward dem politischen Druck und strich die Dividende für die ersten drei Quartale des Geschäftsjahres 2010.[6] Als im Februar 2011 das Jahresergebnis präsentiert wurde, hatte ihn bereits Bob Dudley als CEO beerbt. Dieser hatte offenbar verstanden, was die Anleger von ihm erwarteten: Trotz eines Verlustes von 4,9 Mrd. USD im Gesamtjahr 2010 – dem ersten Verlust seit 1992 – hatte Bob Dudley bereits für das vierte Quartal 2010 die Wiederaufnahme von Dividendenzahlungen bekanntgegeben.[7]

Dass die Höhe der Dividende für (manche) Anleger von sehr großer Bedeutung sein kann, ist kein ausschließlich angloamerikanisches Phänomen. Zuletzt entbrannte im Frühjahr 2009 auch in Deutschland eine scharfe und unternehmensübergreifende Diskussion über die Dividendenpolitik, die durchaus Parallelen zum obigen Beispiel erkennen ließ: Gewerkschaften und Politiker, allen voran der damalige Finanzminister Peer Steinbrück, verlangten von den Unternehmen, angesichts der Wirtschaftskrise auf Dividenden zu verzichten.[8] Auch in diesem Fall stießen die Vorschläge zur Dividendenkürzung bei Aktionären bzw. deren Interessenvertretern auf Widerstand.[9]

Nicht immer scheinen Anleger jedoch auf eine möglichst hohe Dividende zu pochen: Im Februar 2009 gab das Bankhaus J.P. Morgan eine Dividendenkürzung von über 85 % für das erste Quartal 2009 bekannt.[10] Wie bei BP lag auch hier die Ursache in einem starken Gewinneinbruch. Das Ergebnis des Vorquartals war infolge der Finanzkrise im Vorjahresvergleich von ca. 3 auf 0,7 Mrd. USD gesunken.[11] Abermals spielten bei der Dividendenentscheidung politische Aspekte eine Rolle, da die einbehaltenen Mittel teilweise dazu genutzt werden sollten, die zuvor erhaltenen Staatshilfen möglichst schnell zurückzuzahlen. Die Reaktion des Kapitalmarkts auf die unerwartete Dividendenkürzung fiel indes

6 Vgl. Eberle/Maisch (2010), S. 20. Im angloamerikanischen Raum werden Dividenden im Gegensatz zum deutschen Kapitalmarkt i.d.R. quartalsweise ausgezahlt.

7 Vgl. BP (2011a), S. 83; Kaiser (2011), S. 12.

8 Vgl. Sommer (2009), S. 1. „Wenn Unternehmen überhaupt noch Gewinne machen, sollten sie diese nicht ausschütten, sondern […] nutzen, um das Unternehmen und seine Arbeitsplätze zu erhalten." Peer Steinbrück zitiert nach Hajek/Riedl (2009), S. 77.

9 Vgl. Hajek/Riedl (2009), S. 77 ff.

10 Vgl. Pressemitteilung vom 23.02.2009, abrufbar unter: http://investor.shareholder.com/jpmorganchase/releasedetail.cfm?ReleaseID=367145 (Stand: 25.08.2011).

11 Auf Ganzjahresbasis war der Gewinn für das Jahr 2008 von zuvor 15,4 auf 5,6 Mrd. USD zurückgegangen. Vgl. Pressemitteilung vom 15.01.2009, abrufbar unter: http://investor.shareholder.com/jpmorganchase/releasedetail.cfm?ReleaseID=359235 (Stand: 25.08.2011).

spiegelbildlich aus: Der Aktienkurs von J.P Morgan stieg am Tag der Bekanntmachung um ca. 5 %.[12]

Die Beispiele zeigen, dass Anleger offensichtlich eine klare Vorstellung darüber haben, wie die Dividendenpolitik „ihrer“ Unternehmen auszusehen hat.[13] Weicht ein Unternehmen hiervon ab, kann es zu deutlichen Unmutsbekundungen bzw. negativen Kapitalmarktreaktionen kommen.[14] Folglich ist es wenig verwunderlich, wenn mehr als die Hälfte der börsennotierten Unternehmen in Deutschland angibt, sich bei der Gestaltung der Dividendenpolitik an der Dividendenpräferenz ihrer Anleger zu orientieren.[15] Welche Faktoren führen aber dazu, dass der einzelne Anleger eine hohe oder eine niedrige Dividende präferiert? Dies ist die Forschungsfrage der vorliegenden Arbeit.

Gemäß dem Dividendenirrelevanztheorem von Miller/Modigliani (1961), das bis heute einen der zentralen Grundsteine der Finanzierungstheorie darstellt,[16] müsste es Anlegern eigentlich egal sein, wie hoch die Dividende ausfällt. Eine Dividendenzahlung bewirkt demnach lediglich einen Vermögenstransfer beim Aktionär. Denn durch den Abfluss der liquiden Mittel aus dem Unternehmen sinkt der Aktienwert am Auszahlungstag c.p. in gleichem Maße, wie dem Aktionär Barmittel zufließen.[17] Wäre der Betrag thesauriert worden, hätte der Aktionär denselben Effekt durch einen (teilweisen) Aktienverkauf erreichen können.[18]

Die Tatsache, dass Dividendenpolitik aus Aktionärssicht realiter sehr wohl eine Rolle spielt, hat in der Vergangenheit bereits eine kaum zu überblickende

---

12 Vgl. Brealey/Myers/Allen (2011), S. 397.

13 In diesem Sinne ist der Begriff „Dividendenpräferenz“ im Rahmen der vorliegenden Arbeit zu verstehen. Die „Höhe“ bzw. „Stärke“ der Dividendenpräferenz meint innerhalb der Arbeit das Ausmaß, inwieweit Dividenden gegenüber Kursgewinnen bzw. höhere Ausschüttungsquoten bevorzugt werden.

14 Vgl. zur Frage der Kapitalmarktreaktion ausführlich Kapitel 2.

15 Vgl. Prokot (2006), S. 190 ff. Befragt wurden sämtliche inländischen, an der Frankfurter Börse gelisteten Unternehmen, von denen 18,5 % antworteten. Weitere Befragungsergebnisse finden sich bei Frankfurter et al. (2002) und Pellens/Gassen/Richard (2003). Für die Relevanz der Dividendenpräferenz bei Dividendenentscheidungen US-amerikanischer Unternehmen vgl. z.B. Lintner (1956), S. 99; Baker/Farrelly (1988), S. 82; Brav et al. (2005), S. 523.

16 Vgl. bspw. DeAngelo/DeAngelo (2006), S. 294.

17 Vgl. z.B. Copeland/Weston/Shastri (2008), S. 809.

18 Vgl. Miller/Modigliani (1961), S. 413 ff. Dies ist eine stark komprimierte Wiedergabe des Dividendenirrelevanztheorems. Eine ausführliche Darstellung findet sich in Abschnitt 2.1.

Vielzahl an Veröffentlichungen motiviert.[19] Den geringeren Teil hiervor machen theoretische Arbeiten aus. Darin wird i.d.R. versucht, die Diskrepanz zwischen Theorie und Praxis zu erklären, indem an den zahlreichen und teilweise restriktiven Annahmen des Irrelevanztheorems angesetzt wird.[20] Sobald eine der Prämissen als nicht erfüllt angenommen wird, lässt sich daraus eine Präferenz für bzw. gegen Dividenden erklären. Auf diese Weise wurden bereits früh Signaling- und Agencyaspekte sowie steuerliche Rahmenbedingungen als mögliche Determinanten der Dividendenpräferenz identifiziert.[21]

Der Löwenanteil der bisherigen Literatur entfällt auf empirische Untersuchungen, in denen die Theorien zur Dividendenpräferenz anhand von Kapitalmarktreaktionen, wie z.B. Änderungen von Kursen oder Handelsvolumina, getestet werden.[22] Die Handelsaktivitäten an Aktienmärkten entfallen dabei in Abhängigkeit von Unternehmen und Marktumfeld mitunter zu über 70 % auf institutionelle Anleger, wie z.B. Banken, Versicherungen und Pensionsfonds.[23] Im Zentrum des Irrelevanztheorems sowie der daraus abgeleiteten Theorien zur Dividendenpräferenz steht jedoch – wie auch in anderen Bereichen der neoklassischen Finanzierungstheorie üblich[24] – der Privatanleger.[25] Dessen Anreize und Zielsetzungen weichen regelmäßig von denen eines Fondsmanagers ab, der le-

---

19 Vgl. Baker/Powell/Veit (2002), S. 255. Im Fokus der vorliegenden Arbeit steht die Anlegerperspektive („Nachfragersicht“). Eine vergleichbar große Menge von Studien widmet sich der verwandten Fragestellung, welche Faktoren die Dividendenentscheidung auf Unternehmensseite („Anbietersicht“) beeinflussen. Da eine umfassende Behandlung dieses Themas den Rahmen der Arbeit sprengen würde, wird es im Folgenden nur an wenigen Stellen aufgegriffen. Für einen aktuellen Überblick mit deutschem Fokus sei an dieser Stelle auf Trost (2009) verwiesen.

20 Vgl. Banerjee/Gatchev/Spindt (2007), S. 369. Die Überzeugung, dass die Dividendenpräferenz offensichtlich von mehreren Faktoren bzw. deren Zusammenspiel abhängt, führte dazu, dass die Forschungsfrage auch als „Dividendenpuzzle“ bezeichnet wird. Vgl. Black (1976), S. 5; Miller (1986), S. 451.

21 Vgl. ausführlich Kapitel 2.

22 Allein der Teilbereich der sog. Ex-Tag-Studien, in denen der Einfluss des Steuersystems auf die Dividendenpräferenz untersucht wird, umfasst über einhundert Veröffentlichungen in führenden US-amerikanischen Journals. Vgl. Elton/Gruber/Blake (2005), S. 585. Abschnitt 2.4.3.1 widmet sich explizit diesem Forschungszweig.

23 Vgl. Froot/Perold/Stein (1992), S. 52.

24 Vgl. z.B. Dorn/Huberman (2005), S. 437; Perridon/Steiner/Rathgeber (2009), S. 21 f. Zu den Eckpfeilern der neoklassischen Finanzierungstheorie zählen z.B. die Portfoliotheorie und das CAPM. In beiden Fällen wird von einem einzelnen Anleger ausgegangen. Vgl. jeweils Markowitz (1952), S. 77 ff.; Sharpe (1964), S. 427.

25 Vgl. z.B. Miller/Modigliani (1961), S. 412, 431 f.; Elton/Gruber (1970), S. 69 ff.; John/Williams (1985), S. 1057.

diglich als Agent für andere am Kapitalmarkt tätig ist.[26] Darüber hinaus haben institutionelle Anleger andere Kontroll- und Informationsmöglichkeiten und unterliegen besonderen Steuerregelungen.[27] Werden diese Aspekte bzw. der Einfluss institutioneller Anleger auf Aktiendaten – wie oftmals der Fall – nicht explizit berücksichtigt, ist die Interpretation der Ergebnisse kapitalmarktorientierter Studien hinsichtlich der zugrunde gelegten Theorien nicht unproblematisch.[28]

Hinzu kommt, dass die bisherigen empirischen Untersuchungen oft nur eine bzw. einige wenige Theorien zur Dividendenpräferenz testen und insbesondere verhaltensökonomische Aspekte zumeist völlig vernachlässigen.[29] Neben anderen Defiziten kapitalmarktorientierter Untersuchungen dürfte insbesondere hierin ein Grund dafür liegen, dass die Frage, warum Aktionäre (k)eine Dividende wollen, trotz der Vielzahl an Literatur bis heute als eines der „10 unsolved problems in finance“ bezeichnet wird.[30]

Vor diesem Hintergrund sind zuletzt Forderungen nach empirischen Untersuchungen laut geworden, in denen anstelle von (aggregierten) Kapitalmarktreaktionen das individuelle Verhalten bzw. die Meinung von Privatanlegern in Bezug auf Dividenden im Mittelpunkt stehen sollten.[31] Dabei dürften entsprechende Erkenntnisse nicht nur aus wissenschaftlicher Perspektive, sondern auch aus Praxissicht interessant sein. So wird aus Unternehmenssicht oftmals ein bestimmter Anteil von Privataktionären am Gesamtkapital als wünschenswert erachtet, da diese zumeist langfristig orientiert sind und somit in Krisenzeiten Kursverluste tendenziell „abdämpfen“ können.[32] Gerade bei den „kleineren“ Gesellschaften des SDAX und TecDAX machen Privataktionäre regelmäßig über 20 % der Anteilseigner aus.[33] Hier ist es besonders wichtig, die Dividendenvorlieben zu kennen. Schließlich ist die Dividende neben dem Aktienkurs das The-

---

26 Vgl. z.B. Modigliani/Pogue (1975); Fama (1980). Entsprechende empirische Ergebnisse finden sich bei Chevalier/Ellison (1997); Roston (1997); Chevalier/Ellison (1999).

27 Vgl. hierzu Abschnitt 2.4.2.

28 Vgl. Scholz (1992), S. 208; Seida/Wempe (2000), S. 34.

29 Vgl. Frankfurter/Wood (2002), S. 128.

30 Vgl. Baker/Powell/Veit (2002), S. 255; Brealey/Myers/Allen (2011), S. 903, 906 f. Die Ergebnisse und Defizite kapitalmarktgestützter empirischer Forschung werden in Kapitel 2 behandelt.

31 Vgl. Dong/Robinson/Veld (2009), S. 405; Hoberg/Prabhala (2009), S. 113; Basner/Hirth (2011), S. 97.

32 Vgl. Vogelheim et al. (2001), S. 71 ff. Speziell für ältere Privatanleger vgl. Becker/Ivković/Weisbenner (2011), S. 677 f. Weiterhin kann eine Atomisierung der Aktionärsstruktur c.p. zu höherer Aktienliquidität bzw. geringeren Kapitalkosten führen. Vgl. hierzu Merton (1987); Amihud/Mendelson/Uno (1999).

33 Vgl. Kuhn/Greiten/Rekic (2009), S. 17.

ma, mit dem sich Privatanleger am häufigsten an Investor Relations-Abteilungen wenden.[34] Dementsprechend verwundert es nicht, dass Unternehmen die Dividendenpolitik explizit als ein Instrument zur Gewinnung von Privataktionären betrachten.[35]

Internationale Studien, bei denen die Dividendenpräferenz privater Anleger vor einem breiten theoretischen Hintergrund untersucht wird, sind sehr selten bzw. im Fall des deutschen Kapitalmarkts nicht bekannt.[36] In den wenigen vergleichbaren Studien werden nur selten klassische und verhaltensökonomische Theorien gleichzeitig getestet. Mit der vorliegenden Arbeit wird versucht, in diese Forschungslücke vorzustoßen, indem zur Analyse der Dividendenpräferenz auf die Ergebnisse zweier Aktionärsbefragungen aus den Jahren 2004 und 2008 abgestellt wird.[37] In beiden Fällen wurden sämtliche Privataktionäre der Deutschen Post AG angeschrieben.[38] Mit ca. 800.000 bzw. 465.000 postalisch kontaktierten Privatanlegern stellen diese Befragungen die größten ihrer Art in Deutschland dar. Dabei gaben deutlich über 90 % der Antwortenden an, auch Aktien anderer Unternehmen zu halten. Somit spiegeln die Befragungsergebnisse keinesfalls nur die Meinung „des Postaktionärs" wider.

Auf Basis eines hieraus gewonnenen Datensatzes soll im Rahmen dieser Arbeit versucht werden, die (signifikanten) Determinanten der Dividendenpräferenz deutscher Privatanleger zu identifizieren und somit einen Beitrag zu der seit über 50 Jahren andauernden Diskussion zu leisten.

---

34 Vgl. Kuhn/Greiten/Rekic (2009), S. 21.

35 Vgl. Brav. et al. (2005), S. 509. Schließlich sprechen auch politische und gesellschaftliche Aspekte für eine gewisse Streuung des Aktienbesitzes in der Bevölkerung und damit für die Bedeutung von Privataktionären. Vgl. z.B. Leverkus (1969), S. 71 ff.

36 Vgl. Baker/Wurgler (2004b), S. 273; Dong/Robinson/Veld (2005), S. 122; Graham/Kumar (2006), S. 1306; Maditinos et al. (2007), S. 30; Basner/Hirth (2011), S. 97. Die wenigen Studien werden in Abschnitt 4.1 behandelt.

37 Die Befragungen wurden jeweils zu den Jahreswechseln 2003/2004 und 2007/2008 durchgeführt. Aus Gründen der Übersichtlichkeit wird in der Arbeit grundsätzlich jeweils das neue Jahr für die Bezeichnung der Befragungswellen verwendet. Zu den Details der Datenerhebung und Zusammensetzung des Datensatzes vgl. Abschnitt 4.2.

38 Das Unternehmen trat bis zum März 2009 unter der Bezeichnung „Deutsche Post World Net" und danach als „Deutsche Post DHL" in der Öffentlichkeit auf. Innerhalb der Arbeit soll vereinfacht fortan die Abkürzung DPAG verwendet werden. Zur Namensänderung im Zuge der „Strategie 2015" vgl. http://www.dp-dhl.com/content/dam/mlm.nf/dpwnew/konzern/strategie/presentation_appel.pdf (Stand: 25.08.2011).

1.2 Gang der Untersuchung

Vor dem Hintergrund des Untersuchungsziels gliedert sich die Arbeit in insgesamt fünf Kapitel, wie die nachfolgende Abb. 1 zeigt. Kernstück der Arbeit bildet die empirische Analyse im vierten Kapitel. Zuvor gilt es einerseits, die theoretischen Grundlagen zu erarbeiten, um hieraus die zu testenden Hypothesen ableiten zu können. Andererseits ist ein Überblick über den aktuellen Diskussionsstand und damit über die bisherigen empirischen Untersuchungen notwendig, um die eigenen Ergebnisse angemessen würdigen zu können. Diese beiden Funktionen nehmen jeweils das zweite und dritte Kapitel ein, die sich durch unterschiedliche Perspektiven thematisch voneinander abgrenzen.

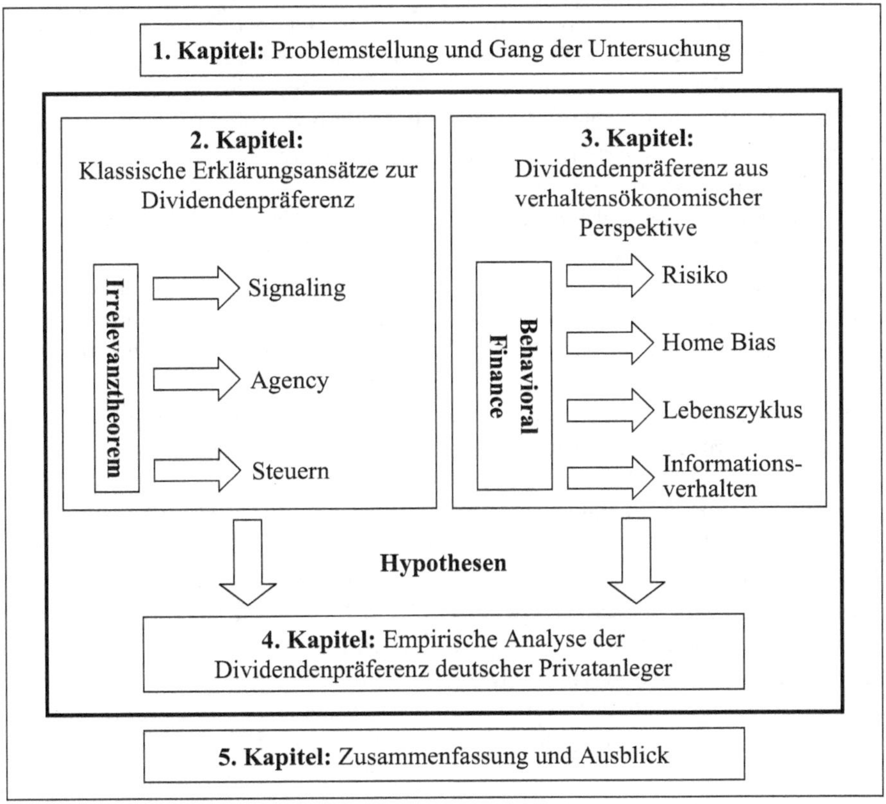

Abb. 1: Aufbau der Untersuchung

Im zweiten Kapitel werden die bis heute in der Literatur am häufigsten genannten und untersuchten Erklärungsansätze zur Dividendenpräferenz behandelt. Hierzu wird zunächst das Dividendenirrelevanztheorem nach Miller/Modigliani (1961) vorgestellt, dessen Annahmen die Ausgangsbasis für die nachfolgenden Theorien bilden. Anschließend wird auf die Signaling- und Agencytheorien eingegangen, wobei jeweils zunächst die theoretischen Grundlagen und wesentlichen Modelle aufgearbeitet werden und anschließend ein Überblick über die bisherigen empirischen Studien gegeben wird. Aufgrund der Vielzahl an Veröffentlichungen wird der Fokus lediglich auf deutsche und US-amerikanische Beiträge gelegt. Während Ersteres angesichts der Aufgabenstellung der vorliegenden Arbeit nahe liegt, stellen US-amerikanische in methodischer Hinsicht häufig die Referenz dar. Demselben Aufbau folgt der nachfolgende Abschnitt zu der Auswirkung steuerlicher Gegebenheiten auf die Dividendenpräferenz, wobei im Theorieteil explizit die Entwicklung der relevanten steuerlichen Rahmenbedingungen in den USA und Deutschland behandelt wird. Das Kapitel schließt mit einem Zwischenfazit zum bisherigen Erkenntnisgewinn der in diesem Teil der Arbeit vorgestellten empirischen Studien, die ausnahmslos auf Kapitalmarktdaten basieren.

Im dritten Kapitel werden die Erkenntnisse der Verhaltensökonomie („Behavioral Finance") in Bezug auf die Dividendenpräferenz von Anlegern aufgearbeitet. Hierdurch werden einerseits neue Aspekte herausgestellt, andererseits werden die aus dem vorhergehenden Kapitel bereits bekannten Zusammenhänge erweitert. Das Hauptcharakteristikum dieser Forschungsrichtung stellt die Abkehr von der Annahme des stets rational handelnden, sämtliche relevanten Informationen korrekt auswertenden Homo Oeconomicus dar. Nachdem die entsprechenden Grundlagen dargestellt wurden, wird das Verhältnis von Dividenden und Risiko aus verhaltensökonomischer Perspektive aufgearbeitet. Das theoretische Fundament hierfür liefern die „Prospect" und „Catering Theory". Anschließend werden die Zusammenhänge zwischen Dividendenpräferenz und Home Bias, Lebensphase sowie dem Informationsverhalten von Privatanlegern beleuchtet. Auch dieses Kapitel endet mit einem Zwischenfazit.

Im vierten Kapitel wird zunächst ein Überblick über die wenigen, methodisch vergleichbaren Studien zur Dividendenpräferenz gegeben. Anschließend werden zunächst Details der Befragung und die grundsätzliche Eignung der Daten diskutiert, bevor eine deskriptive Analyse des Datensatzes erfolgt. Auf Basis des finalen Variablensatzes können im Folgenden die zu testenden Hypothesen formuliert werden. Anschließend werden die Hypothesen mittels bivariater Korrelationsanalysen, Klassfikationsbäume und multivariater Regressionsanalysen getestet. Nach der Präsentation der Ergebnisse werden die Resultate hinsichtlich ihrer Aussagekraft kritisch gewürdigt.

Die Arbeit schließt mit Kapitel fünf, in dem die wesentlichen Erkenntnisse in zusammengefasst und Ansatzpunkte für künftige Forschungsrichtungen vorgeschlagen werden.

2 Klassische Erklärungsansätze zur Dividendenpräferenz

Nachfolgend werden die in der Literatur am häufigsten diskutierten Erklärungsansätze zur Existenz und Ausprägung von Dividendenpräferenzen bei Anlegern vorgestellt. Hierzu wird neben den zugrunde liegenden Theorien jeweils auch auf die bisherigen empirischen Kapitalmarktstudien eingegangen. Dabei handelt es sich um Untersuchungen, welche auf Basis eines breiten Datensatzes an Kapitalmarkt- und Unternehmensinformationen (z.B. Aktienkursen, Gewinnen) die einzelnen Theorien – oftmals separat – beleuchten.

2.1 Dividendenirrelevanztheorem nach Miller/ Modigliani (1961)

Den Ausgangspunkt für die Beantwortung der Frage, welche Faktoren die Dividendenpräferenz von Anlegern beeinflussen, bildet der viel beachtete Beitrag von Miller/Modigliani (1961).[39] Darin zeigen die Autoren formalanalytisch, dass der Unternehmenswert von der Dividendenhöhe unabhängig ist, sofern die nachfolgend tabellarisch dargestellten Annahmen gelten.[40]

Neben diesem Annahmenbündel, das für die Analyse insbesondere das Modell des vollkommenen Kapitalmarkts zugrunde legt, gehen Miller/Modigliani (1961) ferner davon aus, dass die Investitionspolitik eines Unternehmens als gegeben und unabhängig von der Dividendenpolitik anzusehen ist. Demnach wählt das Management im ersten Schritt sämtliche Investitionsprojekte mit einem positiven Kapitalwert aus und führt diese unabhängig von der späteren Dividendenpolitik durch.[41] Daraus folgt, dass das Unternehmen grundsätzlich eine „residual dividend policy“ verfolgt, bei der stets die Differenz zwischen erwirtschaf-

---

39 Vgl. unter vielen z.B. DeAngelo/DeAngelo (2006), S. 294, wo das Irrelevanztheorem als „foundational bedrock of modern corporate finance theory“ bezeichnet wird. Zuvor hatten die Autoren in einem anderen Beitrag die Irrelevanz der Kapitalstruktur auf den Unternehmenswert abgeleitet. Vgl. hierzu Modigliani/Miller (1958). Im Rahmen dieser Arbeit bezieht sich der Begriff „Irrelevanztheorem“ stets auf die Dividendenpolitik.

40 Vgl. hinsichtlich der getroffenen Annahmen Miller/Modigliani (1961), S. 412.

41 Investitionen mit negativem Kapitalwert werden unterlassen. Bei einem Kapitalwert von null wäre ein Management i.o.S. indifferent zwischen Durchführung und Unterlassung. Zum Begriff des Kapitalwerts vgl. u.a. Busse von Colbe/Laßmann (1990), S. 47 ff.

teten und für Investitionen ausgegebenen Zahlungsströmen vollständig ausgeschüttet wird.[42]

Tab. 1: Prämissen des Dividendenirrelevanztheorems

Annahme	**Beschreibung / Folgerung**
Informationssymmetrie	▪ Informationen sind kostenlos und in gleichem Umfang für alle Marktteilnehmer zugänglich. ▪ Es gibt keine Agencykonflikte zwischen Anteilseignern und Unternehmensführung.[43] ▪ Folglich existieren auch keine Kosten für Maßnahmen zur Linderung von Agencykonflikten, wie z.B. Vertrags- oder Monitoringkosten.[44]
Alle Marktteilnehmer sind Preisnehmer	▪ Kein Käufer oder Verkäufer verfügt über genug Einfluss, um die Preise bestimmen zu können.
Keine Transaktionskosten	▪ Neben fehlenden Kosten der Informationsbeschaffung existieren auch keine weiteren Transaktionskosten wie z.B. Maklergebühren oder Kosten für die Emission bzw. den Einzug von Aktien.
Keine verzerrenden Steuereffekte	▪ Steuerliche Gleichbehandlung von einbehaltenen und ausgeschütteten Gewinnen auf Unternehmensebene. ▪ Steuerliche Gleichbehandlung von Kursgewinnen und Dividendenerträgen bei Anteilseignern.
Rationales Verhalten	▪ Anleger ziehen mehr Vermögen weniger Vermögen vor. ▪ Anleger sind indifferent hinsichtlich der Frage, ob Vermögensänderungen in Form von Zahlungsmittelzuflüssen oder Aktienkurserhöhungen eintreten. ▪ Alle Projekte mit positivem Kapitalwert werden durchgeführt; Projekte mit negativem Kapitalwert werden nicht durchgeführt.
Absolute Sicherheit[45]	▪ Sicherheit hinsichtlich des künftigen Investitionsprogramms und der künftigen Rückflüsse sämtlicher Unternehmen. ▪ Keine Unterscheidung zwischen Eigen- und Fremdkapital. ▪ Es gibt somit nur einen Kalkulationszinssatz.

42 Vgl. Miller/Modigliani (1961), S. 413 ff. Dieser Betrag wird in der Finanzierungstheorie auch als „Free Cashflow" bezeichnet. Vgl. bspw. Lease et al. (2000), S. 39.

43 Vgl. hierzu ausführlich Abschnitt 2.3.

44 In einer solchen Modellwelt gibt es auch keinen Bedarf für Rechnungslegung. Dementsprechend soll hier davon abstrahiert werden, dass sich der ausschüttungsfähige Betrag in Deutschland grundsätzlich am buchhalterischen Gewinn und nicht – wie im Folgenden angenommen – an Zahlungsströmen bemisst. Für die Regelungen zur Ausschüttungsbemessung in Deutschland und den USA vgl. Richard (2007), S. 67 ff.

45 Diese Annahme wird von den Autoren im Grundmodell aus Vereinfachungsgründen getroffen. Wie unten ausgeführt, gilt das Theorem auch unter Unsicherheit.

Variationen der Dividendenzahlungen durch Thesaurierung oder durch Erhöhung der Dividende über den Betrag der „residual dividend“ hinaus gehen in dem Grundmodell folglich stets mit einem Aktienrückkauf bzw. mit der Ausgabe neuer Aktien im Umfang der Ausschüttungsänderung einher. Andernfalls käme es zu einer Veränderung des investierten Vermögens, so dass ggf. entstehende Änderungen des Unternehmenswerts nicht ausschließlich der Dividendenpolitik zugerechnet werden könnten.

Gilt jedoch die Annahme der unabhängigen Investitionspolitik, so kommt es z.B. bei einer relativ restriktiven Dividendenpolitik zu einem Überbestand an liquiden Mitteln im Unternehmen. Diese werden dann vollständig für den Rückkauf eigener Aktien eingesetzt. Hierdurch erhöht sich wiederum der Kurswert der noch ausstehenden Aktien, da sich die durch das Investitionsprogramm ex ante determinierten Zahlungsströme fortan auf eine geringere Aktienanzahl verteilen. Folglich kommt es auf Anlegerseite zwar zu einer – gemessen an der „residual dividend“ – geringeren Dividende. Dieser Effekt wird jedoch vollständig durch einen entsprechenden Anstieg des Aktienkurses kompensiert.[46] Miller/Modigliani zeigen somit, dass die Dividendenpolitik unter den obigen Prämissen keinen Einfluss auf die Vermögensposition der Alteigentümer haben kann. Vielmehr wird diese allein durch die Ertragspotenziale der Vermögenswerte im Unternehmen bzw. dessen Investitionspolitik bestimmt, während die Dividendenpolitik nur darüber entscheidet, „how the fruits of the earning power are ‚packaged' for distribution“[47].

Kritiker weisen jedoch darauf hin, dass das Modell durch die Annahme der unabhängigen Investitionspolitik die in der Praxis regelmäßig zu beobachtende Abweichung von einer „residual dividend policy“ in Form einer Thesaurierung freier Mittel faktisch wegdefiniere. Schließlich sei die oben beschriebene Verwendung von einbehaltenen Beträgen zum Rückkauf eigener Aktien nur eine andere Form der Dividende, da die Mittel nicht im Unternehmen verbleiben.[48] Dem kann indes entgegengehalten werden, dass eine tatsächliche Thesaurierung i.S. einer Reinvestition mit dem Irrelevanztheorem grundsätzlich vereinbar ist. Hierfür muss allerdings die Annahme getroffen werden, dass die einbehaltenen Beträge barwertneutral, d.h. genau zum Kalkulationszinssatz, im Unternehmen

---

46 Vgl. Miller/Modigliani (1961), S. 413 f. Im umgekehrten Fall einer zu großzügigen Dividendenpolitik käme es zu einer Finanzierungslücke, die durch die Emission neuer Aktien gedeckt werden müsste. Dies würde zu einem äquivalenten Kursabfall führen.

47 Miller/Modigliani (1961), S. 414.

48 Vgl. hierzu insbesondere DeAngelo/DeAngelo (2006), S. 300 f.; DeAngelo/DeAngelo (2007), S. 13 f.

angelegt werden.[49] Andernfalls wäre es nicht möglich, den Effekt der Dividendenpolitik auf den Unternehmenswert separat vom Einfluss der Investitionspolitik zu betrachten.

Das Dividendenirrelevanztheorem stand zum damaligen Zeitpunkt im direkten Widerspruch zur weitläufig vorherrschenden Meinung.[50] Bis dahin wurde vielfach die Ansicht vertreten, dass Anleger Dividenden gegenüber Kursgewinnen präferieren würden, weshalb eine großzügigere Dividendenpolitik aus Aktionärssicht grundsätzlich wertschaffend wirke.[51] Diese oftmals als „bird in the hand"-Theorie[52] bezeichnete Sichtweise geht davon aus, dass das Risiko einer Beteiligung an einem Unternehmen steigt, je rigider die Dividendenpolitik ausfällt. Diese Feststellung wird aus den allgemeinen Grundlagen der investitionstheoretischen Aktienbewertung abgeleitet, wonach der Wert einer Aktie dem Barwert der künftigen Dividendenzahlungen entspricht.[53] Werden Gewinne thesauriert, so verzinsen sich diese unternehmensintern und führen zu höheren Dividendenzahlungen in der Zukunft. Die Anhänger der obigen Theorie argumentieren, dass in einer Welt mit Unsicherheit Dividendenzahlungen, die weiter in der Zukunft liegen, unsicherer und somit aus Sicht eines risikoaversen Anlegers weniger wert sind.[54] Da mit zunehmender Thesaurierung Auszahlungen verstärkt in die Zukunft verlagert werden, müsste der Aktienkurs folglich niedriger ausfallen als bei einer großzügigeren Dividendenpolitik.[55]

Miller/Modigliani (1961) argumentieren indes, dass das Dividendenirrelevanztheorem auch dann noch gilt, wenn die Annahme der absoluten Sicherheit fallengelassen wird.[56] Sofern die anderen Annahmen, insbesondere die der un-

---

49 Dann behält das Theorem auch bei einer Thesaurierungsquote von 100 % seine Gültigkeit, da Anleger spätestens bei Liquidation die ihnen rechtlich zustehenden Mittel adäquat verzinst erhalten. Vgl. Handley (2008), S. 530, sowie die Stellungnahme dazu in DeAngelo/DeAngelo (2008). In Deutschland ergibt sich dieser Anspruch aus § 271 Abs. 1 AktG.

50 Vgl. Ang/Ciccone (2009), S. 98.

51 Vgl. Brealey/Myers (2003), S. 447.

52 Vgl. bspw. Lease et al. (2000), S. 42.

53 Zwar setzt sich der gesamte Aktionärserfolg („Total Shareholder Return") gleichermaßen aus Dividenden und Kursgewinnen zusammen, jedoch wird die Höhe des Kursanstiegs ebenfalls durch die Dividendenerwartungen der Marktteilnehmer determiniert. Vgl. hierzu sowie generell zum Dividendendiskontierungsmodell White/Sondhi/Fried (2003), S. 1044 f.; Penman (2010), S. 116 ff.

54 Zur Berücksichtigung von Unsicherheit innerhalb der Unternehmensbewertung auf Basis von Barwertkalkülen vgl. bspw. Ballwieser (2011), S. 67 ff. Dieses Thema wird in Abschnitt 2.2.5.1.4.1 eingehender behandelt.

55 Vgl. Gordon (1959), S. 103; Gordon (1963), S. 268.

56 Vgl. Miller/Modigliani (1961), S. 428 f.

abhängigen Investitionspolitik, weiterhin gelten, werden nur solche Projekte vom Unternehmen durchgeführt, bei denen ein positiver Kapitalwert erwartet wird. Trotz Unsicherheit über den Investitionserfolg bilden rationale Anleger mit gleichem Informationsstand Erwartungen über die mit dem gewählten Investitionsprogramm verbundenen Zahlungsströme.[57] Diese Erwartungen bilden aus Aktionärssicht die Basis für die Bewertung von Aktien und damit für die Aktienkursentwicklung.

Aus Aktionärssicht irrelevant ist hingegen die Frage, ob das Unternehmen die aus dem Investitionsprogramm zurückfließenden Mittel heute oder morgen ausschüttet. Die Frage, ob einbehaltene Beträge in späteren Perioden (inklusive der Mindestverzinsung) ausgezahlt werden können, hängt allein von der Höhe der unternehmensinternen Verzinsung und damit von der Investitionspolitik ab.[58] Dementsprechend stellt das Risiko, welches die Vertreter der Gegenposition der Dividendenentscheidung zuordnen, bei genauerer Betrachtung das allgemeine Investitionsrisiko dar. Wird erneut angenommen, dass die optimale Investitionspolitik ex ante bestimmt wird, werden thesaurierte, nicht für Aktienerwerbe verwendete Mittel unternehmensintern zum Kalkulationskostensatz investiert. Somit bleiben Risikoprofil und Wert eines Unternehmens von dessen Dividendenpolitik unberührt.[59]

Aufgrund der schlüssigen formalen Herleitung stellt das Irrelevanztheorem von Miller/Modigliani (1961) bis heute eine in der Wissenschaft weithin akzeptierte Theorie dar.[60] Demzufolge werden die Ursachen für empirisch beobachtbare Dividendenpräferenzen bei Anlegern (z.B. in Form von Aktienkursänderungen bei Änderungen der Dividendenpolitik) in der Literatur primär darin gesehen, dass eine oder mehrere der von Miller/Modigliani (1961) gesetzten Annahmen in praxi nicht erfüllt sind.[61] Dieser Auffassung folgend werden nun die aus der Aufhebung einzelner Annahmen abgeleiteten Theorien diskutiert und die damit zusammenhängenden empirischen Studien ausgewertet.

---

57 Vgl. anschaulich Lease et al. (2000), S. 42.

58 Vgl. Miller/Modigliani (1961), S. 425; Brennan (1971), S. 1119; Heiden (2002), S. 19.

59 Vgl. hierzu prägnant Rubinstein (1976).

60 Vgl. repräsentativ Prokot (2006), S. 59.

61 Vgl. bspw. Ellermann (2002), S. 56.

2.2 Dividendenpolitik als Signalinginstrument

2.2.1 Abbau von Informationsasymmetrien mittels Signaling

Informationen sind realiter nicht für alle Marktteilnehmer in gleichem Umfang bzw. kostenlos zugänglich. In der Regel genießen Manager einen Informationsvorsprung gegenüber unternehmensexternen Eigen- und Fremdkapitalgebern.[62] Eine der wesentlichen Marktimperfektionen stellen demnach einerseits Informationsasymmetrien zwischen dem Management und den verschiedenen Stakeholdergruppen dar. Andererseits sind die Informationen aber auch zwischen den einzelnen Stakeholdergruppen oftmals ungleich verteilt. Mit zunehmenden Informationsasymmetrien steigt für (potenzielle) Kapitalgeber indes das Risiko, ökonomische Fehlentscheidungen zu treffen bzw. durch opportunistisches Handeln des Managements geschädigt zu werden.[63] Infolgedessen werden Erstere ihr Kapital nicht oder nur zu deutlich teureren Konditionen bereitstellen.[64] Dies kann im Extremfall zum Zusammenbruch des entsprechenden Kapitalmarkts führen.[65]

Dividendenpolitik kann als ein mögliches Instrument zum Abbau dieser Informationsasymmetrien bzw. den daraus resultierenden Problemen angesehen werden. Die Beantwortung der Frage, welche Rolle Dividenden hierbei genau zufällt, hängt davon ab, welche Absichten der Unternehmensführung unterstellt werden: Sofern von einer Interessendivergenz zwischen Management und Anteilseignern ausgegangen wird, lässt sich die Bedeutung von Dividenden mithilfe der Agencytheorie erklären.[66] Die nachfolgend behandelte Signalingtheorie geht hingegen davon aus, dass Manager allein im Sinne der Aktionäre handeln und somit als einziges Ziel die Unternehmenswertmaximierung anstreben.[67] Liegen dem Management positive, wertrelevante Informationen im Sinne gestiegener Erwartungen über künftige Zahlungsströme vor, wird die Unterneh-

---

62 Vgl. z.B. Hartmann-Wendels (1986), S. 64 ff.

63 Opportunistisches Verhalten nach Vertragsabschluss wird als „Moral Hazard" bezeichnet. Vgl. z.B. Schmidt/Terberger (1997), S. 67 f.

64 Dieses Phänomen und der damit zusammenhängende Prozess der Negativauslese sind in der Literatur unter dem Begriff „adverse Selektion" bekannt. Vgl. Richter/Furubotn (2003), S. 294 ff. sowie grundlegend Akerlof (1970).

65 Vgl. z.B. Streim (1988), S. 24.

66 Vgl. hierzu Abschnitt 2.3.

67 Wo diese Interessenkongruenz herrührt, ist grundsätzlich unerheblich. Oftmals wird von entsprechenden Entlohnungsvereinbarungen ausgegangen. Vgl. bspw. Bhattacharya (1979), S. 261; Ofer/Thakor (1987), S. 369.

mensleitung versuchen, diese nach außen zu signalisieren, um sich von weniger erfolgreichen Unternehmen abzusetzen. Dividendenpolitik kann als ein solches Signalinginstrument verstanden werden. Wenn Anleger Dividenden als Signale nutzen würden, wären sie folglich nicht mehr indifferent, ob ein Unternehmen Dividenden zahlt oder nicht. Folglich kann die Signalingtheorie einen Beitrag zur Erklärung der Existenz von Dividendenpräferenzen leisten.

2.2.2 Idee des Dividendensignaling

Damit Signale allgemein einen Beitrag zum Abbau von Informationsasymmetrien leisten können, müssen sie glaubwürdig sein. Denn die Unternehmensleitung kann – auch bzw. insbesondere wenn sie im Interesse der gegenwärtigen Anteilseigner handelt – Anreize haben, die Unternehmenslage übertrieben positiv erscheinen zu lassen und somit ggf. falsche Signale auszusenden.[68] Die Glaubwürdigkeit von Signalen ist gewährleistet, wenn mit dem Senden Kosten verbunden sind, welche die Akteure davon abhalten, falsche Signale abzugeben.[69] Dies ist grundsätzlich dann der Fall, wenn die Signalingkosten negativ mit dem Ausmaß des zu kommunizierenden Merkmals korrelieren.[70] Bezogen auf den Kapitalmarkt sollte es sich für „schlecht“ wirtschaftende Unternehmen im Gegensatz zu „guten“ Unternehmen nicht lohnen, ein bestimmtes Profitabilitätsniveau zu signalisieren.[71] Andernfalls könnten schlecht wirtschaftende Unternehmen die Signale von guten Unternehmen im gleichen Umfang imitieren, wodurch Kapitalmarktteilnehmer nicht mehr zuverlässig zwischen den beiden Unternehmensgruppen unterscheiden könnten.

Als ein zentrales Signalinginstrument wird grundsätzlich die freiwillige und die gesetzlich normierte (Finanz-)Berichterstattung angesehen.[72] Jedoch ist davon auszugehen, dass die freiwillige Berichterstattung nicht dazu genutzt wird, die für die Entwicklung der Ertragsaussichten maßgeblichen Faktoren (z.B. die aussichtsreichsten F&E-Projekte) detailliert öffentlich darzulegen, da hierdurch Wettbewerbsvorteile verloren gehen und damit Altaktionäre Schaden nehmen könnten.[73] In Bezug auf die gesetzlich normierte Rechnungslegung ist wiederum strittig, inwiefern hierdurch glaubwürdige Signale abgegeben werden. So wird

68 Vgl. Hartmann-Wendels (1986), S. 82.

69 Vgl. z.B. Franke/Hax (2004), S. 424.

70 Vgl. Spence (1974), S. 303 f.

71 Vgl. Lease et al. (2000), S. 97.

72 Vgl. z.B. Druckarczyk (1980), S. 212. Zur zentralen Bedeutung der Informationsfunktion von Rechnungslegung vgl. überblicksartig Pellens/Strzyz (2009).

73 Vgl. Lease et al. (2000), S. 99.

z.B. argumentiert, dass Unternehmen im Rahmen der gesetzlich normierten Finanzberichterstattung falsche Signale senden können, indem sie z.B. Ermessensspielräume bei Regelungen ausnutzen oder bewusst gegen Regeln verstoßen, da mit diesen Aktionen keine prohibitiv hohen Kosten verbunden sind.[74] Darüber hinaus kann die Aussagekraft von Gewinngrößen hinsichtlich der künftigen Ertragsentwicklung eingeschränkt sein, da sie grundsätzlich die Vergangenheit widerspiegeln und teilweise nicht dauerhafte (transitorische) Erträge bzw. Aufwendungen enthalten.[75] Hinzu kommt, dass die in Geschäftsberichten und Zwischenmitteilungen dargelegten Informationen in der Vergangenheit deutlich an Umfang und Komplexität zugenommen haben, so dass bezweifelt werden muss, ob diese von den Adressaten (insb. Privatanlegern) überhaupt mit vertretbarem Aufwand ausgewertet werden können.[76]

Demgegenüber wird die Dividende häufig als verdichtende, leicht verständliche, nicht manipulierbare Größe bezeichnet, welche die derzeitige und insbesondere künftige Performance widerspiegelt.[77] Vor diesem Hintergrund bietet die Dividendensignalingtheorie eine mögliche Erklärung dafür, warum in der Praxis Änderungen der Dividendenpolitik regelmäßig mit Marktreaktionen einhergehen:[78] Eine Dividendensteigerung (Dividendensenkung) erhöht (verringert) nicht per se den Wert einer Aktie, sondern vermittelt Informationen über eine Änderung der künftigen, für den Wert der Aktie tatsächlich relevanten Ertragsaussichten.[79]

Einen ersten Hinweis auf die mögliche Signalingwirkung von Dividenden liefert die viel beachtete empirische Untersuchung von Lintner (1956) zu den Determinanten der Dividendenpolitik. Auf Basis von Interviews stellt Lintner (1956) fest, dass Unternehmen Dividendenkürzungen tendenziell vermeiden möchten.[80] Folglich werden Dividenden zumeist nur dann angehoben, wenn das Management von einer nachhaltigen Verbesserung der Geschäftsaussichten ausgeht, so dass es sich das neue Dividendenniveau auch künftig leisten kann. Analog bringen Dividendenkürzungen häufig zum Ausdruck, dass die Unternehmensleitung von einer signifikanten Eintrübung der Ertragserwartungen ausgeht.

74 Vgl. z.B. Baker/Haslem (1974b), S. 1259; Kane/Lee/Marcus (1984), S. 1091.

75 Vgl. bspw. Pettit (1972), S. 999; Pettit (1976), S. 994.

76 Vgl. hierzu Abschnitt 3.5.

77 Vgl. bspw. Asquith/Mullins (1983), S. 94; Prokop (2006), S. 53. Inwiefern Dividenden diese Eigenschaft realiter erfüllen, ist Gegenstand von Abschnitt 2.2.5.1.1.

78 Vgl. hierzu Abschnitt 2.2.5.1.3.

79 Vgl. Miller/Modigliani (1961), S. 430. Im Folgenden werden Ertrags- bzw. Gewinnaussichten synonym zu Zahlungsstromaussichten verwendet.

80 Vgl. Lintner (1956), S. 103 f.; Pettit (1972), S. 994.

Anleger werden eine Erhöhung (Verringerung) der Dividendenzahlungen jedoch nur dann als Indikator für gestiegene (gesunkene) Gewinnerwartungen interpretieren, wenn davon auszugehen ist, dass die Dividende ein glaubwürdiges Signal für die künftige Profitabilität darstellt. In verschiedenen Beiträgen wird modellanalytisch dargelegt, warum diese eingangs vorgestellte Anforderung an das Signal im Fall der Dividende als erfüllt angesehen werden kann. Nachfolgend werden die prominentesten Ansätze kurz zusammengefasst.[81]

2.2.3 Grundlegende Modelle

Der Beitrag von Bhattacharya (1979) stellt einen der Grundsteine für das theoretische Fundament der Dividendensignalinghypothese dar. Darin wird ein Modell entwickelt, in dem die Anleger ihre Anteile nach einer Periode verkaufen. Das Management maximiert im Interesse der Altaktionäre den Unternehmenswert und möchte diesen dem Markt kommunizieren.[82] Neben ausreichenden Investitionsmöglichkeiten auf Seiten der Unternehmen (sämtliche erzielten Überschüsse können rentabel investiert werden), einer exogenen Investitionspolitik und risikoneutralen Akteuren wird die Annahme getroffen, dass allein die Unternehmensleitung die Verteilung der künftigen Zahlungsströme aus dem Investitionsprogramm kennt und damit den wahren Marktwert des Unternehmens abschätzen kann. Schließlich ist davon auszugehen, dass eine einmal angekündigte Dividende auch tatsächlich ausgeschüttet wird.

Durch die unerwartete Ankündigung von Dividendenerhöhungen signalisiert das Management den außenstehenden Marktteilnehmern, dass ein Anstieg der künftigen Zahlungsströme erwartet wird. Sofern die angekündigte Dividende anschließend nicht allein durch die Rückflüsse aus dem Investitionsprogramm gespeist werden kann, muss die Finanzierungslücke anderweitig geschlossen werden. Die hierzu notwendigen Maßnahmen sind jedoch mit Transaktionskos-

---

81 Vgl. zum Bekanntheitsgrad stellvertretend DeAngelo/DeAngelo (2009), S. 184. Weitere theoretische Ansätze bzw. Fortentwicklungen der hier dargestellten Modelle, die nachfolgend nicht explizit behandelt werden, finden sich u.a. bei Kalay (1980); Talmor (1981); Eades (1982); Hakansson (1982); Bar-Yosef/Huffman (1986); Ambarish/John/Williams (1987); Marsh/Merton (1987); Williams (1988); Allen/Bernardo/Welch (2000).

82 Vgl. Bhattacharya (1979), S. 261 ff. Für eine ausführliche Darstellung vgl. Hartmann-Wendels (1986), S. 150 ff.

ten verbunden.[83] Dies gilt insbesondere für zusätzliche, bislang nicht vom Markt antizipierte Kapitalbeschaffungsmaßnahmen („bail-out financing“).[84] Es fallen jedoch auch Kosten an, wenn das Management die nötigen Zahlungsströme aus dem Verkauf von langlebigen Vermögenswerten oder durch die Verschiebung von Investitionen mit positivem Kapitalwert generiert. Dadurch lohnt es sich für weniger rentable Unternehmen nicht, eine gleich hohe Dividende anzukündigen wie Unternehmen mit höherer Profitabilität.[85]

In dem Modell von John/Williams (1985) entfaltet Dividendenpolitik ihre Signalingwirkung erst im Zusammenspiel mit einem Steuersystem, in dem Dividendenzahlungen gegenüber Kapitalerträgen benachteiligt werden.[86] Den Ausgangspunkt bildet die Überlegung, dass Unternehmen zur Durchführung eines exogen gegebenen Investitionsprogramms neue Aktien emittieren (bzw. weniger Aktien einziehen) müssen, sofern die intern generierten Zahlungsströme zur Finanzierung nicht ausreichen. Parallel verkaufen Aktionäre immer dann Teile ihres Aktienbestands, wenn über die erhaltenen Dividendenzahlungen hinaus zusätzliche liquide Mittel benötigt werden.[87] In beiden Fällen kommt es aus Sicht der Altaktionäre zu einer Verwässerung, da sie in geringerem Maße an den künftigen Zahlungsströmen des Unternehmens partizipieren. Diesem Verwässerungseffekt können Altaktionäre und Unternehmensleitung entgegenwirken, indem sie einen möglichst hohen Unternehmenswert signalisieren. Denn mit steigendem Emissions- bzw. Verkaufspreis sinkt die Anzahl der Aktien, die zur Deckung des gegebenen Liquiditätsbedarfs emittiert bzw. verkauft werden müssen.

Ein solches Signal kann mittels Dividenden ausgesendet werden. Dabei fallen auf Seiten der Altaktionäre Kosten in Form von Steuerzahlungen an. Je höher die Unternehmensinternen die künftigen Zahlungsströme des Unternehmens

---

83 Mit der Existenz von Transaktionskosten wird neben der Annahme der Informationssymmetrie eine weitere Annahme des Ausgangsmodells von Miller/Modigliani (1961) fallen gelassen. Solche flankierenden Modelländerungen finden sich auch bei den nachfolgenden Erklärungsansätzen zum Dividendensignaling wieder.

84 Es wird angenommen, dass am Kapitalmarkt eine allgemeine Konvention besteht, nach welcher ein Unternehmen in der Lage sein sollte, die Dividenden ohne zusätzliche Finanzierung auszahlen zu können. Eine Begründung für eine solche Konvention wird jedoch nicht geliefert. Vgl. Bhattacharya (1979), S. 262.

85 In dem Modell wird ferner davon ausgegangen, dass Dividenden im Gegensatz zu Kursgewinnen besteuert werden, wodurch mit dem Auszahlen von Dividenden zusätzliche Kosten verbunden sind. Vgl. Hartmann-Wendels (1986), S. 151.

86 Für das Modell ist lediglich von Bedeutung, dass Dividenden im Gegensatz zu Kapitalerträgen Kosten verursachen. Diese können anstelle von Steuern z.B. auch in Form von Transaktionskosten anfallen. Vgl. John/Williams (1985), S. 1057.

87 Vgl. John/Williams (1985), S. 1054 ff. Es wird dabei vorausgesetzt, dass die Altaktionäre stets nur einen Teil ihres Aktienbestands verkaufen.

einschätzen, desto größer ist ihr Anreiz, dem Verwässerungseffekt entgegenzuwirken und somit die Kosten des Signaling in Kauf zu nehmen. Für weniger profitable Unternehmen lohnt es sich im Umkehrschluss nicht, das Dividendensignal in gleichem Ausmaß nachzuahmen, da die Kosten den Vorteil der geringeren Verwässerung übersteigen.[88]

Miller/Rock (1985) leiten die Eignung von Dividendenpolitik als Signalinginstrument auf alternativem Wege ab, wobei die Dividende als Nettobetrag aus Dividendenzahlung i.e.S. und Kapitalaufnahme definiert wird. Ausgehend vom optimalen und (zunächst) unternehmensübergreifend gleichen Investitionsprogramm ergibt sich die Dividendenhöhe grundsätzlich als Residuum aus den erwirtschafteten Zahlungsmitteln und den getätigten Investitionsausgaben einer Periode.[89] Unter der Annahme, dass die Kapitalmarktakteure das Investitionsprogramm kennen bzw. abschätzen können, ist es ihnen möglich, die Höhe der in der aktuellen Periode erwirtschafteten Zahlungsströme aus der angekündigten Dividende abzuleiten. Auf Basis der aktuellen Zahlungsströme können wiederum die künftigen Zahlungsströme und somit auch der Unternehmenswert geschätzt werden. Entscheidet sich das Management dazu, mehr als den aktuellen Free Cashflow auszuschütten, kommt es zwangsläufig zu einer Reduzierung der Investitionsausgaben.[90] Die Kosten eines solchen (falschen) Signals entstehen hier durch das Abweichen vom optimalen Investitionsprogramm und fallen somit in Form des entgangenen positiven Kapitalwerts an.[91] Folglich steigen bei geringerer Profitabilität die Kosten, eine vorgegebene Dividende zahlen zu können, weshalb Letztere ein glaubwürdiges Signal darstellt. Da die Dividende hier jedoch als Nettoauszahlung zu verstehen ist, könnte dieses Signal grundsätzlich genauso gut über Kapitalrückzahlungen anstelle von Dividenden i.e.S. erfolgen.[92]

2.2.4 Weiterführende Modelle

Zwar werden die zuvor vorgestellten Modelle bis heute als theoretisches Fundament der Dividendensignalingtheorie angesehen, dennoch sind sie keinesfalls

88 Ein ähnliches Modell findet sich bei Bernheim (1991).

89 Vgl. Miller/Rock (1985), S. 1037.

90 Folglich ist hier die Investitionspolitik von der Dividendenpolitik abhängig bzw. endogen.

91 Vgl. Miller/Rock (1985), S. 1032.

92 Insbesondere bei einem Steuersystem, das Dividendenzahlungen benachteiligt, wäre dies sogar die wahrscheinlichere Vorgehensweise. Vgl. Prokot (2006), S. 78.

frei von Kritik.[93] Eine der wesentlichen Schwächen liegt darin, dass sie die realiter beobachtbaren Phänomene im Zusammenhang mit der Ausschüttungspolitik, wie z.B. Dividendenglättung und die Bevorzugung von Dividendenauszahlungen im Vergleich zu Aktienrückkäufen, nicht oder nur unzureichend erklären können.[94] Somit wurden in der Folgezeit weiterführende Modelle entwickelt, deren Fokus explizit auf diesen Aspekten liegt. Nachfolgend werden kurz zwei bekannte Modelle vorgestellt.

So liefert z.B. Kumar (1988) einen Erklärungsansatz, warum Unternehmen dazu neigen, Dividenden im Zeitablauf zu glätten. Es wird die Annahme getroffen, dass sich die risikoaverse Unternehmensleitung, die selbst einen Teil der Aktien hält, einem höheren Risiko als die übrigen Anteilseigner ausgesetzt sieht, da sie aufgrund der Stakeholderposition als Arbeitnehmer weniger stark diversifiziert ist.[95] Weiterhin wird davon ausgegangen, dass diejenigen Projekte mit dem höchsten erwarteten Kapitalwert zuerst realisiert werden, wodurch die Vorteilhaftigkeit mit jedem neuen Investitionsprojekt sinkt. Werden Letztere zudem durch die Ausgabe neuer Aktien finanziert, kommt es zusätzlich zu einer Vermögensverwässerung.

Vor diesem Hintergrund zieht die Unternehmensleitung einen höheren Anteil an einem niedrigeren aber zugleich weniger riskanten künftigen Zahlungsstrom einem geringeren Anteil an einem höheren und riskanteren Zahlungsstrom vor. Im Ergebnis führt dies dazu, dass das Management grundsätzlich ein im Vergleich zu den übrigen Aktionären geringeres Investitionsniveau anstrebt.[96] Um dies zu erreichen, wird vom Management in gewissem Maße versucht, eine geringere Produktivität zu signalisieren. Dementsprechend fungiert die Dividende lediglich als ein „grobes" Signal für die Unternehmensaussichten.[97] Liegt die Produktivität mehrerer Unternehmen in einem bestimmten Intervall, werden diese die gleiche Dividendenhöhe wählen, um sich von Unternehmen einer schlechteren Kategorie abzuheben. Kleinere Produktivitätssteigerungen führen jedoch nicht mehr automatisch zu einer Dividendenanhebung.

---

93 Für eine Übersicht der wesentlichen Schwachstellen vgl. Ruwisch (2002), S. 422 ff.

94 Vgl. Ellermann (2002), S. 65.

95 Vgl. Jensen/Mecking (1976), S. 349; Kumar (1988), S. 120. Dieses Thema wird eingehender in Abschnitt 2.3.1 behandelt.

96 Somit kommt es in gewissem Maße zu einer Interessendivergenz. Da jedoch ansonsten davon ausgegangen wird, dass das Management ausschließlich das Interesse der Anteilseigner teilt und danach handelt, wird dieser Ansatz wie in der Literatur üblich den Signaling- und nicht den Agencytheorien zugeordnet. Vgl. bspw. Allen/Michaely (2003), S. 382.

97 Vgl. Kumar (1988), S. 128.

Ofer/Thakor (1987) zeigen mithilfe eines Modells, dessen Annahmen in Bezug auf das Management im Wesentlichen denen von Kumar (1988) entsprechen, dass je nach Ausmaß der Unterbewertung entweder Dividenden oder Aktienrückkäufe das aus Managementsicht bessere Signal darstellen.[98] Dividenden und Aktienrückkäufe verursachen – wie bei Bhattacharya (1979) – immer dann Kosten, wenn zu ihrer Finanzierung zusätzliches Kapital aufgenommen werden muss.[99] Bei Aktienrückkäufen kommen jedoch aus Sicht der Unternehmensleitung zusätzliche Kosten hinzu, da diese i.d.R. von Rückkaufprogrammen vertraglich ausgeschlossen ist. Folglich steigt im Zuge dieser Maßnahmen der Anteil des risikoaversen und unzureichend diversifizierten Managements am Unternehmen, was mit entsprechenden Nutzeneinbußen einhergeht.

Liegt der „wahre" Unternehmenswert relativ nah am aktuellen Börsenkurs, stellen Dividenden das geeignete Signalinginstrument dar, da diese im Vergleich zu Aktienrückkäufen weniger Kosten verursachen, sofern intern ausreichend Zahlungsmittel erwirtschaftet werden. Ab einem bestimmten Ausmaß der Bewertungslücke wird jedoch eine so hohe Dividende zur Signalisierung des tatsächlichen Unternehmenswerts benötigt, dass diese nicht mehr allein aus den unternehmensintern erwirtschafteten Zahlungsmitteln finanziert werden kann. Mithin würden – analog zu einem Unternehmen, das ein zu gutes bzw. falsches Dividendensignal sendet – Kosten für die Beschaffung zusätzlichen Kapitals entstehen.[100] Der Kostenvorteil des Dividendensignaling gegenüber weniger rentablen Unternehmen – und damit die Qualität des Signals – würde somit sinken. In einem solchen Fall ist es aus Sicht des Managements rational, Aktienrückkäufe zum Signaling einzusetzen. Zwar sind damit im Vergleich zur Dividende höhere Kosten verbunden, jedoch ist hier der Kostenvorteil gegenüber schlechter wirtschaftenden Unternehmen höher. Denn zu den oben beschriebenen Kosten, die aus dem höheren Anteil des Managements am Unternehmen resultieren, kommt bei dem Management eines unrentablen Unternehmens verschärfend hinzu, dass sich die Anteilserhöhung auf ein bekanntermaßen schlechtes Investitionsobjekt bezieht.

---

98 Alternative Modelle zu dieser Fragestellung finden sich u.a. bei Barclay/Smith (1988) und Brennan/Thakor (1990). Da Aktienrückkäufe für den weiteren Verlauf der Arbeit von geringer Bedeutung sind, soll auf eine Darstellung der weiteren Modelle sowie der entsprechenden empirischen Ergebnisse im Anschluss verzichtet werden. Vgl. weiterführend hierzu Schremper (2002).

99 Vgl. Ofer/Thakor (1987), S. 367 ff.

100 Vgl. Ofer/Thakor (1987), S. 375 f.

2.2.5 Empirische Evidenz

Im Folgenden werden empirische Studien zur Signalingfunktion von Dividenden ausgewertet. Das Ziel besteht darin, die bisherigen Ergebnisse zu einer Gesamtaussage zu verdichten, inwiefern Dividendenpolitik tatsächlich als Signalinginstrument geeignet ist bzw. genutzt wird und somit entsprechende Kapitalmarktreaktionen auslöst. Der Großteil der Literatur basiert auf Daten des US-amerikanischen Kapitalmarkts. Diese Untersuchungen besitzen in methodischer Hinsicht Vorbildcharakter, weshalb zunächst die Studien zum US-amerikanischen und danach zum deutschen Kapitalmarkt betrachtet werden sollen.

Die Auswahl der Studien konzentriert sich auf Untersuchungen zur generellen Signalingfunktion von Dividenden sowie auf solche Fälle, die für die spätere Hypothesenbildung zu Präferenzen von Privatanlegern relevant sind bzw. sich anhand des verfügbaren Datenmaterials auch testen lassen.[101] Neben der Einschränkung auf den US-amerikanischen und deutschen Kapitalmarkt werden daher solche Untersuchungen weitgehend ausgeblendet, in denen das Dividendensignaling für spezielle Unternehmen (regulierte Unternehmen,[102] Börsengänge[103]), bestimmte Ausschüttungsformen (Sonderdividenden,[104] Aktiendividenden[105]) oder in einem anderen Kontext (Aktienreinvestitionspläne,[106] Aktienrückkäufe,[107] Kapitalmarkteffizienz[108]) behandelt wird. Trotz dieser Einschränkungen kann aufgrund der großen und weiterhin zunehmenden Menge vergleichbarer Untersuchungen jedoch kein Anspruch auf Vollständigkeit erhoben werden.

2.2.5.1 Studien zum US-amerikanischen Kapitalmarkt

2.2.5.1.1 Zusammenhang von Dividende und künftiger Profitabilität

Bevor der Frage nachgegangen werden kann, inwiefern Dividendenpolitik als Signalinginstrument tatsächlich genutzt bzw. wahrgenommen wird, ist zunächst

101 Zur Zusammensetzung des Datensatzes vgl. Abschnitt 4.2.

102 Vgl. Aharony/Falk/Swary (1988); Impson (1997).

103 Vgl. Lipsin/Maquieira/Megginson (1998); McCaffrey/Hamill (2000).

104 Vgl. Brickley (1983); Jayaraman/Shastri (1988); Howe/He/Kao (1992); Lee (1995); Gombola/Liu (1999); DeAngelo/DeAngelo/Skinner (2000).

105 Vgl. Woolridge (1983a).

106 Vgl. Dubofsky/Bierman (1988).

107 Vgl. hierzu Vermaelen (1981); Vermaelen (1984); Hausch/Seward (1993) sowie weiterführend Schremper (2002).

108 Vgl. Patell/Wolfson (1984); Eades/Hess/Kim (1985); Gosnell/Keown/Pinkerton (1996).

zu klären, ob Dividenden(änderungen) überhaupt einen Indikator für die künftige Profitabilität darstellen.[109] Sollte sich dieser Zusammenhang empirisch nicht nachweisen lassen, wäre das theoretische Fundament von Studien, welche den tatsächlichen Einsatz bzw. Nutzen von Dividendenpolitik als Signalinginstrument z.B. aus Aktienkursreaktionen ableiten, in Frage zu stellen.

Aufgrunddessen hat sich eine nicht unerhebliche Anzahl von Studien mit dieser vorgelagerten Fragestellung befasst.[110] Dabei kommt zumeist eine Regressionsanalyse zum Einsatz, bei welcher der Erklärungsgehalt von Dividenden auf die künftige Profitablilität untersucht wird. Eine der ersten und hinsichtlich der methodischen Vorgehensweise zugleich typischen Arbeiten stellt die Untersuchung von Watts (1973) für den Zeitraum von 1946 bis 1967 dar. Hier wird die künftige Profitabilität in Form des Gewinns des kommenden Geschäftsjahres auf die angekündigte Dividende, die Dividende des Vorjahres sowie den letzten und vorletzten Gewinn regressiert.[111] Durch die zusätzliche Aufnahme der vergangenen Gewinne als unabhängige Variablen wird sichergestellt, dass der Dividende lediglich der über den Informationsgehalt der vergangenen Gewinne hinausgehende Erklärungsgehalt zugerechnet wird. Die mithilfe dieser Methodik erzielten Ergebnisse lassen jedoch keinen statistisch signifikanten inkrementellen Erklärungsgehalt von Dividendenankündigungen für künftige Gewinne erkennen. Auch alternative Modellspezifikationen, bei denen u.a. statt der absoluten Höhe lediglich der unerwartete Teil der Dividende verwendet wird, liefern keinen überzeugenden Nachweis für die Signalingeigenschaft von Dividenden.[112]

Auch die nachfolgenden Studien von Gonedes (1978) und Penman (1983), welche den Zeitraum von 1947 bis 1970 bzw. 1968 bis 1973 untersuchen, können die Informationsfunktion von Dividenden hinsichtlich der Gewinnentwicklung trotz abgewandelter Methoden nicht bestätigen.[113] So stellt z.B. Penman (1983) Dividenden und freiwillige Gewinnprognosen des Managements hinsichtlich ihres Informationsgehalts einander gegenüber. Dabei kommt er zu dem Ergebnis, dass Dividenden im Vergleich zu den Managementprognosen keine weitergehenden Informationen enthalten.[114]

---

109 Vgl. Ruwisch (2002), S. 438.

110 Oftmals werden in den Studien neben dieser auch andere Fragestellungen wie z.B. der Zusammenhang zwischen Dividendenankündigung und Aktienkursentwicklung betrachtet. Vgl. bspw. Penman (1983).

111 Vgl. Watts (1973), S. 197.

112 Vgl. Watts (1973), S. 208. Zur Kritik an der methodischen Vorgehensweise vgl. Laub (1976) und Pettit (1976) sowie die Reaktionen in Watts (1976a) und Watts (1976b).

113 Vgl. Gonedes (1978), S. 71.

114 Vgl. Penman (1983), S. 1196.

Zu den wenigen Untersuchungen, welche die Signalinghypothese in diesem Kontext stützen, zählen die Studien von Manakyan/Carroll (1990) und Carroll (1995), die einen Zusammenhang zwischen quartalsweise abgegebenen Dividendenankündigungen und den Gewinnen der folgenden zwei bis drei Quartale feststellen.[115] Die Untersuchungen, die sich auf die Zeiträume 1979 bis 1983 bzw. 1975 bis 1984 beziehen,[116] kontrollieren jedoch nicht für den Informationsgehalt aktueller Gewinne. Dieser Aspekt wird wiederum von Aharony/Dotan (1994) berücksichtigt, die für den Zeitraum 1967 bis 1990 quartalsweise zu vergleichbaren Ergebnissen kommen und darüber hinaus bei jährlicher Betrachtung ebenfalls einen Zusammenhang von Dividenden und Gewinnen feststellen.[117] Dabei enthält der Datensatz von Aharony/Dotan (1994) bewusst auch Unternehmen, die im Zeitablauf liquidiert wurden, um Verzerrungen („survivorship bias") zu vermeiden.[118]

Angesichts der in Bezug auf die Dividendensignalinghypothese ernüchternden Ergebnisse haben sich weitere Studien besonders großen Dividenden- bzw. Performanceänderungen in der Hoffnung zugewandt, dass die Signalingeigenschaft von Dividenden in extremen Situationen besser empirisch messbar sein sollte. So beschränken sich Healy/Palepu (1988) auf Unternehmen, die erstmalig bzw. nach mindestens zehn Jahren Unterbrechung Dividenden gezahlt oder Dividendenzahlungen ausgesetzt haben.[119] Auf Basis von Unternehmensdaten der Jahre 1963 bis 1980 kommen die Autoren im Gegensatz zum Großteil der vorhergehenden Studien insgesamt zu dem Ergebnis, dass Dividenden einen signifikanten Beitrag zur Erklärung künftiger Gewinne leisten. Jedoch weisen insbesondere die Ergebnisse im Zusammenhang mit Dividendenaussetzungen darauf hin, dass Dividenden kein „naives" Signal darstellen, sondern eher der Gewinnentwicklung nachlaufen.[120] So kommt es in den zwei Jahren nach einer Dividendenaussetzung im Durchschnitt zu signifikant positiven Ergebnisänderungen.

Stärkere Unterstützung findet die Signalinghypothese in der Untersuchung von DeAngelo/DeAngelo/Skinner (1992), die sich ausschließlich Fällen widmen, in denen die Dividende reduziert oder eingestellt wurde. Weiterhin werden lediglich solche Unternehmen im Zeitraum von 1980 bis 1985 betrachtet, die nach einer mindestens zehnjährigen Phase, in der sie Dividenden gezahlt und

115 Vgl. Manakyan/Carroll (1990), S. 209; Carroll (1995), S. 299 f.
116 Vgl. Manakyan/Carroll (1990), S. 202; Carroll (1995), S. 295.
117 Vgl. Aharony/Dotan (1994), S. 142.
118 Vgl. Aharony/Dotan (1994), S. 128.
119 Vgl. Healy/Palepu (1988), S. 151 f.
120 Vgl. Healy/Palepu (1988), S. 162.

positive Gewinne erwirtschaftet haben, erstmalig einen Verlust ausweisen.[121] Es zeigt sich, dass ein Verlust eine notwendige, jedoch keine hinreichende Bedingung für eine Dividendenkürzung im gleichen Jahr darstellt, da lediglich ca. 50 % der verlustträchtigen Unternehmen eine solche Maßnahme ergreifen. Neben einem tendenziell höheren Verlust zeichnen sich diese Unternehmen dadurch aus, dass die Gewinnentwicklung in den Perioden nach der Dividendenkürzung im Vergleich zu den anderen Unternehmen deutlich schlechter verläuft, wodurch Dividendenreduktionen als Signal für die Persistenz der wirtschaftlichen Schwierigkeiten gewertet werden können.[122] Weiterhin wird gezeigt, dass Dividendeninformationen einen signifikanten Erklärungsgehalt für die Höhe des Gewinns der kommenden Periode haben, der über die in Gewinnen enthaltenen Informationen hinausgeht.[123]

Bemerkenswerterweise beobachten neben Healy/Palepu (1988) auch andere Autoren, dass Dividendenkürzungen in der Folgezeit mit steigenden Gewinnen einhergehen, was gegen die Gültigkeit der Signalinghypothese zu sprechen scheint.[124] Iqbal/Rahman (2003) liefern eine mögliche Erklärung für dieses Phänomen. Hierzu unterteilen sie die Gruppe der dividendenkürzenden Unternehmen danach, ob diese in der Periode gleichzeitig Maßnahmen zur Kosteneinsparung durchgeführt haben.[125] Für die Jahre 1991 bis 1997 kommen sie zu dem Ergebnis, dass Unternehmen ohne entsprechende Bemühungen in den Perioden nach der Dividendenreduktion keine signifikanten Ergebnisveränderungen aufweisen. Lediglich Unternehmen, die entsprechende Effizienzmaßnahmen durchgeführt haben, weisen signifikante Ergebnissteigerungen auf. Die Autoren schließen hieraus, dass in den letztgenannten Fällen das Management mit der Dividendensenkung keine Signale senden will. Stattdessen ist hier die Dividendensenkung eher als Teil des Maßnahmenbündels zur Steigerung der künftigen Performance anzusehen.[126]

Zuvor hatten Jensen/Johnson (1995) ebenfalls Dividendenreduktionen im Kontext von Restrukturierungsmaßnahmen analysiert. In ihrem Beitrag untersuchen sie Unternehmen im Zeitraum von 1974 bis 1989, die nach mindestens drei Jahren stabiler bzw. steigender Zahlungen ihre Dividende erstmalig um 20 % oder mehr gesenkt haben. Im Unterschied zu den meisten anderen Studien unter-

---

121 Vgl. DeAngelo/DeAngelo/Skinner (1992), S. 1841 f.

122 Vgl. DeAngelo/DeAngelo/Skinner (1992), S. 1850.

123 Vgl. DeAngelo/DeAngelo/Skinner (1992), S. 1857 ff.

124 Vgl. Healy/Palepu (1988), S. 162; DeAngelo/DeAngelo/Skinner (1992), S. 1848; Benartzi/Michaely/Thaler (1997) S. 1017; sowie in Bezug auf Renditegrößen Grullon/Michaely/Swaminathan (2002), S. 397.

125 Vgl. Iqbal/Rahman (2003), S. 14 ff.

126 Vgl. Iqbal/Rahman (2003), S. 16.

suchen die Autoren ein größeres Zeitfenster und betrachten neben der Gewinn- und Aktienkursentwicklung auch die Veränderung von 19 weiteren Finanzkennzahlen, um die genaueren Ursachen der Gewinnentwicklung zu beleuchten.[127] Jensen/Johnson (1995) stellen fest, dass im Jahr nach der Dividendenreduktion Anlagevermögen vermehrt verkauft, Finanzierungs- und Forschungsaktivitäten zurückgefahren sowie Mitarbeiter entlassen werden, während Umsatzerlöse stagnieren. Insgesamt führen diese Maßnahmen tendenziell zu einem Gewinnanstieg in der kurzen Frist, der jedoch keinen nachhaltigen Performanceanstieg i.S. einer stärkeren Marktposition reflektiert. Somit würden (kurzfristige) Gewinnsteigerungen nicht zwangsläufig gegen die These sprechen, dass Dividendenreduktionen negative Geschäftsaussichten signalisieren.[128]

Abweichend von der vorherrschenden Vorgehensweise befassen sich Brook/Charlton/Hendershott (1998) mit dem Zusammenhang von Dividendenpolitik und Änderungen künftiger Cashflows anstelle von Gewinngrößen. Im Detail betrachten die Autoren solche Unternehmen, die nach mindestens vier Jahren konstanter Cashflows einen erheblichen Anstieg der Zahlungsmittel zu verzeichnen hatten.[129] Die Autoren zeigen, dass die Dividendensteigerungen in der Vorperiode bei denjenigen Unternehmen am höchsten ausfallen, die im Jahr darauf einen besonders nachhaltigen Cashflowanstieg zu verzeichnen haben. Demnach können Dividendenerhöhungen als Signal für die Persistenz der Cashflowsteigerungen interpretiert werden.[130]

Ungeachtet der Beiträge von Jensen/Johnson (1995) und Brook/Charlton/Hendershott (1998) ist festzustellen, dass die empirische Evidenz zur Signalingeignung auch dann uneindeutig ausfällt, wenn lediglich extreme Fälle betrachtet werden.[131] Besonders deutlich wird dies an der Tatsache, dass DeAngelo/DeAngelo/Skinner (1996) im Rahmen einer Untersuchung für den Zeitraum von 1980 bis 1987 zu einem Ergebnis gelangen, das im direkten Widerspruch zu ihren eigenen, noch im Jahr 1992 publizierten Erkenntnissen steht. Betrachtet werden dieses Mal Unternehmen, die nach einer mindestens neun Jahre dauernden Gewinnwachstumsperiode erstmalig einen Gewinnrück-

---

127 Vgl. Jensen/Johnson (1995), S. 36 ff.

128 Vgl. Jensen/Johnson (1995), S. 48.

129 Vgl. Brook/Charlton/Hendershott (1998), S. 48 f.

130 Vgl. Brook/Charlton/Hendershott (1998), S. 55.

131 Weitere Ergebnisse zugunsten der Dividendensignaltheorie finden sich bei Brickley (1983), wo jedoch ein sehr kleines Datenset betrachtet wird und primär Sonderdividenden im Mittelpunkt stehen. Zudem wird nicht für den Informationsgehalt von aktuellen Gewinnen kontrolliert. Vgl. Brickley (1983), S. 207. In die gleiche Richtung gehen auch die Ergebnisse von Lipsin/Maquieira/Megginson (1998), bei denen IPOs betrachtet werden. Vgl. Lipsin/Maquieira/Megginson (1998), S. 40 ff.

gang zu verzeichnen haben.[132] Die Überlegung hinter dieser Datensatzabgrenzung ist, dass der Kapitalmarkt in diesen Fällen ein großes Interesse daran haben dürfte, zu erfahren, ob dieser Wachstumseinbruch temporär ist oder nicht. Trotz unterschiedlicher Modell- und Variablenspezifikationen weist die Dividendenvariable keinen signifikant inkrementellen Erklärungsgehalt bezüglich der künftigen Gewinnentwicklung auf. Als ein möglicher Grund für die mangelnde Signalingeignung von Dividenden werden die relativ niedrigen Änderungsraten von Dividenden genannt, wodurch die Verlässlichkeit des Signals beeinträchtigt wird.[133]

Hinzu kommt, dass vor allem neuere Studien oftmals keine bzw. nur schwache empirische Evidenz zugunsten der Dividendensignalinghypothese finden können. Hierzu zählt der viel beachtete Beitrag von Benartzi/Michaely/Thaler (1997),[134] in dem trotz eines großen Datensets (7.186 Beobachtungen im Zeitraum von 1979 bis 1991) und einer Vielzahl methodischer Ansätze kein nennenswerter Zusammenhang zwischen Dividendenänderungen und künftigen Gewinnen nachgewiesen werden kann.[135] Allenfalls zeigen Dividendenerhöhungen an, wie permanent ein vergangener Gewinneinstieg vom Management eingestuft wird. Auch Grullon/Michaely/Swaminathan (2002), welche Profitabilität in Form der Gesamtkapitalrendite anstelle des Gewinns für den Zeitraum von 1967 bis 1993 modellieren,[136] kommen zu Ergebnissen, welche die klassische Signalinghypothese nicht bestätigen. Vielmehr stellen die Autoren fest, dass die Gesamtkapitalrendite in Folge von Dividendenerhöhungen abnimmt und in Folge von Dividendenreduktionen nach einem kurzzeitigen Absinken tendenziell steigt.[137]

Zu den wenigen jüngeren Untersuchungen, welche die Signalinghypothese unterstützen, zählt insbesondere die Studie von Nissim/Ziv (2001), in welcher der Zeitraum von 1963 bis 1980 betrachtet wird.[138] Die Autoren nehmen im Vergleich zu den bis dahin üblichen Regressionsmodellen zusätzliche Variablen in ihre Gleichungen auf, um Fehlspezifikationen zu begegnen.[139] Grullon et al. (2005) wenden jedoch ein, dass die Art der Datenaufbereitung sowie die Wahl

---

132 Vgl. DeAngelo/DeAngelo/Skinner (1996), S. 346.

133 Vgl. DeAngelo/DeAngelo/Skinner (1996), S. 353 ff.

134 Dieser wird mitunter als „most comprehensive study of the potential signaling role played by dividends“ bezeichnet. Vgl. DeAngelo/DeAngelo (2009), S. 185.

135 Vgl. Benartzi/Michaely/Thaler (1997), S. 1031 f.

136 Vgl. Grullon/Michaely/Swaminathan (2002), S. 396 f.

137 Vgl. Grullon/Michaely/Swaminathan (2002), S. 421.

138 Vgl. Nissim/Ziv (2001), S. 2115.

139 Vgl. Nissim/Ziv (2001), S. 2116 ff.

der Regressionsmodelle bei Nissim/Ziv (2001) zu verzerrten Resultaten führt.[140] Insbesondere wird kritisiert, dass Nissim/Ziv (2001) bei der Berechnung der erwarteten Gewinnänderung fälschlicherweise von einem linearen Zusammenhang zwischen aktuellen und künftigen Gewinnen bzw. Gewinnänderungen ausgehen.[141] Wird hingegen ein nicht-linearer Zusammenhang modelliert, lässt sich eine signifikante Relation von Dividende und künftiger Gewinnänderung für die Jahre 1963 bis 1997 nicht nachweisen.[142] Gleiches gilt, wenn die Gewinnhöhe oder – analog zu Grullon/Michaely/Swaminathan (2002) – die Gesamtkapitalrendite anstelle der Gewinnänderung als Profitabilitätskennzahl verwendet werden.[143]

2.2.5.1.2 Zusammenhang von Dividende und Kapitalmarkterwartungen

Damit Dividenden eine Signalingfunktion erfüllen können, müssen sie nicht nur einen guten Indikator für künftige Profitabilität darstellen, sondern auch als solcher von den Marktteilnehmern wahrgenommen werden. Dies ist der Fall, wenn Letztere ihre Erwartungen hinsichtlich der künftigen Gewinnentwicklung im Zuge von unerwarteten Dividendenänderungen revidieren. Da für diese Art von Untersuchungen neben Finanz- und Kapitalmarktdaten zusätzlich Informationen über die Erwartungen der Kapitalmarktteilnehmer benötigt werden, wurde dieser Ansatz bislang verhältnismäßig selten untersucht.

Zu den ersten Autoren, die dieser Fragestellung explizit nachgehen, zählen Ofer/Siegel (1987). Sie untersuchen für den Zeitraum von 1976 bis 1984,[144] inwiefern die Ankündigung unerwarteter Dividendenänderungen dazu führt, dass Analysten ihre Prognosen für das Jahresergebnis der laufenden Periode anpassen. Die Autoren kommen zu dem Ergebnis, dass Analysten nach Bekanntgabe unerwarteter Dividendenänderungen ihre Prognosen erwartungsgemäß anpassen. So weisen unerwartete Dividendenänderungen einen deutlich höheren Erklärungsgehalt für die Prognosefehler auf, wenn die betreffenden Prognosen vor

140 Vgl. Grullon et al. (2005), S. 1662.

141 Vgl. Grullon et al. (2005), S. 1666 ff.

142 Vgl. Grullon et al. (2005), S. 1670 f.

143 Zwei weitere Studien jüngeren Datums finden einen Zusammenhang zwischen Dividenden bzw. Ausschüttungsquoten und künftigen Gewinnen auf Basis des Gesamtmarkts. Dies wird dort jeweils als Beleg für die Gültigkeit der Signalinghypothese gewertet. Vgl Wann/Long (2009), S. 11; Arnott/Asness (2003), S. 84. Diese „grobe“ Vorgehensweise erscheint jedoch wenig zweckmäßig. Für den Nutzen der Dividende als Signal ist es von maßgeblicher Bedeutung, dass ein Zusammenhang zwischen Dividenden und künftigen Gewinnen auf Ebene der einzelnen Unternehmen und nicht nur auf Ebene des Gesamtmarkts feststellbar ist.

144 Vgl. Ofer/Siegel (1987), S. 897.

Dividendenankündigung erstellt wurden. Je mehr Zeit seit der Dividendenbekanntgabe verstrichen ist, desto geringer ist der Zusammenhang zwischen unerwarteter Dividende und dem Prognosefehler.[145] Daraus wird geschlossen, dass Analysten die in den Dividendenankündigungen enthaltenen Informationen sukzessive in ihren Prognosen berücksichtigen.

Auch Lang/Litzenberger (1989) beschäftigen sich in ihrem Beitrag u.a. mit dem Zusammenhang von Dividendenänderungen und Analystenprognosen. Dabei werden im Zeitraum von 1979 bis 1984 lediglich Dividendenänderungen von mehr als 10 % betrachtet. Die Autoren argumentieren auf Basis von Elastizitäten, bei denen die prozentualen Abweichungen von prognostiziertem EPS und Dividende zueinander ins Verhältnis gesetzt werden.[146] Sowohl die absolute Höhe als auch die fehlende statistische Signifikanz der berechneten Elastizitäten werden als Beleg für einen fehlenden Zusammenhang beider Größen gewertet.

Denis/Denis/Sarin (1994) betrachten für den Zeitraum 1962 bis 1988 die Änderungen der Analystenprognosen für das EPS des laufenden Jahres. Dazu vergleichen die Autoren die Analystenschätzungen einen Monat vor und einen Monat nachdem eine Änderung der Dividende angekündigt wurde.[147] Von dieser Prognoseänderung wird jeweils eine geschätzte Prognoseänderung abgezogen, um lediglich die unerwartete Prognoseänderung zu erhalten. Insgesamt kommt es im Median im Umfeld einer angekündigten Dividendenänderung zu einer statistisch signifikanten unerwarteten Prognoseänderung. Diese beträgt in Bezug auf das EPS ca. 2,9 % und in Bezug auf den Aktienkurs 0,024 %.

Yoon/Starks (1995) erweitern die bisherigen Untersuchungsdesigns, indem sie die Auswirkungen von Dividendenänderungen sowohl für das erwartete Jahresergebnis der laufenden Periode als auch für die Gewinnwachstumsprognose der kommenden fünf Jahre untersuchen. Die methodische Vorgehensweise entspricht insofern derjenigen von Lang/Litzenberger (1989), dass auch hier die Analyse u.a. auf Basis von Elastizitäten erfolgt. Yoon/Starks (1995) kommen jedoch für den Zeitraum von 1969 bis 1988 zu dem Ergebnis, dass bei Dividendenerhöhungen und -senkungen gleichermaßen positive und signifikante Elastizitäten in Bezug auf den erwarteten Gewinn zum Ende des laufenden Jahres vorliegen.[148] Ein Zusammenhang zwischen Dividendenänderungen und langfristigen Wachstumserwartungen lässt sich jedoch nur in begrenztem Maße und lediglich für Dividendensenkungen feststellen.

145 Vgl. Ofer/Siegel (1987), S. 906.
146 Vgl. Lang/Litzenberger (1989), S. 189.
147 Vgl. Denis/Denis/Sarin (1994), S. 580 ff.
148 Vgl. Yoon/Starks (1995), S. 1011 f.

Howe/Shen (1998) befassen sich mit der Frage, ob es zu einem branchenweiten Effekt auf die Gewinnprognosen und Aktienkurse der Wettbewerber kommt, wenn ein Unternehmen die Einführung von Dividendenzahlungen ankündigt. In beiden Fällen kann jedoch kein signifikanter Brancheneffekt für den untersuchten Zeitraum von 1968 bis 1992 ausgemacht werden.[149]

In einer Untersuchung jüngeren Datums von Salas (2006) wird der Zusammenhang von Dividendenankündigungen und einerseits kurzfristigen, einjährigen Gewinnprognosen sowie andererseits langfristigen Gewinnwachstumsprognosen betrachtet. Dabei stehen ausschließlich Fälle einer erstmaligen Einführung von Dividendenzahlungen im Forschungsinteresse.[150] Salas (2006) beobachtet im ersten Monat nach Ankündigung einen Anstieg der kurzfristigen Gewinnerwartungen, der sich zum Ende des Ankündigungsjahres jedoch ins Negative kehrt. Hinsichtlich der langfristigen Gewinnwachstumsprognose wird ein durchweg negativer Zusammenhang dokumentiert. Der Autor interpretiert die Ergebnisse für die untersuchten Jahre 1976 bis 2004 dahingehend, dass Unternehmen mit der Aufnahme von Dividendenzahlung zwar eine kurzfristige Verbesserung der Ertragsaussichten, gleichzeitig jedoch eine Verringerung langfristiger Wachstumsoptionen signalisieren.[151]

2.2.5.1.3 Zusammenhang von Dividende und Aktienkurs

Sofern die Dividendenzahlungen einen guten Indikator für die künftige Profitabilität darstellen und auch tatsächlich als ein solcher von den Kapitalmarktteilnehmern interpretiert werden, wäre vor dem Hintergrund der Signalingtheorie davon auszugehen, dass Ankündigungen über die Änderung der Dividendenhöhe zu gleichlaufenden Aktienkursreaktionen führen sollten. Ein Großteil der empirischen Literatur zur Dividendensignalingtheorie widmet sich direkt dieser Fragestellung.[152] Wie im Folgenden deutlich wird, sind die Ergebnisse dem Grunde nach relativ eindeutig. Die Unterschiede liegen oft in den methodischen Feinheiten. Vor dem Hintergrund, dass die eigene empirische Untersuchung nicht kapitalmarktbasiert ist, sowie angesichts der großen Anzahl solcher Untersuchungen für US-amerikanische Unternehmen, wird dieser Literaturzweig hier

149 Vgl. Howe/Shen (1998), S. 23 ff.
150 Vgl. Salas (2006), S. 9 f.
151 Vgl. Salas (2006), S. 17.
152 Vgl. Ruwisch (2002), S. 449.

stark komprimiert und mit einem besonderen Augenmerk auf den aktuelleren Untersuchungen wiedergegeben.[153]

Bei den meisten Untersuchungen zu diesem Thema handelt es sich um sog. Ereignisstudien („event studies“).[154] In deren Rahmen wird untersucht, ob in einem bestimmten Intervall um den Tag der Ankündigung unerwartete (sog. abnormale) Aktienrenditen zu beobachten sind. Zur Berechnung der abnormalen Aktienrendite wird von der tatsächlich beobachteten Rendite einer Aktie eine rechnerisch ermittelte „normale“ Rendite abgezogen.[155] Ein wesentliches Problem besteht darin, dass zusammen mit der Dividendenankündigung oft andere potenziell kursrelevante Informationen veröffentlicht werden (z.B. Gewinnankündigungen). Neben der Größe des betrachteten Zeitfensters und der Modellierung der normalen Rendite unterscheiden sich die Studien somit auch hinsichtlich der Berücksichtigung anderer Ereignisse.

Eine der ersten Untersuchungen zur Reaktion von Aktienkursen auf Dividendenbekanntmachungen führte Pettit (1972) durch. Er stellt für den Zeitraum von 1964 bis 1968 fest, dass positive Änderungen der Dividendenhöhe mit gleichlaufenden abnormalen Renditen einhergehen.[156] Die Ergebnisse bei Watts (1973), der eine andere Methodik wählt und die Jahre 1945 bis 1968 betrachtet, stehen hierzu im Widerspruch. Der gemessene Zusammenhang ist so gering, dass ein Marktteilnehmer bei Kenntnis der künftigen Dividendenänderungen kaum seine Transaktionskosten verdienen könnte.[157]

Stellten die ersten Untersuchungen z.B. teilweise noch auf Monatsrenditen ab,[158] griffen in der Folgezeit immer mehr Untersuchungen auf Tagesrenditen zurück.[159] Zudem wurde zunehmend versucht, den Einfluss anderer Bekanntmachungen auf die Renditen zu neutralisieren. Während Gewinnmeldungen z.B. bei Charest (1978) überhaupt nicht berücksichtigt werden, folgen spätere Untersuchungen oftmals dem Ansatz von Aharony/Swary (1980). Dort werden sämtliche Zeitpunkte aus der Betrachtung ausgeschlossen, bei denen in einem be-

153 Eine tiefergehende Auswertung (älterer) Studien findet sich u.a. bei Heiden (2002), S. 61 ff.; Ruwisch (2002), S. 433 ff.; Allen/Michaely (2003), S. 368 ff.; Filbeck (2009), S. 163 ff.

154 Vgl. für einen Überblick über die Methodik z.B. Bonse (2004), S. 171 f.

155 Häufig wird hierzu das Marktmodell herangezogen, bei dem die erwartete Rendite aus der historischen Korrelation zum Markt abgeleitet wird. Vgl. grundlegend zur Modellierung abnormaler Renditen bspw. MacKinlay (1997).

156 Vgl. Pettit (1972), S. 999 ff.

157 Vgl. Watts (1973), S. 206 ff.

158 Vgl. z.B. Pettit (1972); Charest (1978); Dielman/Oppenheimer (1984).

159 Vgl. z.B. Eades (1982); Bajaj/Vijh (1990).

stimmten Zeitintervall um die Dividendenankündigung herum weitere Informationen von dem Unternehmen veröffentlicht wurden.[160]

Weiterhin unterschieden sich die Studien hinsichtlich der Berechnung der unerwarteten Dividende. So sollten lediglich nicht antizipierte Dividendenänderungen zu Kursreaktionen führen. Oftmals wird dazu das naive Erwartungsbildungsmodell zugrunde gelegt, wie es sich auch bei Aharony/Swary (1980) findet.[161] Hierbei wird unterstellt, dass jede Änderung der Dividende im Vergleich zum Vorjahr eine unerwartete Dividende darstellt.

Kwan (1981) stellt dem naiven Modell das Erwartungsbildungsmodell von Lintner (1956) bzw. Fama/Babiak (1968) gegenüber, das explizit den Einfluss der Unternehmensgewinne berücksichtigt. Dabei kommt er zu dem Schluss, dass das naive Modell dem aufwändigeren Ansatz ebenbürtig ist. Auch das Abstellen auf Analystenvorhersagen in Form von Datenbankinformationen bestätigt die vorherigen Ergebnisse.[162] Vor diesem Hintergrund ist es nicht verwunderlich, dass in der Folgezeit weiterhin auf das naive Modell zurückgegriffen wurde, wobei das Forschungsinteresse verstärkt besonders ausgeprägten Dividendenänderungen galt.[163] So beschränken sich z.B. Asquit/Mullins (1983) auf Unternehmen, die seit mindestens zehn Jahren erstmalig eine Dividende ankündigen. Dies wird damit begründet, dass hier am ehesten der Fall einer *unerwarteten* Dividendenankündigung vorliegt.[164] Mit derselben Argumentation werden an anderer Stelle nur Dividendenaussetzungen bzw. erstmalige Dividendeneinführungen analysiert.[165]

Angesichts der unterschiedlichen methodischen Herangehensweisen überrascht es, dass die Ergebnisse der grundlegenden Studien – mit Ausnahme von Watts (1973) – ein überaus einheitliches Bild ergeben: Bei Ankündigung unerwarteter Dividendenerhöhungen (Dividendensenkungen) ist eine signifikant positive (negative) abnormale Aktienrendite zu beobachten.[166] Zudem wird i.d.R. dokumentiert, dass das Ausmaß der abnormalen Aktienrendite von der Höhe der Änderung abhängt. Schließlich wird oftmals festgestellt, dass Dividendensen-

---

160 Vgl. neben Aharony/Swary (1980) z.B. Kwan (1981); Woolridge (1982); Howe/He/Kao (1992).

161 Vgl. Heiden (2002), S. 63.

162 Vgl. bspw. Woolridge (1982); Haw/Kim (1991).

163 Vgl. Asquith/Mullins (1983); Dielmann/Oppenheimer (1984); Healy/Palepu (1988); Ghosh/Woolridge (1989); Christie (1994); Michaely/Thaler/Womack (1995).

164 Vgl. Asquith/Mullins (1983), S. 80.

165 Vgl. z.B. Michaely/Thaler/Womack (1995), S. 573.

166 Diese Einschätzung wird breit geteilt. Vgl. u.a. Ruwisch (2002), S. 454 f.; Allen/Michaely (2003), S. 387.

kungen stärkere Kapitalmarktreaktionen auslösen als Dividendenerhöhungen.[167] Besonders deutlich wird der Unterschied zwischen Dividendeneinführungen und -aussetzungen, wo die Überrenditen durchschnittlich bei ca. 3,4 % und -7 % liegen.[168] Angesichts der eindeutigen Ergebnisse zu Aktienkursreaktionen auf Dividendenänderungen konzentrieren sich einige Autoren (zusätzlich) auf die Frage, inwiefern die beobachteten Aktienkursreaktionen nach Dividendenänderungen tatsächlich auf Signalingüberlegungen zurückgeführt werden können.[169]

Ein naheliegender Ansatz besteht in einer Differenzierung danach, wie sehr die Unternehmen auf die Dividende als Signalinginstrument angewiesen sind. So ist z.B. davon auszugehen, dass die Stärke der Aktienkursreaktion im Kontext von Dividendenänderungen mit der Größe der Unternehmen abnehmen sollte. Schließlich ist bei kleineren Unternehmen die Informationsasymmetrie größer bzw. das sonstige Signalinginstrumentarium kleiner, da diese regelmäßig weniger Informationen veröffentlichen und weniger stark im Fokus von Analysten und Medien stehen.[170] Die entsprechenden empirischen Ergebnisse stützen diese These weitgehend.[171] Neben Unternehmensgröße kann auch die Existenz institutioneller Anleger als Proxy für das potenzielle Ausmaß der Informationsasymmetrie zwischen Unternehmen und Kapitalmarkt angesehen werden. So beobachten z.B. Amihud/Li (2006) für den Zeitraum von 1962 bis 2000, dass die Kapitalmarktreaktionen infolge angekündigter Dividendenänderungen und damit deren Informationsgehalt seit den 70er und 80er Jahren deutlich abgenommen haben. Im gleichen Zeitraum hat sich der Einfluss institutioneller Anleger am Aktienmarkt erhöht.[172] Da diese generell als erfahrener und besser informiert gelten, kann ihre Beteiligung dazu führen, dass ein wesentlicher Teil von Informationen bereits im Aktienkurs eingepreist ist, bevor es überhaupt zu einer Änderung der Dividendenhöhe kommt. Dies würde die im Zeitablauf abnehmenden Aktienkursreaktionen erklären.

---

167 Vgl. z.B. Heiden (2002), S. 68.

168 Vgl. Allen/Michaely (2003), S. 387, die diese Werte auf Basis der Ergebnisse von Asquith/Mullins (1983), Healy/Palepu (1988) und Michaely/Thaler/Womack (1995) ableiten. Es gibt jedoch auch Studien, die bei Dividendenreduktionen einen stärkeren Effekt feststellen als bei Dividendenaussetzungen. Hierzu zählen Benesh/Keow/Pinkterton (1984).

169 Neben den nachfolgenden Erklärungen könnten die Kursreaktionen u.a. Ausdruck einer Vermögensumschichtung zwischen Fremd- und Eigenkapitalgebern sein. Entsprechende Studien werden in Abschnitt 2.3.2.2.5 behandelt.

170 Vgl. z.B Bajaj/Vijh (1990), S. 258.

171 Vgl. Eddy/Seifert (1988); Ghosh/Woolridge (1989); Bajaj/Vijh (1990); Christie (1994); Yoon/Starks (1995). Die Ergebnisse von Haw/Kim (1991) weichen diesbezüglich ab.

172 Vgl. Amihud/Li (2006), S. 638 ff.

Darüber hinaus gehen einige Autoren der Frage nach, in welchem Umfang die beobachteten Aktienkursreaktionen durch Klienteleffekte beeinflusst werden. Dividendenklientele sind Gruppen von Anlegern, die z.B. aufgrund steuerlicher Gegebenheiten grundsätzlich eher dividendenstarke oder dividendenschwache Aktien präferieren.[173] Wird eine Aktie aufgrund ihrer bisherigen Dividendenpolitik vor allem von Anlegern gehalten, die keine Dividenden wünschen, würde der positive Informationseffekt einer angekündigten Dividendensteigerung ggf. durch eine Abwanderung des Klientels abgeschwächt und es käme somit zu einer geringeren Überrendite.[174] Häufig wird in den Studien das Dividendenklientel einer Aktie durch deren Dividendenrendite operationalisiert. Entsprechende Untersuchungen kommen fast durchgehend zu dem Ergebnis, dass das Ausmaß der Aktienkursreaktion mit steigender Dividendenrendite zunimmt.[175]

Zusätzlich zum Aktienkurs wird u.a. auch die Entwicklung der Handelsvolumina um den Ankündigungszeitpunkt untersucht, um der Frage nachzugehen, ob die Kursreaktionen eher auf Klientelumschichtungen als auf Informationseffekte zurückzuführen sind. Insgesamt werden jedoch nur geringfügig erhöhte Handelsvolumina ausgemacht[176] oder die Schwankungen können nicht auf Klientelumschichtungen zurückgeführt werden.[177] Somit spricht die empirische Evidenz zwar insgesamt dafür, dass es gewisse Klientelumschichtungen gibt, jedoch scheint dieser Effekt im Kontext von Änderungen der Dividendenpolitik nicht zu dominieren.[178]

Der Ansatz von Bernheim/Wantz (1995) folgt dem Dividendensignalingmodell von John/Wiliams (1985), wonach eine asymmetrische Besteuerung von Dividenden und Kursgewinnen zulasten von Dividenden die Kosten des Dividendensignals erhöht und damit zu dessen Glaubwürdigkeit beiträgt. In einem solchen Umfeld könnte ein „gutes" Unternehmen sich bereits mit moderaten Dividenden von „schlechten" Unternehmen absetzen.[179] Folglich sollten die Kursreaktionen mit steigender steuerlicher Diskriminierung von Dividenden stärker ausfallen. Die Ergebnisse bei Bernheim/Wantz (1995) fallen zugunsten dieser

---

173 Vgl. für diese Definition z.B. Ogden/Jen/O'Connor (2003), S. 479.

174 Vgl. Bajaj/Vijh (1990), S. 195.

175 Vgl. z.B. Fehrs/Benesh/Peterson (1988); Bajaj/Vijh (1990); Denis/Denis/Sarin (1994); Yoon/Starks (1995). Abweichende Ergebnisse finden sich bei Christie (1994).

176 Vgl. Richardson/Sefcik/Thompson (1986); Michaely/Thaler/Womack (1995).

177 Vgl. Bajaj/Vijh (1995).

178 Vgl. Ruwisch (2002), S. 463. Zu der Problematik, beide Effekte empirisch sauber trennen zu können, vgl. Bajaj/Vijh (1990), S. 218.

179 Vgl. Bernheim/Wantz (1995), S. 533 f.

Hypothese aus.[180] In der Folgezeit kommen allerdings einige Autoren zu abweichenden Ergebnissen.[181] In der jüngsten Untersuchung kritisiert Li (2007) die methodische Herangehensweise bei Bernheim/Wantz (1995). Li (2007) stellt fest, dass die Kursreaktionen bei Dividendenänderungen mit zunehmender steuerlicher Diskriminierung abnehmen. Dies lässt sich damit erklären, dass eine steuerliche Benachteiligung von Dividenden dazu führt, dass Aktien mit steigender Dividende allgemein für Anleger unattraktiver werden.[182] Entsprechende Steuereffekte führen somit dazu, dass sich die Signalingwirkung der Dividende weniger stark in den Kursen widerspiegelt.[183]

In einigen Untersuchungen widmen sich die Autoren explizit der Frage, ob Dividendenankündigungen verglichen mit Gewinnbekanntgaben zusätzlichen Informationsgehalt aufweisen. Dazu wird u.a. anhand von Regressionsanalysen untersucht, inwiefern unerwartete Gewinn- und Dividendenankündigungen einerseits isoliert und andererseits im Zusammenspiel die Entwicklung der Überrenditen erklären können.[184] Alternativ wird die Reaktion auf Dividendenankündigungen in Abhängigkeit davon untersucht, ob diese vor oder nach Gewinnbekanntgabe[185] bzw. in welchem zeitlichen Abstand Dividenden- und Gewinninformationen erfolgen.[186] Schließlich werden Aktienkursreaktionen bei Gewinnbekanntgaben getrennt nach Unternehmen mit und ohne Dividendenzahlungen analysiert. Die Untersuchungen kommen nicht zu eindeutigen Ergebnissen. Insgesamt weisen Dividendenankündigungen gegenüber Gewinnen tendenziell zusätzlichen Informationsgehalt auf. Darüber hinaus scheint sich der Informationsnutzen zu erhöhen, wenn beide Signale kombiniert betrachtet werden.[187]

Neben kurzfristigen Aktienkursreaktionen untersuchen einige Autoren auch die längerfristige Aktienperformance im Kontext der Dividendenpolitik. In mehreren Studien wird dokumentiert, dass insbesondere Unternehmen, die Dividenden einführen bzw. erhöhen, noch in den darauffolgenden zwei bis drei Jahren abnormale Renditen aufweisen.[188] Diese Befunde sind vor dem Hintergrund der Signalinghypothese nicht unproblematisch. Sie implizieren, dass der Markt das Dividendensignal nicht vollständig bzw. nur verzögert verarbeitet und ein-

---

180 Vgl. Bernheim/Wantz (1995), S. 543 ff.

181 Vgl. Bernhardt/Douglas/Robertson (2005).

182 Diese Thematik wird eingehend in Abschnitt 2.4 behandelt.

183 Vgl. Li (2007), S. 8 ff.

184 Vgl. bspw. Kane/Lee/Marcus (1984); Leftwich/Zmijewski (1994).

185 Vgl. bspw. Venkatesh (1989).

186 Vgl. bspw. Aharony/Swary (1980); Eddy/Seifert (1992).

187 Zu dieser Einschätzung kommen auch Heiden (2002), S. 101; Ruwisch (2002), S. 469.

188 Hierzu zählen Charest (1978); Michaely/Thaler/Womack (1995); Benartzi/Michaely/Thaler (1997); Grullon/Michaely/Swamminathan (2002).

preist.[189] Eine mögliche Begründung für dieses Phänomen der „underreaction“ wird darin gesehen, dass die Marktteilnehmer nicht in der Lage sind, die Signale sofort und in vollem Umfang zu verstehen. Solche Erklärungsansätze aus dem Bereich der Verhaltensökonomie stellen jedoch die Zweckmäßigkeit der Dividende als Signalinginstrument in Frage.[190] Der relativ junge Beitrag von Liu/Szewczyk/Zantout (2008), in dem Dividendenkürzungen und -aussetzungen der Jahre 1927 bis 1999 betrachtet werden, lässt dieses Phänomen in etwas anderem Licht erscheinen. Die Autoren kontrollieren für die Ergebnisentwicklung und zeigen, dass es sich bei der Underperformance nicht um einen Effekt der Dividendenpolitik handelt. Unternehmen mit vergleichbar schlechten Ergebnissen weisen in der Folgezeit ebenso negative Renditen auf, unabhängig davon, ob sie ihre Dividenden kürzen oder nicht. Folglich handelt es sich hierbei letztlich um nichts anderes, als den sog. „post earnings announcement drift“,[191] wie er in zahlreichen anderen Beiträgen thematisiert wird.[192]

2.2.5.1.4 Zusammenhang von Dividende und Risiko

2.2.5.1.4.1 Quantifizierung von Risiko anhand des CAPM

Oftmals werden in der Öffentlichkeit dividendenstarke Aktien als weniger risikoreich bezeichnet.[193] Daher wird in einigen Beiträgen untersucht, ob Dividenden neben bzw. anstatt der Profitabilität eines Unternehmens auch das Risiko eines Unternehmens signalisieren. Bevor auf die entsprechenden Untersuchungen eingegangen wird, soll zunächst die Bedeutung von Risiko, also der Unsicherheit hinsichtlich der künftigen Zahlungsströme,[194] für die Anlageentscheidung eines Anlegers dargestellt werden. Hierzu bietet es sich an, auf die Bernoulli-Theorie zum Entscheidungsverhalten unter Untersicherheit abzustellen.[195] Deren Grundgedanke besagt, dass Entscheidungsträger die möglichen Ausgänge ihrer Handlungsalternativen anhand ihrer persönlichen Nutzenfunktion quantita-

---

189 Vgl. Allen/Michaely (2003), S. 389; Heiden (2002), S. 87 f.

190 Wie Kapitel 3 zeigt, liefert die Verhaltensökonomie jedoch alternative Erklärungsansätze für die Existenz von Dividendenpräferenzen.

191 Vgl. Liu/Szewczyk/Zantout (2008), S. 991 f.

192 Vgl. z.B. Ball/Brown (1968); Bernard/Thomas (1990); Chan/Jegadeesh/Lakonishok (1996).

193 Vgl. bspw. Dong/Robinson/Veld (2005), S. 125.

194 Vgl. zur Definition von Risiko Perridon/Steiner/Rathgeber (2009), S. 104 f. Für die Zwecke dieser Arbeit sollen Unsicherheit und Risiko synonym gebraucht werden, auch wenn die Begriffe in der Entscheidungstheorie unterschiedlich belegt sind.

195 Vgl. Ballwieser (2011), S. 67. Vgl. weiterführend Friedman/Savage (1952); von Neumann/Morgenstern (1953).

tiv bewerten und anschließend die Alternative mit dem höchsten erwarteten Nutzen wählen:[196]

$$\sum_{i=1}^{n} p_i \cdot u(x_i) \rightarrow \max! \tag{2-1}$$

mit

x_i	:	Entscheidungsergebnis
$u(x_i)$	:	Nutzenwert von x_i
p_i	:	Wahrscheinlichkeit

Die Risikoneigung des Entscheidungsträgers spiegelt sich in der Nutzenfunktion u wider. Weist diese einen linearen Verlauf auf, entspricht der erwartete Nutzen dem Nutzen des Erwartungswerts.[197] Folglich ist die betreffende Person indifferent zwischen einem sicheren Betrag und einer unsicheren Alternative mit gleichem Erwartungswert. Bezogen auf einen Kapitalmarktakteur würde somit das Risiko im Sinne der Streuung um den Erwartungswert für die Anlageentscheidung keine Rolle spielen.[198] Risikoaverse Personen zeichnen sich jedoch durch eine konkave Nutzenfunktion aus, d.h. der Nutzen wächst abnehmend. Dann übersteigt der Nutzen des Erwartungswerts den erwarteten Nutzen einer unsicheren Alternative. Ein solcher Anleger würde also bei zwei alternativen Anlagemöglichkeiten mit gleichem Erwartungswert der Rendite stets die „sicherere", d.h. die Alternative mit der geringeren Streuung, bevorzugen.

Dementsprechend wird die risikoreichere Anlage nur dann gewählt, wenn sie im Vergleich zu risikoärmeren Alternativen eine höhere Rendite verspricht. Für die Quantifizierung eines solchen Risikozuschlags wird im Rahmen der Unternehmensbewertungspraxis regelmäßig auf das CAPM zurückgegriffen.[199] Dort findet indes lediglich das systematische Risiko Berücksichtigung.[200] Dieses umfasst den Teil der Unsicherheit, der auf gesamtwirtschaftliche Faktoren (z.B.

196 Vgl. Perridon/Steiner/Rathgeber (2009), S. 114.

197 Vgl. Bamberg/Coenenberg (2006), S. 92 ff.

198 Bspw. sei von einer Investition ausgegangen, die zu 50 % 10 GE und zu 50 % 20 GE einbringen wird. Bei einer linearen Nutzenfunktion u = 2xi wäre der Nutzen des Erwartungswerts (u = 2*15 = 30) identisch mit dem erwarteten Nutzen (0,5*20 + 0,5*40 = 30). Folglich wäre die Person indifferent zwischen dem sicheren Betrag von 15 und der unsicheren Anlage mit einem Erwartungswert von 15.

199 Vgl. Ballwieser (2011), S. 97. Für die Annahmen des CAPM und die zugrunde liegende Portfolio Selection-Theorie vgl. Markowitz (1952), S. 77 ff.; Markowitz (1959), S. 153 f.; Fama (1968), S. 29 f.; Jensen (1972), S. 3.

200 Vgl. z.B. Haugen (1997), S. 205 f.

Konjunkturzyklen) zurückzuführen ist. Im Gegensatz hierzu fallen unter den Begriff des unsystematischen Risikos ausschließlich unternehmensindividuelle Risikoaspekte (z.B. Gefahr von Managementfehlern). Gemäß der Portfolio-Selection-Theorie sollten Anleger das unsystematische Risiko durch eine Diversifizierung ihres Portfolios vollständig eliminieren können. Folglich würden sie lediglich für die Übernahme des systematischen Risikos eine Prämie fordern. Vor diesem Hintergrund berechnen sich die geforderten Eigenkapitalkosten im Rahmen des CAPM wie folgt:[201]

$$E(R_i) = r_f + MRP \times \beta_i, \quad \text{wobei } MRP = [E(r_m) - r_f] \qquad (2\text{-}2)$$

mit

$E(R_i)$	:	Erwartete Rendite von Aktie i
$E(r_m)$	:	Erwartete Rendite des Marktportfolios
β_i	:	Betafaktor
r_f	:	Risikoloser Zinssatz

Demnach setzt sich die Renditeerwartung (R_i) aus einem risikolosen Zins (r_f) und einem anlagespezifischen Aufschlag für das systematische Risiko zusammen. Der Risikoaufschlag ergibt sich aus der Multiplikation der Marktrisikoprämie (MRP) mit dem Betafaktor (β_i). Die Marktrisikoprämie berechnet sich aus der Differenz zwischen der erwarteten Rendite eines Marktportfolios ($E(r_m)$), das annahmegemäß aus sämtlichen nicht-risikofreien Anlageformen besteht, und dem risikolosen Zins (r_f). Die MRP ist somit als genereller, unternehmensunabhängiger „Risikopreis“ zu verstehen. Erst durch die Gewichtung mit einer unternehmens- bzw. anlagespezifischen „Risikomengenkomponente“ ergibt sich der Risikoaufschlag für das betrachtete Wertpapier. Die „Menge“ des zu vergütenden systematischen Risikos wird im Rahmen des CAPM durch den Betafaktor (β_i) einer Anlage abgebildet, der das Verhältnis der Renditevolatilität des jeweiligen Wertpapiers zur Renditevolatilität des Marktportfolios widerspiegelt.

2.2.5.1.4.2 Befunde zur Risikosignalinghypothese

Die Risikosignalinghypothese besagt, dass Dividendenerhöhungen (Dividendensenkungen) ein Signal für ein geringeres (höheres) systematisches Risiko darstellen bzw. als ein solches vom Kapitalmarkt wahrgenommen werden. Dies

201 Vgl. im Folgenden bspw. Dörschell/Franken/Schulte (2009), S. 14 ff.; Perridon/Steiner/Rathgeber (2009), S. 265 ff.

schlägt sich in niedrigeren (gestiegenen) risikoadjustierten Kapitalkosten und damit in einer positiven (negativen) Aktienkursentwicklung bzw. kurzfristig abnormalen Renditen um den Ankündigungstag nieder. Diese These geht auf Studien zurück, in denen eine negative Korrelation zwischen der Dividendenrendite und dem systematischen Risiko einer Aktie festgestellt wurde.[202] Die Tatsache, dass ein Zusammenhang zwischen Dividenden und künftigen Gewinnen bzw. Cashflows bislang empirisch weitgehend nicht nachgewiesen werden konnte,[203] legt zusätzlich die Vermutung nahe, dass die beobachtbaren Aktienkursreaktionen eher aus einer risikobedingten Änderung des Diskontierungsfaktors als aus geänderten Zahlungsstromerwartungen resultieren könnten.[204]

Hinsichtlich einer soliden theoretischen Fundierung dieses Zusammenhangs ist jedoch bis heute festzustellen: „Current dividend-signaling models have very little to say about the relation between dividend changes and risk changes".[205] Zu den wenigen Erklärungsversuchen zählt die „maturity hypothesis" von Grullon/Michaely/Swaminathan (2002). Demnach kommt es regelmäßig dann zu dauerhaften Dividendensteigerungen, wenn das Unternehmen eine neue Lebenszyklusphase erreicht. So sinkt mit zunehmendem Alter i.d.R. die Anzahl an verfügbaren Wachstumsoptionen. Folglich müssen weniger Gewinne für Reinvestitionen einbehalten und externe Finanzierungsquellen in Anspruch genommen werden, wodurch mehr Free Cashflows für Ausschüttungszwecke zur Verfügung stehen.[206] Da der Unternehmenswert mit fortschreitendem Alter zunehmend durch den Wert der vorhandenen Vermögenswerte und weniger durch die im Vergleich risikoreicheren Wachstumsoptionen determiniert wird, sinkt parallel das systematische Risiko im Zeitablauf.[207] Dementsprechend gilt auch hier weiterhin die Feststellung von Miller/Modigliani (1961), dass das Risiko eines Unternehmens allein durch das Investitionsprogramm determiniert wird. Da dieses jedoch mit dem Alter des Unternehmens zusammenhängt und das Alter wiederum mit der Dividendenhöhe positiv korreliert, kann die Dividendenhöhe als Signal für das Risiko des Unternehmens dienen.[208]

Vor diesem Hintergrund wurde in einigen Studien untersucht, inwiefern sich in den Monaten bzw. Jahren nach einer Dividendenänderung das systematische Risiko der entsprechenden Aktie verändert hat. Als eine der ersten Studien ha-

---

202 Vgl. Blume (1980); Keim (1985); Chen/Grundy/Stambaugh (1990); Skinner (1993).

203 Vgl. Abschnitt 2.2.5.1.1.

204 Vgl. z.B. Grullon/Michaely/Swaminathan (2002), S. 387; Kumar et al. (2008), S. 1040.

205 Allen/Michaely (2003), S. 383.

206 Vgl. Grullon/Michaely/Swaminathan (2002), S. 389 f.

207 Vgl. zu diesem Zusammenhang Bernardo/Bhagwan/Goyal (2007), S. 5 f.

208 Dieser Gedanke findet sich bereits bei Ang/Peterson (1985), S. 542.

ben Dielmann/Oppenheimer (1984) die Betawerte von Aktien vor und nach Ankündigung untersucht. Analog zum Großteil der nachfolgenden Studien aus den 90er Jahren, in denen teilweise unterschiedliche Methoden zum Einsatz kommen, sehen die Autoren ihre Ergebnisse im Einklang mit dem Gedanken der Risikosignalinghypothese.[209] Zu den wenigen Studien mit abweichenden Ergebnissen gehört Venkatesh (1989), der zwar eine Verringerung des Gesamtrisikos im Zuge von Dividendenerhöhungen beobachtet, diese jedoch nur auf eine Veränderung des unsystematischen Risikos zurückführt.[210]

Zur Gruppe der jüngeren Untersuchungen zählt der oben erwähnte Beitrag von Grullon/Michaely/Swaminathan (2002). Im Rahmen ihrer eigenen empirischen Untersuchung für den Zeitraum von 1967 bis 1993 finden die Autoren den erwarteten Zusammenhang: Dividendensteigerungen (Dividendenreduktionen) gehen mit einer signifikanten Verringerung (Erhöhung) des systematischen Risikos in den zwei folgenden Jahren einher, das die Autoren jedoch anstelle des klassischen CAPM mittels des Dreifaktorenmodells von Fama/French (1993) messen.[211]

Chen/Shevlin/Tong (2007) erweitern dieses Modell, indem sie eine Variable für das Informationsrisiko als Unterkategorie des systematischen Risikos aufnehmen, welche die Wahrscheinlichkeit abbildet, dass die Unternehmensinformationen hinsichtlich der Prognose künftiger Cashflows ungenau bzw. irrelevant sind.[212] Auf Basis eines Datensets für den Zeitraum von 1974 bis 1999 kommen die Autoren zu dem Ergebnis, dass mit der Aufnahme von Dividendenzahlungen das Informationsrisiko abnimmt.[213] In einer anderen Modellvariante wird die Persistenz (Nachhaltigkeit) von Gewinnen bzw. Ergebnissen untersucht. Persistenz bezeichnet dabei das Ausmaß, in dem vergangene Ergebnisse künftige Ergebnisse erklären können. Dies ist der Fall, wenn die Ergebnisgröße

---

209 Vgl. Dielmann/Oppenheimer (1984), S. 203 ff. Zu den weiteren Studien zählen Bajaj/Vijh (1990); Sant/Cowan (1994); Bradley/Capozza/Seguin (1998); Dyl/Weigand (1998). Ein ausführlicher Überblick findet sich z.B. bei Ruwisch (2002), S. 464 ff. Im Folgenden wird daher lediglich auf die jüngeren Untersuchungen eingegangen.

210 Vgl. Venkatesh (1989), S. 188 f.

211 Vgl. Grullon/Michaely/Swaminathan (2002), S. 405 ff. Im Dreifaktorenmodell gehen neben dem Betafaktor auch noch Unternehmensgröße und Buchwert-Marktwertverhältnis in die Betrachtung ein. Vgl. Fama/French (1993), S. 3 ff.

212 Zur theoretischen Fundierung des Informationsrisikos als Komponente des systematischen Risikos vgl. Easley/O'Hara (2004). Zur (fehlenden) Berücksichtigung in der Praxis vgl. Dörschell/Franken/Schulte (2009), S. 14 f.

213 Vgl. Chen/Sehvlin/Tong (2007), S. 18 f. Dieser Effekt tritt jedoch deutlich vor Dividendenankündigung auf, weshalb diese Ergebnisse nicht die Aktienkursreaktionen um den Ankündigungstag erklären können. Vgl. Chen/Sehvlin/Tong (2007), S. 5.

nur begrenz transitorische Komponenten enthält.[214] Je höher die Persistenz von Ergebnissen ausfällt, desto geringer ist die Unsicherheit hinsichtlich der künftigen Gewinnentwicklung, wodurch Ergebnispersistenz als alternatives Maß für das Unternehmensrisiko gesehen werden kann.[215] Diesbezüglich wird festgestellt, dass Unternehmen, die Dividenden zahlen, eine höhere Gewinnpersistenz aufweisen, was ebenfalls für ein niedrigeres Informationsrisiko spricht.[216] Diese gesunkene Unsicherheit deckt sich mit der Tatsache, dass die Autoren eine tendenziell abnehmende Streuung der Analystenvorhersagen im Zuge von Dividendenerhöhungen feststellen.[217]

Skinner/Soltes (2009) betrachten ebenfalls den Zusammenhang von Dividendenpolitik und der als Unternehmensrisikoproxy interpretierbaren Gewinnpersistenz. Für ein Datensample der Jahre 1974 bis 2005 kommen die Autoren zu dem Ergebnis, dass Unternehmen, die Dividenden zahlen, eine höhere Gewinnpersistenz aufweisen als Unternehmen, die keine Dividende ausschütten. Die Höhe der Dividende – gemessen an der Ausschüttungsquote – hat jedoch keinen signifikanten Einfluss.[218]

In einer weiteren aktuellen und zugleich auf einer breiten Datengrundlage basierenden Studie untersuchen Kumar et al. (2008) für den Zeitraum von 1963 bis 2004 die Entwicklung des systematischen Risikos mithilfe des CAPM.[219] Die Autoren stellen fest, dass das systematische Risiko nach der Ankündigung einer erstmaligen Dividendenzahlung signifikant sinkt.[220]

Die empirische Evidenz zur Risikosignalinghypothese ist insgesamt jedoch nicht ganz so eindeutig, wie zwei Untersuchungen jüngeren Ursprungs zeigen. So stellen z.B. Howatt et al. (2009) für den Zeitraum 1987 bis 1998 fest, dass mit Ausnahme von Dividendenaussetzungen sämtliche Änderungen der Dividendenpolitik mit einem Anstieg des Risikos in Form höherer Streuungen der EPS-Kennzahlen einhergehen.[221] Bulan/Subramanian/Tanlu (2007) untersuchen auf Basis eines Datensatzes, welcher die Jahre 1963 bis 2001 umfasst, u.a. die

---

214 Zum Konzept der Ergebnispersistenz vgl. z.B. Schipper/Vincent (2003); Ali/Zarowin (1992); Komendi/Lipe (1987).

215 Dieses ist abzugrenzen vom Anlegerrisiko, dass unabhängig von der Unternehmensperformance z.B. durch geringe Fungibilität der Unternehmensanteile entsteht. Vgl. zu dieser Kategorisierung Metz (2007), S. 116. Zur Verbindung von markt- und rechnungslegungsdatenbasierten Risikomaßen vgl. Beaver/Kettler/Scholes (1970).

216 Vgl. Chen/Shevlin/Tong (2007), S. 19.

217 Vgl. Chen/Shevlin/Tong (2007), S. 36.

218 Vgl. Skinner/Soltes (2011), S. 17.

219 Vgl. Kumar et al. (2008), S. 1068 f.

220 Vgl. Kumar et al. (2008), S. 1070.

221 Vgl. Howatt et al. (2009), S. 558 ff.

Veränderung des systematischen Risikos im Umfeld von Dividendeneinführungen. Dabei messen sie das systematische Risiko analog zu Grullon/Michaely/Swaminathan (2002) anhand des oben erwähnten Dreifaktorenmodells. Im Gegensatz zu ihnen können Bulan/Subramanian/Tanlu (2007) für den Fall von Dividendeneinführungen jedoch keinen Rückgang des systematischen Risikos beobachten.[222]

Ein anderer Teil der Literatur geht der verwandten Fragestellung nach, inwiefern das systematische Risiko einer Aktie an Tagen mit Dividendenankündigung höher als an den sonstigen Tagen ausfällt und ob dieser Effekt gegebenenfalls für die beobachteten Überrenditen verantwortlich ist.[223] Dahinter steht die Überlegung, dass sich an diesen Tagen entscheidet, ob die Dividendenerwartungen erfüllt oder verfehlt werden, woraus eine erhöhte Unsicherheit und damit erhöhte Renditeforderungen resultieren. Ein darüber hinaus gehender theoretischer Unterbau existiert indes auch hier nicht und die empirischen Untersuchungen lassen aufgrund der Ergebnisse[224] sowie der teilweise undifferenzierten Vorgehensweise stark an der Gültigkeit obiger Hypothese zweifeln.[225]

2.2.5.2 Studien zum deutschen Kapitalmarkt

Im vorhergehenden Abschnitt wurde die empirische Evidenz zur Signalingtheorie für den US-amerikanischen Kapitalmarkt in drei Unterabschnitten dargestellt. Da die Anzahl der Studien für deutsche Unternehmen deutlich geringer ist, wird im Folgenden auf eine ähnliche Unterteilung verzichtet. Stattdessen werden die Charakteristika der bisherigen Untersuchungen zum deutschen Kapitalmarkt gemeinsam mit den Angaben zu den Datensätzen in Tabellenform präsentiert.

Wie bei den Studien zum US-amerikanischen Kapitalmarkt so wird auch in den Untersuchungen zum deutschen Kapitalmarkt insbesondere die Aktienkursreaktion im Zusammenhang mit angekündigten Dividendenänderungen analysiert. Aufgrund regulatorischer Unterschiede ergibt sich hier eine Besonderheit: Während in den USA die Ausschüttungsentscheidung grundsätzlich vom Management getroffen wird,[226] sieht das deutsche Aktienrecht eine gespaltene Gewinnverwendungskompetenz vor: Im Regelfall können Vorstand und Aufsichts-

---

222 Vgl. Bulan/Subramanian/Tanlu (2007), S. 40 ff.

223 Vgl. Eades/Hess/Kim (1985); Kalay/Loewenstein (1985); Jayaraman/Shastri (1993).

224 Z.B. können Eades/Hess/Kim (1985) keinen signifikanten Zusammenhang feststellen.

225 Letzteres trifft bspw. auf Kalay/Loewenstein (1985) zu. Vgl. weitergehend Ruwisch (2002), S. 463 f.

226 Vgl. z.B. Richard (2007), S. 63.

rat gem. § 58 Abs. 2 S. 1 AktG bis zur Hälfte des nach handelsrechtlichen Bilanzierungsregeln ermittelten, im Einzelabschluss ausgewiesenen Jahresüberschusses nach eigenem Ermessen thesaurieren.[227] Über die Verwendung des verbleibenden Betrags – auch als Bilanzgewinn bezeichnet – und damit die Dividendenhöhe entscheiden gem. § 58 Abs. 4 AktG letztlich die Aktionäre im Rahmen der HV. Das Management unterbreitet jedoch im Vorfeld einen Vorschlag zur Gewinnverwendung und damit zur Dividendenhöhe. Grundsätzlich könnte somit sowohl der Tag des Dividendenvorschlags als auch der Tag der HV als Ankündigungstag in Frage kommen. Regelmäßig wird hier jedoch bereits der Tag der Bekanntgabe des Dividendenvorschlags (z.B. im Handelsblatt)[228] als relevant betrachtet.[229]

Trotz unterschiedlicher Rahmenbedingungen deckt sich die empirische Evidenz für deutsche Unternehmen im Wesentlichen mit den Ergebnissen zum US-amerikanischen Kapitalmarkt. Daher soll die abschließende Diskussion der Ergebnisse hinsichtlich der Gültigkeit der Signalinghypothese gemeinsam im nachfolgenden Abschnitt erfolgen.

Tab. 2: Empirische Evidenz zur Gültigkeit der Dividendensignalinghypothese in Deutschland

Verfasser **Untersuchungszeitraum** **Anzahl Beobachtungen**	**Kernergebnisse & Charakteristika**
Brandi (1977) 1965 bis 1972 n = 185 bzw. 204	▪ Gleichlaufende Aktienkursreaktionen im Umfeld des Dividendenvorschlags (Wochenrenditen). ▪ Im Umfeld der Hauptversammlung sind kaum mehr Reaktionen beobachtbar. ▪ Auf Basis des naiven Modells und unter Verwendung von Wochenkursen erklärt die Dividende die Aktienentwicklung besser als GuV-Größen. ▪ Keine Berücksichtigung zeitgleich veröffentlichter Gewinninformationen.
Sahling (1981) 1971 bis 1977 n = 149	▪ Gleichlaufende Aktienkursreaktionen im Umfeld des Dividendenvorschlags (Wochenrenditen). ▪ Kein Zusammenhang zwischen Höhe der Dividendenänderung und Ausmaß der Kursreaktion. ▪ Keine Berücksichtigung zeitgleich veröffentlichter Gewinninformationen.

227 Abweichungen ergeben sich, wenn Einstellungen in die gesetzliche bzw. satzungsmäßige Rücklage zu berücksichtigen sind. Vgl. Richard (2007), S. 67 f.

228 Vgl. z.B. Amihud/Murgia (1997), S. 402; Gerke/Oerke/Sentner (1997), S. 811.

229 Hierfür spricht letztlich der Grundgedanke der Signalingtheorie, wonach das Management seine Informationen in Dividendenform an den Markt gibt.

Amihud/Murgia (1997) 1988 bis 1992 n = 306 bzw. 262	▪ Gleichlaufende Aktienkursreaktionen in signifikantem Maße im Umfeld des Dividendenvorschlags (Tagesrenditen). ▪ Regressionsanalysen zeigen, dass bei Berücksichtigung von Gewinnänderungen Dividenden dennoch einen signifikanten Erklärungsgehalt hinsichtlich der Aktienkursreaktion aufweisen.
Gerke/Oerke/Sentner (1997) 1987 bis 1994 n = 414	▪ Gleichlaufende Aktienkursreaktionen in signifikantem Maße im Umfeld des Dividendenvorschlags (Tagesrenditen). ▪ Ergebnisse bleiben unverändert, wenn nur Beobachtungen ohne parallele Gewinnbekanntgabe berücksichtigt werden. ▪ Dividendensenkungen haben einen größeren Effekt. ▪ Kein Zusammenhang zwischen Höhe der Dividendenänderung und Ausmaß der Kursreaktion.
Röder (2000) 1996 bis 1997 n = 202 bzw.	▪ Dividendenankündigungen (als Ad Hoc-Nachrichten) korrelieren negativ mit der abnormalen Rendite, wenn andere Informationsquellen mit einbezogen werden.
Heiden (2002) 1981 bis 1991 n = 997	▪ Gleichlaufende Aktienkursreaktionen bei Dividendenerhöhungen, -kürzungen, und -ausfällen (Tagesrenditen). ▪ Jedoch negative Reaktion bei Dividendenaufnahmen. ▪ Ergebnisse bleiben unverändert, auch wenn nur Beobachtungen ohne parallele Gewinnbekanntgabe berücksichtigt werden. ▪ Kein durchgehend (plausibler) Zusammenhang zwischen Höhe der Dividendenänderung und Ausmaß der Kursreaktion. ▪ Zusammenhang zwischen Dividendenänderung und künftigen Gewinnen bzw. Cashflows ist häufig nicht signifikant. In einigen Fällen von Dividendensteigerungen wird eine (mäßig) signifikant positive Korrelation festgestellt. ▪ Kein durchgängig signifikanter Einfluss der Unternehmensgröße auf das Ausmaß der Kursreaktion.
Ellermann (2003) 1984 bis 1997 n = 151	▪ Es wird die langfristige Aktienkursentwicklung (3 Jahre) von IPOs und etablierten Unternehmen nach Dividendenausfällen untersucht. ▪ Alle Unternehmen weisen bereits zwei Jahre vor dem Dividendenausfall eine starke Underperformance auf. ▪ Nach dem Dividendenausfall weisen IPOs eine deutliche Underperformance auf. ▪ Etablierte Unternehmen zeigen hingegen in der Ankündigungsperiode eine Underperformance. Fortan kommt es jedoch im Durchschnitt nicht mehr zu negativen Überrenditen. ▪ Die Ergebnisse sprechen somit dafür, dass zumindest im Fall von etablierten Unternehmen mit der Periode des Dividendenausfalls die negativen Informationen weitgehend eingepreist wurden.

Savov (2006) 1984 bis 2002 n = 2.841	▪ Kein signifikant positiver Zusammenhang zwischen Dividendenänderung und künftiger Profitabilität feststellbar. ▪ Selbiges gilt für den Zusammenhang zwischen Dividende und systematischem Risiko.
Pott/Vögtle (2009) 1998 bis 2007 n = 30	▪ Es wird u.a. die Performance von Unternehmen betrachtet, die erstmalig eine Ausschüttungsquote von 35 % oder mehr aufweisen. ▪ Es lassen sich keine signifikanten Überrenditen um den Ankündigungstag (Ad Hoc) feststellen. ▪ Langfristig kommt es zu einer signifikanten Überrendite.
Andres et al. (2011)[230] 1996 bis 2006 n = 921	▪ Gleichlaufende Aktienkursreaktionen bei Dividendenerhöhungen und -senkungen (Tagesrenditen). ▪ Unerwartete Dividendenänderungen auf Basis von Analystenschätzungen dominieren das naive Erwartungsmodell bei der Erklärung der Aktienkursreaktion. ▪ In Einklang mit der Signalinghypothese sinkt die Aktienkursreaktion infolge von unerwarteten Dividendenerhöhungen, je mehr Analysten das Unternehmen abdecken. ▪ Für Dividendensenkungen ist der Einfluss der Analystenvariable hingegen nicht signifikant.

2.2.6 Zwischenergebnis

Die Idee, dass Dividendenpolitik ein Instrument zur Signalisierung künftiger Ertragsaussichten darstellt, stellt gleichermaßen eine der ältesten und am weitesten verbreiteten Theorien dar, mit der die Existenz und Kapitalmarktrelevanz von Dividenden erklärt wird. Aufbauend auf einem Sockel an Literatur, welche die Signalingfunktion von Dividenden theoretisch erklärt, existiert eine kaum überschaubare Menge an empirischen Untersuchungen. Die Ergebnisse zur kurzfristigen Kapitalmarktreaktion ergeben ein verhältnismäßig homogenes Gesamtbild: Bei Ankündigung unerwarteter Dividendenänderungen ist eine gleichlaufende, signifikante Aktienkursreaktion um den Ankündigungstag zu beobachten, die für Dividendensenkungen im Vergleich zu Dividendenerhöhungen regelmäßig stärker ausfällt. Dieser Zusammenhang scheint weder von der Ausgestaltung bzw. Feinheit der empirischen Methoden noch von der Wahl des Datensatzes abhängig zu sein.

---

230 Darüber hinaus existiert mit Haesner/Schanz (2011) eine weitere aktuelle Studie, in der weitgehend dieselbe Datenbasis und Methodik verwendet und somit auch kongruente Ergebnisse festgehalten werden. Dort liegt der Fokus jedoch auf steuerlichen Aspekten, weshalb auf die Untersuchung in Abschnitt 2.4.3.2.3. eingegangen wird.

Problematisch ist jedoch, dass ausgerechnet die detaillierteren Studien, in denen versucht wird, die Kapitalmarktreaktion explizit auf Signalingaspekte zurückzuführen, die Signalinghypothese insgesamt kaum stützen können. Neben den Untersuchungen zur längerfristigen Kursentwicklung und zur Rolle von Steuern als Signalingkosten zählen hierzu insbesondere diejenigen Studien, in denen der Zusammenhang von Dividendenänderungen und künftiger Unternehmensentwicklung betrachtet wird. In diesem Kontext scheinen auch die jüngsten Ergebnisse die Aussage von Miller (1986) weiterhin zu bestätigen, wonach „dividends are better described as lagging earnings than as leading earnings".[231] Vor diesem Hintergrund erscheint es plausibel, dass Analysten Dividenden nicht naiv, sondern allenfalls in einem komplexen und situationsabhängigen Umfeld als Signale nutzen.[232]

Von theoretischer Seite ist zudem anzumerken, dass das Management grundsätzlich über günstigere Signalinginstrumente verfügt.[233] Zudem werden die Signalingkosten in den entsprechenden Theorien zumeist nicht direkt vom Management, sondern von den Anlegern (z.B. in Form steuerlicher Nachteile) getragen.[234] Hinzu kommt, dass Manager bei Befragungen nicht besonders oft angeben, die Dividendenpolitik aktiv als Signalinginstrument zu nutzen.[235] Schließlich fällt auf, dass eigentlich die falschen Unternehmen eine Dividende zahlen. So sind es primär größere, ältere Unternehmen, die ohnehin viele Informationen publizieren und somit tendenziell am wenigsten von Informationsasymmetrien betroffen sind.[236] Hieraus lässt sich jedoch ein alternativer Erklärungsansatz zur der „klassischen" Signalinghypothese ableiten, derzufolge Dividenden lediglich die *Höhe* der künftigen Unternehmensrückflüsse signalisieren.

In empirischen Arbeiten kann häufiger ein Zusammenhang von Dividendenzahlungen mit dem gegenwärtigen Gewinn und dessen Persistenz hergestellt werden. So kommt es z.B. nach Dividendensteigerungen seltener zu Gewinneinbrüchen. Neben der Persistenz von Gewinnen dokumentieren vor allem neuere Studien zunehmend, dass eine Verbindung zwischen der Dividendenpolitik und dem systematischen Risiko eines Unternehmens zu bestehen scheint. Damit wä-

---

231 Miller (1987), S. 49.

232 Vgl. Dong/Robinson/Veld (2009), S. 406.

233 Hierzu zählt insbesondere die Finanzberichterstattung. Vgl. Easterbrook (1984), S. 651.

234 Vgl. z.B. Ang (1987), S. 41 f.

235 In einer neueren Untersuchung kommen Brav et al. (2005) zum Schluss: „Not a single interviewed executive told us that their firm had ever thought of increasing payout as a costly means of separating themselves from the competitors." Brav et al. (2005), S. 505. Eine Zusammenfassung dieser Studien findet sich bei Prokot (2006), S. 178 ff.

236 Diese Thematik fällt in den Bereich der Dividendenpolitik, der in dieser Arbeit nicht im Fokus steht. Vgl. hierzu zuletzt u.a. Khang/King (2006), S. 72 ff.

ren insbesondere Dividendeneinführungen ein (ggf. unbeabsichtigtes) Signal dafür, dass das Unternehmen eine neue Lebensphase erreicht und sich sein Risiko signifikant verringert hat. Derzeit fehlt jedoch noch weitgehend ein theoretischer Unterbau, der die empirischen Ergebnisse zur Risikosignalinghypothese stützen würde.

Ungeachtet der Kritik aus theoretischer Sicht sowie der Tatsache, dass die Dividende die künftige Gewinnentwicklung regelmäßig nicht zutreffend widerspiegelt, kann nicht ausgeschlossen werden, dass (bestimmte) Privatanleger die Dividende bzw. deren Änderung als glaubwürdigen Indikator für die aktuellen bzw. künftigen Geschäftsaussichten wahrnehmen. Mit Blick auf die anlegerspezifischen Daten, die für die empirische Analyse im Rahmen dieser Arbeit zur Verfügung stehen, dürfte sich eine solche Aktionärsgruppe durch folgende Merkmale auszeichnen:

Es wäre davon auszugehen, dass diese Anleger eine Dividendenpräferenz dem Grunde nach aufweisen, da sie der Dividendenentscheidung nicht indifferent gegenüberstehen. Dies bedeutet jedoch nicht, dass eine – gemessen an der Ausschüttungsquote – möglichst großzügige oder zurückhaltende Dividendenpolitik gefordert wird. Die Dividendenpolitik dürfte lediglich nicht erratisch sein, sondern müsste möglichst gut die Einschätzung des Managements hinsichtlich der künftigen und ggf. aktuellen Unternehmenssituation widerspiegeln. Dies wiederum setzt voraus, dass primär das Management über die Höhe der Dividende bestimmt. Eine Forderung nach stärkerer Einbindung der Aktionäre in die Dividendenentscheidung wäre daher mit der Signalinghypothese ohne weiteres nicht vereinbar. Schließlich wäre anzunehmen, dass Anleger immer dann besonders stark auf die Dividende als Performanceindikator zurückgreifen, wenn ihnen diesbezüglich alternative Bottom-Line-Größen – allen voran der Gewinn – als nicht geeignet erscheinen. Folglich wäre zu erwarten, dass sie Dividendenänderungen im Vergleich mit Gewinnänderungen tendenziell eine höhere Bedeutung beimessen.

Die hier aufgezeigten Zusammenhänge lassen sich nur teilweise anhand von Kapitalmarktdaten untersuchen. Somit sind entsprechende empirische Ergebnisse bislang rar gesät.[237] Die im Rahmen der vorliegenden Arbeit verwendeten Befragungsdaten bieten somit eine Gelegenheit, bislang kaum untersuchte Aspekte der Signalinghypothese zu beleuchten.

---

237 Ausnahmen bilden die in Abschnitt 2.2.5.1.3 angeführten Studien zum Zusammenspiel zwischen Dividenden- und Gewinnbekanntgaben sowie einige der in Abschnitt 4.1 behandelten Untersuchungen.

2.3 Dividenden im Kontext der Agencytheorie

2.3.1 Theoretische Ansätze

2.3.1.1 Grundlagen der Agencytheorie

Die Agencytheorie bietet eine zur Signalingtheorie alternative Erklärung für die beobachtete Kapitalmarktrelevanz der Dividendenpolitik. Somit stellt sie insbesondere angesichts der uneindeutigen empirischen Evidenz zur klassischen Signalingtheorie einen wichtigen Theoriebaustein dar. Ebenso wie die Signalingtheorie geht die Agencytheorie davon aus, dass zwischen den Aktionären und dem Management eines Unternehmens Informationsasymmetrien bestehen.[238] Im Gegensatz zur Signalingtheorie wird hier jedoch die Annahme der vollständigen Interessenkongruenz zwischen Anteilseignern und der von Ihnen beauftragten Unternehmensleitung fallen gelassen. Demnach besteht aus Aktionärssicht nicht nur Unsicherheit hinsichtlich der künftigen Unternehmensentwicklung, sondern insbesondere hinsichtlich der Frage, inwiefern das Management anstelle bzw. neben der Maximierung des Unternehmenswerts andere Ziele verfolgt.

Interessendivergenzen zwischen Management und Aktionären resultieren zum einen daraus, dass beide Gruppen unterschiedlichen Nutzen aus der Unternehmenstätigkeit ziehen: Während ein (rationaler) Aktionär lediglich daran interessiert ist, dass sich sein eingesetztes Kapital risikoadäquat verzinst, wird der Nutzen eines Managers auch durch andere, nicht-monetäre Faktoren beeinflusst. Diese können z.B. die Qualität der Büroausstattung, die Attraktivität der Sekretärin oder die Größe des Unternehmens sein, von der sowohl öffentliches Ansehen als auch der Grad der Autonomie im Beruf abhängen.[239] Das Streben des Managements nach Unternehmenswachstum („Empire Building“) und zusätzlichen Annehmlichkeiten am Arbeitsplatz kann aus ökonomischer Sicht dazu führen, dass auch Projekte mit negativem Kapitalwert durchgeführt werden (Überinvestitionshypothese) und somit eine aus Aktionärssicht suboptimale Investitionspolitik verfolgt wird.[240]

Zum anderen unterscheiden sich die gleichermaßen risikoaversen Aktionäre und Manager in ihrer Risikoposition hinsichtlich ihrer Verbindung zum Unter-

---

238 Vgl. z.B. Arrow (1985), S. 37.

239 Vgl. z.B. Jensen/Meckling (1976), S. 312 ff.

240 Vgl. Jensen (1986), S. 323. Oft wird in diesem Kontext auch Verschwendung als separates Problem genannt, was letztlich jedoch einen Spezialfall der Überinvestition darstellt.

nehmen. Sofern Aktionäre über ein diversifiziertes Portfolio verfügen, spielt für sie bei der einzelnen Aktienanlage lediglich das systematische Risiko eine Rolle. Manager beziehen ihr Arbeitseinkommen in der Regel von nur einem Unternehmen. Bei Insolvenz des Unternehmens verlieren sie – ggf. zusätzlich zu dem Vermögen, das sie in Aktien des Arbeitgebers investiert halten – die künftigen Einkünfte aus ihrer Arbeitstätigkeit.[241] Aufgrund dieser undiversifizierten Anlage ihres Humankapitals ist das Management neben dem systematischen auch dem unsystematischen Risiko ausgesetzt. Dementsprechend zieht es zur Beurteilung der Vorteilhaftigkeit von Projekten ggf. andere risikoadjustierte Kapitalkosten heran als der durchschnittliche Aktionär. Die Folge ist eine aus Aktionärssicht zu vorsichtige Investitionspolitik, da nicht diejenigen Projekte durchgeführt werden, die aus Anlegerperspektive den höchsten Kapitalwert aufweisen.

Die unterschiedlichen Risikopositionen können aus Aktionärssicht nicht nur in einer suboptimalen Investitionspolitik, sondern auch in einer suboptimalen Finanzierungspolitik resultieren. Da Eigenkapital die Rolle eines Risikopuffers einnimmt, sinkt das finanzielle Risiko eines Unternehmens mit zunehmendem Eigenkapital. Folglich hat ein risikoaverses Management tendenziell den Anreiz, mehr Eigenkapital im Verhältnis zum Fremdkapital vorzuhalten als es aus Aktionärssicht wünschenswert wäre (Unterverschuldungshypothese).[242] Der Anreiz zur übermäßigen Thesaurierung verstärkt sich zudem tendenziell noch weiter, wenn die Managementvergütung in Form von Aktien bzw. Aktienoptionen ohne Dividendenschutz erfolgt.[243]

Zu der ungleichen Informations- und Interessenverteilung kommt schließlich die Tatsache hinzu, dass die Eigentümer nicht direkt beobachten können, inwiefern das beauftragte Management in ihrem Sinne handelt.[244] Die Unsicherheit, ob sich das Management aufgrund der oben dargestellten Interessenlage aktionärsschädigend verhält, lässt sich durch eine entsprechende Vertragsgestaltung nicht vollständig ausräumen (unvollständige Verträge). So ist es mit vertretbarem Aufwand nicht möglich, Verträge zu gestalten, die zum einen sämtliche Aspekte und Eventualitäten abdecken und zum anderen dem Manager genügend Entscheidungsspielraum lassen, damit seine Fähigkeiten uneinge-

---

241 Vgl. Easterbrook (1984), S. 653.

242 Aus Aktionärssicht wäre grundsätzlich der von den Gläubigern des Unternehmens maximal erlaubte Verschuldungsgrad wünschenswert. Vgl. Easterbrook (1984), S. 653 f. sowie Abschnitt 2.3.1.4.

243 Vgl. Ruwisch (2002), S. 512.

244 Vgl. z.B. Jensen/Meckling (1976), S. 308; Meinhövel (1998), S. 15.

schränkt zur Entfaltung kommen können.[245] Auch eine Überwachung („Monitoring") durch die Anleger nach Vertragsabschluss bietet keinen vollständigen Schutz vor opportunistischem Verhalten des Managements, da sich ein umfassendes und fortwährendes Monitoring aus Sicht des einzelnen (Klein-)Anlegers zumeist nicht lohnt.[246] Zudem stellt sich die Frage, inwiefern die gesetzlich eingeräumten Informations- und Eingriffsrechte dem durchschnittlichen Privatanleger überhaupt diese Möglichkeiten bieten.

Die Summe aus Vertrags- bzw. Monitoringkosten und Nutzeneinbußen, die den Aktionären trotz aller Maßnahmen noch entstehen, wird als Agencykosten bezeichnet.[247] Dividendenzahlungen können in verschiedener Hinsicht als ein Instrument zum Abbau von Agencykosten angesehen werden. Voraussetzung hierfür ist, dass die dem Modell von Miller/Modigliani (1961) zugrunde liegende Prämisse, wonach Investitions- und Finanzierungspolitik von der Ausschüttungsentscheidung unabhängig sind, fallen gelassen wird.[248]

2.3.1.2 Dividenden als Mittel zur Senkung von Agencykosten

Dividenden tragen zunächst dazu bei, die allgemeine Gefahr aktionärsschädigenden Managementverhaltens zu mindern: Je mehr Mittel ausgeschüttet werden, desto wahrscheinlicher bzw. häufiger wird in der Folgezeit neues Kapital aufgenommen. Unternehmen, die sich mit neuem Eigen- oder Fremdkapital eindecken möchten, müssen sich indes einer tiefgehenden Prüfung durch die potenziellen Kapitalgeber, deren Interessen vertretende Institutionen und Informationsintermediäre (z.B. Investmentbanken, Finanzanalysten) unterziehen (Kapitalmarktkontrollhypothese).[249] Gerade die letztgenannten Gruppen haben einen sehr starken Anreiz, das Verhalten und die Pläne des Managements gründlich und zutreffend zu analysieren, da hiervon maßgeblich ihre Reputation und damit der Erfolg ihres Geschäftsmodells abhängen.[250] Gleichzeitig hat das Management ein Interesse daran, den Wünschen dieser Gruppen zu entsprechen, um das neue Kapital zu möglichst günstigen Konditionen zu erhalten.[251] Da Altaktionäre ihr Kapital nicht zurückfordern können und die Pläne des Managements tendenziell weniger gründlich durchleuchten, hat ein Management, das in absehba-

245 Vgl. Jensen/Meckling (1976), S. 337 f.
246 Vgl. Easterbrook (1984), S. 653.
247 Vgl. Jensen/Meckling (1976), S. 308.
248 Vgl. Easterbrook (1984), S. 652; Allen/Michaely (2003), S. 384; Prokot (2006), S. 98.
249 Vgl. Rozeff (1982), S. 251.
250 Vgl. Lease et al. (2000), S. 82.
251 Vgl. Easterbrook (1984), S. 654 f.

rer Zeit nicht mit einer Kapitalaufnahme rechnet, einen deutlich geringeren Anreiz, sich im Aktionärssinne zu verhalten.

Darüber hinaus nehmen Dividenden speziell für den Fall der Überinvestitions- bzw. Verschwendungsproblematik eine weitere Korrektivfunktion ein: Mit steigenden freien Mitteln, die im Unternehmen verbleiben, wächst der Handlungsspielraum des Managements und damit die Wahrscheinlichkeit, dass es die Aktionäre durch das Tätigen unrentabler Investitionen schädigt.[252] Werden hingegen durch Dividendenzahlungen Mittel dem Einflussbereich des Managements entzogen, hat dies einen disziplinierenden Effekt, da der unternehmensinterne Wettbewerb um freie Mittel zunimmt und somit verschwenderisches Verhalten schwerer fällt (Free Cashflow-Hypothese).[253] Schließlich führen Dividendenzahlungen dazu, dass dem oben erwähnten Unterverschuldungsproblem entgegengewirkt wird, da der Verschuldungsgrad c.p. mit Ausschüttungen steigt.

2.3.1.3 Rolle von Großaktionären

Neben Dividendenzahlungen gibt es noch weitere Faktoren, welche die Höhe der Agencykosten und somit die Bedeutung der Dividendenpolitik für die Verringerung von Agencykosten beeinflussen können. Hierzu zählt u.a. die Frage, ob größere Aktienblöcke von einzelnen Aktionären gehalten werden.

Grundsätzlich kann die Existenz von Großaktionären Agencyprobleme zwischen Management und Aktionären mindern. Dieser Hypothese liegt der Gedanke zugrunde, dass es für Großaktionäre im Vergleich zu Kleinaktionären deutlich lohnenswerter ist, das Management zu überwachen, wovon auch die anderen Anteilseignergruppen profitieren. Aus Sicht eines Kleinaktionärs lohnt sich ein Monitoring des Managements im Regelfall nicht, da er die damit verbundenen Kosten in voller Höhe tragen müsste, während sich der entsprechende Nutzen auf sämtliche Aktionäre verteilen würde.[254] Großaktionäre profitieren durch ihren größeren Unternehmensanteil indes deutlich stärker von Überwachungsaktivitäten.[255] Zudem ist davon auszugehen, dass ihnen bessere Überwachungs- und Kontrollmöglichkeiten zur Verfügung stehen, was sich in niedrigeren Monitoringkosten niederschlägt.[256] Somit lässt sich feststellen: Großaktionäre „have both the interest in getting their money back and the power to demand it“.[257]

---

252 Vgl. Jensen (1986), S. 323 f.

253 Vgl. Allen/Michaely (2003), S. 384. Für einen formalanalytischen Nachweis des Zusammenhangs von Finanzierungspolitik und Überinvestition vgl. Stulz (1990).

254 Vgl. Easterbrook (1984), S. 653.

255 Vgl. Lease et al. (2000), S. 83.

256 Vgl. Shleifer/Vishny (1997), S. 754.

257 Shleifer/Vishny (1997), S. 758.

Dem Vorteil der höheren Kontrolle durch einen Großaktionär steht jedoch aus Sicht von Kleinanlegern die Gefahr gegenüber, dass sich dieser auf ihre Kosten bereichern könnte.[258] Schließlich müssen die vom Großaktionär verfolgten Interessen nicht zwangläufig denen der anderen Aktionärsgruppen entsprechen. So kann der Großaktionär das Management z.B. dazu bewegen, mit anderen in seinem Anteilsbesitz stehenden Unternehmen nachteilige Geschäfte abzuschließen (z.B. kann eine Bank als Großaktionär dem Unternehmen überteuerte Kredite aufbürden).[259] Besonders starke Anreize zur Bereicherung ergeben sich insbesondere dann, wenn ein Aktionär über die Mehrheit der Stimmrechte verfügt, ohne dass er in gleicher Höhe an dem Vermögen beteiligt ist.[260] Hierzu kann es z.B. kommen, wenn neben Stammaktien auch stimmrechtslose Vorzugsaktien von den übrigen Aktionären gehalten werden oder der Mehrheitsaktionär über Pyramidenstrukturen an dem betreffenden Unternehmen beteiligt ist.[261] In solchen Fällen kann ein Großaktionär das Unternehmen kontrollieren und partizipiert zugleich nur in verhältnismäßig geringem Maße an möglichen Agencykosten.[262] Weiterhin hängt das Ausmaß, in dem sich ein Großaktionär auf Kosten anderer bereichern kann, davon ab, ob die übrigen Anteile im Streubesitz sind oder nicht. Stehen sich mehrere Großaktionäre gegenüber, dürften Bereicherungsstrategien für die einzelnen Parteien schwerer zu realisieren sein.[263] Aufgrund dieser Faktoren bzw. Interdependenzen kann die Frage, ob die Existenz von Großaktionären die Agencykosten der übrigen Anteilseigner mindert oder erhöht, aus theoretischer Sicht nicht allgemeingültig beantwortet werden.

2.3.1.4 Rolle von Fremdkapitalgebern

Ebenso unklar ist es, wie sich der Einfluss von Fremdkapitalgebern auf die Agencykosten von Aktionären auswirkt. Einerseits verpflichtet sich das Management mit der Aufnahme eines Kredites, fortan feste Zahlungen zu leisten. Wie bei Dividenden werden auch über Zinszahlungen Mittel aus dem Unternehmen

---

258 Vgl. Saadi/Dutta (2009), S. 138.

259 Empirische Ergebnisse, die auf ein solches Verhalten hindeuten, finden sich bei Hoshi/Kashyap/Scharfstein (1993) und Weinstein/Yafeh (1994). Weitere Beispiele finden sich bei Gugler/Yurtoglu (2003), S. 733. Für einen Überblick über die gesetzlichen Schutzmechanismen für Minderheitsgesellschafter in Deutschland vgl. z.B. Wenger/Hecker/Knoesel (1997).

260 Vgl. Schleifer/Vishny (1997), S. 759.

261 Vgl. Bebchuk/Kraakman/Triantis (2000), S. 297 f.

262 Für eine theoretische Herleitung vgl. Bebchuk/Kraakman/Triantis (2000), S. 301 ff.

263 Vgl. Guedes/Loureiro (2006), S. 422.

transferiert, wodurch der oben dargestellten Überinvestitionsproblematik entgegengewirkt wird.[264] Zinszahlungen haben in diesem Kontext den Vorteil, dass sie im Gegensatz zu Dividenden vertraglich zugesichert sind und die Zahlungen somit nicht ohne Weiteres ausgesetzt werden können.[265]

Gleichzeitig resultieren jedoch aus der Tatsache, dass Fremdkapitalgeber einen Fixanspruch und Eigenkapitalgeber einen Residualanspruch am Unternehmenserfolg haben, unterschiedliche Chancen-Risiko-Profile und damit Interessendivergenzen zwischen den beiden Gruppen.[266] Aufgrund ihres Fixanspruches partizipieren Fremdkapitalgeber nur im Umfang der vereinbarten Zinszahlungen am Unternehmenserfolg. Für diese Gruppe ist es entscheidend, dass die Mittel im Unternehmen im Zeitablauf so lange ausreichen, bis Zins- und Tilgungsleistungen vollständig erbracht sind. Dementsprechend haben sie einen Anreiz, das Investitionsrisiko so niedrig zu halten, dass lediglich die vereinbarte Verzinsung erreicht wird. Gleichzeitig wird eine vorsichtige Finanzierungspolitik bevorzugt, bei der z.B. durch verstärkte Gewinnthesaurierung möglichst viel Eigenkapital als Haftungspuffer vorgehalten wird. Werden neue Projekte mit einbehaltenem Eigenkapital finanziert, sinkt der Verschuldungsgrad, wodurch es zu einer Vermögensverschiebung von den Aktionären zu den bestehenden Kreditgebern kommt.[267] Diese halten fortan eine im Vergleich zum Zeitpunkt des Vertragsabschlusses deutlich risikoärmere Forderung, die sich weiterhin zu den damals festgelegten Konditionen verzinst.[268]

Spiegelbildlich werden Aktionäre durch eine Thesaurierung c.p. zunächst schlechter gestellt. Aus ihrer Sicht wäre der von den Kreditgebern maximal tolerierte Verschuldungsgrad ideal, da sie ansonsten den momentanen Fremdkapitalbedarf auch günstiger stillen könnten. Folglich kommt Aktionären die Tatsache entgegen, dass Ausschüttungen die Finanzierungsstruktur in Richtung des ursprünglichen Verschuldungsgrads beeinflussen. Weiterhin haben Aktionäre tendenziell ein Interesse daran, vor Ablauf der Darlehensfrist möglichst viele Mittel aus dem Unternehmen zu entnehmen, um im Fall einer späteren Insolvenz den eigenen Verlust auf Kosten der Fremdkapitalgeber zu minimieren.[269] Grund-

---

264 Vgl. Jensen (1986), S. 324; Gugler/Yurtoglu (2003), S. 732.

265 Vgl. Heiden (2002), S. 41.

266 Vgl. z.B. Ruwisch (2002), S. 509 f.

267 Vgl. z.B. Heiden (2002), S. 38 f.

268 Hier wird von dem einfachen Fall einer festverzinslichen Anleihe ohne Zinsanpassungsmechanismen ausgegangen. Dass solche Mechanismen realiter vorzufinden sind, zeigen z.B. Smith/Warner (1979).

269 Vgl. z.B. Woolridge (1983b), S. 1607 f.; Lease et al. (2000), S. 76.

sätzlich führt somit eine großzügigere Dividendenpolitik zu einer Vermögensverschiebung von Fremd- zu Eigenkapitalgebern.[270]

2.3.1.5 Rolle von Insideraktionären

Weiterhin beeinflusst auch das Ausmaß, in dem das Management selbst mit Aktien am Unternehmen beteiligt ist, die Höhe der Agencykosten. Grundsätzlich ist davon auszugehen, dass Agencykosten mit zunehmendem Insideranteil am Aktienvermögen sinken, da das Management stärker an den Konsequenzen ggf. wertvernichtender Aktivitäten partizipiert (Insiderhypothese).[271] Mit steigendem Anteil am stimmberechtigten Kapital nimmt das Management jedoch zunehmend die Rolle eines Großaktionärs ein. Wie oben ausgeführt, besteht dann die Gefahr, dass sich dieses entgegen der Interessen der übrigen Aktionäre verhält. Aus theoretischer Sicht existiert somit ein optimaler Level an Insiderbeteiligung, bei dem c.p. Agencykosten minimiert werden. Übersteigt die Insiderbeteiligung dieses Maß, dominiert ggf. der Ausbeutungseffekt und die Agencykosten steigen an.[272]

Im Rahmen dieser Arbeit kann der Einfluss von Insidern auf die Agencykosten und damit die Dividendenpräferenz der übrigen Aktionäre nicht direkt untersucht werden. Hingegen kann der verwandten Fragestellung nachgegangen werden, inwiefern sich die Dividendenpräferenz von Insideraktionären – definiert als Aktionäre, die zugleich als Mitarbeiter im betreffenden Unternehmen tätig sind – im Vergleich zu anderen Aktionären unterscheidet. Grundsätzlich ist davon auszugehen, dass sich die Präferenzen und Ziele dieser Anlegergruppe tendenziell stärker mit denen des Managements decken. Demnach sollte hier das Interesse, opportunistisches Managementverhalten durch Dividendenzahlungen abzubauen, schwächer ausgeprägt sein. Schließlich profitieren sie ggf. auch von wertvernichtenden Aktivitäten in Form von Annehmlichkeiten etc. Da bei dieser Aktionärsgruppe zudem Informationsasymmetrien zwischen Management und Aktionären häufig weniger stark ausgeprägt sind, dürfte die Dividendenpräferenz auch unter Signalinggesichtspunkten schwächer ausfallen.

---

270 Vgl. z.B. Black/Scholes (1973), S. 651; Handjinicolaou/Kalay (1984), S. 36.

271 Vgl. Jensen/Meckling (1976), S. 312 f.; Easterbrook (1984), S. 657.

272 Vgl. Stulz (1988), S. 28 f.; Bajaj/Vijh/Westerfield (2002), S. 2 f.

2.3.2 Empirische Evidenz

2.3.2.1 Grundsätzliche methodische Vorgehensweise

Die Menge an empirischer Literatur zur Rolle der Dividendenpolitik im Kontext der Agencytheorie ist vergleichbar mit derjenigen zur Signalingtheorie. Dabei hat der Umfang insbesondere in den letzten Jahren zugenommen. Abermals sollen – mit zwei Ausnahmen – zunächst Studien zum US-amerikanischen Kapitalmarkt im Mittelpunkt stehen, bevor anschließend auf diejenigen zum deutschen Kapitalmarkt eingegangen wird. Spezialthemen bzw. verwandte Fragestellungen wie z.B. die Rolle von Aktienrückkäufen, Vergütungsverträgen oder Ergebnisse zu IPOs bleiben erneut weitgehend unberücksichtigt.[273] Schließlich kann und soll auch an dieser Stelle kein Anspruch auf Vollständigkeit erhoben werden.

Die im Folgenden behandelten Studien orientieren sich methodisch i.d.R. an den im Zusammenhang mit der Signalingtheorie vorgestellten Ereignisstudien, bei denen die (abnormalen) Aktienkursreaktionen um den Tag der Bekanntgabe von Dividendenänderungen untersucht werden. Allgemein wird bei den empirischen Studien zur Agencytheorie unterstellt, dass die Aktienkursreaktionen im Zuge von Dividendenerhöhungen bei denjenigen Unternehmen am stärksten ausfallen sollten, bei denen die höchsten Agencykosten zu beobachten bzw. erwarten sind. Denn gerade dort sollte die Eignung von Dividenden zum Abbau von Agencykosten und damit zur Steigerung des Unternehmenswerts am stärksten zum Tragen kommen.

2.3.2.2 Studien zum US-amerikanischen Kapitalmarkt

2.3.2.2.1 Allgemeine Studien zum Zusammenhang zwischen Agencykosten und Dividenden

Während sich die meisten der nachfolgenden Studien bestimmten Kategorien bzw. Hypothesen der Agencytheorie zuordnen lassen, existieren auch Arbeiten, welche die Eignung von Dividenden zum Abbau von Agencykosten in einem allgemeinen Kontext beleuchten. Hierzu zählt u.a. die Untersuchung von Borokhovich et al. (2005), in welcher Agencykosten unternehmensindividuell anhand der Existenz von unabhängigen Aufsichtsgremien, Großaktionären und Übernahmeabwehrmaßnahmen approximiert werden. Die Autoren kommen auf Basis eines Datensatzes für die Jahre 1992 bis 1999 zu dem Ergebnis, dass sich der

273 Eine Darstellung und Diskussion der empirischen Ergebnisse zu diesen Themenbereichen findet sich u.a. bei Ruwisch (2002), S. 524 f.

oben beschriebene Zusammenhang von Agencykosten und Aktienkursreaktionen im Zuge signifikanter Dividendenerhöhungen lediglich für den Fall nachweisen lässt, wenn die Existenz von unabhängigen Aufsichtsgremien als Proxy für Agencykosten gewählt wird.[274]

Auch die Studie von Dewenter/Warther (1998) lässt sich nicht eindeutig in eine der nachfolgenden Kategorisierungen einordnen: Die Autoren vergleichen die Aktienkursreaktionen auf Dividendenänderungen zwischen US-amerikanischen und japanischen Unternehmen. Aufgrund der häufigen und dauerhaften Überkreuzbeteiligungen japanischer Unternehmen untereinander ist davon auszugehen, dass Informationsasymmetrien und Agencykonflikte dort von geringerer Bedeutung sind. Dies gilt umso mehr für Unternehmen, die in sog. Keiretsu-Netzwerken zusammengeschlossen sind.[275] Konsistent mit diesen Überlegungen stellen Dewenter/Warther (1998) deutlich geringere Aktienkursreaktionen bei japanischen Firmen und insbesondere bei Keiretsu-Mitgliedern im Vergleich zu US-amerikanischen Unternehmen fest.[276]

2.3.2.2.2 Free Cashflow-Hypothese

Ein nicht unwesentlicher Teil der empirischen Literatur zur Agencytheorie widmet sich explizit der Free Cashflow-Hypothese. Diese besagt, dass bei Unternehmen, die aufgrund überschüssiger Mittel verstärkt zu Überinvestitionen neigen, stärkere Kursreaktionen infolge von Dividendenerhöhungen zu beobachten sein sollten.[277]

Um das Ausmaß des Überinvestitionsproblems in Unternehmen empirisch zu operationalisieren, wird in den Studien regelmäßig auf die als „Tobin's Q" bezeichnete Kennzahl zurückgegriffen.[278] Zur Berechnung des Tobin's Q wird der Brutto-Unternehmenswert (Marktwert von Eigen- und Fremdkapital) in Relation zu den Wiederbeschaffungskosten sämtlicher Vermögenswerte gesetzt. Weist ein Unternehmen ein Tobin's Q größer eins auf, dann wird dies als optimale Investitionspolitik betrachtet. In diesem Fall übersteigt der Wert des Unternehmens den Wert sämtlicher vorhandenen Vermögenswerte, so dass die Dif-

---

274 Vgl. Borokhovich et al. (2005), S. 63.

275 Bei Keiretsu-Netzwerken handelt es sich um enge Unternehmensverbunde, die sich u.a. durch ausgeprägte Überkreuzbeteiligungen, Strategieabsprachen und gegenseitige Bevorzugung bei der Vergabe von Verträgen auszeichnen. Vgl. weiterführend z.B. Lincoln/Gerlach/Ahmadjian (1996).

276 Vgl. Dewenter/Warther (1998), S. 889 ff.

277 Vgl. z.B. Mukherjee (2009), S. 146 f.

278 Diese Bezeichnung geht auf den Autor Tobin zurück, der die Bedeutung dieser Kennzahl für Investitionsentscheidungen besonders betont hat. Vgl. für die erstmalige Erwähnung Brainard/Tobin (1968), S. 102 f.

ferenz als positiver Kapitalwert der laufenden Investitionsprojekte betrachtet werden kann.[279] Ein Tobin's Q kleiner eins deutet hingegen darauf hin, dass das Unternehmen aktuell Projekte mit negativem Kapitalwert durchführt und somit überinvestiert.

Zu den ersten und zugleich wenigen Studien, welche die Free Cashflow-Hypothese stützen, zählt die Untersuchung von Lang/Litzenberger (1989), bei der ausschließlich Dividendenänderungen von mindestens 10 % betrachtet werden. Für den Zeitraum 1979 bis 1984 (Tagesrenditen) bzw. 1982 bis 1984 (Intradayrenditen) stellen die Autoren fest, dass Aktien von Unternehmen, deren Tobin's Q unter eins liegt, signifikant stärkere unerwartete Kursreaktionen im Zusammenhang mit angekündigten Dividendenänderungen aufweisen.[280]

Die nachfolgenden Untersuchungen von Denis/Denis/Sarin (1994) und Yoon/Starks (1995) für die Zeiträume 1962 bis 1988 bzw. 1969 bis 1988 bestätigen zunächst jeweils die Ergebnisse von Lang/Litzenberger (1989).[281] Die Autoren gehen jedoch einen Schritt weiter und führen zusätzlich eine Regressionsanalyse durch, bei der sie die abnormalen Renditen neben Tobin's Q u.a. durch die Änderungshöhe der Dividende und die Dividendenrendite zu erklären versuchen. So korreliert z.B. Tobin's Q negativ mit der Dividendenrendite, die einen Proxy für das Dividendenklientel des Unternehmens darstellt. Folglich kann eine stärkere Aktienkursreaktion in dieser Gruppe auch dadurch begründet werden, dass das Unternehmen vor allem von Anlegern gehandelt wird, für die eine Dividende (z.B. aufgrund steuerlicher Aspekte) wichtig ist. Der von Lang/Litzenberger (1989) gemessene Zusammenhang könnte somit durch Klienteleffekte verursacht sein.[282] In beiden Studien kommen die Autoren zu dem Ergebnis, dass, sobald für die anderen Größen kontrolliert wird, die Variable Tobin's Q keinen statistisch signifikanten Beitrag zur Erklärung der abnormalen Aktienkursrendite leistet. Bei Denis/Denis/Sarin (1994) kommt hinzu, dass die Variable Cashflow, welche als ein zusätzlicher Proxy für das Ausmaß des Überinvestitionsproblems fungieren soll, entweder einen insignifikanten oder der Hypothese zuwiderlaufenden Einfluss aufweist.[283] Schließlich wird in beiden Studien noch ein alternativer Ansatz verfolgt: Gemäß der Free Cashflow-Hypothese sollte es bei Unternehmen mit einem Tobin's Q kleiner eins in Folge von Dividendensteigerungen (Dividendensenkungen) zu weniger (mehr) Investitionen kommen, da weniger (mehr) Projekte mit negativem Kapitalwert durch-

---

279 Vgl. stellvertretend Lang/Litzenberger (1989), S. 183 ff.

280 Vgl. Lang/Litzenberger (1989), S. 186 f.

281 Vgl. Denis/Denis/Sarin (1994), S. 574 ff; Yoon/Starks (1995), S. 1004 ff.

282 Dieser wird sogar als dominierend angesehen. Vgl. Denis/Denis/Sarin (1994), S. 586.

283 Vgl. Denis/Denis/Sarin (1994), S. 579.

geführt werden. Beide Untersuchungen kommen zum entgegengesetzten Ergebnis: Unternehmen, welche die Dividende steigern, erhöhen in der Folgezeit die Investitionen.[284]

Auch die jüngeren Ergebnisse von Lie (2000), der sich methodisch an die beiden letztgenannten Studien anlehnt und u.a. Erhöhungen der regulären Dividende im Zeitraum 1978 bis 1993 untersucht, sprechen für eine Ablehnung der Free Cashflow-Hypothese. Zwar weisen Unternehmen, die Dividendenerhöhungen durchführen, im Industrievergleich einen höheren Kassenbestand zum Zeitpunkt der Dividendenerhöhung sowie höhere Cashflows sowohl davor als auch danach auf.[285] Jedoch kann kein statistisch signifikanter Zusammenhang zwischen Aktienkursreaktion und Ausmaß der Überinvestitionsproblematik gemessen werden. Lie (2000) argumentiert, dass reguläre Dividenden keinen Beitrag zur Minderung des Überinvestitionsproblems leisten, da hierdurch vergleichsweise geringe Beträge aus dem Unternehmen gekehrt werden.[286] Dafür spricht, dass im Fall von Spezialdividenden und Aktienrückkäufen, bei denen deutlich höhere Beträge abfließen, ein signifikanter Zusammenhang in Einklang mit der Free Cashflow-Hypothese beobachtet werden kann.

Lange Zeit gehörten neben Lang/Litzenberger (1989) lediglich Koch/Shenoy (1999) zu den Autoren, welche die Free Cashflow-Hypothese empirisch nicht ablehnen konnten. Im Unterschied zu den meisten anderen Studien sehen Koch/Shenoy (1999) ein Tobin's Q von größer eins nicht als einen Indikator für optimale Investitionspolitik, sondern als ein Anzeichen für Unterinvestition. Demnach wäre davon auszugehen, dass auch bei Unternehmen mit einem Tobin's Q größer eins eine Kursreaktion zu beobachten sein sollte: Hier müsste es jedoch infolge von Dividendensteigerungen zu einer negativen Reaktion kommen, da hierdurch das Unterinvestitionsproblem verstärkt würde. Ein Tobin's Q um eins herum deutet auf eine optimale Investitionspolitik hin und sollte daher mit der schwächsten Aktienkursreaktion einhergehen.[287] Methodisch wählen Koch/Shenoy (1999) ebenfalls einen abweichenden Weg, indem sie ihre Auswertung auf Basis sog. „Geweke-Feedback-Maßzahlen“ durchführen, die insbesondere Zeitreiheninformationen berücksichtigen. Für die Jahre 1979 bis 1989 können die Autoren den angenommenen U-förmigen Zusammenhang zwischen Tobin's Q und Marktreaktionen feststellen.[288]

---

284 Vgl. Denis/Denis/Sarin (1994), S. 583 ff; Yoon/Starks (1995), S. 1007 ff.
285 Vgl. Lie (2000), S. 226 ff.
286 Vgl. Lie (2000), S. 234 ff.
287 Vgl. Koch/Shenoy (1999), S. 19.
288 Vgl. Koch/Shenoy (1999), S. 22 ff.

Auch Grullon/Michaely/Swaminathan (2002) kommen zu Ergebnissen, die für die Free Cashflow-Hypothese sprechen. In ihrer Studie, die bereits im Abschnitt zu Risikosignaling vorgestellt wurde, stellen die Autoren fest, dass Unternehmen, die ihre Dividende erhöhen, in der Folgezeit sowohl ihren Kassenbestand als auch ihr kurzfristiges Vermögen abbauen.[289] Wie andere vergleichbare Untersuchungen zu den Determinanten der Dividendenpolitik spiegeln diese Ergebnisse jedoch nicht direkt die Anleger- bzw. Kapitalmarktsicht bezüglich der Agencyhypothese wider.[290]

In dieser Hinsicht ist die sehr junge Studie von Liang/Moreau/Park (2011), die sich Dividendenaussetzungen der Jahre 1985 bis 2005 widmen, von größerer Relevanz. Die Autoren untersuchen, inwiefern das Ausmaß der negativen Aktienkursreaktion davon abhängt, ob das Unternehmen die einbehaltenen Mittel für Investitionen nutzt bzw. über Free Cashflows verfügt. Die Ergebnisse zeigen, dass es in den Fällen, wo Unternehmen viel investieren (inkl. F&E) und wenig liquide Mittel vorhalten, teilweise nicht mehr zu signifikant negativen Kapitalmarktreaktionen kommt.[291] Dies lässt sich damit begründen, dass der Kapitalmarkt hier die Dividendenaussetzung hinnimmt, weil das Unternehmen offensichtlich über attraktive Investitionsmöglichkeiten verfügt und die einbehaltenen Mittel zur Stärkung der Wettbewerbsfähigkeit nutzt. Diese Interpretation wird durch die Beobachtung unterstützt, dass der Zusammenhang von Investitionen und Aktienkursreaktion nur für solche Unternehmen gilt, die von Analysten gecovert werden. Schließlich kann in diesen Fällen davon ausgegangen werden, dass der Kapitalmarkt den Grund für die Dividendenaussetzung auch tatsächlich erkennt.

2.3.2.2.3 Kapitalmarktkontrollhypothese

Die Kapitalmarktkontrollhypothese basiert auf der Annahme, dass sich Unternehmen regelmäßig einer eingehenden Prüfung durch verschiedene Institutionen unterziehen müssen, wenn sie neues Kapital aufnehmen möchten. Dividendenauszahlungen erhöhen die Häufigkeit der externen Mittelaufnahme und tragen somit zum Abbau von Agencykosten bei. Um diese Hypothese empirisch testen zu können, schlägt Easterbrook (1984) u.a. vor, bei der Untersuchung von Aktienkursreaktionen im Zusammenhang mit Dividendenänderungen die betrachteten Unternehmen danach zu klassifizieren, ob sie zuvor Kapital aufgenommen

---

289 Vgl. Grullon/Michaely/Swaminathan (2002), S. 389.

290 Zu dieser Kategorie zählt z.B. auch die neuere Studie von Fuller/Blau (2010), in der Signaling- und Agencytheorien in einem neuen Zusammenhang betrachtet werden.

291 Vgl. Liang/Moreau/Park (2011), S. 1110 ff.

haben oder nicht.[292] Denn durch die Kapitalaufnahme wird signalisiert, dass die intern generierten Zahlungsströme zur Finanzierung nicht ausreichen und das Management somit grundsätzlich auf die Kapitalversorgung von außen angewiesen ist. Demgegenüber könnten Dividendenerhöhungen bei Unternehmen, die zuvor keine Finanzierungsmaßnahmen ergriffen haben, z.B. aus Desinvestitionstätigkeiten stammen, so dass es hier trotz Dividendenerhöhung künftig zu keiner (verstärkten) Kontrolle durch den Kapitalmarkt kommen würde.

Diesen Ansatz greifen erstmalig Born/Rimbey (1993) im Rahmen ihrer Untersuchung für den Zeitraum 1962 bis 1989 auf, bei der lediglich Unternehmen betrachtet werden, die nach einer mindestens zehnjährigen Unterbrechung bzw. zum ersten Mal in ihrer Historie Dividendenzahlungen aufgenommen haben. Als Finanzierungsmaßnahmen werden die Aufnahme neuer Kredite, die Ausweitung bestehender Darlehen und die Emittierung von Aktien definiert. Die Autoren stellen fest, dass die Aktienkursreaktion pro Dollar Dividendenerhöhung bei Unternehmen stärker ausfällt, wenn diese zuvor den Kapitalmarkt in Anspruch genommen haben.[293] Auch die Höhe der neu aufgenommenen Mittel korreliert signifikant positiv mit der Aktienkursreaktion, so dass die Kapitalmarktkontrollhypothese insgesamt gestützt wird.

Filbeck/Mullineaux (1999) wenden die gleiche Methodik an, jedoch untersuchen sie lediglich Banken im Zeitraum von 1976 bis 1997, wobei sie sämtliche Dividendenänderungen betrachten. Die Autoren gehen davon aus, dass Banken aufgrund der Regulierung durch das US-amerikanische Federal Reserve System wesentlich stärker überwacht werden als andere Unternehmen. Dementsprechend müssten Bankaktionäre deutlich weniger auf Dividenden als Mittel zur Senkung von Agencykosten angewiesen sein. Folglich sollte bei Banken die Frage, ob ein Unternehmen zuvor Kapital aufgenommen hat, im Gegensatz zu den Ergebnissen von Born/Rimbey (1993) keinen signifikanten Einfluss auf die Aktienkursreaktion bei Ankündigungen von Dividendenänderungen haben. Tatsächlich kommen Filberck/Mullineaux (1999) in ihrer empirischen Analyse zu genau diesem Ergebnis.[294] Inwiefern dies als generelle Bestätigung der Kapitalmarktkontrollhypothese gewertet werden kann, ist indes fraglich. Der fehlende Vergleich mit Nicht-Banken lässt die Frage offen, ob bei diesem Untersuchungsdesign auch bei Industrieunternehmen ein fehlender Einfluss der Kapitalmarktvariable festgestellt worden wäre.

---

292 Vgl. Easterbrook (1984), S. 656.

293 Vgl. Born/Rimbey (1993), S. 255 ff.

294 Vgl. Filbeck/Mullineaux (1999), S. 412 ff.

2.3.2.2.4 Unterschiedliche Aktionärsgruppen

Es existieren zahlreiche empirische Studien, in denen Agencykonflikte zwischen Groß- und Kleinaktionären unabhängig von der Dividendenthematik untersucht werden. Dort wird allgemein der Frage nachgegangen, ob Großaktionäre ihre Überwachungs- und Kontrollmöglichkeiten für die übrigen Anleger vorteilhaft („incentive effect") oder nachteilig („entrenchment effect") ausüben. Während in manchen Studien Spezialfälle analysiert und dort auch Hinweise auf Benachteiligung von Kleinaktionären bzw. entsprechende Absichten gefunden werden,[295] betrachten die meisten Untersuchungen zu diesem Thema den Zusammenhang zwischen Aktionärsstruktur und Profitabilitäts- bzw. Kapitalmarktgrößen. Die Ergebnisse sind für diese Arbeit insofern von Relevanz, als sie andeuten, dass kleinere Anleger auf die Dividende als Schutzmechanismus gegenüber Mehrheits- bzw. Großaktionären durchaus angewiesen sein könnten.

Zu den am meisten beachteten Studien jüngeren Datums zählt die Untersuchung von Claessens et al. (2002). Daher soll kurz darauf eingegangen werden, auch wenn hier anstelle US-amerikanischer Daten Informationen aus acht verschiedenen asiatischen Ländern für das Jahr 1996 genutzt werden. Der Einfluss von Großaktionären auf das Marktwert-Buchwertverhältnis der Unternehmen wird differenziert nach Stimmrechts- und Vermögensanteil betrachtet. Wie zuvor erläutert, haben Großaktionäre gerade in solchen Fällen die Möglichkeit und das Interesse, sich auf Kosten anderer Stakeholder zu bereichern, in denen Stimm- und Vermögensrechte auseinanderfallen.[296] Die Autoren stellen den erwarteten Zusammenhang fest: Je höher der Vermögensanteil des größten Aktionärs ist, desto höher wird ein Unternehmen bewertet.[297] Kommt es jedoch dazu, dass der Großaktionär mehr Stimmrechte als Vermögensrechte hält, sinkt tendenziell der Unternehmenswert.[298]

Ein großer Teil der empirischen Literatur, in der mögliche Konflikte zwischen Anteilseignern explizit im Kontext der Ausschüttungsentscheidung unter-

---

295 Johnson et al. (2000) sowie Bertrand/Mehta/Mullainathan (2002) bieten eine Sammlung von Beispielen für Bereicherungsaktivitäten von Mehrheitsaktionären aus verschiedenen Ländern. Zudem zeigen Wenger/Hecker/Knoesel (1997), dass die im Rahmen eines Beherrschungsvertrags von Mehrheits- an Minderheitsaktionäre herangetragenen Abfindungsangebote in der überwiegenden Mehrzahl der Fälle deutlich unter dem letzten Aktienkurs liegen. Vgl. Wenger/Hecker/Knoesel (1997), S. 120.

296 Vgl. Claessens et al. (2002), S. 2754.

297 Zu diesem Ergebnis kommen in jüngerer Zeit u.a. auch Bozec/Laurin (2008) und La Porta et al. (2002), wobei Letztere Unternehmen aus 27 Ländern untersuchen. In beiden Beiträgen finden sich zahlreiche Verweise auf verwandte Studien.

298 Vgl. Claessens et al. (2002), S. 2757 ff.

sucht werden, befasst sich mit den Auswirkungen von Aktienrückkäufen. Der Grund liegt darin, dass – anders als bei Dividendenzahlungen – unterschiedliche Anlegergruppen von den Effekten eines Aktienrückkaufprogramms unterschiedlich tangiert werden können. Zum einen können sich Aktienrückkaufprogramme explizit lediglich an eine bestimmte Anteilseignergruppe richten.[299] Zum anderen erhalten die Adressaten eines Aktienrückkaufprogramms lediglich eine Option: Die betroffenen Aktionäre müssen sich entscheiden, ob sie das Angebot annehmen oder nicht. Wird die Option z.B. aufgrund von Informationsasymmetrien unterschiedlich ausgeübt, kann es zu Vermögensverschiebungen zwischen Anteilseignergruppen kommen.[300]

Die Anzahl der Studien, bei denen explizit der hier relevante Fall der regulären Dividende im Lichte der Agencytheorie betrachtet wird, ist hingegen begrenzt. Dies gilt umso mehr, wenn lediglich Untersuchungen betrachtet werden, in denen die Perspektive der Aktionäre und nicht die der Unternehmensleitung eingenommen wird.[301]

Zu den wenigen Ausnahmen zählt neben der Untersuchung von Gugler/Yurtoglu (2003), die den deutschen Kapitalmarkt im Fokus hat und somit in Abschnitt 2.3.2.3 behandelt wird, die Studie von Francis/Shipper/Vincent (2005). Die Autoren betrachten im Zeitraum 1990 bis 1999 solche Unternehmen, die auf dem US-amerikanischen Kapitalmarkt mehrere Aktiengattungen ausstehen haben, die sich hinsichtlich des Stimmrechts unterscheiden (z.B. stimmrechtslose Vorzugsaktien).[302] Es wird davon ausgegangen, dass sich Aktionäre einer höheren Ausbeutungsgefahr ausgesetzt sehen und somit Dividenden besonders wertschätzen, wenn Stimmrechts- und Vermögensanteile ungleich verteilt sind. Im Einklang mit dieser Überlegung stellen Francis/Shipper/Vincent (2005) u.a. fest, dass die Aktienkursreaktion infolge von Dividendenänderungen für hinsichtlich des Stimmrechts benachteiligte Aktiengattungen stärker ausfällt.[303]

---

299 Die Zulässigkeit solcher „negotiated repurchases“ in Deutschland wird jedoch aufgrund des Gleichbehandlungsgrundsatzes nach § 53 AktG bezweifelt. Vgl. Pellens/Schremper (2000), S. 150.

300 Stellvertretend sei die Untersuchung von La Porta (2000) genannt. Einen Überblick über Studien dieser Art liefert Ruwisch (2002), S. 563 ff.

301 Zur letzteren Gruppe zählen insbesondere Beiträge zur Erklärung der Dividendenentscheidung, deren Ergebnisse für die Fragestellung dieser Arbeit von untergeordneter Bedeutung sind. Neuere Ergebnisse finden sich z.B. bei Faccio/Lang/Young (2001); La Porta et al. (2000); Mancinelli/Ozkan (2006); Kinkki (2008); Frainha/Lopez-de-Foronda (2009).

302 Vgl. Francis/Schipper/Vincent (2005), S. 331.

303 Die entsprechende Variable ist definiert als prozentualer Anteil des stimmberechtigten Kapitals zum Gesamtkapital. Vgl. Francis/Schipper/Vincent (2005), S. 351 ff.

2.3.2.2.5 Beziehung zwischen Eigen- und Fremdkapitalgebern

Einige Studien gehen der Frage nach, ob Dividendenzahlungen zu einem Vermögenstransfer führen und somit die Position von Aktionären zu Lasten von Fremdkapitalgebern stärken. Um dies zu untersuchen, wird in den Studien i.d.R. die Perspektive der Fremdkapitalgeber eingenommen, indem die Auswirkungen von angekündigten Dividendenänderungen auf die Kurse börsennotierter Fremdkapitaltitel untersucht werden. Eine negative abnormale Rendite deutet in diesem Kontext darauf hin, dass die Dividende einen Vermögenstransfer ausgelöst hat. Zwar wird dadurch ein großer Teil von Kreditverträgen ausgeblendet, die nicht öffentlich gehandelt werden, jedoch liefern die Untersuchungen Aufschluss über die Wirkung von Dividenden auf die Beziehung zwischen den beiden Kapitalgebergruppen.

Die Ergebnisse der in der Mehrzahl älteren Studien sprechen insgesamt gegen die These, dass Dividenden zu einem signifikanten Vermögenstransfer zwischen Fremd- und Eigenkapitalgebern führen. So stellt Woolridge (1983) für den Zeitraum 1970 bis 1977 positive abnormale Anleihenrenditen im Zusammenhang mit Dividendenerhöhungen fest.[304] Handjinicolauou/Kalay (1984) kommen für die Jahre 1975 bis 1976 ebenfalls zu der Feststellung, dass die Entwicklung der Anleihenkurse vielmehr durch die Signalinghypothese erklärt werden kann.[305] So werden bei einer Dividendensenkung sowohl bei Eigen- als auch bei Fremdkapitaltiteln negative Renditen dokumentiert, was als Signal für eine Verschlechterung der künftigen Geschäftsaussichten gedeutet werden kann, von der auch die Fremdkapitalgeber infolge höherer Bonitätsrisiken betroffen sind. Eine Dividendenerhöhung hat hingegen auf die Anleihenrendite – im Gegensatz zu der Aktienrendite – keinen signifikanten Einfluss. Dies kann damit begründet werden, dass die Fremdkapitalgeber aufgrund ihres Fixanspruchs nicht an der ggf. signalisierten Verbesserung der Geschäftsaussichten partizipieren.[306]

Dhillon/Johnson (1994) ändern z.B. die obige Vorgehensweise leicht, indem sie u.a. lediglich große Dividendenänderungen und einen vergleichsweise langen Zeitraum von 1978 bis 1987 betrachten. Vor diesem Hintergrund stellen die Autoren die gemäß der Vermögenstransferhypothese zu erwartende negative Korrelation von Dividenden und Anleihenkursen fest.[307] Neben der Tatsache, dass die Vermögenstransferhypothese lediglich von Dhillon/Johnson (1994) gestützt

---

304 Vgl. Woolridge (1983b), S. 1611 ff.

305 Vgl. Handjinicolaou/Kalay (1984), S. 48 ff.

306 Jayaraman/Shastri (1988) kommen im Zusammenhang mit Spezialdividenden zum gleichen Ergebnis.

307 Vgl. Dhillon/Johnson (1994), S. 286 ff.

wird, deuten die Ergebnisse anderer Studien darauf hin, dass die Existenz von Fremdkapitalgebern die Agencykosten von Aktionären eher senkt als erhöht.

Ein prägnantes Beispiel dafür, dass sich die Existenz eines starken Fremdkapitalgebers aus Aktionärssicht positiv auswirken kann, liefert Wruck (1994). Im Fokus der Studie steht die Sealed Air Corporation, deren Management im Jahr 1989 aufgrund eingetrübter Geschäftsaussichten eine fremdfinanzierte Sonderdividende ausschüttete. Infolge dieser Maßnahme, deren Ziel nicht zuletzt in einer Änderung der Unternehmensstrategie und -kultur liegen sollte, verzehnfachte sich die Fremdkapitalquote auf über 135 %.[308] Daraufhin kam es in den Folgejahren zu einer deutlichen Performancesteigerung sowohl hinsichtlich des Aktienkurses als auch in Bezug auf bilanzielle Kennzahlen. Als maßgeblicher Grund hierfür wurden die Verbesserungen im internen Kontrollsystem (u.a. in den Bereichen Performancemessung, Entlohnung, Budgetierung) genannt, die das Management infolge des gesteigerten Monitorings durch die neuen Gläubiger durchgeführt hatte.[309]

Daneben existieren verschiedene Studien, die auf Basis breit angelegter Aktienmarktstudien ebenfalls Hinweise für die Monitoringfunktion von Fremdkapitalgebern finden. So dokumentieren Low et al. (2001), dass Unternehmen mit höherem Fremdkapital deutlich geringere Aktienkursabschläge infolge von Dividendenaussetzungen aufweisen. Damit kompensiert eine stärkere Präsenz von Fremdkapitalgebern offenbar teilweise den mit dem Dividendenausfall verbundenen Anstieg der Agencykosten. Dies gilt allerdings nur für kleinere Unternehmen.[310] Einen ähnlichen Substitutionseffekt zwischen Dividenden und Fremdkapital als Mittel zur Reduzierung von Agencykosten beobachtet Johnson (1995). Er stellt fest, dass diejenigen Unternehmen die höchste Aktienkursreaktion bei der Aufnahme von Fremdkapital aufweisen, die sich durch eine geringe Ausschüttungsquote auszeichnen.[311] Dies könnte damit erklärt werden, dass bei diesen Unternehmen der Nutzen von Monitoring-Aktivitäten durch Fremdkapitalgeber zur Senkung von Agencykosten besonders hoch ist.

2.3.2.2.6 Insider als Aktionäre

Eine nicht unwesentliche Anzahl von Studien widmet sich dem Zusammenhang von Insiderbeteiligungen und Agencykosten. Wie bereits erläutert, kann mit einem zunehmenden Aktienanteil im Besitz des Managements nicht generell von

---

308 Demnach wurde bilanziell ein negatives Eigenkapital ausgewiesen. Vgl. Wruck (1994), S. 164.

309 Vgl. Wruck (1994), S. 184 ff.

310 Vgl. Low et al. (2001), S. 2080 ff.

311 Vgl. Johnson (1995), S. 413 ff.

steigenden bzw. sinkenden Agencykosten ausgegangen werden. Dementsprechend kann zusätzlicher Insiderbesitz je nach Situation die Bedeutung von Dividenden als Instrument zum Abbau von Agencykosten beeinflussen und damit das Ausmaß von Aktienkursreaktionen im Zusammenhang mit Dividendenänderungen erhöhen oder verringern.[312] Zudem lassen sich höhere Aktienkursreaktionen auf Dividendenänderungen bei größerem Insiderbesitz auch mit der Signalingtheorie begründen: Eine hohe Beteiligung des Managements am Unternehmen unterstreicht tendenziell die Glaubwürdigkeit von Dividendenerhöhungen als Signal für gesteigerte Ertragsaussichten, wenn das Management bis zur externen Validierung des Signals an die Aktien gebunden bleibt.[313] Darüber hinaus korreliert die Variable Insiderbesitz negativ mit der Unternehmensgröße.[314] Werden also stärkere Aktienkursreaktionen im Zuge von Dividendenänderungen bei Unternehmen mit einem hohen Insideranteil gemessen, liegt dies möglicherweise daran, dass bei kleineren Unternehmen der Informationsgehalt von Dividendensignalen mangels alternativer Informationsquellen höher ist. Eine solche Interpretation wäre ebenfalls der Signalingtheorie zuzuordnen.

Während die ersten Studien einen Einfluss von Insideranteilen beobachten, der eher mit der Signalinghypothese im Einklang steht,[315] werden die Ergebnisse jüngerer Studien zum Teil als Belege für die Agencytheorie[316] gewertet. Auf eine detaillierte Darstellung dieser Untersuchungen soll jedoch verzichtet werden, da die Insiderhypothese im Rahmen dieser Arbeit nicht direkt getestet werden kann. Wie bereits ausgeführt, wird in der späteren empirischen Analyse die verwandte Fragestellung untersucht, ob sich die Dividendenpräferenz von Anlegern ändert, wenn diese zugleich bei dem jeweiligen Unternehmen als Arbeitnehmer beschäftigt sind. Bislang sind jedoch keine empirischen Untersuchungen bekannt, die sich direkt mit dieser Fragestellung auseinandergesetzt haben.

Zumindest einen Hinweis für unterschiedliche Dividendenpräferenzen von Insidern und sonstigen Aktionären liefern Giannetti/Simonov (2006) abseits des US-amerikanischen Kapitalmarkts. In ihrer Studie betrachten die Autoren die

---

312 Vgl. z.B. McConnell/Servaes (1990) oder Morck/Shleifer/Vishny (1988). Letztere machen für Aktienpakete von 0 % bis 5 % einen positiven Effekt und jenseits der 5 %-Grenze einen negativen Effekt von Großaktionären auf die Profitabilität aus. Vgl. Morck/Shleifer/Vishny (1988), S. 295 ff.

313 Vgl. Leland/Pyle (1977), S. 371 ff; Born (1988), S. 39; Howe/Vogt/He (2003), S. 180.

314 Vgl. z.B. Himmelberg/Hubbard/Palia (1999), S. 355.

315 Vgl. z.B. Born (1988); John/Lang (1991).

316 Vgl. bspw. Bajaj/Vijh/Westerfield (2002). Demgegenüber stehen aber auch jüngere Untersuchungen, die keine Anhaltspunkte für die Gültigkeit der Insiderhypothese finden können. Vgl. bswp. Howe/Vogt/He (2003).

Aktionärsstruktur schwedischer Unternehmen im Jahr 2001.[317] Dabei kommen sie unter Berücksichtigung verschiedener Kontrollvariablen zu dem Ergebnis, dass Aktionäre grundsätzlich solche Unternehmen meiden, bei denen das Ausbeutungsrisiko durch das Management und damit das Agencykonfliktpotenzial groß sind.[318] Sofern es sich bei den Aktionären hingegen um Insider handelt, scheinen solche Überlegungen bei der Anlageentscheidung eine kleinere Rolle zu spielen.[319] Demnach ist davon auszugehen, dass Agencykonflikte und somit auch Maßnahmen zum Abbau selbiger innerhalb dieser Aktionärsgruppe von untergeordneter Bedeutung sind. Wird Dividendenpolitik als ein solches Instrument verstanden, würde dies darauf hindeuten, dass c.p. Insideraktionäre gegenüber sonstigen Aktionären ein geringeres Interesse an Dividendenzahlungen aufweisen.

2.3.2.3 Studien zum deutschen Kapitalmarkt

Die Anzahl der Studien zum deutschen Kapitalmarkt hat gerade in den letzten Jahren deutlich zugenommen. Eine „klassische" Analyse findet sich bei Heiden (2002), der u.a. die Free Cashflow-Hypothese untersucht. Hierzu lehnt er sich methodisch an die ersten US-amerikanischen Studien an, indem er die Aktienkursreaktionen in Abhängigkeit der Kennzahl Tobin's Q für die Jahre 1981 bis 1991 betrachtet. Die Ergebnisse sind jedoch nicht signifikant bzw. widersprechen der Hypothese.[320] Weiterhin stellt Heiden (2002) fest, dass die Kursreaktion auf Dividendenerhöhungen bei eigentümerkontrollierten Unternehmen (Streubesitz kleiner 50 %) signifikant höher ausfällt, was für die Bedeutung der Dividende als Schutzmechanismus vor opportunistischem Verhalten von Großaktionären spricht.[321] Die Tatsache, dass für Dividendensenkungen jedoch keine signifikanten Unterschiede dokumentiert werden können, stellt die Aussagekraft der Ergebnisse in Frage.

Kaserer/Roos/Wenger (2002) untersuchen die Aktienkursreaktionen im Zusammenhang mit angekündigten, steuerlich motivierten Sonderdividenden in den Jahren 1994, 2000 und 2001. Infolge von Steuersatzreduktionen bestand für die Unternehmen in diesen Jahren jeweils ein steuerlicher Anreiz, die Gewinnrücklagen aus den Vorperioden im Rahmen einer Sonderausschüttung abzubau-

---

317 Vgl. Giannetti/Simonov (2006), S. 1512.

318 Diese Beobachtung wurde im Wesentlichen auch für ausländische und damit tendenziell ausbeutungsoffenere Anleger gemacht. Vgl. Leuz/Lins/Warnock (2009), S. 3281.

319 Vgl. Giannetti/Simonov (2006), S. 1524 ff.

320 Vgl. Heiden (2002), S. 234 ff.

321 Vgl. Heiden (2002), S. 241 ff.

en.[322] Angesichts dieser Rahmenbedingung erscheint es unwahrscheinlich, dass die Dividenden in den 134 betrachteten Fällen Informationsgehalt im Sinne der Signalinghypothese aufweisen dürften.[323] Folglich interpretieren die Autoren die Tatsache, dass sich trotz einer Bereinigung um steuerliche Effekte eine signifikante Überrendite um die Ankündigungstage ergibt, als Indiz zugunsten der Agencyhypothese.[324]

Eine weitergehende Untersuchung zur Rolle der Dividendenpolitik im Zusammenhang mit unterschiedlichen Anteilseignern findet sich bei Gugler/Yurtoglu (2003) für die Jahre 1992 bis 1998. Im Detail betrachten die Autoren für 266 große Unternehmen zum einen, inwiefern das Ausmaß der Aktienkursreaktion auf Dividendenänderungen von der Existenz eines Mehrheitsgesellschafters abhängt. Mit der Beherrschungsmöglichkeit kann ein solcher Aktionär besonders leicht Entscheidungen zu Ungunsten der anderen Aktionärsgruppen durchsetzen, so dass hier mit tendenziell höherem Agencykonfliktpotenzial zu rechnen wäre. Folglich sollten bei solchen Unternehmen die Aktienkursreaktionen relativ stark ausfallen, da der Abbau von Agencykosten mittels Dividenden besonders geboten ist. Neben der Existenz von einem Mehrheitsaktionär untersuchen Gugler/Yurtoglu (2003) auch die Bedeutung von weiteren Großaktionären.[325] Schließlich dürfte es für einen Mehrheitsaktionär schwieriger sein, sich zu bereichern, wenn ihm andere Großaktionäre entgegenstehen.[326]

Für den Fall von Dividendenreduktionen kommen die Autoren zu Ergebnissen, die im Einklang mit den Hypothesen stehen. Somit fällt die negative Aktienkursreaktion für Unternehmen, die von einem Mehrheitsaktionär beherrscht werden, signifikant stärker aus als für Unternehmen ohne Mehrheitsaktionär. Die Differenz wird zudem noch größer, wenn lediglich solche Unternehmen betrachtet werden, in denen dem Mehrheitsgesellschafter kein anderer Großaktionär mit einem Stimmrechtsanteil von 5 % oder mehr gegenübersteht.[327] Für den Fall von Dividendensteigerungen stellen sich zwar zumeist ebenfalls die zu erwartenden Vorzeichen ein, jedoch sind die Unterschiede nicht signifikant. Dies wird damit begründet, dass Dividendensteigerungen aufgrund der positiven

322 Für einen Überblick über die steuerlichen Rahmenbedingungen und deren Wandel in Deutschland vgl. Abschnitt 2.4.2.1.

323 Vgl. Kaserer/Roos/Wenger (2002), S. 4.

324 Vgl. Kaserer/Roos/Wenger (2002), S. 9 ff.

325 Vgl. Gugler/Yurtoglu (2003), S. 734 f.

326 Die Relevanz dieses Themas für den deutschen Kapitalmarkt belegen Studienergebnisse, wonach ca. 65 % aller börsennotierten Aktiengesellschaften in Deutschland von einem Mehrheitsaktionär kontrolliert werden. Vgl. weitergehend hierzu Becht/Boehmer (2003).

327 Vgl. Gugler/Yurtoglu (2003), S. 744 ff.

Wirtschaftsentwicklung in dem betreffenden Zeitraum größtenteils antizipiert wurden, so dass der Zusammenhang zwischen Dividenden und Aktienkursen im Vergleich zur Realität zu schwach gemessen wurde.

Eine zugleich aktuelle und „klassische" Untersuchung zur Agencyhypothese findet sich bei Andres et al. (2011), welche die Unternehmen des DAX, MDAX und SDAX für die Jahre 1996 bis 2006 analysieren. Die Ergebnisse fallen jedoch nicht zugunsten der Free Cashflow-Hypothese aus, da weder Tobin's Q noch der Proxy für den Free Cashflow die Aktienkursreaktion auf (unerwartete) Dividendenänderungen signifikant beeinflussen.[328] Hinsichtlich der Eigentümerstruktur ist festzustellen, dass die Existenz eines Großaktionärs (mind. 25 % der Stimmrechte) die Aktienkursreaktion bei unerwarteten Dividendenerhöhungen signifikant abschwächt. Dies spricht dafür, dass ein Großaktionär grundsätzlich zur Reduktion von Agencykosten beiträgt und damit die Bedeutung von Dividenden verringert. Die Variable „Cash Flow Rights to Voting Rights" für den Großaktionär weist im Fall unerwarteter Dividendenerhöhungen den zu erwartenden signifikant negativen Effekt auf die Kursreaktion auf. Für Dividendensenkungen kann jedoch für beide Variablen kein signifikanter Einfluss beobachtet werden. Angesichts der tendenziell positiven Wirkung eines Großaktionärs verwundert es hingegen nicht, dass die Existenz weiterer Großaktionäre grundsätzlich keine signifikante Rolle spielt.

2.3.3 Zwischenergebnis

Die Tatsache, dass die empirischen Befunde hinsichtlich des Erklärungsgehalts der Signalingtheorie für die Dividendenrelevanz alles andere als eindeutig sind, hat die Suche nach alternativen Erklärungsansätzen vorangetrieben. Im Zuge dessen hat sich das Forschungsinteresse vor allem der Agencytheorie und insbesondere der daraus abgeleiteten Free Cashflow-Hypothese zugewandt, wie die zunehmende Anzahl an empirischen Studien zeigt. Aktuell wird die Agencytheorie zumindest aus Unternehmenssicht, d.h. im Zusammenhang mit den Determinanten der Dividendenpolitik, als „the leading mainstream economic model for explaining observed dividend payouts"[329] bezeichnet.[330] Für die in dieser Arbeit relevante Anlegersicht ist die Gesamtaussage der hier vorgestellten Kapitalmarktstudien nicht ganz so klar.

---

328 Vgl. Andres et al. (2011), S. 21 ff. Die Autoren nutzen nicht nur das naive Erwartungsmodell, sondern berechnen unerwartete Dividendenänderungen zusätzlich auf Basis von Analystenschätzungen.

329 Megginson (1996), S. 377

330 Vgl. auch Ruwisch (2002), S. 583.

So ergeben die empirischen Beiträge zum allgemeinen Zusammenhang und zur Free Cashflow-Hypothese insgesamt ein uneinheitliches Bild. Die wenigen Studien zur Kapitalmarktkontrollhypothese hingegen stützen diese. Die Existenz von Fremdkapitalgebern scheint unter den Gesichtspunkten der Agencytheorie für Aktionäre eher vorteilhaft zu sein, so dass nur wenig dafür spricht, dass die Dividende als Mittel zur Linderung von Agencykonflikten zwischen Eigen- und Fremdkapitalgebern nötig ist bzw. verwendet wird. So ist die empirische Evidenz hinsichtlich einer Vermögensverschiebung zwischen Eigen- und Fremdkapitalgebern infolge von Dividenden begrenzt. Stattdessen deuten einige Studien darauf hin, dass Monitoring durch Fremdkapitalgeber zumindest in manchen Fällen als Substitut für Dividenden oder Insiderbesitz einen Beitrag zur Linderung von Agencykonflikten zwischen Aktionären und Management leisten kann.

Auf der anderen Seite ist die Bedeutung der Dividende als Schutzinstrument vor opportunistisch handelnden Großaktionären nicht eindeutig geklärt. Es finden sich zwar Studien, in denen eine höhere Bedeutung der Dividende dokumentiert wird, wenn ein Großaktionär am Unternehmen beteiligt ist. Es gibt jedoch auch Untersuchungen, in denen das Gegenteil festgestellt wird. Unabhängig davon spricht jedoch einiges dafür, dass die Gefahr bzw. Angst vor Ausbeutung durch den Großaktionär tendenziell steigt, wenn dieser gemessen an seiner Kapitalbeteiligung überproportional viele Stimmrechte innehat. Die Studienergebnisse zur Rolle von Großaktionären im Kontext der Dividendenpolitik sind gerade auch für den deutschen Kapitalmarkt widersprüchlich. Recht eindeutig wiederum scheint hier die empirische Evidenz hinsichtlich der Free Cashflow-Hypothese zu sein: Die bisherigen Studien konnten den erwarteten Zusammenhang mit den üblichen Messmethoden bislang nicht in signifikantem Ausmaß dokumentieren.

2.4 Steuern

2.4.1 Grundlagen

In einer Welt mit Steuern treffen rationale Anleger ihre Entscheidungen auf Basis von Nachsteuergrößen. Werden einbehaltene und ausgeschüttete Gewinne auf Unternehmensebene bzw. Dividenden und Kursgewinne auf Aktionärsebene unterschiedlich besteuert, sollte dies einen direkten Einfluss auf die Dividendenpräferenz von Anlegern haben. Es wäre zu erwarten, dass sich die steuerliche Ungleichbehandlung in den Aktienkursen von Unternehmen mit unterschiedlicher Dividendenpolitik widerspiegelt (Steuerhypothese). [331] Darüber hinaus sollte es auch zu unterschiedlichen Dividendenpräferenzen innerhalb der Anlegerschaft kommen, sofern die asymmetrische Besteuerung nicht für alle in gleichem Maße gilt. Vor diesem Hintergrund wäre es naheliegend, dass sich Anleger entsprechend ihrer steuerlichen Gegebenheiten eher für dividendenstarke oder dividendenarme Aktien entscheiden (Steuerklientelhypothese). Dies würde wiederum dazu führen, dass Unternehmen mittels Dividendenpolitik die Attraktivität ihrer Aktien für bestimmte Anlegergruppen erhöhen und damit ihre Aktionärsstruktur aktiv gestalten könnten.[332]

Im Folgenden soll auf Basis der bestehenden Literatur der Frage nachgegangen werden, inwiefern steuerliche Aspekte tatsächlich die Dividendenpräferenz von Anlegern systematisch beeinflussen bzw. zu Klienteleffekten führen. Hierzu werden die methodischen Ansätze beleuchtet und anschließend die empirischen Ergebnisse für den deutschen und US-amerikanischen Kapitalmarkt ausgewertet. Zuvor wird ein kurzer Überblick über die relevanten steuerlichen Regelungen und deren Entwicklung im Zeitablauf gegeben.

2.4.2 Steuerliche Rahmenbedingungen

2.4.2.1 Deutschland

In dem Zeitraum von 1977 bis 2010 kamen in Deutschland insgesamt drei verschiedene Steuersysteme zum Einsatz: Das im Jahr 1977 im Rahmen der Körperschaftsteuerreform eingeführte Anrechnungsverfahren wurde mit Beginn des Jahres 2001 durch das Halbeinkünfteverfahren ersetzt, welches wiederum Anfang 2009 im Zuge der sog. Unternehmensteuerreform 2008 von dem System der Abgeltungsteuer abgelöst wurde.[333] Da im weiteren Verlauf der vorliegenden Arbeit die Dividendenpräferenz zu den Jahreswechseln 2003/2004 und 2007/2008 empirisch untersucht wird, sind im Folgenden die Regelungen des Halbeinkünfteverfahrens von besonderer Relevanz. Jedoch ist für den Untersuchungszeitpunkt 2007/2008 nicht auszuschließen, dass die Anleger die damals schon weitgehend bekannten Änderungen der Unternehmensteuerreform 2008 antizipiert und in ihrer Dividendenpräferenz entsprechend berücksichtigt haben. Daher soll auch auf das aktuelle Steuerregime eingegangen werden. Weil in einigen empirischen Studien die Bedeutung von Steuern für die Dividendenpräfe-

331 Vgl. Abschnitt. 2.4.3.2.

332 Vgl. Miller/Modigliani (1961), S. 431 f.

333 Ein weitergehender Überblick über die Entwicklung der Steuersysteme in Deutschland bis zum Halbeinkünfteverfahren findet sich u.a. bei Otto (2007), S. 7 ff.

renz auf Basis des bis zum Jahr 2000 geltenden Anrechnungsverfahrens untersucht wird, soll schließlich auch dieses kurz beleuchtet werden. Die verbalen Erläuterungen werden im Anschluss durch Rechenbeispiele illustriert.

Im Zentrum der nachfolgenden Ausführungen steht die Frage, inwiefern die Präferenz von Privatanlegern durch die steuerlichen Vorschriften in Deutschland systematisch in Richtung einer höheren oder niedrigeren Dividende beeinflusst wird bzw. wurde. Demnach wird kein Anspruch auf eine vollständige und tiefgreifende Darstellung bzw. Analyse sämtlicher steuerlicher Vorschriften sowie Spezialfälle erhoben. Insbesondere werden folgende vereinfachende Annahmen getroffen:[334]

- Anteile werden im Privatvermögen gehalten.[335]
- Es handelt sich nicht um eine wesentliche Beteiligung im Sinne von § 17 EStG.
- Gewerbe-, Vermögen-, Reichen- und Kirchensteuer, Interdependenzen zur Erbschaft- und Schenkungssteuer sowie Solidaritätszuschlag werden im Wesentlichen ausgeblendet.
- Kapitalertragsteuern werden nicht berücksichtigt.[336]
- Effekte von Werbungskosten und Freibeträgen bleiben unbeachtet.
- Es handelt sich um Aktien inländischer Unternehmen.[337]
- Behandlung von Ausgaben und Verlusten wird nicht thematisiert.[338]

Der Kerngedanke des Anrechnungsverfahrens, das für Geschäftsjahre ab dem 01.10.1976 galt, lag darin, dass eine doppelte Besteuerung ausgeschütteter Gewinne – zum einen durch die KSt auf Unternehmensebene und zum anderen durch die ESt auf Anlegerebene – vermieden werden sollte.[339] Hierzu wurde der ausgeschüttete Gewinn zwar zunächst auf Unternehmensebene mit der KSt von

334 Ähnliche Annahmen finden sich auch bei Schulz (2006), S. 25.

335 Zur Behandlung von Anteilen im Betriebsvermögen vgl. z.B. Rech (2008).

336 Hierbei handelt es sich lediglich um eine Erhebungsform der ESt, die bei der ESt-Veranlagung als Vorauszahlung behandelt wird. Vgl. z.B. Grotherr (2000), S. 852.

337 Die spätere empirische Untersuchung hat lediglich einheimische Anleger im Fokus. Vgl. zur Besteuerung von Auslandsinvestitionen z.B. Köhler (2000); Desens (2003).

338 Vgl. weiterführend zu dieser Thematik bspw. Korn (2009).

339 Vor Einführung des Anrechnungssystems betrug die steuerliche Gesamtbelastung ausgeschütteter Gewinne bei der Veranlagung zum ESt-Spitzensatz zuletzt 66,81 %. Vgl. überblicksartig Schulz (2006), S. 25 ff. Zur Funktionsweise des Anrechnungssystems vgl. bspw. Günkel/Fenzl/Hagen (2000), S. 445 f.; Sigloch (2000), S. 164.

zuletzt 30 % belastet,[340] die abgeführte KSt wurde jedoch bei der Bemessung der ESt-Schuld auf Anlegerebene angerechnet. Der aus Sicht des Anlegers zu versteuernde Betrag bestand somit aus der Nettodividende (Dividende nach Berücksichtigung von KSt) und der KSt-Gutschrift in Höhe von 3/7 der Nettodividende, so dass der ausgeschüttete Teil des Gewinns letztlich dem persönlichen ESt-Satz des Aktionärs unterlag. Realisierte Kursgewinne waren steuerfrei, sofern zwischen Kauf und Verkauf mindestens zwölf Monate lagen (Spekulationsfrist).[341] Ansonsten unterlagen sie dem vollen ESt-Satz. Ein weiteres Merkmal des Anrechnungsverfahrens lag in den unterschiedlichen KSt-Sätzen für einbehaltene und ausgeschüttete Gewinne. Während ausgeschüttete Gewinne zuletzt mit 30 % besteuert wurden, unterlagen thesaurierte Gewinne zuletzt einem Steuersatz von 40 %. Im Falle einer späteren Ausschüttung kam es zu einer KSt-Minderung in Höhe von 10 %.[342] Dementsprechend wurden unter diesem System Ausschüttungen aus Sicht der KSt bevorteilt.

Dies änderte sich mit der Einführung des Halbeinkünfteverfahrens zum 01.01.2001, dessen erklärtes Ziel u.a. darin bestand, Thesaurierungsanreize zu setzen und damit die Eigenkapitalbasis von Unternehmen zu stärken.[343] Im Rahmen des Halbeinkünfteverfahrens kam es zu einer definitiven KSt-Belastung in Höhe von 25 % auf Unternehmensebene. Der doppelten Besteuerung von Dividenden wurde fortan nicht mehr durch eine Anrechnung der gezahlten KSt Rechnung getragen, sondern durch die Tatsache, dass lediglich die Hälfte der erhaltenen Dividenden in die ESt-Bemessungsgrundlage einbezogen wurde. Auch Veräußerungsgewinne wurden zur Hälfte mit dem ESt-Satz besteuert, sofern diese innerhalb der zwölfmonatigen Spekulationsfrist realisiert wurden.[344] Außerhalb der Spekulationsfrist waren Veräußerungsgewinne weiterhin steuerfrei.[345]

Im Rahmen der Unternehmensteuerreform 2008 wurden auf Unternehmensebene der KSt-Satz von 25 % auf 15 % gesenkt und auf Anlegerseite das Halbeinkünfteverfahren durch ein Abgeltungsteuersystem ersetzt. Dieses gilt ab dem Veranlagungszeitraum 2009 und sieht eine Besteuerung von Dividenden

340 Auf den KSt-Satz von 30 % entfiel noch zusätzlich der SolZ von 5,5 %.

341 Vgl. Schulz (2006), S. 29. Bis zum 31.12.1998 betrug die Spekulationsfrist lediglich sechs Monate.

342 Vgl. z.B. Günkel/Fenzl/Hagen (2000), S. 445 f.; Otto (2007), S. 38.

343 Als weitere Gründe für die Abschaffung des Anrechnungsverfahrens wurden insbesondere dessen Komplexität, Missbrauchsanfälligkeit und mangelnde Europatauglichkeit genannt. Vgl. bspw. Grotherr (2000), S. 850 f.; Otto (2007), S. 59.

344 Vgl. z.B. Günkel/Fenzl/Hagen (2000), S. 446 ff.

345 Vgl. Spengel/Ernst (2008), S. 236; von Glasenapp (2008), S. 360.

und Veräußerungsgewinnen[346] mit einem identischen Steuersatz von 25 % vor.[347] Letztere sind auch dann steuerpflichtig, wenn die Anteile zuvor länger als ein Jahr gehalten wurden.[348] Entsprechend der Bezeichnung stellt die Abgeltungsteuer eine Quellensteuer dar, mit der aus Anlegersicht die ESt abgegolten ist. Folglich werden in diesem System Veräußerungsgewinne und Dividenden aus dem persönlichen ESt-Satz herausgelöst und über sämtliche Anlegergruppen einheitlich besteuert.[349]

Tab. 3: Dividendenbesteuerung in Deutschland im Zeitablauf

Angaben in GE	**Anrechnungsverfahren (2000)**	**Halbeinkünfteverfahren (2008)**	**Abgeltungsteuer (2009)**
Gewinn vor KSt	100	100	100
- KSt (in %)	-30 (30 %)	-25 (25 %)	-15 (15 %)
= Barausschüttung	70	75	85
+ KSt-Gutschrift	+30	–	–
= Bruttodividende	100	75	85
davon steuerfrei	–	37,5	–
- ESt (in %)	-51 (51 %)	-15,75 (42 %)	–
- Abgeltungsteuer	–	–	-21,25 (25 %)
= Nettodividende	49	59,25	63,75

Die obige Tabelle stellt die wesentlichen Aspekte der drei Systeme in Bezug auf die Besteuerung von Dividenden gegenüber. Hierzu wird zunächst eine Vollausschüttung des in dem Jahr erwirtschafteten Gewinns unterstellt. Weiterhin ist zu beachten, dass sich die der ESt und KSt zugrunde liegenden Steuersätze in den jeweiligen Zeiträumen, in denen die Verfahren galten, stetig verändert haben. In der Darstellung wird jeweils der KSt-Satz und ESt-Spitzensteuersatz

346 Dies bezieht sich gem. § 52a Abs. 10 S. 1 EStG jedoch nur auf Veräußerungsgewinne, bei denen die betreffenden Aktien nach dem 01.01.2009 erworben wurden.

347 Vgl. § 32d Abs. 1 EStG i.V.m. § 20 EStG Abs. 1 und 2.

348 Vgl. Spengel/Ernst (2008), S. 835.

349 Vgl. von Glasenapp (2008), S. 360 f. Eine Ausnahme ergibt sich aus der in § 32d Abs. 6 EStG verankerten Option, wonach Anleger auch eine Veranlagung zum individuellen Steuersatz beantragen können, wenn ihr Grenzsteuersatz unter 25 % liegt.

des Veranlagungszeitraums verwendet, in dem das jeweilige Verfahren zuletzt Anwendung fand.[350]

Das Rechenbeispiel zeigt, dass die Belastung von Dividenden mit den hier relevanten Steuerarten im Zeitablauf abgenommen hat, sofern bei der ESt jeweils der Spitzensteuersatz unterstellt wird.[351] Für Aktionäre aus unteren Einkommensklassen trifft dieser Schluss jedoch gerade in Bezug auf den Übergang vom Anrechnungs- auf das Halbeinkünfteverfahren nicht zu: Sofern der persönliche ESt-Grenzsteuersatz unterhalb von 40 % lag, kam es mit der Einführung des Halbeinkünfteverfahrens zu einer höheren steuerlichen Belastung der Dividendeneinkünfte.[352] Auch durch die Umstellung auf das System der Abgeltungsteuer wurden einkommensschwächere Anleger schlechter gestellt, wobei die Gruppe der Benachteiligten kleiner ausfiel. Unter den hier getroffenen Annahmen betraf das nur Anleger, deren ESt-Satz zwischen 21 % und 30 % lag.[353]

Von zentraler Bedeutung ist die Frage, welchen Einfluss die jeweiligen Steuersysteme auf die Vorteilhaftigkeit von Dividenden gegenüber Kursgewinnen aus der Sicht von Privatanlegern hatten. Daher sollen nun die steuerlichen Konsequenzen für den Fall einer vollständigen Thesaurierung betrachtet und den obigen Ergebnissen gegenüber gestellt werden. Dabei wird gemäß dem Modell von Miller/Modigliani (1961) davon ausgegangen, dass der Marktwert infolge der Thesaurierung exakt um den thesaurierten Betrag ansteigt. Weiterhin wird beim Anrechnungs- und Halbeinkünfteverfahren zwischen einer Realisierung vor und nach Ende der zwölfmonatigen Spekulationsfrist differenziert.

350 Eine Übersicht über die zeitliche Entwicklung der ESt-Spitzensteuersätze findet sich bei BMF (2010), S. 60 f.

351 Ähnliche Darstellungen zum Vergleich des Anrechnungs- und Halbeinkünfteverfahrens finden sich z.B. bei Grotherr (2000), S. 852; Günkel/Fenzl/Hagen (2000), S. 446 ff.; Sigloch (2000), S. 164. Für eine vergleichende Darstellungen des Halbeinkünfte- und Abgeltungsteuersystems sei auf von Glasenapp (2008), S. 361 f. und Gstädtner (2009), S. 67 verwiesen. Letztere kommen jedoch teilweise zu anderen Aussagen, da sie die mit der Abgeltungsteuer eingetretene Senkung des KSt-Satzes unberücksichtigt lassen.

352 Bei einem Grenzsteuersatz sD = 40 % führen beide Verfahren zum gleichen Ergebnis, da dann folgende Bedingung erfüllt ist: sD = 0,25 + (1 – 0,25)*0,5*sD. Vgl. z.B. Günkel/Fenzl/Hagen (2000), S. 447; Eberlein/Walther (2001), S. 466. Im Folgenden soll aus Vereinfachungsgründen der Begriff ESt-Satz synonym zu ESt-Grenzsteuersatz verwendet werden.

353 Bei einem ESt-Satz von unter 30 % wurde der Anleger durch die Einführung der Abgeltungsteuer mit der definitiven Belastung von insgesamt 36,25 % bei Dividendeneinkünften schlechter gestellt. Die optionale Veranlagung zum persönlichen ESt-Satz nach § 32d Abs. 6 EStG führt erst ab einem Grenzsteuersatz von unter 21 % zu einer niedrigeren Steuerbelastung als es zuvor beim Halbeinkünfteverfahren (mit altem KSt-Satz) der Fall war.

Tab. 4: Steuerliche Belastung von Kursgewinnen und Dividenden in Deutschland im Zeitablauf

Angaben in GE	Anrechnungsverfahren (2000)	Halbeinkünfteverfahren (2008)	Abgeltungsteuer (2009)
Gewinn vor KSt	100	100	100
- KSt (in %)	-40 (40 %)	-25 (25 %)	-15 (15 %)
= thesaurierter Gewinn bzw. rechnerischer Kursanstieg	60	75	85
davon generell steuerfrei	–	37,5	–
- ESt (in %)			
bei Veräußerung innerhalb der Spekulationsfrist	-30,6 (51 %)	-15,75 (42 %)	–
bei Veräußerung außerhalb der Spekulationsfrist	0	0	–
- Abgeltungsteuer (in %)	–	–	-21,25 (25 %)
= Nettoveräußerungserfolg			
bei Veräußerung innerhalb der Spekulationsfrist	29,4	59,25	63,75
bei Veräußerung außerhalb der Spekulationsfrist	60	75	
Nettodividende bei vollständiger Ausschüttung (vgl. Tab. 3)	49	59,25	63,75

Bei einem Vergleich der steuerlichen Belastung von Dividenden und Veräußerungserfolgen wird deutlich, dass die steuerliche Vorteilhaftigkeit im Anrechnungsverfahren insbesondere von dem Veräußerungszeitpunkt bestimmt wird. Veräußerungserfolge innerhalb der Spekulationsfrist sind gegenüber einer Ausschüttung steuerlich stets im Nachteil. Wird von einer Veräußerung nach Ablauf der Spekulationsfrist ausgegangen, entscheidet der persönliche ESt-Satz über die steuerliche Vorteilhaftigkeit.[354] Der Indifferenzsteuersatz würde unter den hier geltenden Annahmen bei 40 % liegen: Bei einem ESt-Satz unterhalb von 40 % würde ein Anleger Dividenden bevorzugen, während er bei einem Grenzsteuersatz von über 40 % stärker von Kursgewinnen profitieren würde.[355]

354 Im weiteren Verlauf der Arbeit werden Anleger, welche Kursgewinne innerhalb (außerhalb) einer Spekulationsfrist realisieren als „kurzfristig“ („langfristig“) bezeichnet.

355 Vgl. Schulz (2006), S. 35 f.

In Bezug auf das Halbeinkünfteverfahren ergibt sich ein eindeutigeres Bild. Kursgewinne, die innerhalb der Spekulationsfrist realisiert werden, unterliegen der gleichen Steuerlast wie Dividenden, so dass jeder Anleger unabhängig von seinem ESt-Satz stets indifferent zwischen Thesaurierung und Ausschüttung sein sollte. Kommt es jedoch zu einem Verkaufserfolg außerhalb der Spekulationsfrist, sind Kursgewinne aus Sicht eines steuerpflichtigen Privatanlegers stets einer gleich hohen Dividende vorzuziehen (Indifferenzsteuersatz = 0 %). Seit Einführung der Abgeltungsteuer werden Dividenden und Kursgewinne (unabhängig vom Realisationszeitpunkt) gleich besteuert, so dass Anleger vor dem Hintergrund des Steuersystems zwischen Dividenden und Kursgewinnen indifferent sein sollten.

Die nachfolgende Abbildung fasst die zeitliche Entwicklung des Indifferenzsteuersatzes aus Sicht eines langfristig orientierten Anlegers seit dem Jahr 1968 zusammen. Anleger mit einem ESt-Satz unterhalb (oberhalb) der durchgehenden Linie weisen eine steuerlich bedingte Präferenz für Dividenden (Kursgewinne) auf.[356] Die gestrichelte Linie stellt zum Vergleich den jeweils gültigen Spitzensteuersatz dar. Mit der Körperschaftsteuerreform 1977 hat – entsprechend ihrer Zielsetzung – die relative Attraktivität von Dividenden im Vergleich zu Kursgewinnen deutlich zugenommen. Von 1977 bis 1989 war eine Ausschüttung sogar für sämtliche Anleger, die nicht zum Spitzensteuersatz veranlagt wurden, steuerlich vorteilhaft. Mit Einführung des Halbeinkünfteverfahrens im Jahr 2001 änderte sich das Bild fundamental: Unter steuerlichen Gesichtspunkten waren Kursgewinne fortan für jeden Privatanleger attraktiver. Da seit Inkrafttreten der Unternehmensteuerreform 2008 die Besteuerung von Kursgewinnen und Dividenden unabhängig vom ESt-Satz einheitlich zum Steuersatz von 25 % erfolgt, endet die Darstellung der Indifferenzsteuersätze mit dem Jahr 2008.

Auch wenn Kursgewinne und Dividenden mit einem einheitlichen Steuersatz belegt werden, wie es seit dem Jahr 2009 in Deutschland der Fall ist, können Anleger ggf. dennoch eine steuerlich motivierte Präferenz zugunsten von Kursgewinnen aufweisen: Während Dividenden direkt im Jahr der Ausschüttung zu versteuern sind, fällt bei Kursgewinnen die Steuerlast erst an, wenn diese tatsächlich realisiert, d.h. die betreffenden Aktien verkauft, werden. Anleger, die über einen langen Anlagehorizont verfügen bzw. nicht auf Dividenden oder Veräußerungserlöse zur Deckung ihrer Liquidität angewiesen sind, können im

356 Im Fall des kurzfristigen Anlegers hat der ESt-Satz wie oben gezeigt keinen Einfluss auf die Dividendenpräferenz, da dann Dividenden entweder immer bevorzugt werden (Anrechnungsverfahren) oder eine generelle Indifferenz vorliegt (Halbeinkünfteverfahren).

Thesaurierungsfall die Realisation von Kursgewinnen und damit die Steuerlast hinauszögern und so einen Steuerbarwertvorteil gegenüber dem Ausschüttungsfall generieren.[357]

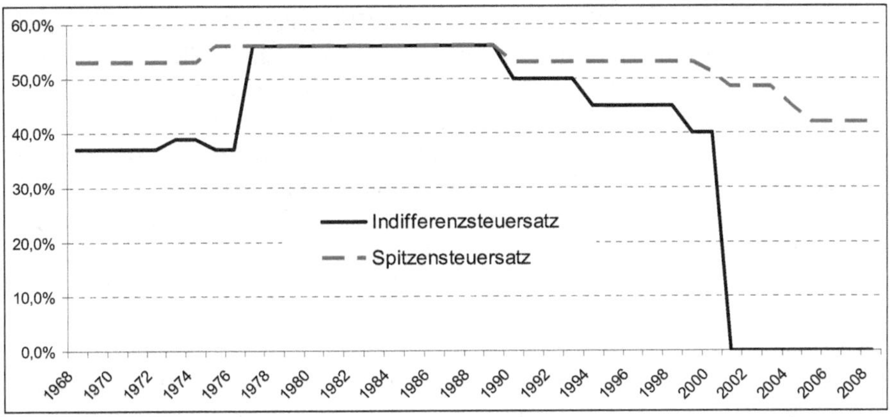

Abb. 2: Zeitliche Entwicklung des Indifferenz- und Spitzensteuersatzes in Deutschland[358]

Beispielhaft sei von einer Anlage von 100 GE in Aktien eines Unternehmens mit einer internen Verzinsung von 10 % nach KSt (vor Abgeltungsteuer) und einem Anlagehorizont von zwei Jahren ausgegangen. Würde der Gewinn nach der ersten Periode vollständig thesauriert und die Beteiligung nach Ende der zweiten Periode veräußert, ergäbe sich unter Berücksichtigung einer Abgeltungsteuer von 25 % ein Vermögensendwert von 115,75.[359] Im Fall einer vollständigen Gewinnausschüttung zum jeweiligen Periodenende und Wiederanlage zum internen Zinssatz von 10 % nach KSt betrüge der Vermögensendwert lediglich 115,56.[360]

Eine vollständige Dividendenirrelevanz unter steuerlichen Bedingungen lässt sich in Deutschland lediglich außerhalb der Gruppe von Privatanlegern ausmachen: Halten Körperschaften selbst (z.B. Kapitalgesellschaften, Versiche-

357 Vgl. bspw. Allen/Michaely (2003), S. 360.

358 In Anlehnung an die Berechnungen von Schulz (2006), S. 34. Im Gegensatz zu Schulz ist der Einfluss des SolZ aus Wesentlichkeitsaspekten hier außen vor gelassen worden. Die Spitzensteuersätze wurden abermals entnommen aus BMF (2010), S. 60 f.

359 Da sich der einbehaltene Gewinn bis zur Anteilsveräußerung innerhalb des Unternehmens weiterverzinsen würde, berechnet sich der Wert als: 100 + (100*1,12 – 100)*0,75.

360 Der Wert ergibt sich folgendermaßen: 100 + 2*(100*0,1*0,75) + (100*0,1*0,75) *0,1*0,75.

rungs- und Pensionsfondsvereine)[361] Aktien anderer Unternehmen, dann sind sowohl Dividenden als auch Veräußerungsgewinne steuerfrei.[362] Damit soll verhindert werden, dass bereits der KSt unterworfene Gewinne bei Ausschüttung bzw. bei Realisierung von Kursgewinnen ein weiteres Mal bei der empfangenden Körperschaft mit der KSt belastet werden (Kaskadeneffekt).[363] Die Freistellung von Dividenden bzw. Kursgewinnen bei Körperschaften, die in § 8b Abs. 1 KStG bzw. § 8b Abs. 2 KStG kodifiziert ist, besteht seit Einführung des Halbeinkünfteverfahrens und blieb auch durch die Unternehmensteuerreform unberührt. In dem zuvor gültigen Anrechnungsverfahren wurde – in Analogie zur Vorgehensweise bei natürlichen Personen – die bereits auf Ebene der ausschüttenden Gesellschaft entrichtete KSt i.d.R. auf die KSt-Schuld der empfangenden Gesellschaft angerechnet. Realisierte Kursgewinne unterlagen hingegen der vollen KSt, so dass hier vor Einführung des Halbeinkünfteverfahrens eine steuerliche Ungleichbehandlung vorherrschte.[364]

Wie gezeigt, hängt die Frage, ob unter steuerlichen Gesichtspunkten Dividenden oder Kursgewinne bevorzugt werden, sowohl vom zugrunde gelegten Steuersystem als auch vom Anlagehorizont (Halbeinkünfteverfahren, Abgeltungsteuer) und ggf. vom persönlichen Steuersatz (Anrechnungsverfahren) ab. Somit kann keineswegs davon ausgegangen werden, dass die Gruppe der deutschen Privataktionäre eine einheitliche Dividendenpräferenz aufweist. Vielmehr ist in Abhängigkeit von den obigen Faktoren mit unterschiedlichen Dividendenklientelen zu rechnen. Speziell für den in der späteren empirischen Analyse relevanten Fall des Halbeinkünfteverfahrens ist aus Privatanlegersicht jedoch eine eindeutige Präferenz für Kursgewinne festzustellen, sofern diese (voraussichtlich) nach Ablauf der Spekulationsfrist realisiert werden. Andernfalls käme es beim Halbeinkünfteverfahren zur gleichen Steuerbelastung wie im Ausschüttungsfall. Handelt es sich bei Aktionären um Körperschaften, werden seit dem Jahr 2001 Dividenden und Kursgewinne gleichermaßen grundsätzlich nicht besteuert. Vor diesem Hintergrund sollte diese Anlegergruppe aus steuerlicher Sicht eine im Vergleich zu Privatanlegern stärkere Dividendenpräferenz aufweisen.

---

361 Vgl. § 1 KStG.

362 Es sei angemerkt, dass gem. § 8b Abs. 5 KStG bzw. § 8b Abs. 3 KStG 5 % der Dividenden bzw. des Veräußerungsgewinns als nichtabziehbare Betriebsausgabe behandelt und somit der Besteuerung unterworfen werden. Faktisch beträgt die Freistellung somit lediglich 95 %. Vgl. bspw. Otto (2007), S. 320 ff.

363 Vgl. bspw. Haberstock (2005), S. 74.

364 Vgl. u.a. Dötsch/Pung (2000), S. 10 f.; Ruwisch (2002), S. 99.

2.4.2.2 USA

Auch die US-amerikanischen Steuergesetze für Unternehmen und Privatpersonen waren in den letzten Jahrzehnten Gegenstand verschiedener Reformen.[365] Unverändert blieb lediglich die konzeptionelle Ausgestaltung der Unternehmensbesteuerung als „klassisches“ Steuersystem, in dem Gewinne auf Unternehmensebene unabhängig von der weiteren Verwendung mit einer definitiven „Federal Corporate Income Tax“ belegt werden.[366] Der Steuersatz ist zwar progressiv ausgestaltet, jedoch ist der Anteil der Unternehmen, die nicht zum Spitzensteuersatz von zuletzt 35 %[367] veranlagt werden, vernachlässigbar.[368] Analog zum deutschen Steuersystem ist bei der Besteuerung auf Anteilseignerebene zwischen privaten und institutionellen Anlegern zu unterscheiden.

Auf Ebene der privaten Anteilseigner erfolgte die Besteuerung von Dividenden und Kursgewinnen bis zum „Tax Reform Act of 1986“ (TRA 86) uneinheitlich. Während Dividenden auf Anteilseignerebene vollständig der Besteuerung unterlagen, wurde ab dem Jahr 1942 bei Kursgewinnen – analog zur deutschen Vorgehensweise – zwischen kurz- und langfristigen Kursgewinnen unterschieden. Bei einer Veräußerung innerhalb der Spekulationsfrist von sechs Monaten wurden Kursgewinne ebenso wie Dividenden voll besteuert. Außerhalb der Spekulationsfrist unterlagen Kursgewinne lediglich dem hälftigen persönlichen Steuersatz, maximal jedoch einem Einheitssteuersatz von 25 %.

Im Zeitablauf wurde die Dauer der Spekulationsfrist mehrmals verändert.[369] Darüber hinaus wurde im Jahr 1978 der Freibetrag bei Kursgewinnen außerhalb der Spekulationsfrist von 50 % auf 60 % erhöht, wobei im Gegenzug der Einheitssteuersatz abgeschafft wurde.[370] Bei einem maximalen persönlichen Steuersatz von 50 % führte diese Art der Besteuerung noch im Jahr 1986 dazu, dass Kursgewinne, die nach einer Haltedauer von mindestens sechs Monaten reali-

365 Die in Abschnitt 2.4.2.1 getroffenen Annahmen bzw. Einschränkungen gelten im Folgenden sinngemäß. Zudem werden hier lediglich Steuern auf Bundesebene betrachtet („Federal Taxes“). Je nach Staat oder lokaler Gebietskörperschaft können zusätzliche Steuern sowohl auf Unternehmens- als auch Anlegerebene anfallen. Vgl. hierzu weiterführend z.B. ACC/PWC (2001), S. 29 ff.

366 Eine Ausnahme bildet der kurze und damit vernachlässigbare Zeitraum zwischen den Jahren 1936 und 1938, in dem unterschiedliche Steuersätze für thesaurierte und ausgeschüttete Gewinne galten. Vgl. Bay (1990), S. 123.

367 Vgl. Schulz (2006), S. 40.

368 Vgl. Auerbach/Slemrod (1997), S. 597.

369 Ab 1976 betrug die Spekulationsfrist zwölf Monate, ab 1984 erneut sechs Monate. Vgl. Congressional Research Service (2006), S. 6 ff.

370 Vgl. Bay (1990), S. 124.

siert wurden, de facto nur mit einem Steuersatz von insgesamt 20 % (40 % *50 %) besteuert wurden.[371] Im Zuge des TRA 86, dessen Regelungen vollständig mit Beginn des Jahres 1988 in Kraft traten, wurde eine einheitliche Besteuerung von Dividenden und Kursgewinnen (unabhängig von der Haltedauer) zum persönlichen Steuersatz von nunmehr maximal 28 % eingeführt.[372]

Die einheitliche Besteuerung von Dividenden und Kursgewinnen hielt jedoch nicht lange an. Bereits ab dem Jahr 1991 wurden Dividenden mit einem höheren Steuersatz belastet als Kursgewinne, die außerhalb einer zwölfmonatigen Spekulationsfrist realisiert wurden. Die steuerliche Ungleichbehandlung nahm über die Jahre (u.a. durch den „Revenue Reconciliation Act of 1993“ (RRA 93) und den „Tax Reform Act of 1997“ (TRA 97))[373] sukzessive zu und erreichte zur Jahrtausendwende ihren Höhepunkt: Im Jahr 2000 waren Dividenden mit einem maximalen persönlichen Steuersatz von 39,6 % zu versteuern, während bei Kursgewinnen nach Ablauf der Spekulationsfrist lediglich 20 % an Steuern abzuführen waren.[374]

Mit dem „Jobs and Growth Tax Relief Reconciliation Act of 2003“ (JGTRRA 03), dessen Regelungen bereits rückwirkend für das Jahr 2003 griffen, wurde erneut eine steuerliche Gleichbehandlung von Dividenden und Kursgewinnen durchgesetzt. Hierzu wurden die Steuersätze für beide Einkommensarten grundsätzlich auf 15 % (bzw. für einkommensschwache Anleger auf 5 %) gesetzt.[375]

Bei US-amerikanischen institutionellen Anlegern erfolgt die Behandlung von Dividenden und Kursgewinnen unterschiedlich. Während z.B. Pensionspläne generell steuerbefreit sind, werden Dividenden und Kursgewinne bei Unternehmen – im Gegensatz zum deutschen Steuerrecht – regelmäßig der Besteue-

---

371 Vgl. Auerbach/Slemrod (1997), S. 597.

372 Vgl. z.B. Bolster/Van Janjigian (1991), S. 511.

373 Im Zuge des RRA 93 wurde der maximale Steuersatz für Dividendeneinkünfte bei Privatpersonen von 31 % auf 39,6 % angehoben, während der Steuersatz für langfristige Kapitalgewinne von 28 % beibehalten wurde. Durch den TRA 97 wurde Letzterer auf 20 % gesenkt. Vgl. z.B. Dhaliwal/Krull/Li (2005), S. 682.

374 Vgl. für eine tabellarische Übersicht über die Entwicklung der Steuersätze für Dividenden und Kursgewinne seit dem TRA 86 Blouin/Ready/Shackelford (2003), S. 623; Moser/Puckett (2009), S. 6.

375 Vgl. z.B. Schulz (2006), S. 40; Lightner et al. (2008), S. 24. Dividenden müssen jedoch verschiedene Kriterien erfüllen, damit sie als „qualified dividend income“ gelten und damit dem gleichen Steuersatz wie Kursgewinne unterliegen. Insbesondere muss es sich hierbei um inländische Dividenden handeln und die Aktie muss mindestens 60 Tage im Zeitfenster von +/- 60 Tagen um die Dividendenausschüttung gehalten worden sein. Vgl. hierzu u.a. Bank (2004), S. 36.

rung unterworfen.[376] Anders als bei Privatanlegern werden hier Kursgewinne im Vergleich zu Dividenden jedoch höher besteuert. So werden Kursgewinne grundsätzlich in voller Höhe mit der „Federal Corporate Income Tax" belastet,[377] wohingegen Dividenden beim empfangenden Unternehmen zu einem großen Teil als steuerfreie Einkünfte behandelt werden: Zwar ist der zu versteuernde Anteil von ehemals 15 % (vor dem TRA 86) im Zeitablauf gestiegen, dennoch unterliegen aktuell maximal 30 % der erhaltenen Dividenden der Besteuerung mit der Federal Corporate Income Tax auf Unternehmensebene.[378] Hält das Unternehmen, welches die Dividende empfängt, 20 % bis 80 % der Anteile, so verringert sich der zu versteuernde Betrag auf 20 %. Werden sämtliche Anteile eines Unternehmens gehalten, sind die betreffenden Dividendeneinkünfte auf Unternehmensebene gänzlich steuerfrei.[379]

2.4.3 Empirische Evidenz

2.4.3.1 Untersuchungen zur Höhe des Dividendenabschlags

2.4.3.1.1 Konzeptioneller Grundgedanke

In der Modellwelt von Miller/Modigliani (1961) gilt, dass der Kurs einer Aktie zwischen dem letzten Cum-Tag und dem Ex-Tag stets exakt um den Betrag der Dividende fallen sollte (Dividendenabschlag).[380] Als letzter Cum-Tag wird der Tag bezeichnet, an dem eine Aktie noch inklusive des Anrechts auf die – ggf. bereits beschlossene – Dividende der abgelaufenen Periode gehandelt wird.[381] Erwirbt ein Anleger die Aktie am darauffolgenden Ex-Tag, ist er von der betref-

---

376 Vgl. Lightner et al. (2008), S. 26.

377 Bis zum TRA 86 bestand die Möglichkeit, statt des persönlichen Steuersatzes einen definitiven Steuersatz von 28 % für Kursgewinne heranzuziehen. Mit der Reform wurde diese Möglichkeit abgeschafft. Vgl. Lamdin/Hiemstra (1993), S. 779.

378 Vgl. zur zeitlichen Entwicklung Bay (1990), S. 125.

379 Vgl. Schulz (2006), S. 40; Moser/Puckett (2009), S. 7.

380 Vgl. z.B. Elton/Gruber (1970), S. 68.

381 In Deutschland wird die Dividende i.d.R. einen Börsentag nach dem Tag der HV und somit einen Tag nach dem Dividendenbeschluss ausgezahlt. Somit stellt am deutschen Kapitalmarkt der Tag der HV den letzten Cum-Tag und der darauffolgende Börsentag den Ex-Tag dar. Jedoch muss es sich bei dem Ex-Tag nicht zwangsläufig um den Tag der Dividendenzahlung handeln. In den USA liegen z.B. zwischen dem Tag, ab dem die Aktie ohne Anrecht auf die beschlossene Dividende gehandelt wird, und dem Tag der Dividendenzahlung regelmäßig ca. zwei Wochen. Vgl. z.B. Lease et al. (2000), S. 57; Wierichs/Smets (2010), S. 64.

fenden Dividendenzahlung ausgeschlossen. Würde der Aktienkurs am Ex-Tag nicht exakt um den Betrag der Dividende fallen, käme es zu Arbitragemöglichkeiten: Bei einem im Vergleich zur Dividende geringeren Dividendenabschlag könnten z.B. Arbitragegewinne erzielt werden, indem Anleger die betreffenden Aktien am Cum-Tag kaufen und am Ex-Tag – nach Realisation der Dividende – verkaufen würden.[382]

Wie im vorherigen Abschnitt dargestellt, galten lange Zeit sowohl in Deutschland als auch in den USA steuerliche Regelungen, unter denen Dividenden gegenüber Kursgewinnen aus der Sicht langfristig orientierter Anleger steuerlich benachteiligt wurden. Sofern neben der asymmetrischen Besteuerung keine weiteren Modellannahmen von Miller/Modigliani (1961) fallen gelassen werden, müsste ein solches Steuersystem zu Dividendenabschlägen führen, die unterhalb der korrespondierenden (Brutto-)Dividendenzahlung liegen, da der Dividendenabschlag auf rationalen Märkten durch den Vergleich der jeweiligen Nachsteuergrößen von Dividenden und Kursgewinnen determiniert wird.[383] Die Differenz zwischen Dividendenabschlag und Bruttodividende fällt indes umso höher aus, je stärker Dividenden gegenüber Kursgewinnen steuerlich benachteiligt werden.

Elton/Gruber (1970) gehörten zu den Ersten, die den Effekt von asymmetrischer Besteuerung auf den Dividendenabschlag analytisch aufzeigten.[384] Hierzu stellten sie zunächst die Gleichgewichtsbedingung auf, wonach die Vermögenswirkung nach Steuern bei dem Verkauf einer Aktie unabhängig davon sein muss, ob dieser am Cum-Tag (linke Seite der Gleichung) oder am Ex-Tag (rechte Seite der Gleichung) erfolgt:

$$P_{Cum} - s_K(P_{Cum} - P_0) = P_{Ex} - s_K(P_{Ex} - P_0) + D(1 - s_D) \qquad (2\text{-}3)$$

mit

P_{Cum}	:	Aktienkurs am letzten Cum-Tag
P_{Ex}	:	Aktienkurs am Ex-Tag
P_0	:	Einstandskurs
s_K	:	Steuersatz für Kursgewinne
s_D	:	Steuersatz für Dividenden
D	:	Dividende vor Steuern

382 Der Gewinn bestünde in der Differenz zwischen Dividende und Dividendenabschlag.

383 Anders ausgedrückt wäre ein Käufer am letzen Cum-Tag nicht bereit, die Bruttodividende in voller Höhe mit zu bezahlen.

384 Vgl. Elton/Gruber (1970), S. 69.

Wie aus der Gleichung ersichtlich, würde der Aktionär beim Verkauf am Cum-Tag einen Geldbetrag in Höhe des Verkaufspreises (P_{Cum}) abzüglich der auf den zwischenzeitlichen Kursgewinn zu entrichtenden Steuerzahlung ($s_K(P_{Cum} - P_0)$) erhalten. Im anderen Fall käme zum Kursgewinn die Nachsteuerdividende hinzu ($D(1 - s_D)$). Durch Umformung der obigen Gleichung ergibt sich:

$$\frac{P_{Cum} - P_{Ex}}{D} = \frac{1 - s_D}{1 - s_K} \qquad (2\text{-}4)$$

Kommt es zu einem Dividendenabschlag in Höhe der Bruttodividende, nehmen der Quotient auf der linken Seite (relativer Dividendenabschlag) und der Quotient auf der rechten Seite der Gleichung (steuerinduzierte Dividendenpräferenz) jeweils den Wert eins an.[385] Ist s_D jedoch größer als s_K (steuerliche Benachteiligung von Dividenden gegenüber Kursgewinnen), nimmt die Gleichung einen Wert kleiner eins an, was einen Dividendenabschlag unterhalb der Dividende signalisiert. Im umgekehrten Fall signalisiert ein relativer Dividendenabschlag von größer eins, dass Dividenden gegenüber Kursgewinnen steuerlich im Vorteil sind.

Durch Umstellung der obigen Gleichung nach s_D kann sowohl für einen Gesamtmarkt als auch für einzelne Aktientitel der implizite Grenzsteuersatz des marginalen Anlegers ermittelt werden. Voraussetzung für die Ableitung von Steuerquoten ist jedoch, dass eine Annahme über s_K bzw. das Verhältnis von s_K zu s_D getroffen wird.[386] Sowohl bei Elton/Gruber (1970) als auch bei jüngeren Untersuchungen wird grundsätzlich davon ausgegangen, dass der Preis durch langfristig orientierte Privatanleger determiniert wird, die Kursgewinne ausschließlich nach Ablauf der Spekulationsfrist realisieren.[387] Wird davon ausgegangen, dass Kursgewinne außerhalb der Spekulationsfrist steuerbefreit sind ($s_K = 0$), errechnet sich der Grenzsteuersatz für den marginalen Anleger als:[388]

$$s_D = 1 - \frac{P_{Cum} - P_{Ex}}{D} \qquad (2\text{-}5)$$

385 Vgl. Ruwisch (2002), S. 273. Eine steuerinduzierte Dividendenpräferenz von größer (kleiner) eins weist auf eine höhere (geringere) Präferenz für Dividenden gegenüber Kursgewinnen hin.

386 Vgl. Kalay (1982), S. 1061.

387 Für den betrachteten Untersuchungszeitraum von 1966 bis 1967 wurden Kursgewinne nach Ablauf einer zwölfmonatigen Haltedauer entweder mit 25 % oder – falls niedriger – mit dem hälftigen Einkommensteuersatz belastet. Vgl. Abschnitt 2.4.2.2 sowie bspw. Brooks/Edwards (1980), S. 616.

Schließlich ermöglicht der Vergleich von Dividendenabschlägen über verschiedene Aktientitel hinweg Aussagen zur Gültigkeit der Steuerklientelhypothese: Lässt sich empirisch feststellen, dass Aktien von Unternehmen mit einer relativ großzügigen Dividendenpolitik (hohe Dividendenrendite) im Durchschnitt eine geringere Steuerquote s_D (bzw. einen höheren relativen Dividendenabschlag) aufweisen, würde dies für die Gültigkeit der Klientelhypothese sprechen, wonach Aktionäre je nach Steuersituation eher zu dividendenstarken oder -armen Aktien greifen.[389]

Bis heute wurden deutlich mehr als 100 empirische Untersuchungen zum Dividendenabschlag durchgeführt, von denen die meisten einen Dividendenabschlag unterhalb der Dividende dokumentieren konnten.[390] Darüber hinaus fanden viele Autoren Hinweise für die Gültigkeit der Steuerklientelhypothese.[391] Eine Darstellung und Diskussion sämtlicher Beiträge zu diesem Thema ist im Rahmen dieser Arbeit nicht möglich.[392] Im Folgenden sollen sich die Ausführungen daher auf drei Kategorien von Arbeiten beschränken: Zum einen sollen diejenigen US-amerikanischen Beiträge betrachtet werden, welche neben empirischen Ergebnissen auch neue Ansätze zur Interpretierbarkeit von Dividendenabschlägen enthalten. Zum anderen sollen Studien zum Einfluss US-amerikanischer Steuerreformen auf den Dividendenabschlag ausgewertet werden. Denn gerade hier zeigt sich, inwiefern Dividendenabschläge tatsächlich durch Steuern und nicht etwa durch Transaktionskosten oder sonstige Marktunvollkommenheiten determiniert werden.[393] Untersuchungen zum deutschen Kapitalmarkt werden schließlich separat im darauffolgenden Abschnitt behandelt.[394]

---

388 Vgl. z.B. Hockmann (1978), S. 1996; Bay (1990), S. 54.

389 Für eine Übersicht der früheren Studien, in denen dieser Zusammenhang als empirischer Befund zugunsten des Steuerklienteleffekts gewertet wird, vgl. Kalay (1982), S. 1060.

390 Vgl. Elton/Gruber/Blake (2005), S. 580, 585.

391 Vgl. u.a. Barclay (1987); Michaely (1991); Skinner (1993); Koski (1996); Bhardwaj/Brooks (1999); Graham/Michaely/Roberts (2003); Whitworth/Rao (2010).

392 Für einen aktuellen (Teil-)Überblick vgl. z.B. Saadi/Dutta (2009), S. 133 ff.

393 Vgl. Allen/Michaely (2003), S. 372.

394 Auf Untersuchungen zu Kapitalmärkten außerhalb von Deutschland bzw. den USA soll im Folgenden abermals nicht eingegangen werden. Vgl. hierzu z.B. Poterba/Summers (1984) für UK, Kato/Loewenstein (1995) für Japan, Michaely/Murgia (1995) für Italien, Lakonishok/Vermaelen (1986) für Kanada oder Bartholdy/Brown (2004) für Neuseeland. Eine Übersicht mit aktuelleren Studien zu ausländischen Märkten findet sich bei Borges (2008), S. 19.

2.4.3.1.2 Studien zum US-amerikanischen Kapitalmarkt

Die empirischen Ergebnisse von Elton/Gruber (1970) für die US-amerikanische Börse und die Jahre 1966 bis 1967 bestätigen ihre theoretischen Überlegungen: Zum einen liegen die abgeleiteten Steuerquoten in einem realistischen Bereich, zum anderen weisen Aktien mit höherer Dividendenrendite geringere implizite Steuerquoten auf, was als Beleg für die Klientelhypothese gewertet wird.[395] Kalay (1982) kritisiert indes die methodische Vorgehensweise von Elton/Gruber (1970) u.a. hinsichtlich der Berechnung der Normalrenditen. Er repliziert daher ihre Untersuchung mit einem Datensatz aus dem gleichen Zeitraum und einigen Modifikationen in der Methodik. Seine Ergebnisse unterstützen zwar grundsätzlich die Befunde von Elton/Gruber (1970), wenn auch die statistische Signifikanz der Tests zumeist geringer ausfällt.[396] Ungeachtet dessen stellt Kalay (1982) den von Elton/Gruber (1970) aufgezeigten theoretischen Unterbau und damit die Interpretierbarkeit der Ergebnisse in Frage.

Die Kritik von Kalay (1982) basiert im Wesentlichen auf der Tatsache, dass die Besteuerung von Dividenden und Kursgewinnen realiter nicht für sämtliche Kapitalmarktteilnehmer nach dem gleichen System erfolgt.[397] Dies führt dazu, dass sich stets für irgendeine Anlegergruppe Arbitragemöglichkeiten ergeben,[398] die ein Marktgleichgewicht verhindern. So führt z.B. bereits die steuerliche Ungleichbehandlung von kurzfristig und langfristig orientierten Anlegern dazu, dass es nicht mehr zwangläufig zu einem Dividendenabschlag unterhalb der Bruttodividende kommen muss.[399] Voraussetzung hierfür ist, dass kurzfristig (z.B. innerhalb von zwölf Monaten) realisierte Kursgewinne – wie in dem US-amerikanischen und deutschen Steuersystemen lange üblich[400] – steuerlich mit Dividenden gleich gesetzt werden und dass entsprechende Gewinne und Verluste gegeneinander verrechnet werden können.[401] In einem solchen Szenario kann diese Anlegergruppe bei Dividendenabschlägen unterhalb der Bruttodividende

---

395 Vgl. Elton/Gruber (1970), S. 70 ff. Zuvor hatten bereits andere Autoren die Beobachtung gemacht, dass Dividendenabschläge oftmals unterhalb der Bruttodividende liegen, und dies auf den Effekt von Steuern zurückgeführt. Vgl. z.B. Campbell/Beranek (1955), S. 428 f.; Durand/May (1960), S. 21 f.

396 Vgl. Kalay (1982), S. 1064 ff.

397 Für eine umfassende kritische Auseinandersetzung mit den impliziten und expliziten Annahmen des Modells von Elton/Gruber (1970) vgl. Ruwisch (2002), S. 272 ff.

398 Es sei darauf hingewiesen, dass diese Strategien keine Arbitragemöglichkeiten i.e.S. darstellen, da die Höhe des Dividendenabschlags ex ante nicht sicher bekannt ist, wodurch das Handeln Risiken birgt. Vgl. z.B. Michaely/Vila (1995), S. 186.

399 Vgl. ausführlich hierzu Brooks/Edwards (1980), S. 616 ff.; Kalay (1982), S. 1061 ff.

400 Vgl. hierzu den vorhergehenden Abschnitt.

401 Dies galt z.B. in den USA lange Zeit für Aktienhändler. Vgl. Kalay (1984), S. 558.

Gewinne erzielen, indem sie die entsprechenden Aktien zum letzten Cum-Tag kauft und zum ersten Ex-Tag verkauft.[402]

Blieben Transaktionskosten unberücksichtigt, würde diese Anlegergruppe jede Abweichung des Dividendenabschlags von der Bruttodividende ausnutzen, so dass es schließlich im Marktgleichgewicht keine Differenz zwischen Dividendenabschlag und Bruttodividende mehr gäbe. Ein empirisch beobachtbares Abweichen von Bruttodividende und Dividendenabschlag wäre vor diesem Hintergrund primär auf die Existenz von Transaktionskosten beim Kauf und Verkauf von Aktien zurückzuführen: In Abhängigkeit von der Dividendenrendite einer Aktie gibt es eine bestimmte Transaktionskostenschwelle, ab welcher sich die obige Strategie des kurzfristigen Handelns nicht rentiert.[403] Mit steigenden Transaktionskosten sinkt somit der verzerrende Einfluss kurzfristig orientierter Anleger auf die Höhe der Dividendenabschläge, so dass diese wieder zunehmend die Grenzsteuersätze langfristig orientierter Anleger widerspiegeln.[404]

Unternehmen stellen neben kurzfristig orientierten Anlegern eine weitere Anlegergruppe dar, deren Einfluss auf den Kapitalmarkt die Interpretation von Dividendenabschlägen erschwert. Sind Dividendeneinkünfte auf Seiten empfangender Unternehmen steuerlich begünstigt, ergeben sich hier mitunter selbst bei Dividendenabschlägen oberhalb der Bruttodividende noch Möglichkeiten, durch entsprechende Handelstätigkeiten um den Ex-Tag Profite abzuschöpfen, was die Dividendenabschläge noch weiter verringert. Mit zunehmendem Einfluss dieser Anlegergruppe auf die Preisbildung am Aktienmarkt steigt somit die Wahrscheinlichkeit, dass die beobachtbaren Dividendenabschläge oberhalb der entsprechenden Bruttodividende liegen.[405]

---

402 Beispielhaft sei von einer Bruttodividende von 2 € und einem Steuersatz für Dividenden und kurzfristig realisierte Kursgewinne von 30 % ausgegangen, während langfristige Kursgewinne steuerfrei sind. Gemäß Elton/Gruber (1970) müsste es zu einem Dividendenabschlag von 1,40 € kommen. Würde eine solche Aktie am letzten Cum-Tag gekauft und am ersten Ex-Tag verkauft, käme es zu einem Veräußerungsverlust von 1,40 € und einem Dividendenertrag von 2 €. In der Summe könnte hier mit dieser Strategie somit ein Vorsteuererfolg von 0,60 € bzw. Nachsteuererfolg von 0,30 € erzielt werden. Diese Arbitragemöglichkeit bestünde solange, bis sich Bruttodividende und Dividendenabschlag entsprechen. Vgl. Lease et al. (2000), S. 58.

403 Vgl. Naranjo/Nimalendran/Ryngaert (2000), S. 2358.

404 In ihrer Stellungnahme zu dem Beitrag von Kalay (1982) argumentieren die Autoren, dass zwar das Handeln kurzfristiger Anleger die Ergebnisse theoretisch verzerren kann. Aufgrund der empirisch ermittelten Höhe der Transaktionskosten sei deren Einfluss für das verwendete Datenset jedoch auszuschließen. Vgl. Elton/Gruber/Rentzler (1984), S. 555.

405 Vgl. Lease et al. (2000), S. 59 f.

Neben Kalay (1982) zählen Eades/Hess/Kim (1984) zu den Ersten, die den Ansatz von Elton/Gruber (1970) empirisch untersucht haben. Um u.a. das Problem der Heteroskedastizität zu umgehen,[406] betrachten die Autoren jedoch nicht direkt das Verhältnis von Dividendenabschlag zur Dividende sondern die Renditeentwicklung am Ex-Tag. Den Zusammenhang leiten Eades/Hess/Kim (1984) zuvor analog zu Elton/Gruber (1972) aus einer Gleichgewichtsbedingung ab, die jedoch in Renditeform aufgestellt wird:[407]

$$R_t^s \equiv \frac{P_t - P_{t-1}}{P_{t-1}}(1 - s_K) + \frac{D_t}{P_{t-1}}(1 - s_D) \tag{2-6}$$

Demnach ergibt sich die Nachsteuerrendite (R_t^s) einer Aktie am Tag t aus der Kurs- und Dividendenrendite, die jeweils durch die entsprechenden Steuersätze verringert werden. Wird die Rendite fortan als erwartete Rendite verstanden, ergibt sich nach Umformung im ersten Schritt folgender Ausdruck:

$$E(R_t^s) = E(R_t)(1 - s_K) - \frac{D_t}{P_{t-1}}(s_D - s_K), \text{ mit } E(R_t) = \frac{E(P_t) - P_{t-1} + D_t}{P_{t-1}} \tag{2-7}$$

Diese Gleichung wird schließlich nach der Vorsteuerrendite (R_t) umgeformt:

$$E(R_t) = \frac{E(R_t^s)}{(1 - s_k)} + \frac{D_t}{P_{t-1}} \frac{s_D - s_K}{1 - s_K} \tag{2-8}$$

Es wird deutlich, dass wenn $s_D > s_K$ gilt, die erwartete Vorsteuerrendite an Ex-Tagen höher ausfallen muss als an den übrigen Tagen, damit sich keine Arbitragemöglichkeiten ergeben. Kommt es also am Ex-Tag zu signifikant abnormalen Renditen (Dividendenprämie), ist dies ein Hinweis auf eine steuerliche Benachteiligung von Dividenden gegenüber Kursgewinnen, was sich in der Argumentation von Elton/Gruber (1970) in einem relativen Dividendenabschlag

406 Vgl. zum Problem der Heteroskedastizität z.B. Woolridge (2009), S. 52 ff.

407 Vgl. Eades/Hess/Kim (1984), S. 5 f.

von unter eins niederschlagen würde.[408] Keine abnormale Rendite impliziert einen relativen Dividendenabschlag von null.

Auf Basis dieses Ansatzes, der in späteren Studien vielfach adaptiert wurde, stellen Eades/Hess/Kim (1984) über das gesamte Datenset, das die Jahre 1962 bis 1980 umfasst, eine Dividendenprämie um den Ex-Tag fest. Werden die Zeiträume vor und nach 1975 getrennt analysiert, wird ein deutlicher Abfall der Dividendenprämie dokumentiert. Dies wird in Anlehnung an Kalay (1982) damit erklärt, dass seit 1975 der Einfluss kurzfristiger Anleger infolge deutlich gefallener Transaktionskosten wesentlich zugenommen haben dürfte.[409] Die weitergehende Analyse zum Steuerklienteleffekt lässt jedoch kein eindeutiges Ergebnis zu. So weisen zwar einerseits Vorzugsaktien, die sich durch eine hohe Dividendenrendite auszeichnen, erwartungsgemäß negative Dividendenprämien auf, was auf eine Dominanz von Unternehmen in der Anlegerbasis hinweist, bei denen Dividenden steuerlich begünstigt sind. Andererseits zeigen sich bei steuerfreien Aktiendividenden ebenfalls signifikante Dividendenprämien.[410] Trotz verschiedener Ansätze können die Autoren diesen Widerspruch nicht abschließend erklären.[411]

In vielen der späteren Studien wird der Fokus verstärkt auf die Bedeutung von Transaktionskosten und sonstigen Marktunvollkommenheiten gelegt. Das Interesse gilt dabei u.a. dem Einfluss der Kursänderungseinheit („tick size") auf die Dividendenabschläge. So wurden Aktien in den USA früher nicht centgenau, sondern in 1/8 (bis 1997) bzw. 1/16 (bis 2001) Dollarbeträgen gehandelt.[412] Die Dividende wurde hingegen in stetigen Beträgen ausgezahlt. Dividendenabschläge unterhalb der Dividende müssten somit keineswegs durch steuerliche Gegebenheiten induziert sein, sondern würden allein deshalb entstehen, weil bei einer gegebenen Dividende der Markt auf die nächst tiefere „Preisstufe" abrundet.[413]

---

408 Bspw. soll von zwei identischen Aktien A und B ausgegangen werden, die zum Ende des (potenziellen) Cum-Tages gekauft und am Ende des Ex-Tages verkauf werden. In beiden Fällen beträgt der Kaufpreis 105 €. Sonstige kursbeeinflussende Faktoren liegen nicht vor. Aktie A schüttet 5 € aus und erleidet aufgrund des Steuernachteils von Dividenden lediglich einen Dividendenabschlag von 4 €. Dies entspricht einem relativen Dividendenabschlag von 0,8 (4 €/5 €). Aktie B schüttet nichts aus notiert somit weiterhin zu 105 €. Folglich beträgt die Rendite für Aktie B 0 % ((105 € - 105 €)/105 €) und für Aktie A 0,95 % ((5 € + 101 € – 105 €)/105 €). Die Differenz wird im Folgenden auch als Dividendenprämie bezeichnet.

409 Vgl. Eades/Hess/Kim (1984), S. 9 ff.

410 Vgl. auch Grinblatt/Masulis/Titman (1984), S. 489 f.

411 Vgl. Eades/Hess/Kim (1984), S. 32.

412 Vgl. Cloyd/Li/Weaver (2006), S. 25.

413 Vgl. Dubofsky (1992), S. 42; Bali/Hite (1998), S. 128.

Die überwiegende Mehrzahl der empirischen Studien zu diesem Thema lässt jedoch den Einfluss der Kursänderungseinheit zumindest zweifelhaft erscheinen.[414]

Um den Einfluss des Steuersystems von oben genannten Faktoren zu separieren, betrachtet eine größere Anzahl von Studien die Entwicklung des Dividendenabschlags im Zusammenhang mit Änderungen des Steuersystems: Kommt es diesbezüglich zu einer wesentlichen Änderung des Dividendenabschlags, ist dies mit hoher Wahrscheinlichkeit auf steuerliche Aspekte zurückzuführen.[415] Barclay (1987) untersucht erstmals den Einfluss von Steuersystemänderungen auf Dividendenabschläge. Er vergleicht die Dividendenabschläge in den Jahren 1962 bis 1985 mit denen der Jahre 1900 bis 1910, als die Federal Income Tax noch nicht eingeführt war. Dabei kommt er zu Ergebnissen, welche klar zugunsten der Dividendenklientelhypothese ausfallen.[416]

Ein großer Teil der Literatur aus diesem Bereich widmet sich indes den tiefgreifenden Änderungen des TRA 86, in dessen Zuge die Besteuerung von Dividenden und Kursgewinnen vereinheitlicht wurde. Die Mehrzahl der Autoren stellt grundsätzlich fest, dass die Dividendenprämien nach dem TRA 86 erwartungsgemäß zurückgegangen sind.[417] Darüber hinaus wird vereinzelt beobachtet, dass sich die positive Korrelation zwischen Dividendenabschlag und Dividendenrendite in Einklang mit der Klientelhypothese signifikant abschwächt.[418] Da die Realisation und damit die Besteuerung von Kursgewinnen im Gegensatz zu Dividenden in die Zukunft verlagert werden kann, ergibt sich aufgrund des Steuerbarwertvorteils auch bei identischen Steuersätzen eine steuerlich motivierte Präferenz zugunsten von Kursgewinnen. Dies erklärt, warum auch nach solchen Reformen Dividendenprämien in einem gewissen Umfang beobachtet werden können.[419]

Demgegenüber existieren jedoch auch Untersuchungen, in denen keine signifikante Veränderung der Dividendenprämien dokumentiert wird, was regelmäßig mit der Dominanz kurzfristiger Anleger auf den Kapitalmärkten erklärt

---

414 Vgl. Barclay (1987); Michaely (1991); Graham/Michaely/Roberts (2003); Jakob/Ma (2004); Cloyd/Li/Weaver (2006); Kadapakkam/Martinez (2008).

415 Vgl. Allen/Michaely (2003), S. 372.

416 Vgl. Barclay (1987), S. 39 ff.

417 Vgl. Lamdin/Hiemstra (1993), S. 782 f.; Koski (1996), S. 335; Naranjo/Nimalendrand/Ryngaert (2000), S. 2372 und Robin (1991), S. 69 f., wo jedoch von verzerrenden Effekten durch japanische Versicherungen ausgegangen wird. Speziell für Aktien mit niedrigerer Dividendenrendite und somit potenziell geringerem Einfluss von institutionellen Anlegern zeigen dies auch Michaely/Vila (1995), S. 191.

418 Vgl. Fedenia/Grammatikos (1991), S. 517; Robin (1991), S. 67.

419 Vgl. Ruwisch (2002), S. 311.

wird.[420] Han (1994) führt die widersprüchlichen Ergebnisse – wenig überraschend – auf unterschiedliche Datensätze und Methoden zurück.[421] Er selbst wiederum findet lediglich für den NASDAQ-Handel den zu erwartenden Effekt des TRA 86, was er mit den gegenüber der NYSE und der AMEX höheren Transaktionskosten begründet.[422]

Als weitere bedeutende Reform steht der JGTRRA 03 im Fokus aktuellerer Ex-Tag-Studien, in dessen Rahmen analog zum TRA 86 die Steuersätze für Kursgewinne und Dividenden vereinheitlicht wurden.[423] Im Gegensatz zu den empirischen Analysen zum TRA 86 fallen die Ergebnisse der Untersuchungen zum JGTRRA 03 relativ eindeutig zugunsten der Dividendenklientelhypothese aus. Folglich schwächt sich der Zusammenhang zwischen Dividendenrendite und Dividendenabschlag signifikant ab.[424] Die Ergebnisse bei Chetty/Rosenberg/Saez (2007), welche die Auswirkungen des JGTRRA 03 auf den Dividendenabschlag vor dem Hintergrund einer langen Zeitreihe betrachten, zeigen jedoch, dass diese Effekte keineswegs durch Steuerreformen bedingt sein müssen. So dokumentieren die Autoren theoriekonform einen deutlichen Anstieg der durchschnittlichen Dividendenabschläge nach Inkrafttreten der Reform, indem sie die Jahre 2002 und 2004 vergleichen.[425] Ein ähnlicher Effekt ließe sich jedoch auch ohne entsprechende Steuerreformen messen, wenn stattdessen z.B. die Jahre 2000 und 2002 gegenübergestellt würden. Aufgrund der hohen, steuerlich nicht erklärbaren Schwankungen der Dividendenabschläge im Zeitablauf hängen die Ergebnisse stark von den betrachteten Zeitfenstern und verwendeten Methoden ab, was Vergleiche von einzelnen Jahren wenig zweckmäßig erscheinen lässt.[426]

Weiterhin zeichnen sich die neueren Studien durch eine verfeinerte Methodik aus, bei der u.a. neben den Kurseffekten verstärkt auch Handelsvolumina untersucht werden. Diese Vorgehensweise folgt dem Gedanken, dass Kurse das Ergebnis dynamischer Handelsstrategien von mehreren, unterschiedlich besteu-

---

420 Vgl. Michaely (1991), S. 856; Hearth/Rimbey (1993), S. 76 f.; Bali (2003), S. 192. Die Ergebnisse von Michaely (1991) werden jedoch u.U. durch Ausreißer beeinflusst. Es kann gezeigt werden, dass bereits bei einer Reduktion des Datensamples um 1 % gegenteilige Ergebnisse zu erwarten sind. Vgl. Bhardwaj/Brooks (1999), S. 506.

421 Vgl. Han (1994), S. 176.

422 Vgl. Han (1994), S. 183 ff.

423 Studien, die diese Fragestellung aus dem Blickwinkel von institutionellen Anlegern beleuchten, bleiben im Folgenden unberücksichtigt. Vgl. diesbezüglich Dhaliwal/Erickson/Trezevant (1999); Perez-Gonzalez (2002); Chetty/Saez (2005).

424 Vgl. z.B. Cloyd/Li/Weaver (2006), S. 44; Zhang/Farrell/Brown (2008), S. 125.

425 Vgl. Chetty/Rosenberg/Saez (2007), S. 2 f.

426 Vgl. Chetty/Rosenberg/Saez (2007), S. 30 f.

erten Gruppen (kurzfristig orientierte Privatanleger, langfristig orientierte Privatanleger, Unternehmen) darstellen. Existieren z.B. drei Gruppen, deren steuerliche Dividendenpräferenz i.S. des relativen Dividendenabschlags jeweils bei 0,75 (langfristige Anleger), 1 (kurzfristige Anleger) bzw. 1,25 (Unternehmen) liegt, kann ein Dividendenabschlag in Relation zur Dividende von 1 einerseits als Dominanz der zweiten Gruppe gewertet werden. Andererseits könnte dieser Dividendenabschlag zu gleichen Teilen durch die Handelsaktivitäten der Gruppen eins und drei zustande kommen.[427] Durch die Analyse der Handelsvolumina um den Ex-Tag kann jedoch zwischen den beiden Fällen differenziert werden. Lassen sich keine abnormalen Handelsvolumina beobachten, ist davon auszugehen, dass der erste Fall vorliegt, der auch als statisches Dividendenklientel bezeichnet wird.[428]

Eine Veränderung von Dividendenprämien im Zeitablauf kann somit nicht allein durch geänderte Steuerregelungen, sondern auch durch stärkere bzw. schwächere Handelsaktivität bestimmter Gruppen bedingt sein.[429] Erst die Analyse der Handelsaktivitäten ermöglicht daher eine Interpretation der Änderungen bei Dividendenprämien. Bezogen auf die Reformen des TRA 86 und des JGTRRA 03 hat die Angleichung der Steuersätze für Dividenden und Kursgewinne zugleich auch die steuerliche Heterogenität innerhalb der Anlegerschaft verringert. Somit sind die Chancen, aus Handelstätigkeiten um den Ex-Tag zu profitieren, ebenfalls gesunken. Folglich hätte es im Zuge der Reformen nicht nur zu einer Verringerung der Dividendenprämien, sondern auch zu einem Absinken der abnormalen Handelsaktivität kommen müssen.[430] Michaely/Villa (1995) dokumentieren genau diesen Effekt speziell für Aktien, die verstärkt von Privatanlegern gehalten werden.[431]

In einer Nachfolgeuntersuchung vergleichen Dhaliwal/Li (2006) das TRA 86-Steuerregime mit den Veranlagungszeiträumen nach den Reformen durch den RRA 93 und TRA 97, in deren Rahmen die steuerliche Benachteiligung von Dividenden sukzessive eingeführt wurde. Sie stellen jedoch lediglich beim Inkrafttreten der RRA 93-Regelungen einen signifikanten Anstieg der abnormalen

---

427 Vgl. Michaely/Vila (1995), S. 172.

428 Grundsätzlich ist mit steigender Dividendenrendite auch von höheren Handelsaktivitäten auszugehen, da die Profitabilität von Tradingstrategien um den Ex-Tag dann tendenziell zunimmt. Vgl. Cloyd/Li/Weaver (2006), S. 35.

429 Ein Absinken von Dividendenprämien könnte einerseits aus einer Angleichung der Steuerquoten für Dividenden und Kapitalgewinne bei langfristigen Anlegern oder aus erhöhter Handelsaktivität von kurzfristigen Anlegern bzw. Unternehmen resultieren. Vgl. Lakonishok/Vermaelen (1986), S. 317; Allen/Michaely (2003), S. 371.

430 Vgl. Michaely/Vila (1995), S. 189; Zhang/Farrell/Brown (2008), S. 106.

431 Vgl. Michaely/Vila (1995), S. 191.

Handelsaktivität an Ex-Tagen fest.[432] In einigen aktuelleren Untersuchungen wird die Auswirkung des JGTRRA 03 auf die Handelsaktivitäten um den Ex-Tag herum untersucht und der zu erwartende Rückgang der Handelsaktivitäten um den Ex-Tag durchweg in signifikantem Ausmaß dokumentiert.[433]

Neben den obigen Studien, die sich explizit einer der beiden großen Reformen widmen, existiert eine handvoll Untersuchungen, die einen größeren Zeitraum und damit mehrere bzw. andere Gesetzesänderungen abdecken. Insgesamt lässt sich hier kein eindeutiges Ergebnis ableiten. Auffällig ist jedoch, dass tendenziell ältere Studien die Steuerklientelhypothese ablehnen,[434] wohingegen die Ergebnisse jüngerer Untersuchungen diese stützen.[435]

2.4.3.1.3 Studien zum deutschen Kapitalmarkt

Die frühste Untersuchung zum Dividendenabschlag am deutschen Kapitalmarkt stammt von Swoboda/Uhlir (1975). Die Autoren beobachten in den Jahren 1966, 1968 und 1970 für jeweils ca. 140 Unternehmen Dividendenabschläge, die im Durchschnitt unterhalb der Dividende liegen.[436] Wird von einem langfristigen Investor ausgegangen, der Aktien erst nach Ablauf der Spekulationsfrist veräußert, lassen sich marginale Steuersätze von ca. 20 % bis 25 % ableiten.[437] Die weitergehende Analyse zur Korrelation von Dividendenrendite und relativem Dividendenabschlag führt lediglich bei einer starken Einschränkung des Datensets auf 19 große Unternehmen zu signifikanten Ergebnissen. Somit fällt die Evidenz zugunsten des Klienteleffekts eher schwach aus.[438]

Hockmann (1978) kommt für die Jahre 1975 und 1976 zu ähnlichen relativen Dividendenabschlägen. Darüber hinaus untersucht er die Auswirkungen der Körperschaftsteuerreform von 1977 und stellt einen deutlichen Rückgang des relativen Dividendenabschlags fest.[439] Vor dem Hintergrund des analysierten

432 Vgl. Dhaliwal/Li (2006), S. 485 ff.

433 Vgl. Cloyd/Li/Weaver (2006), S. 44; Lightner et al. (2008), S. 45; Zhang/Farrell/Brown (2008), S. 125.

434 Vgl. z.B. Skinner (1993), S. 69 f.; Eades/Hess/Kim (1994), S. 1637.

435 Vgl. z.B. Graham/Michaely/Roberts (2003), S. 2634; Whitworth/Rao (2010), S. 443.

436 Vgl. Swoboda/Uhlir (1975), S. 493 f.

437 Somit liegt der implizite Steuersatz in der Nähe des Kapitalertragsteuersatzes von 25 %. Die Kapitalertragsteuer ist eine Quellensteuer und stellt eine Vorauszahlung auf die ESt dar. Werden Dividenden bei der späteren ESt-Erklärung nicht angegeben, stellt der Kapitalertragssteuersatz somit auch die tatsächliche Steuerbelastung dar. Vgl. Schulz (2006), S. 116.

438 Vgl. Swoboda/Uhlir (1975), S. 497 f.

439 Vgl. Hockmann (1978), S. 1995 f.

Datensatzes von 53 Unternehmen ist die Aussagekraft der Ergebnisse isoliert betrachtet jedoch eingeschränkt.

Die Erkenntnisse von Hockmann (1978) werden durch die mit 3.985 Beobachtungen deutlich umfangreichere Analyse von Bay (1990) gestützt, in welcher die Jahre 1966 bis 1988 betrachtet werden.[440] Auch hier fallen die relativen Dividendenabschläge nach der KSt-Reform und damit nach Einführung des Anrechnungsverfahrens deutlich von 0,82 auf 0,55, was einem Anstieg des Grenzsteuersatzes des marginalen Anlegers von ca. 18 % auf 45 % entspricht.[441] Vor dem Hintergrund, dass die steuerliche Vorteilhaftigkeit von Dividenden gegenüber Kursgewinnen durch die Reform deutlich erhöht wurde, ist dieses Ergebnis plausibel.[442]

Wie zuvor bei Swoboda/Uhlir (1975) finden sich jedoch auch bei Bay (1990) nur schwache Hinweise für die Gültigkeit der Klientelhypothese. So weist die Gruppe der Aktien mit der geringsten Dividendenrendite im Durchschnitt die höchsten relativen Dividendenabschläge auf, was der Klientelhypothese klar widerspricht.[443] Erst nach Ausschluss dieser Gruppe lässt sich eine signifikant negative Korrelation zwischen Dividendenrendite und relativem Dividendenabschlag feststellen, die für den Zeitraum nach der KSt-Reform stärker ausfällt.

Die breiteste Untersuchung zum deutschen Kapitalmarkt findet sich bei Schulz (2006) und umfasst die Jahre 1968 bis 2002 bzw. 7.538 Dividendenzahlungen von Unternehmen der Frankfurter Börse. In jedem Jahr sind unabhängig von der Modellspezifikation Dividendenabschläge unterhalb der Dividende zu beobachten.[444] Auch hier wird ein deutlicher Anstieg des impliziten Steuersatzes im Zusammenhang mit der Einführung des Anrechnungsverfahrens dokumentiert. Darüber hinaus umfasst der betrachtete Zeitraum mit den Jahren 2001 und 2002 erstmalig auch Veranlagungszeiträume, in denen das Halbeinkünfteverfahren galt. Eine klare Tendenz hinsichtlich der Auswirkungen auf den Dividendenabschlag ist hier jedoch nicht zu erkennen.[445] Besonders bemerkenswert ist schließlich, dass Schulz (2006) erstmalig eindeutige Hinweise für die Gültigkeit der Steuerklientelhypothese am deutschen Kapitalmarkt in Form einer hochsig-

440 Vgl. Bay (1990), S. 74.

441 Vgl. Bay (1990), S. 153.

442 Vgl. Bay (1990), S. 98. Wie Abb. 2 zeigt, stieg der Indifferenzsteuersatz reformbedingt deutlich an, so dass fortan dividendenstarkte Aktientitel auch von Anlegern aus den hohen ESt-Klassen nachgefragt wurden.

443 Vgl. Bay (1990), S. 105 ff.

444 Vgl. Schulz (2006), S. 203 f.

445 Vgl. Schulz (2006), S. 237.

nifikanten Korrelation von Dividendenrendite und -prämie im Zeitraum von 1978 bis 2001 feststellt.[446]

In einer neueren Studie untersucht Lasfer (2008) die Entwicklung von Dividendenprämien für deutsche und britische Unternehmen in dem Zeitraum von 1988 bis 2002. Im Gegensatz zu den bisherigen Studien betrachtet der Autor im Zusammenhang mit dem Anrechnungsverfahren Nettodividenden (Dividende nach Berücksichtigung von KSt) anstatt Bruttodividenden. Wird weiterhin von einem langfristigen Anleger ausgegangen ($s_K = 0$) ändert sich Gleichung 2-4 hierdurch von[447]

$$\frac{P_{Cum} - P_{Ex}}{D} = \frac{1 - s_D}{1} \qquad (2\text{-}9)$$

zu

$$\frac{P_{Cum} - P_{Ex}}{D(1 - s_{KSt})} = \frac{1 - s_D}{1 - s_{KSt}} \qquad (2\text{-}10)$$

Hierbei bezeichnet s_{KSt} den KSt-Satz auf Unternehmensebene und $D(1 - s_{KSt})$ somit die Nettodividende. Vor diesem Hintergrund kann aus dem relativen Dividendenabschlag nicht mehr direkt der implizite Steuersatz des marginalen Anlegers abgeleitet werden. Stattdessen spiegelt der Dividendenabschlag hier die Steuerbelastung wider, die bei Ausschüttung zusätzlich zu der auf Unternehmensebene bezahlten KSt anfällt. Mit anderen Worten ist hier der relative Dividendenabschlag als Maß für die relative Vorteilhaftigkeit von Dividenden zu Kursgewinnen zu interpretieren.[448] Folglich liegt der so definierte relative Dividendenabschlag bei eins, wenn ein Anleger der Thesaurierungsfrage indifferent gegenüber steht. In der gleichen Situation würde der relative Dividendenabschlag auf Basis der Bruttodividende den marginalen Steuersatz mit $(1 - s_D)$ darstellen und somit deutlich niedriger ausfallen.

Lasfer (2008) stellt für das Gesamtsample im Durchschnitt signifikante Überrenditen um den Ex-Tag und damit einhergehend Dividendenabschläge unterhalb der Dividende fest. Im nächsten Schritt unterteilt der Autor die Daten in vier Zeiträume.[449] Die erste Periode umfasst die Jahre 1988 bis 1990, in denen theoretisch sämtliche langfristigen Anleger, die nicht zum Spitzensteuersatz ver-

---

446 Vgl. Schulz (2006), S. 198 f.

447 Vgl. Beggs/Skeels (2006), S. 240; Lasfer (2008), S. 727.

448 Vgl. Schulz (2006), S. 118 f.

449 Vgl. Lasfer (2008), S. 729.

anlagt werden, Dividenden gegenüber Kursgewinnen bevorzugen sollten.[450] In den Folgejahren sinken jedoch der Indifferenzsteuersatz und damit die steuerlich bedingte Dividendenpräferenz. Die Ergebnisse bei Lasfer (2008) zeichnen diese Entwicklung nach: In den Jahren 1988 bis 1990 sind erwartungsgemäß keine signifikant positiven Überrenditen am Ex-Tag festzustellen. Dies ändert sich in den nachfolgenden Zeiträumen, in denen es zu solchen Überrenditen kommt, die überdies im Zeitablauf sukzessive zunehmen.[451] In Bezug auf die Steuerklientel-hypothese ist jedoch abermals kein signifikanter Zusammenhang zwischen Dividendenrendite und -abschlag auszumachen.[452]

2.4.3.2 Untersuchungen auf Basis des Tax-CAPM

2.4.3.2.1 Konzeptioneller Grundgedanke

Ein wesentliches Merkmal der im vorherigen Abschnitt behandelten Studien zum Dividendenabschlag ist die Tatsache, dass mit dem Ex-Tag lediglich ein Zeitpunkt bzw. ein sehr enges Zeitfenster analysiert wird. Wie oben erläutert, gibt es verschiedene Faktoren, die eine Interpretation des Dividendenabschlags problematisch erscheinen lassen, wie z.B. die Existenz von Transaktionskosten und uneinheitliche Steuerregelungen für unterschiedliche Anlegergruppen bzw. Anlagehorizonte.

Angesichts dieser Defizite versucht die zweite große Gruppe empirischer Untersuchungen, die Auswirkungen der Dividendenbesteuerung auf den Kapitalmarkt durch die Betrachtung längerer Zeiträume zu separieren. Sofern Dividenden im Vergleich zu Kursgewinnen stärker (schwächer) besteuert werden, sollte eine Erhöhung der Ausschüttungsbeträge steuerpflichtige Anleger schlechter (besser) stellen, was sich letztlich in sinkenden (steigenden) Aktienkursen manifestieren würde. Im Marktgleichgewicht müssten demnach Aktien von Unternehmen mit einer großzügigeren Dividendenpolitik eine höhere risikoadjustierte Vorsteuerrendite aufweisen, um die Aktionäre für die steuerlichen Nachteile zu entschädigen. Dieser Gedanke geht ursprünglich auf das Tax-CAPM von Brennan (1970) zurück, das wie folgt dargestellt werden kann:[453]

450 Vgl. hierzu abermals Abb. 2.

451 Vgl. Lasfer (2008), S. 731.

452 Vgl. Lasfer (2008), S. 723.

453 Vgl. zu den Annahmen des Modells Brennan (1970), S. 417 ff. Die Darstellung der Gleichung orientiert sich an Litzenberger/Ramaswamy (1979), S. 164.

$$E(R_i) = r_f + MRP \times \beta_i + \tau(d_i - r_f), \tag{2-11}$$

mit $MRP = [E(r_m) - r_f - \tau(d_m - r_f)]$, und $\tau = \frac{s_D - s_K}{1 - s_K}$

Im Gegensatz zum klassischen CAPM hängt die erwartete Vorsteuerrendite eines Wertpapiers ($E(R_i)$) hier nicht nur von dem risikolosen Zins und der mit dem individuellen systematischen Risiko gewichteten Marktrisikoprämie ab ($MRP \times \beta_i$).[454] Im Tax-CAPM wird zusätzlich die Dividendenrendite des Wertpapiers (d_i) berücksichtigt. Hierzu wird die Differenz zwischen Dividendenrendite und risikolosem Zins mit τ multipliziert, das wiederum als Maß für die relative Steuerbelastung von Dividenden (s_D) und Kursgewinnen (s_K) dient.[455] Sofern Dividenden stärker als Kursgewinne besteuert werden ($\tau > 0$), steigt mit zunehmender Dividendenrendite die geforderte Vorsteuerrendite.

Die Gültigkeit des Tax-CAPM ist in der Theorie weitgehend unbestritten. Die wenigen Kritikpunkte beziehen sich i.d.R. auf einzelne Aspekte oder Annahmen des Modells.[456] Konzeptionelle Zweifel bilden hingegen die Ausnahme. So legen Black/Scholes (1974) dar, dass asymmetrische Steuern nicht zwangsweise zur Aufhebung des Dividendenirrelevanztheorems führen müssen, sofern unterschiedliche Steuerklientele existieren. Während private Anleger oftmals eine steuerbedingte Präferenz für Kursgewinne haben, stellt sich die Situation für institutionelle Anleger spiegelbildlich dar.[457] Unternehmen würden in einem solchen Umfeld ihre Dividendenpolitik nach der Dividendennachfrage ausrichten, so dass im Marktgleichgewicht für jedes Klientel ein angemessenes Angebot an Aktien mit entsprechender Dividendenrendite existieren würde („supply effect"). Änderungen der Dividendenpolitik hätten dann keine Auswirkungen auf den Aktienkurs, weil mit jeder Änderung der Dividendenhöhe Anleger des bisherigen Klientels ihre Aktien verkaufen würden. Gleichzeitig gäbe es jedoch Anleger eines anderen Klientels, die aufgrund ihrer Dividendenpräferenz diese Aktie nun nachfragen würden.[458] Dividendenpolitik wäre dann zwar aus Sicht der einzelnen Anlegergruppen relevant, nicht jedoch hinsichtlich der Aktienkur-

---

454 Vgl. hierzu Abschnitt 2.2.5.1.4.1.

455 Vgl. bspw. Miller/Scholes (1982), S. 1122.

456 Vgl. stellvertretend Kalay/Michaely (2000), S. 73.

457 Vgl. Black/Scholes (1974), S. 2.

458 Vgl. König (1990), S. 134 f.

se. Im Gegensatz zum Tax-CAPM wäre dann kein Zusammenhang zwischen Dividendenrendite und Vorsteuerrendite zu erwarten.[459]

Mithilfe von Regressionsanalysen lässt sich der durch das Tax-CAPM formulierte Zusammenhang zwischen Dividendenpolitik und Kapitalkosten zumindest empirisch testen, indem die Kapitalkosten durch beobachtete Renditen ersetzt werden. Kann dabei ein signifikant von Null abweichendes τ festgestellt werden, spricht dies für die Hypothese, dass Dividendenpolitik infolge der asymmetrischen Besteuerung von Dividenden und Kursgewinnen einen Einfluss auf die Kapitalkosten und somit letztlich auf den Wert eines Unternehmens entfaltet. Im Folgenden soll ein Überblick über die bisherigen Ergebnisse solcher Untersuchungen gegeben werden.

2.4.3.2.2 Studien zum US-amerikanischen Kapitalmarkt

Die ersten und zugleich am stärksten beachteten empirischen Untersuchungen zum Tax-CAPM im Kontext der Dividendenpräferenz stammen von Black/Scholes (1974) und Litzenberger/Ramaswamy (1979).[460] Die Ergebnisse der beiden Studien scheinen sich jedoch fundamental zu widersprechen:

Für ihre empirische Untersuchung konstruieren Black/Scholes (1974) fünf Portfolios, die sich jeweils hinsichtlich der Höhe der Dividendenrendite unterscheiden. Diese fünf Gruppen werden anhand der Betawerte wiederum in fünf Unterkategorien aufgeteilt, so dass sich letztlich 25 verschiedene Portfolios ergeben.[461] Anschließend werden die Portfolios wie einzelne Aktien in die Regression aufgenommen. Bei dem Regressionsmodell, in welches Daten aus dem Zeitraum von 1926 bis 1966 eingehen, handelt es sich um eine leicht abgewandelte Variante des Tax-CAPM von Brennan (1970).[462] Dabei verwenden die Autoren eine langfristige Dividendenrendite, für deren Berechnung die im Laufe eines Jahres gezahlten Dividenden zum Jahresendkurs ins Verhältnis gesetzt werden. Die so gewonnenen Ergebnisse sind eindeutig. Weder in der Gesamtbetrachtung noch in den einzeln betrachteten Zeiträumen kann ein signifikanter Einfluss der Dividendenrendite auf die Höhe der Vorsteuerrendite ausgemacht werden.[463]

---

459 Vgl. Blume (1980), S. 567. Als weiteres Argument für die Irrelevanz von Steuern wird angeführt, dass Anleger bestimmte Steuervermeidungsstrategien nutzen können. Aus theoretischer und empirischer Sicht ist der Effekt solcher Handlungen insgesamt jedoch vernachlässigbar. Vgl. weiterführend Miller/Scholes (1978); Feenberg (1981); Peterson/Peterson/Ang (1985); Chaplinsky/Seyhun (1990).

460 Vgl. Lease et al. (2000), S. 54.

461 Vgl. Black/Scholes (1974), S. 11 f.

462 Vgl. Black/Scholes (1974), S. 8.

463 Vgl. Black/Scholes (1974), S. 15 ff.

Litzenberger/Ramaswamy (1979) passen das Modell von Brannan (1970) an, indem sie eine Kreditaufnahmebeschränkung einführen und anstelle eines konstanten Grenzsteuersatzes von einem progressiven ESt-Satz auf Dividenden sowie steuerfreien Kapitalgewinnen ausgehen. Der grundsätzliche Zusammenhang, wonach bei gegebenem Risiko und einer steuerlichen Benachteiligung von Dividenden die Vorsteuerrendite eines Wertpapiers positiv von der Dividendenrendite abhängt, gilt jedoch auch in der Modellvariante von Litzenberger/Ramaswamy (1979).[464] Abweichend zu Black/Scholes (1974) verwenden die Autoren darüber hinaus eine kurzfristig orientierte Definition der Dividendenrendite, wobei als Zähler stets der vom Aktionär zu erwartende Wert genommen wird.[465] Wenn also in einem Monat eine Dividende gezahlt wird, die im Vormonat angekündigt worden ist, wird dieser Betrag in Relation zum Endkurs des Ankündigungsmonats gesetzt. Handelt es sich um eine regelmäßige Dividende, die zuvor nicht explizit in ihrer Höhe angekündigt worden ist, wird die zuletzt gezahlte Dividende verwendet. Kommt es jedoch nicht zu einer Dividendenauszahlung oder handelt es sich hierbei um eine unangekündigte Sonderdividende, wird die Dividendenrendite für den betreffenden Monat auf Null gesetzt.

Zudem wird anstelle von Portfolios direkt auf die einzelnen Aktientitel abgestellt, wobei neben einer gewöhnlichen OLS-Regression auch GLS- und ML-Verfahren zum Einsatz kommen.[466] Die Wahl des Schätzverfahrens hat letztlich jedoch keinen Einfluss auf die Ergebnisse: Auf Basis eines Datensets, das den Zeitraum von 1931 bis 1977 umfasst, beobachten Litzenberger/Ramaswamy (1979) einen hochsignifikanten Einfluss der Dividendenrendite auf die jeweiligen Vorsteuerrenditen.

Litzenberger/Ramaswamy (1979) beschränken ihre Untersuchung nicht nur auf die Frage, ob Dividenden im Zusammenhang mit asymmetrischen Steuern einen negativen Effekt auf den Unternehmenswert haben. Vielmehr testen die Autoren den Datensatz auf einen möglichen Steuerklienteleffekt. Analog zur Argumentationskette von Elton/Gruber (1970) unterstellen sie, dass Aktien mit einer höheren (geringeren) Aktienrendite verstärkt Anleger mit geringeren (höheren) Grenzsteuersätzen anziehen, so dass dort der Steuernachteil von Dividenden ein geringeres (höheres) Gewicht haben sollte.[467] Mit anderen Worten sollte τ mit steigender Dividendenrendite sinken. Im Rahmen der anschließenden Analyse wird ein solcher Zusammenhang ausgemacht. Litzenberger/Ramaswamy (1979) bestätigen ihre Ergebnisse in einer methodisch weitgehend identischen

464 Vgl. Litzenberger/Ramaswamy (1979), S. 165 ff.
465 Vgl. Litzenberger/Ramaswamy (1979), S. 182.
466 Vgl. Litzenberger/Ramaswamy (1979), S. 181 ff.
467 Vgl. Litzenberger/Ramaswamy (1979), S. 188 f.

Folgestudie, wo lediglich auf Portfolios anstelle einzelner Aktien abgestellt wird.[468]

Infolge der widersprüchlichen Ergebnisse entbrannte in der Literatur nachfolgend eine Diskussion über die Zweckmäßigkeit der unterschiedlichen statistischen Methoden, die sich über mehr als 20 Jahre erstreckte. Zu den frühen Kritikern von Black/Scholes (1974) zählen Rosenberg/Marathe (1979), die neben der Wahl des Schätzverfahrens den Portfolioansatz aufgrund der geringeren statistischen Effizienz (gemessen am Bestimmtheitsgrad) kritisieren.[469] Im Rahmen ihrer eigenen empirischen Analyse der Jahre 1926 bis 1966 stellen die Autoren einen signifikanten Einfluss der Dividendenrendite auf die Vorsteuerrendite fest.[470]

Miller/Scholes (1982) zeigen wiederum auf, dass die Ergebnisse stark davon abhängen, welche Definition der Dividendenrenditen gewählt wird. Werden kurzfristige Dividendenrenditen wie bei Litzenberger/Ramaswamy (1979) verwendet, spiegeln die Ergebnisse nicht nur Steuer- sondern auch Informationseffekte wider. So wird die Dividendenrendite nach der Vorgehensweise von Litzenberger/Ramaswamy (1979) bei den Monaten, in denen es zu keiner Dividendenzahlung kommt, gleich Null gesetzt. Hierzu zählen auch Fälle, in denen eine übliche Dividende ausfällt und eine Ankündigung gar nicht oder erst im jeweiligen Monat stattfindet.[471] Wie bereits in Abschnitt 2.2.5.1.2 dargestellt, werden gerade unerwartete Dividendenaussetzungen vom Kapitalmarkt negativ aufgenommen, was sich in merklichen Kursabschlägen und damit Renditerückgängen niederschlägt. Folglich würde hier ggf. ein informationsbedingter Zusammenhang zwischen Dividendenrendite und Aktienkursentwicklung fälschlicherweise auf Steuereffekte zurückgeführt.

Vor diesem Hintergrund replizieren Miller/Scholes (1982) die Untersuchung von Litzenberger/Ramaswamy (1979), wobei sie in einem zweiten Schritt potenziell von Informationseffekten betroffene Beobachtungen ausschließen. Ein zuvor statistisch signifikanter Einfluss der Dividendenrendite ist dann nicht mehr festzustellen.[472] Litzenberger/Ramaswamy (1982) reagieren auf die Kritik, indem sie ihrerseits die Daten auf zwei Arten um Informationseffekte bereinigen. Einerseits ändern sie die Definition der erwarteten Dividendenrendite dahingehend, dass diese als Prognosewert der zu dem jeweiligen Zeitpunkt vergangenen Dividendenrenditen berechnet wird. Andererseits werden analog zum

---

468 Vgl. Litzenberger/Ramaswamy (1980), S. 480 ff.

469 Vgl. Rosenberg/Marathe (1979), S. 208 ff.

470 Vgl. Rosenberg/Marathe (1979), S. 15, 204 ff.

471 Vgl. Miller/Scholes (1982), S. 1126; Kalay/Michaely (2000), S. 60 f.

472 Vgl. Miller/Scholes (1982), S. 1127 ff.

Setting bei Miller/Scholes (1982) bestimmte Beobachtungen ausgegrenzt.[473] Litzenberger/Ramaswamy (1982) stellen unter diesen Bedingungen weiterhin einen signifikanten Einfluss der Dividendenrendite fest, der im Einklang mit der Klientelhypothese über verschiedene Aktientitel variiert.

Eine mögliche Verzerrung durch Informationseffekte ist jedoch nicht das einzige Problem: Bei einer kurzfristigen Definition der Dividendenrendite wie bei Litzenberger/Ramaswamy (1979) wird für Monate, in denen keine Dividende bezahlt wurde, ein Wert von Null angesetzt. Selbst wenn Dividenden wie z.B. in den USA mit einem vierteljährlichen Turnus relativ häufig ausgezahlt werden, führt diese Vorgehensweise dazu, dass die Dividendenvariable in zwei Drittel der Fälle den Wert Null annimmt.[474] Bei der üblichen Vorgehensweise nach Fama/Macbeth (1973), der auch Litzenberger/Ramaswamy (1979) folgen, wird der Einfluss einer so definierten Dividendenrendite zunächst für sämtliche Einzelzeitpunkte im Rahmen von Querschnittsregressionen ermittelt. Hieraus resultiert eine monatliche Zeitreihe von verschiedenen Koeffizienten, aus der schließlich ein arithmetischer Mittelwert berechnet wird, der den durchschnittlichen Einfluss der Dividendenrendite auf Aktienkursrenditen reflektiert.[475]

Angesichts der obigen Definition der Dividendenrendite ist die Interpretation eines solchen Koeffizienten jedoch problematisch, da er zwei verschiedene Variationen der Dividendenrendite einfängt.[476] Einerseits kann der geschätzte Koeffizient die Unterschiede in der Dividendenrendite zwischen den einzelnen Unternehmen zu einem bestimmten Zeitpunkt widerspiegeln (Renditevariation im Querschnitt). Demnach würden Aktien, auf die höhere Dividenden entfallen, im Durchschnitt eine höhere (langfristige, risikoadjustierte) Vorsteuerrendite aufweisen. Dies wäre der Zusammenhang, den das Tax-CAPM impliziert.[477] Andererseits könnte der Koeffizient jedoch auch die Renditeunterschiede zwischen Monaten mit Dividendenzahlung (Ex-Monaten) und Monaten ohne Dividendenzahlungen abbilden (Renditevariation im Zeitablauf). Eine solche Variation lässt sich jedoch nicht durch das Tax-CAPM, das auf einer „Buy-and-Hold"-Annahme basiert, begründen.[478] Vielmehr müsste für eine steuerliche Interpretation der Renditevariation im Zeitablauf auf das theoretische Fundament von Elton/Gruber (1970) zu Handelsstrategien um den Ex-Tag abgestellt wer-

473 Vgl. Litzenberger/Ramaswamy (1982), S. 436 ff.
474 Vgl. Kalay/Michaely (2000), S. 55 f.
475 Vgl. Fama/MacBeth (1973), S. 615 ff.
476 Vgl. Miller/Scholes (1982), S. 1123.
477 Vgl. Miller/Scholes (1982), S. 1138.
478 Vgl. Allen/Michaely (2003), S. 367.

den.[479] Wie bereits zu Beginn des Abschnitts ausgeführt, ist dieses Konzept jedoch alles andere als unumstritten.

Kalay/Michaely (2000) gehen in ihrer empirischen Untersuchung u.a. obiger Frage auf Basis von Wochendaten nach. D.h. sie untersuchen, inwiefern der signifikante Einfluss der Dividendenrendite von Litzenberger/Ramaswamy (1979) auf Renditevariationen im Querschnitt oder im Zeitablauf zurückzuführen ist. Hierzu beschränken sie ihren Datensatz lediglich auf Ex-Wochen, damit der Koeffizient für die Dividendenrendite nicht mehr durch Renditevariationen zwischen Ex- und Cum-Zeitpunkten beeinflusst werden kann.[480] Unter diesen Voraussetzungen kann kein signifikanter Einfluss der Dividendenrendite festgestellt werden. Die Autoren folgern hieraus, dass der bislang gemessene Einfluss der Dividendenrendite nicht durch das Tax-CAPM erklärt werden kann.

Die verhältnismäßig starke Kritik an der Verwendung kurzfristiger Dividendenrenditen dürfte dazu beigetragen haben, dass im Großteil der übrigen bzw. späteren Studien langfristige Dividendenrenditen zum Einsatz kommen. Zu dieser Gruppe gehört u.a. die Untersuchung von Blume (1980) für die Jahre 1936 bis 1976. Im Rahmen seiner Analyse stellt der Autor zunächst im Durchschnitt einen signifikant positiven Einfluss der Dividendenrendite fest.[481] Weitere Analyseschritte deuten jedoch auf einen U-förmigen Zusammenhang zwischen Dividendenrendite und Vorsteuerrendite einer Aktie hin. Folglich weisen Aktien mit besonders hoher und besonders niedriger Dividendenrendite gleichermaßen hohe Vorsteuerrenditen auf. Dieser Zusammenhang lässt sich durch steuerliche Effekte allein nicht erklären.

Die Studie von Gordon/Bradford (1980) für den Zeitraum von 1926 bis 1978 zeichnet sich durch eine anspruchsvolle Methodik zur Berechnung der erwarteten Dividendenrendite aus.[482] Dabei fließen jedoch auch Daten ein, die einem Investor zum jeweiligen Zeitpunkt nicht bekannt gewesen wären. Folglich ist die Aussagekraft der Ergebnisse, wonach der Einfluss der Dividendenrendite im Zeitablauf teils positiv und teils negativ ausfällt,[483] als eingeschränkt anzusehen.[484] Morgan (1982) umgeht dieses Problem, indem er die erwarteten Dividendenrenditen auf Basis des Box-Jenkins-Modells ermittelt. Dadurch stellt er sicher, dass in die Berechnung lediglich solche Informationen einfließen, die den Kapitalmarktteilnehmern zu dem Zeitpunkt auch tatsächlich bekannt sein konn-

479 Vgl. Lease et al. (2000), S. 63.
480 Vgl. Kalay/Michaely (2000), S. 65 ff.
481 Vgl. Blume (1980), S. 571 ff.
482 Vgl. Gordon/Bradford (1980), S. 125.
483 Vgl. Gordon/Bradford (1980), S. 129.
484 Vgl. Litzenberger/Ramaswamy (1982), S. 433.

ten.[485] Insgesamt stellt Morgan (1982) für die Jahre 1936 bis 1977 einen signifikant positiven Einfluss der Dividendenrendite auf die Aktienrendite fest. Er findet jedoch auch Anzeichen dafür, die gegen einen linearen Zusammenhang sprechen, wie er durch das Tax-CAPM unterstellt wird.[486]

Auch in der Untersuchung von Elton/Gruber/Rentzler (1983) für den Zeitraum von 1927 bis 1976 kommen langfristige Renditen zum Einsatz. Abermals stellen die Autoren grundsätzlich einen signifikant positiven Einfluss von Dividendenrenditen fest.[487] Wie zuvor Blume (1980) entdecken die Autoren jedoch einen U-förmigen Zusammenhang zwischen Dividenden- und Aktienkursrendite: Die höchsten Aktienrenditen weisen gleichermaßen Unternehmen mit sehr hohen und mit Null-Dividenden auf. Als (teilweise) Erklärung führen die Autoren den Größeneffekt („small firm effect") an.[488] So sind in der Gruppe der Unternehmen, die keine Dividenden zahlen, kleine Unternehmen überrepräsentiert. Sie weisen aus verschiedenen Gründen aber oftmals systematisch höhere Renditen auf als größere Unternehmen.[489]

Der Größeneffekt wurde fortan in vielen Studien explizit beachtet. Hierzu zählt u.a. die Untersuchung von Keim (1985) für die Jahre 1932 bis 1978, in deren Rahmen grundsätzlich ebenfalls ein U-förmiger Zusammenhang zwischen Dividenden- und Aktienkursrendite festgestellt wird.[490] Weniger plausibel erscheint hingegen die Beobachtung, dass der Koeffizient der Dividendenrendite im Januar deutlich höher ausfällt und eine sinnvolle Erklärung anhand von Steuersätzen dann nicht mehr möglich ist. Es spricht somit einiges dafür, dass die Unterschiede in den Aktienrenditen nicht bzw. nicht nur auf Steuereffekte zurückzuführen sind.[491]

Auch Ang/Peterson (1985) kontrollieren explizit für den Größeneffekt. Darüber hinaus nutzen die Autoren tatsächliche Dividenden- und Renditeerwartungen (Value Line Analystenschätzungen) für die Jahre 1973 bis 1983, um so Informationseffekte auf die Renditen auszuschließen.[492] Insgesamt wird ein signifikanter Einfluss der Dividendenrendite ausgemacht, wobei die statistische Signifikanz in Abhängigkeit der betrachteten Jahre schwankt. Desweiteren können die Autoren analog zu Litzenberger/Ramaswamy (1980) einen im Einklang mit

---

485 Vgl. Morgan (1982), S. 1080 f.

486 Vgl. Morgan (1982), S. 1086.

487 Vgl. Elton/Gruber/Rentzler (1983), S. 136 ff.

488 Vgl. Elton/Gruber/Rentzler (1983), S. 140 ff.

489 Zum Größeneffekt und den möglichen Gründen hierfür vgl. Banz (1981); Reinganum (1981); Fama/French (1992); Bodie/Kane/Marcus (1999).

490 Vgl. Keim (1985), S. 476 ff.

491 Vgl. Keim (1985), S. 487.

492 Vgl. Ang/Peterson (1985), S. 541 ff.

der Klientelhypothese stehenden, mit steigenden Beträgen abnehmenden Einfluss der Dividendenrendite auf die Vorsteuerrendite dokumentieren. Forbes/Beranek (1988) können wiederum für die Jahre 1940 bis 1980 keinen Steuerklienteleffekt nachweisen, sobald für den Größeneffekt kontrolliert wird.[493] Bei der Interpretation dieser Ergebnisse ist jedoch zu beachten, dass hier kurzfristige Dividendenrenditen verwendet werden.[494]

Eine weitergehende Analyse des Größeneffekts liefert Christie (1990) auf Basis eines Datensatzes, der sich über die Jahre 1926 bis 1985 erstreckt.[495] Die Ergebnisse zeigen, dass der oftmals dokumentierte, U-förmige Zusammenhang zwischen Dividenden- und Vorsteuerrendite primär aus der Kursentwicklung in den dreißiger Jahren resultiert: Nach der großen Depression zog der Aktienmarkt stark an, wobei fast die Hälfte der Unternehmen keine Dividenden zahlte.[496] Bei einer Durchschnittsbetrachtung über einen längeren Zeitraum impliziert dies, dass Unternehmen, die keine Dividende zahlen, eine höhere Vorsteuerrendite aufweisen. Werden diese Beobachtungen jedoch ausgeschlossen, ergibt sich durchgängig eine positive Korrelation von Dividenden- und Vorsteuerrendite. Allerdings lässt sich der Koeffizient der Dividendenrendite hinsichtlich seiner Höhe nicht sinnvoll durch Steuereffekte erklären, so dass Christie (1990) die positive Korrelation auf andere Faktoren zurückführt.

Chen/Grundy/Stambaugh (1990) setzen in ihrer empirischen Untersuchung des Zeitraums 1943 bis 1978 den Fokus insbesondere auf die Quantifizierung des Risikos. So kommt neben dem CAPM auch ein Multifaktormodell zum Einsatz. Die Autoren tragen dem Größeneffekt Sorge, indem sie Null-Dividenden-Unternehmen aus der Betrachtung ausschließen.[497] Im ersten Schritt ihrer Analyse stellen Chen/Grundy/Stambaugh (1990) einen starken Zusammenhang zwischen Dividendenrendite und Risiko fest. Dies deutet darauf hin, dass die oftmals festgestellte Korrelation zwischen Dividenden- und Aktienrenditen zumindest zum Teil aus einer Fehlspezifikation der Regressionsmodelle herrührt. Wird diese Interdependenz explizit modelliert bzw. werden neben dem Beta weitere Risikomaße implementiert, ist kein signifikanter Einfluss der Dividendenrendite festzustellen. Die Autoren folgern daraus, dass die bisherigen statistischen Methoden nicht ausreichen, um den Steuereffekt von anderen Effekten im Zusammenhang mit Dividenden separieren zu können.[498]

493 Vgl. Forbes/Beranek (1988), S. 101.
494 Vgl. Forbes/Beranek (1988), S. 91.
495 Vgl. Christie (1990), S. 97.
496 Vgl. Christie (1990), S. 101 ff.
497 Vgl. Chen/Grundy/Stambaugh (1990) S. 53 ff.
498 Vgl. Chen/Grundy/Stambaugh (1990) S. 67 f.

Die Ergebnisse von Chen/Grundy/Stambaugh (1990) stehen auf den ersten Blick im direkten Widerspruch zu denen von Naranjo/Nimalendrand/Ryngaert (1998): „From our viewpoint, the important issue is that a yield effect emerges regardless of the model specification“.[499] Dabei ähneln sich beide Untersuchungen hinsichtlich des Studiendesigns stark. So wird auch bei Naranjo/Nimalendrand/Ryngaert (1998), welche die Jahre 1963 bis 1994 untersuchen, das Risiko nicht klassisch durch das CAPM erfasst, sondern mittels des Dreifaktorenmodells von Fama/French (1993) quantifiziert.[500] Als Ursache für die abweichenden Ergebnisse wird die unterschiedliche Berechnung der Dividendenrendite identifiziert. Insgesamt zweifeln die Autoren jedoch die Gültigkeit der Steuerhypothese ebenfalls an, da sich die signifikanten Koeffizienten aufgrund ihrer Höhe nicht sinnvoll durch Steuersätze interpretieren lassen.

Für eine Ablehnung der Steuerhypothese sprechen auch die Ergebnisse von Christie/Huang (1994) für die Jahre 1946 bis 1990. Als eine von wenigen Studien berechnen die Autoren nicht einen Durchschnittskoeffizienten für die Dividendenrendite im Zeitablauf, sondern stellen den jährlichen Koeffizient den jeweils zu dem Zeitpunkt geltenden Steuervorschriften gegenüber. So kann der vermutete Zusammenhang von Dividenden- und Aktienrendite ausgerechnet in den Jahren nicht festgestellt werden, in denen Dividenden besonders stark steuerlich benachteiligt wurden.[501]

Eine der letzten „klassischen“ Tax-CAPM-Untersuchungen findet sich bei Sialm (2009), der die Jahre 1927 bis 2006 betrachtet. Dabei kontrolliert der Autor sowohl auf Basis des CAPM als auch mittels Drei- und Vierfaktorenmodellen für das Risiko. Unabhängig von der Modellspezifikation weisen Unternehmen mit hoher Dividendenrendite im Durchschnitt eine signifikant höhere Aktienrendite auf als Unternehmen mit einer Dividendenrendite von null.[502] Da jedoch der Autor anstatt der reinen Dividendenrendite eine sog. „tax yield“-Variable aufnimmt, ist es nicht leicht, die Ergebnisse in die Literaturlandschaft einzuordnen.

Der Zusammenhang zwischen Steuern und Aktienrendite wird neben Steuereffekten auch durch andere, insbesondere Informationseffekte beeinflusst. Die Ergebnisse der oben dargestellten Studien deuten teilweise an, dass die Separation des Steuereffekts in den Analysen oftmals nicht vollständig gelingt. Fama/French (1998) widmen sich dieser Problematik mittels eines erweiterten Regressionsmodells, in dem explizit für mögliche Informationseffekte kontrol-

499 Naranjo/Nimalendrand/Ryngaert (1998), S. 2046.
500 Vgl. Naranjo/Nimalendrand/Ryngaert (1998), S. 2046 ff.
501 Vgl. Christie/Huang (1994), S. 163 ff.
502 Vgl. Sialm (2009), S. 1374 ff.

liert werden soll.[503] Doch selbst wenn Gewinne, Investitionen, F&E-Ausgaben sowie Schulden als zusätzliche Variablen aufgenommen werden, kann weiterhin eine positive Korrelation zwischen Dividenden und Unternehmenswert und somit eine negative Korrelation zwischen Dividenden und Aktienrenditen für die Jahre 1956 bis 1992 gemessen werden.[504]

Nach der Jahrtausendwende wurde in einigen Studien die Auswirkung der Steuerreformen RRA 93 und TRA 97 auf den Zusammenhang zwischen Dividenden- und Aktienrendite untersucht. In beiden Fällen bewirkten die Neuregelungen eine stärkere steuerliche Benachteiligung von Dividenden gegenüber Kursgewinnen.[505] Gemäß der Theorie des Tax-CAPM sollte es zu diesen Zeitpunkten zu einer Anpassung der Kapitalkosten nach oben kommen, die mit zunehmender Dividendenrendite stärker ausfallen sollte.[506] Folglich wären für dividendenstarke Aktientitel abnormale Kursverluste bzw. negative Renditen zu erwarten, sobald der Kapitalmarkt die Durchführung der Reformen als hinreichend sicher erachtet.[507] Im Rahmen zweier Ereignisstudien, die sich jeweils auf eine der beiden Reformen beziehen, können die Autoren diesen Zusammenhang empirisch feststellen.[508] In einer weiteren Untersuchung betrachten Dhaliwal/Li/Trezevant (2003) einen Zeitraum, der beide Steuerreformen umfasst. Anders als in den Ereignisstudien werden hier jährliche Renditen verwendet, wobei die Ergebnisse ebenfalls im Einklang mit der Steuerhypothese stehen. So berichten die Autoren, dass der signifikant positive Einfluss der Dividendenrendite auf die jährliche Aktienrendite mit zunehmender steuerlicher Benachteiligung im Zeitablauf ansteigt.[509]

Die aktuellsten empirischen Untersuchungen lassen sich grob in zwei Kategorien unterteilen. Die erste Gruppe von Studien beschäftigt sich primär mit den Auswirkungen des JGTRRA 03 auf den Zusammenhang zwischen Dividenden und Unternehmenswert. Dabei handelt es sich i.d.R. um Ereignisstudien i.o.S., bei denen die Renditen in einem kurzen Zeitfenster um bestimmte Ereignisse herum untersucht werden. Im Fokus stehen dabei oftmals der Zeitpunkt, an dem der Gesetzesentwurf erstmalig präsentiert wurde (Januar 2003), bzw. der Zeit-

---

503 Vgl. Fama/French (1998), S. 820 ff.

504 Vgl. Fama/French (1998), S. 840.

505 Vgl. hierzu Abschnitt 2.4.2.2.

506 Bei einigen der nachfolgenden Studien ist zu beachten, dass sie in theoretischer Hinsicht auf dem Tax-CAPM basieren, jedoch in ihrer Form als Event-Studies keine typischen Tax-CAPM-Untersuchungen darstellen, bei denen die langfristige Rendite analysiert wird.

507 Vgl. z.B. Lang/Shackelford (2000), S. 71; Ayers/Cloyd/Robinson (2002), S. 936.

508 Vgl. Lang/Shackelford (2000), S. 84; Ayers/Cloyd/Robinson (2002), S. 945 f.

509 Vgl. Dhaliwal/Li/Trezevanz (2003), S. 163 ff.

punkt der endgültigen Gesetzesverabschiedung (Mai 2003).[510] Da mit dem JGTRRA 03 Dividenden steuerlich entlastet wurden, wird in den Studien davon ausgegangen, dass dividendenstarke Aktien besonders stark von der Reform profitieren sollten. Folglich sollten Aktien mit steigender Dividendenrendite eine höhere abnormale Überrendite in den betrachteten Zeitfenstern aufweisen.

Die Ergebnisse aus diesem Teilbereich der empirischen Literatur ergeben zwar ein eindeutiges Bild, dieses kann jedoch nur bedingt als Indiz zugunsten der Steuerhypothese interpretiert werden. So weisen zwar dividendenstarke Titel tatsächlich tendenziell Überrenditen auf, gleiches gilt jedoch in den betreffenden Zeiträumen auch für Nulldividendenpapiere. Es wird argumentiert, dass bei Nulldividendenpapieren eine Dividendeneinführung wahrscheinlicher ist als eine Dividendenerhöhung bei Aktien, die bereits eine (geringe) Dividende zahlen.[511] Weitergehende Tests widerlegen jedoch diese Vermutung.[512] Schließlich ist zu hinterfragen, inwiefern sich der JGTRRA 03 überhaupt für eine Untersuchung der Steuerhypothese eignet, da die Reform durch eine sogenannte „Sunset"-Klausel zeitlich befristet war.[513] Dies dürfte das Ausmaß der Kapitalmarktreaktionen abschwächen[514] und ggf. deren Interpretation erschweren.[515]

Die zweite Gruppe der jüngeren Literatur zeichnet sich durch einen neuen methodischen Ansatz aus. Um das Tax-CAPM empirisch zu testen, wird dort auf implizite Kapitalkosten anstelle von tatsächlich realisierten, historischen Renditen abgestellt. Als Begründung wird angeführt, dass das Tax-CAPM ein Modell zur Berechnung von erwarteten Renditen darstellt.[516] Die in älteren empirischen Studien verwendeten historischen bzw. Ex-Post-Renditen stellen jedoch einen schlechten Proxy für Renditeerwartungen bzw. Ex-Ante-Renditen dar.[517] Dies könnte zumindest zum Teil die mangelnde empirische Evidenz zugunsten des Tax-CAPM erklären. Daher wird in der aktuelleren Literatur teil-

---

510 Vgl. Auerbach/Hassett (2007), S. 106 f.; Gadarowski et al. (2007), S. 96; Amromin/Harrison/Sharpe (2008), S. 628.

511 Vgl. Gadarowski et al. (2007), S. 101.

512 Vgl. Amromin/Harrison/Sharpe (2008), S. 641 f.

513 Ursprünglich sollte die steuerliche Gleichbehandlung von Dividenden und Kursgewinnen zum 01.01.2009 auslaufen. Vgl. z.B. Gadarowski et al. (2007), S. 90.

514 Vgl. Auerbach/Hassett (2007), S. 107.

515 Vgl. Auerbach/Hassett (2007), S. 102.

516 Vgl. Dhaliwal et al. (2005), S. 676.

517 Vgl. zu der Kritik hinsichtlich der Verwendung historischer Renditen z.B. Ballwieser (1995), S. 124; Fama/French (1997), S. 154; Welch (2000), S. 505; Kothari (2001), S. 182. Die Differenz zwischen ex ante und ex post ermittelten Risikoprämien kann im Durchschnitt bis zu 4 Prozentpunkte betragen. Vgl. Gebhardt/Lee/Swaminathan (2001), S. 153 ff.

weise versucht, das Tax-CAPM auf Basis von Ex-Ante-Renditen zu testen, die zuvor mithilfe des Konzepts der impliziten Kapitalkosten ermittelt werden. Diese werden geschätzt, indem ein Bewertungsmodell (z.B. das Dividendendiskontierungs- oder Residualgewinnmodell) nicht nach dem Unternehmenswert, sondern nach dem Diskontierungszins aufgelöst wird.[518] Die restlichen Größen, wie z.B. der Unternehmenswert oder die künftigen Zahlungsüberschüsse, werden aus Markt- bzw. Analystendaten abgeleitet.

Die Untersuchung von Dhaliwal et al. (2005) für die Jahre 1980 bis 2001 stellt eine der ersten Studien auf Basis impliziter Kapitalkosten dar. Abweichend von vergleichbaren Studien wird neben der bloßen Dividendenrendite auch ein Interaktionsterm aus Dividendenrendite und τ in die Regressionsmodelle aufgenommen. Hierdurch soll der Einfluss der Dividende auf die Kapitalkosten separiert werden, der lediglich auf Steuereffekte zurückzuführen ist.[519] Folglich würde der Koeffizient der bloßen Dividendenrendite nur noch Informations- und Agencyeffekte einfangen. Vor diesem Hintergrund erscheinen die Ergebnisse bei Dhaliwal et al. (2005) plausibel: Der Interaktionsterm weist eine signifikant positive und die bloße Dividendenrenditevariable eine negative Korrelation zu den impliziten Kapitalkosten auf.[520]

In zwei weiteren Untersuchungen wird der Effekt des JGTRRA 03 auf die impliziten Kapitalkosten betrachtet. Die Ergebnisse unterscheiden sich kaum von den oben genannten Studien zum JGTRRA 03 auf Basis historischer Renditen. So wird theoriekonform ein signifikanter Rückgang der impliziten Kapitalkosten im Zuge der Steuerreform beobachtet, der für Unternehmen mit großzügigerer Dividendenpolitik stärker ausfällt.[521] Abermals weist jedoch die Gruppe der Nulldividendenunternehmen den stärksten Rückgang auf, was zum Teil auf den Einfluss von „unidentified non-tax factors“ zurückgeführt wird.[522]

Abschließend bleibt festzustellen, dass der Klienteleffekt, also das Phänomen, dass Anleger entsprechend ihrer steuerlichen Gegebenheiten zu dividendenstarken bzw. -armen Aktien greifen, nur in wenigen US-amerikanischen Studien zum Tax-CAPM beleuchtet wird. Hierzu zählen z.B. die frühen Studien von Litzenberger/Ramaswamy (1979, 1980), die Anzeichen für die Gültigkeit

---

518 Vgl. Nölte (2008), S. 158 ff. Dort findet sich auch eine Darstellung der häufig verwendeten Bewertungsmodelle.

519 Vgl. Dhaliwal et al. (2005), S. 687.

520 Vgl. Dhaliwal et al. (2005), S. 691 ff.

521 Vgl. Guenther/Jung/Williams (2005), S. 27; Dhaliwal/Krull/Li (2007), S. 123 f. In erstgenannter Studie ist der Einfluss der Dividendenpolitik jedoch nicht signifikant.

522 Vgl. Guenther/Jung/Williams (2005), S. 25 f.; Dhaliwal/Krull/Li (2007), S. 124.

des Klienteleffekts finden.[523] Ihre Methodik, Aktien gemäß ihrer Dividendenrendite aufzuteilen und die Koeffizienten der Dividendenrendite gruppenweise zu vergleichen, wurde jedoch stark kritisiert.[524] Vor diesem Hintergrund verwundert es nicht, dass von den jüngeren Studien lediglich Dhaliwal/Li/Trezevant (2003) mittels der Dividendenrenditevariable ebenfalls (erfolglos) der Frage des Klienteleffekts nachgehen.[525]

In einigen, zumeist neueren Untersuchungen zum Tax-CAPM wird im Zusammenhang mit dem Klienteleffekt ein anderer Ansatz gewählt: Neben der bloßen Dividendenrenditevariable wird ein weiterer Interaktionsterm in die Regressionsgleichungen aufgenommen. Dieser besteht aus der Dividendenrendite und dem prozentualen Aktienanteil, der von institutionellen Anlegern gehalten wird.[526] Wie zuvor dargestellt, sind aus Sicht von Unternehmen, Pensionsfonds etc. Dividenden gegenüber Kursgewinnen steuerlich regelmäßig gleich- bzw. bessergestellt. Gemäß dem Grundgedanken des Tax-CAPM wäre zu erwarten, dass bei gegebener Dividendenrendite die Rendite einer Aktie mit zunehmender Bedeutung institutioneller Anleger abnehmen würde, da Letztere keine Dividendenprämie einpreisen würden.[527]

Tatsächlich wird in einigen Studien dieser Zusammenhang in Form eines statistisch signifikanten, negativen Einflusses des Interaktionsterms auf die Aktienrendite empirisch dokumentiert.[528] Es bleibt jedoch anzumerken, dass dieser Ansatz letztlich nur zeigt, dass sich die steuerlichen Gegebenheiten verschiedener Klientele bei konstanter Dividendenrendite in der Preisbildung niederschlagen (Steuerhypothese oder „tax capitalization hypothesis").[529] Die Ergebnisse dieser Tax-CAPM Studien erlauben jedoch keine Aussage hinsichtlich der Frage, ob institutionelle Anleger (Privatanleger) dividendenstarke (dividendenarme) Aktien halten (Klientelhypothese i.e.S.). Studien, die sich explizit dem Zusammenhang zwischen der Dividendenpolitik und dem Anteil institutioneller Anle-

---

523 Vgl. Litzenberger/Ramaswamy (1979), S. 188 f.; Litzenberger/Ramaswamy (1980), S. 480 f.

524 Vgl. Miller/Scholes (1982), S. 33 ff.; Kalay/Michaely (2000), S. 72.

525 Vgl. Dhaliwal/Li/Trezevanz (2003), S. 165.

526 Vgl. z.B. Dhaliwal/Li/Trezevanz (2003), S. 163 f.; Dhaliwal et al. (2005), S. 686 f.; Dhaliwal/Krull/Li (2007), S. 131.

527 Vgl. Dhaliwal/Li/Trezevanz (2003), S. 157.

528 Vgl. z.B. Ayers/Cloyd/Robinson (2002), S. 941 f.; Dhaliwal/Li/Trezevanz (2003), S. 165 ff.; Dhaliwal et al. (2005), S. 695 ff.

529 Vgl. Dhaliwal/Li/Trezevanz (2003), S. 176.

ger widmen, kommen zu gegensätzlichen Ergebnissen.[530] Auch dort wird jedoch naturgemäß nur zwischen den zwei „groben" Klientelen der institutionellen und privaten Anleger unterteilt. Zur Beantwortung der Frage nach Klienteleffekten innerhalb der Privataktionärsgruppe leisten diese Studien somit keinen Beitrag.

2.4.3.2.3 Studien zum deutschen Kapitalmarkt

Empirische Evidenz zum Tax-CAPM, bei welcher explizit der Einfluss der Dividendenrendite auf die Aktienrendite im Fokus steht, ist für den deutschen Kapitalmarkt rar gesät. Zu nennen sind die Untersuchungen von König (1990) und Schulz (2006), die sich hinsichtlich der Methodik an Litzenberger/Ramaswamy (1979) anlehnen und somit vorrangig kurzfristige Dividendenrenditen in ihren Modellen verwenden. Folglich ist auch hier die kritische Frage angebracht, inwiefern tatsächlich die vom Tax-CAPM implizierte Variation der Renditen im Querschnitt erfasst wird oder stattdessen die Unterschiede im Längsschnitt gemessen werden.[531] Das Problem verzerrender Informationseffekte, wenn Ankündigung und Zahlung der Dividende in denselben Monat fallen, ist für den deutschen Kapitalmarkt hingegen von geringerer Bedeutung. Der Dividendenvorschlag wird i.d.R. mit dem Geschäftsbericht und somit Wochen vor dem Auszahlungstermin veröffentlicht.[532]

Der Datensatz bei König (1990) umfasst 332 börsennotierte Aktiengesellschaften im Zeitraum von 1954 bis 1986. Die Auswahl der Unternehmen richtete sich danach, ob für ein Unternehmen eine ausreichende Historie an Kapitalmarktdaten vorliegt.[533] Insgesamt stellt König (1990) einen signifikant positiven Einfluss der Dividendenrendite fest, der jedoch im Zeitablauf stark schwankt und nicht von der Dividendenpolitik abhängt, was gegen die Gültigkeit von Klienteleffekten spricht. Zudem wird erwähnt, dass ein Robustheitstest mittels einer langfristig definierten Dividendenrenditevariable unplausible Ergebnisse zu Tage fördert.[534] Darüber hinaus nimmt der Koeffizient für den Betafaktor in der Mehrzahl der Fälle ein negatives Vorzeichen an.[535] Folglich erscheint bei der Interpretation der Ergebnisse hinsichtlich der Gültigkeit des Tax-CAPM Vorsicht angebracht.

---

530 Empirische Evidenz zugunsten der Klientelhypothese in Bezug auf institutionelle Anleger findet sich bei Dhaliwal/Erickson/Trezevant (1999); Hotchkiss/Lawrence (2007); Moser/Puckett (2009). Zu gegenteiligen Ergebnissen kommen Michaely/Thaler/Womack (1995); Grinstein/Michaely (2005); Jain (2007).

531 Vgl. Ruwisch (2002), S. 403 f.

532 Vgl. König (1990), S. 148.

533 Vgl. König (1990), S. 144.

534 Vgl. König (1990), S. 166 ff, 148.

535 Vgl. König (1990), S. 166 ff.

Auch bei Schulz (2006) wird in den meisten Fällen ein negativer Einfluss des Betafaktors auf die Aktienrendite dokumentiert, der sich theoretisch nicht sinnvoll erklären lässt.[536] Darüber hinaus stellt die Autorin für die Jahre 1968 bis 2002 ebenfalls einen durchschnittlich signifikant positiven Einfluss der Dividendenrendite fest. Die Interpretation des Koeffizienten im Zeitablauf fällt jedoch nicht durchweg plausibel aus, wenn die jeweils gültigen Steuersysteme zugrunde gelegt werden. So entwickelt sich der Koeffizient teilweise unerwartet oder die Änderungen im Zuge von Steuerreformen sind statistisch nicht signifikant. Weiterhin erschwert die hohe Variabilität der Schätzwerte deren Interpretation auf Basis der Steuervorschriften.[537] Im Gegensatz zu König (1990) werden bei Schulz (2006) zusätzlich die Ergebnisse auf Basis alternativer, langfristiger Definitionen der Dividendenrendite explizit dargestellt. In den meisten Fällen bleibt der positive Zusammenhang zwischen Dividenden- und Aktienrendite in signifikantem Ausmaß bestehen.[538] Schließlich deuten die empirischen Ergebnisse bei Schulz (2006) mit Ausnahme des Zeitraums 1968 bis 1977 auf die Gültigkeit des Klienteleffekts hin.[539]

In einer jüngeren Untersuchung betrachten Henne/Ostrowski/Reichling (2009) 53 kapitalmarktorientierte Unternehmen in den Jahren 2000 bis 2008. Vor dem Hintergrund des damals gültigen Halbeinkünfteverfahrens wäre gem. dem Tax-CAPM mit steigender Dividendenrendite eine höhere Vorsteuerrendite zu erwarten. Um dies zu testen, gruppieren die Autoren die Aktien entsprechend ihrer Dividendenrendite. Die (nicht signifikanten) Ergebnisse lassen diesen Zusammenhang jedoch nicht ansatzweise erkennen.[540]

Zu den aktuellsten Untersuchungen für den deutschen Kapitalmarkt zählt der Beitrag von Haesner/Schanz (2011), die das Zusammenspiel von Steuer-, Signaling- und Agencyeffekten untersuchen. Hierzu betrachten die Verfasser – wie sonst bei den empirischen Beiträgen zur Signaling- und Agencytheorie üblich – die kurzfristige Entwicklung des Aktienkurses im Zusammenhang mit unerwarteten Dividendenankündigungen. Das Datenset umfasst 349 Fälle, in denen die angekündigte Dividende die Kapitalmarkterwartungen übertrifft, und schließt den Zeitraum von 1996 bis 2002 ein.[541] Haesner/Schanz (2011) testen, ob das Ausmaß der Aktienkursreaktion auf die Dividendenankündigungen davon abhängt, ob Letztere zu Zeiten des Anrechnungs- oder Halbeinkünfteverfah-

536 Vgl. Schulz (2006), S. 170 ff.
537 Vgl. Schulz (2006), S. 173.
538 Vgl. Schulz (2006), S. 180 ff.
539 Vgl. Schulz (2006), S. 189 f.
540 Vgl. Henne/Ostrowski/Reichling (2009), S. 246.
541 Vgl. Haesner/Schanz (2011), S. 13 f.

rens gemacht wurden. Wie oben gezeigt, wurden seit der Einführung des Halbeinkünfteverfahrens Dividenden steuerlich deutlich stärker belastet. Folglich wäre zu erwarten, dass die positive Aktienkursreaktion nach der Steuersystemänderung signifikant schwächer ausfallen sollte.[542] Dieser Effekt findet sich auch in den Ergebnissen wieder. Die Variable für die Aktionärsstruktur hat jedoch keinen signifikanten Einfluss auf die Kursreaktion, was gegen die Klientelhypothese spricht.[543]

2.4.4 Zwischenergebnis

In den letzten Jahren führten mehrere Steuerreformen sowohl in Deutschland als auch in den USA dazu, dass sich die steuerlich bedingte Dividendenpräferenz der Privatanleger als Gruppe systematisch entweder in Richtung von Dividenden oder Kursgewinnen änderte. Dabei waren die Steuerregime oftmals so ausgestaltet, dass sich die Vorteilhaftigkeit von Kursgewinnen gegenüber Dividenden für den einzelnen Privataktionär je nach persönlichem Grenzsteuersatz bzw. Anlagehorizont unterschiedlich darstellte. Insbesondere aus Sicht von langfristig orientierten Privatanlegern waren Dividenden gegenüber Kursgewinnen lange Zeit sowohl in Deutschland als auch in den USA steuerlich im Nachteil.

Vor diesem Hintergrund gehen viele empirische Studien einerseits der Frage nach, ob Kapitalmarktdaten die steuerliche (Ungleich-)Behandlung reflektieren (Steuerhypothese). Andererseits wird oftmals in einem zweiten Schritt nach Indizien dafür gesucht, dass einzelne Anlegergruppen (kurz- und langfristige Privatanleger, institutionelle Anleger) entsprechend ihrer jeweiligen steuerlichen Merkmale entweder eher zu dividendenstarken oder dividendenarmen Aktien greifen (Steuerklientelhypothese). Mit den Ex-Tag- und Tax-CAPM-Studien dominieren in der empirischen Literatur zwei verschiedene Ansätze, anhand derer beiden Fragestellungen nachgegangen wird.

Die Untersuchungen zum Ex-Tag dokumentieren regelmäßig einen Dividendenabschlag unterhalb der Bruttodividende. Dies zeigt, dass der lange Zeit bestehende steuerliche Nachteil von Dividenden tatsächlich vom Markt eingepreist wurde. Darüber hinaus scheinen auf den ersten Blick manche der Ex-Tag-Studien auch die Steuerklientelhypothese – zumindest für US-amerikanische Unternehmen – zu stützen. Dort wird nämlich beobachtet, dass der Dividendenabschlag mit steigender Dividendenrendite tendenziell höher ausfällt. Die Ergebnisse im Zusammenhang mit Änderungen des Steuersystems sind vor die-

542 Vgl. Haesner/Schanz (2011), S. 8.
543 Vgl. Haesner/Schanz (2011), S. 18 ff.

sem Hintergrund jedoch überraschend uneindeutig. Hinsichtlich der Untersuchungen zum deutschen Kapitalmarkt fällt insbesondere die mangelnde Evidenz zugunsten der Klientelhypothese auf.

Grundsätzlich stellt sich jedoch die Frage, inwiefern sich die Klientelhypothese mittels Ex-Tag-Studien überhaupt sinnvoll testen lässt. Im Detail ist es fraglich, inwiefern sich aus dem Dividendenabschlag einer Aktie der Steuersatz des marginalen Anlegers und damit das betreffende Klientel eindeutig ableiten lassen. Schließlich spiegelt der Dividendenabschlag gleichermaßen die Handelsaktivitäten und damit den Einfluss der verschiedenen Klientele wider. Um den Einfluss der unterschiedlich besteuerten Gruppen zumindest ansatzweise separieren zu können, ist eine Erweiterung der Methodik geboten (z.B. Betrachtung der Handelsvolumina).

Da das Tax-CAPM ebenfalls auf Kapitalmarktdaten zurückgreift, stellt sich hier dasselbe Problem. Darüber hinaus ist aus theoretischer Sicht weitere Skepsis an der Eignung des Tax-CAPM zur Identifizierung von Klienteleffekten angebracht (z.B. „supply effect“). Letztlich kommen die entsprechenden Studien nicht einmal hinsichtlich der Frage, ob steuerliche Effekte generell eingepreist werden (Steuerhypothese), zu einer eindeutigen Gesamtaussage. Nicht ohne weiteres erklärbare Phänomene wie Größen- oder Januareffekte machen deutlich, dass diese Studien letztlich immer auch ein Test für die Gültigkeit des CAPM per se sind.[544] Vor diesem Hintergrund sind die neuesten Beiträge zu begrüßen, in denen zur Analyse des Zusammenhangs von Steuersystem und Kapitalkosten auf implizite Kapitalkosten anstelle des CAPM abgestellt wird.

Insgesamt zeigt sich also, dass beide Forschungsrichtungen insbesondere hinsichtlich ihrer Aussagekraft zur Klientelhypothese deutlich eingeschränkt sind. Folglich ist der Forderung von Graham (2003) zuzustimmen: „there is a need for direct evidence that tax-based investor clienteles exist.“[545] Diesem Ansatz wird im Rahmen der empirischen Analyse in Kapitel 4 für die Gruppe der Privataktionäre gefolgt.[546] Dass die Ergebnisse nicht unbedingt erwartungskonform ausfallen müssen, lässt bereits die oben erwähnte Studie von Jain (2007) erahnen: Der Autor stellt anhand der Beteiligungsquoten von institutionellen Anlegern fest, dass entgegen der steuerlichen Implikationen gerade Privatanleger zu dividendenstarken und institutionelle Anleger zu dividendenarmen Aktien greifen.[547] Trotz der „groben“ Klienteleinteilung in private und institutionelle Anleger widersprechen die Ergebnisse somit eindeutig der Steuerklientelhypo-

544 Vgl. Ruwisch (2002), S. 406.

545 Vgl. Graham (2003), S. 1121.

546 Die wenigen vergleichbaren Studien werden in Abschnitt 4.1 vorgestellt.

547 Vgl. Jain (2007), S. 411 ff.

these. Es wäre denkbar, dass aus Privatanlegersicht die Attraktivität der Dividende aufgrund der bekannten Signaling- oder Agencyüberlegungen die damit verbundenen steuerlichen Nachteile überlagert. Um dies zu testen, müsste gleichzeitig für die verschiedenen Aspekte kontrolliert werden, was in den hier vorgestellten Studien regelmäßig nicht der Fall ist. Monokausale Erklärungsversuche zur Dividendenpräferenz stoßen hinsichtlich der Aussagekraft jedoch recht schnell an ihre Grenzen, wie das obige Beispiel zeigt.

2.5 Kapitelfazit

Lange Zeit wurden Dividenden gegenüber Kursgewinnen steuerlich benachteiligt. Dennoch wurden auch in diesem Zeitraum Dividenden von Unternehmen gezahlt und Dividendenerhöhungen vom Kapitalmarkt in den allermeisten Fällen positiv aufgenommen. Offensichtlich sind Dividenden für Aktionäre von so großer Bedeutung, dass sie die damit verbundenen steuerlichen Nachteile in Kauf nehmen. Die Frage, warum dies so ist, wird in der Literatur bevorzugt mit einem Verweis auf die Signaling- und Agencytheorie beantwortet. Demnach reagiert der Kapitalmarkt deswegen positiv auf Dividendenerhöhungen, weil Unternehmen damit bessere Aussichten signalisieren bzw. weil hierdurch Agencykonflikte gemindert werden.

Beiden Theorien ist gemein, dass die jeweils zugrunde liegenden Ideen zur Erklärung der Dividendenrelevanz auf Anhieb einleuchten. Dementsprechend hat sich diese Arbeit zunächst beiden Erklärungsansätzen gewidmet und die Ergebnisse der entsprechenden empirischen Studien zusammengetragen. Dabei lag ein besonderer Fokus auf aktueller Literatur. Vor dem Hintergrund, dass diese Theorien in ihrer klassischen Variante mitunter seit 30 Jahren als Begründung für die Dividendenrelevanz angeführt werden, kann die empirische Evidenz angesichts ihrer Uneindeutigkeit als überraschend schwach bezeichnet werden. Im Detail bedeutet dies für die Signalinghypothese, dass Dividenden zumeist gerade nicht die künftigen Aussichten reflektieren. Auf der anderen Seite steht mit der Free Cashflow-Hypothese ausgerechnet einer der Hauptpfeiler der Agencytheorie auf äußerst schwachem empirischem Fundament. Positiver ausgedrückt: „Much work remains to be done.“[548]

Wie deutlich geworden sein dürfte, stellen Kapitalmarktstudien in diesem Kontext das Mittel der Wahl dar. Es stellt sich die Frage, ob dies ein Grund für die mangelnde empirische Evidenz sein könnte. Schließlich müssen die hier vorgestellten Erklärungsmuster nicht bzw. nicht im gleichen Maße für alle An-

548 Allen/Michaely (2003), S. 421.

leger gelten. So wäre es denkbar, dass ein Teil der Anleger die Erhöhung der Dividende bei einem Unternehmen mit hohen Free Cashflows begrüßt, da er das momentane Management ohnehin kritisch beäugt. Für eine andere Anlegergruppierung könnte hingegen der steuerliche Nachteil aus der Dividendenerhöhung im Fokus stehen. Eine dritte Aktionärsgruppe könnte die Aktie schließlich aus Gründen halten bzw. handeln, die überhaupt nichts mit der Dividendenpolitik zu tun haben, und dieser daher indifferent gegenüber stehen.

Sofern die erste Gruppe nicht stark im Datenset vertreten wäre, stünden die Chancen gut, dass eine entsprechende Kapitalmarktstudie die Agencyhypothese ablehnen würde, obwohl dieser Aspekt für Anleger mit bestimmten Merkmalen und Ansichten durchaus wichtig sein kann. Die Problematik, dass in Börsendaten die Merkmale und Aktivitäten von einzelnen Anlegern bzw. Anlegergruppen verschwimmen, wurde im vorhergehenden Abschnitt zu den steuerlichen Effekten besonders deutlich: Selbst die relativ naheliegende Steuerklientelhypothese konnte anhand der Ex-Tag-Studien nicht eindeutig beantwortet werden, da zumeist nicht ohne weiteres klar war, welches Mischungsverhältnis von institutionellen, langfristigen Privatanlegern oder kurzfristigen Privatanlegern gerade in den Kursen reflektiert wird.

Im Rahmen der vorliegenden Arbeit werden die Determinanten der Dividendenpräferenz nicht auf Basis von Kapitalmarktreaktionen, sondern anhand von Daten einzelner Privatanleger untersucht. Hierdurch wird es möglich, die Gültigkeit der Theorien für den einzelnen Privatanleger bzw. bestimmte Privatanlegergruppen unabhängig von deren Gewicht am Kapitalmarkt zu testen.[549] Dabei legt nicht zuletzt die Tatsache, dass auch in den besagten Theorien grundsätzlich der Privatanleger die Protagonistenrolle einnimmt, einen solchen Ansatz nahe.[550] Vor diesem Hintergrund soll zunächst genauer auf die Eigenschaften, Verhaltensweisen und Unzulänglichkeiten des Privataktionärs eingegangen werden. Schließlich können sich hieraus weitere Implikationen für die Dividendenpräferenz ergeben, wie das nachfolgende Kapitel zeigt.

549 Vgl. Dong/Robinson/Veld (2009), S. 418.
550 Vgl. Dong/Robinson/Veld (2005), S. 123.

3 Dividendenpräferenz aus verhaltensökonomischer Perspektive

3.1 Grundlagen der Verhaltensökonomie

Das vorherige Kapitel hat u.a. gezeigt, dass sich die Ergebnisse empirischer Kapitalmarktstudien in vielen Fällen nicht unmittelbar mit den Theorien zu Agency-, Signaling- und Steuereffekten in Einklang bringen lassen. Dies gilt jedoch keineswegs exklusiv für den Forschungsbereich zur Dividendenpräferenz. Vielmehr scheint die neoklassische Finanzierungstheorie generell die Realität nur unzureichend abzubilden.[551] So stellen alltägliche Beobachtungen, wie z.B. mangelnde Portfoliodiversifikation, Marktstimmungen und Herdenverhalten, aus Sicht der neoklassischen Finanzierungstheorie nicht erklärbare Phänomene dar.[552]

Die zunehmende Entdeckung solcher Anomalien gab den Anstoß zur Entwicklung alternativer Theorien, die sich verschiedener Konzepte der Psychologie und Verhaltensforschung bedienten.[553] Fortan standen insbesondere die kognitiven und emotionalen Schranken der Kapitalmarktteilnehmer im Fokus des Forschungsinteresses.[554] Damit stellt die Abkehr vom Postulat des stets rational handelnden, alle möglichen Optionen korrekt bewertenden Homo Oeconomicus das zentrale Merkmal der Verhaltensökonomie („behavioral finance") dar.[555] Folglich kann nicht mehr von informationseffizienten Märkten ausgegangen werden, auf denen der Aktienpreis lediglich die für den Wert eines Unternehmens relevanten Informationen und rationalen Erwartungen der Kapitalmarktteilnehmer widerspiegelt.[556]

Als weiteres Hauptcharakteristikum kann die explizite Berücksichtigung von Transaktionskosten und sonstigen Marktfriktionen angesehen werden.[557]

---

551 Vgl. z.B. Oehler (2000), S. 979; Perridon/Steiner/Rathgeber (2009), S. 295.

552 Vgl. z.B. Daniel/Hirshleifer/Teoh (2002), S. 147; Barberis/Thaler (2003), S. 1053, 1099 ff.

553 Vgl. z.B. Shefrin (2000), S. 4; Jordan (2004), S. 30.

554 Dieser Gedanke fand sich bereits bei Keynes (1936), S. 157.

555 Teilweise werden die Annahme asymmetrischer Informationen und die hierauf gründenden Signaling- bzw. Agencytheorien als Teilgebiet der neuen Institutionenökonomik dem Bereich der Verhaltensökonomie i.w.S. zugerechnet. Vgl. Oehler (2000), S. 988. In der vorliegenden Arbeit werden diese Theorien als Erweiterungen der neoklassischen Finanzierungstheorie eingeordnet. So auch z.B. bei Subrahmanyam (2008), S. 12.

556 Vgl. Barberis/Thaler (2003), S. 1054 ff.

557 Vgl. Perridon/Steiner/Rathgeber (2009), S. 296.

Arbitrage ist somit nicht mehr risiko- bzw. kostenlos möglich, so dass „eigenwilliges“ Anlegerverhalten und damit Abweichungen des Aktienkurses vom fundamentalen Unternehmenswert nicht (vollständig) neutralisiert werden. Demnach müssen sich Anleger neben dem eigentlichen Unternehmensrisiko auch dem sog. „noise trader risk“ ausgesetzt sehen.[558]

Während sich die neoklassische Finanzierungstheorie als geschlossenes Theoriegebilde mit der Erwartungsnutzentheorie und dem Erwartungswert-Varianz-Prinzip als Grundpfeilern präsentiert, ist die Verhaltensökonomik eher durch eine Vielzahl von nebeneinander existierenden Theorien geprägt.[559] Einige dieser Theorien ermöglichen direkt oder indirekt die Ableitung von Hypothesen zur Dividendenpräferenz von Privatanlegern. Obwohl der Verhaltensökonomie gemeinhin eine wichtige Rolle zur Erklärung der Dividendenpräferenz attestiert wird, finden sich hierzu kaum empirische Arbeiten.[560] Dies dürfte insbesondere der begrenzten Verfügbarkeit von individuellen Anlegerdaten geschuldet sein.[561]

Die empirische Analyse im Rahmen der vorliegenden Arbeit greift auf eben solche Daten zurück, so dass verhaltensökonomische Einflüsse auf die Dividendenpräferenz untersucht werden können. Nachfolgend wird die Deduktionsgrundlage für die entsprechenden Hypothesen gelegt, indem die relevanten Theorien und die entsprechenden empirischen Ergebnisse aus dem Bereich der Verhaltensökonomie vorgestellt und hinsichtlich ihres Aussagegehalts für die Dividendenpräferenz aufgearbeitet werden.

3.2 Dividendenpräferenz unter Unsicherheit

3.2.1 Dividendenrelevanz im Lichte der Prospect Theory

Wie in Kapitel 2 dargestellt, macht die Dividendenpolitik eines Unternehmens dessen Aktien auf informationseffizienten Märkten nicht per se mehr oder weniger risikoreich. Indirekt kann es jedoch zu einer Änderung des Risikoprofils kommen, wenn das Investitionsprogramm durch die Dividendenentscheidung beeinflusst wird, wie z.B. im Kontext der Agencytheorie angenommen wird.

---

558 Vgl. Daniel/Hirshleifer/Teoh (2002), S. 140 ff., sowie weiterführend De Long et al. (1990), S. 703 ff.

559 Vgl. Jordan (2004), S. 29; Subrahmanyam (2008), S. 12 f.

560 Vgl. Prokot (2005), S. 75.

561 Vgl. Thaler (1999), S. 15 f.

Zudem kann eine nachhaltige Dividende als Signal für das Unternehmensrisiko verstanden werden, da vor allem ältere, weniger risikoreiche Unternehmen eine solche zahlen. Auch wenn das letztgenannte Argument einen umgekehrten Kausalzusammenhang von Dividende und Risiko impliziert,[562] können diese Aspekte in Ansätzen erklären, warum Anleger dividendenstarke Aktien regelmäßig als weniger risikoreich bezeichnen.[563]

Im Kontext der Verhaltensökonomik bietet die „Prospect Theory" eine weitere Erklärung für das Argument vom „Spatz in der Hand", wonach die heutige Dividende im Gegensatz zu künftigen Dividenden bzw. Kursgewinnen sicher und somit c.p. zu bevorzugen ist.[564] Die Prospect Theory versucht, die Präferenzbildung und das Verhalten von Individuen unter Unsicherheit zu erklären. Sie wurde von Kahneman/Tversky (1979) vor dem Hintergrund entwickelt, dass sich das Entscheidungsverhalten von Menschen in vielen Fällen nicht mit dem Bernoulli-Prinzip erklären lässt.[565] Gemäß dem Grundgedanken der Prospect Theory bewertet ein Individuum eine Entscheidung unter Unsicherheit mit zwei möglichen Ausgängen folgendermaßen:[566]

$$V(a,b) = \pi(p)v(a) + \pi(1-p)v(b) \tag{3-1}$$

mit

a, b	:	Entscheidungsergebnisse i.S. von Gewinn oder Verlust
p	:	Wahrscheinlichkeit für das Eintreten von a
v(a); v(b)	:	Wert von a und b
$\pi(p)$; $\pi(1-p)$	:	Entscheidungsgewichte in Abhängigkeit von der Eintritts wahrscheinlichkeit

Im Vergleich zum „rationalen Entscheidungsprinzip" der Bernoulli-Theorie,[567] wonach ein Entscheidungsträger die Alternative mit dem höchsten erwarteten Nutzen wählt, unterscheidet sich das obige Kalkül in zweierlei Hinsicht. Zum einen werden hier Gewinne und Verluste, d.h. Ergebnisse im Ver-

562 Vgl. zu dieser Kausalrichtung auch Pettit (1977), S. 42.

563 Vgl. bspw. Baker/Farrelly/Edelman (1985), S. 82; Dong/Robinson/Veld (2005), S. 125.

564 Vgl. grundlegend Kahneman/Tversky (1979). Im Folgenden wird die Prospect Theory in ihrer ursprünglichen Form dargestellt. Die erweiterte „Cumulative Prospect Theory" führt für den hier behandelten Fall mit zwei möglichen Ergebnissen im Wesentlichen zu identischen Aussagen. Vgl. Kahneman/Tversky (1992), S. 302.

565 Eine Übersicht mit entsprechenden Anomalien findet sich bei Camerer (1995).

566 Vgl. Kahneman/Tversky (1979), S. 276.

567 Vgl. Bamberg/Coenenberg (2006), S. 118. Zu den Grundlagen der Bernoulli-Theorie vgl. Abschnitt 2.2.5.1.4.1.

gleich zu bestimmten Referenzpunkten, anstelle der Ergebnisse selbst betrachtet.[568] Zudem wird die Nutzenfunktion durch eine Wertfunktion v ersetzt, die ganz bestimmte Eigenschaften aufweist, auf die weiter unten genauer eingegangen wird.

Von vorrangiger Bedeutung ist jedoch zunächst die Besonderheit, dass die bewerteten Entscheidungsergebnisse (v(a), v(b)) nicht mit ihren jeweiligen Eintrittswahrscheinlichkeiten, sondern mit sogenannten Entscheidungsgewichten gewichtet werden. Diese steigen mit zunehmender Wahrscheinlichkeit, wobei sichere Ereignisse voll ($\pi(1) = 1$) und unmögliche Ereignisse gar nicht gewichtet werden ($\pi(0) = 0$).[569] Im dazwischenliegenden Wertebereich gilt jedoch $\pi(p) \neq p$. Im Rahmen von Experimenten wurde beobachtet, dass Menschen dazu neigen, Ereignisse gemessen an ihrer Eintrittswahrscheinlichkeit bei ihrer Entscheidungsfindung schwächer zu gewichten ($\pi(p) < p$). Lediglich bei geringen Wahrscheinlichkeiten kommt es tendenziell zu einer Übergewichtung ($\pi(p) > p$).[570] Insgesamt sprechen die Ergebnisse somit dafür, dass sich die Entscheidungsgewichte regelmäßig nicht zu eins aufaddieren ($\pi(p) + \pi(1 - p) < 1$, für $0 < p < 1$). Diese als „subcertainty" bezeichnete Eigenschaft spiegelt die Tatsache wider, dass sichere Ereignisse übermäßig stark in die Entscheidungsfindung einbezogen werden.[571]

Wird dem Gedanken der Bernoulli-Theorie folgend das Ausmaß der Risikoaversion lediglich anhand der Nutzenfunktion u gemessen, deren Funktion in diesem Kontext die Wertfunktion v einnimmt,[572] bedeutet subcertainty, dass Anleger für die vollständige Eliminierung von Risiko mehr zu zahlen bereit sind, als ihre Risikoneigung allein erklärt. Anders ausgedrückt würde auch ein im klassischen Sinne „risikoneutraler" Akteur (lineare Wert- bzw. Nutzenfunktion)

---

568 Vgl. Kahneman/Tversky (1979), S. 274. Der Referenzpunkt kann z.B. der Status Quo oder aber auch ein imaginärer Zustand sein. Vgl. hierzu Abschnitt 3.4.2.3.

569 Vgl. Kahneman/Tversky (1979), S. 280 f.; Tversky/Fox (1995), S. 269 f.

570 Dies zeigt sich auch darin, dass Menschen bei hohen Auszahlungen mit geringer Wahrscheinlichkeit (z.B. Lotterie) risikoreicher agieren. Vgl. Tversky/Kahneman (1992), S. 316 f. Darüber hinaus weist die Gewichtungsfunktion in ihrer neueren Form einen S-förmigen Verlauf auf, d.h. sie ist im Bereich um Null konkav und im Bereich um eins konvex. Vgl. z.B. Tversky/Wakker (1995), S. 1257. Dies reflektiert die Beobachtung, dass den meisten Menschen eine Erhöhung der Wahrscheinlichkeit 0,89 auf 0,99 mehr wert ist als von 0,3 auf 0,4. Vgl. Tversky/Fox (1995), S. 270.

571 Vgl. Kahneman/Tversky (1979), S. 281 f.; Tversky/Fox (1995), S. 271 f.

572 Vgl. z.B. Tversky/Kahneman (1992), S. 302; Abdellaoui/Bleichrodt/Paraschiv (2007), S. 1661. Häufig wird Risikoaversion anhand des Arrow/Pratt-Maßes quantifiziert, in dessen Berechnung lediglich die erste und zweite Ableitung der Nutzenfunktion eingehen. Das Maß ist definiert als -u'/u''. Vgl. Pratt (1964), S. 125; Arrow (1970), S. 94; Felten (2002), S. 74.

einen Gewinn höher schätzen, wenn dieser nicht Teil einer Wahrscheinlichkeitsverteilung wäre.[573] Letztlich reflektieren die Entscheidungsgewichte somit neben den zugrunde liegenden Wahrscheinlichkeiten auch die Lust, „Wetten“ einzugehen, bzw. das Vertrauen in die subjektiv geschätzten Wahrscheinlichkeiten.[574] Hieraus lässt sich eine Präferenz für Dividenden ableiten, wie das folgende Beispiel zeigt.[575]

Es soll von einer Aktie ausgegangen werden, die neben einer heute ausgeschütteten Dividende von 2 € einen künftigen Kursgewinn verspricht, der zu 50 % 10 € und zu 50 % 14 € betragen wird. Alternativ könnte das betreffende Unternehmen die 2 € thesaurieren, so dass die heutige Dividende 0 € und der künftige Kursgewinn zu 50 % 12 € und zu 50 % 16 € betragen würde.[576] Vor dem Hintergrund der Prospect Theory würden sich die beiden Alternativen wie folgt darstellen:

$$v(2) + \pi(0{,}5)v(10) + \pi(0{,}5)v(14) \quad \text{vs.} \quad v(0) + \pi(0{,}5)v(12) + \pi(0{,}5)v(16) \qquad (3\text{-}2)$$

Aufgrund von $\pi(0{,}5) < 0{,}5$ wird die Alternative mit Dividendenzahlung bevorzugt.[577]

Neben den Entscheidungsgewichten lässt sich eine Dividendenpräferenz auch durch den Verlauf der Wertfunktion erklären. Wie der untenstehenden Abb. 3 zu entnehmen ist, weist die Wertfunktion folgende, auf empirischen Befunden basierende Eigenschaften auf:[578]

- konkav im Bereich von Gewinnen,
- konvex im Bereich von Verlusten,
- steiler für Verluste als für Gewinne.

Analog zum Bernoulli-Prinzip spiegelt der erste Punkt den abnehmenden Grenznutzen wider, der im klassischen Sinne als Risikoaversion interpretiert wird. Das zweite Charakteristikum ist wiederum ein typisches Merkmal der

573 Vgl. Shefrin/Statman (1984), S. 259 f.

574 Vgl. Fox/Tversky (1998), S. 891 f.; Kilka/Weber (2001), S. 1713. Die selbst empfundene Kompetenz ist ein wesentlicher Treiber für die Entscheidungsgewichte. Vgl. Tversky/Fox (1995), S. 279.

575 Vgl. hierzu im Folgenden Shefrin/Statman (1984), S. 267.

576 Hier wird implizit die Annahme getroffen, dass der einbehaltene Betrag von 2 € barwertneutral zum Kalkulationszins angelegt würde.

577 Die auf Basis empirischer Ergebnisse geschätzte Gewichtungsfunktion weist Wahrscheinlichkeiten von größer 0,4 ein geringeres Gewicht bei. Vgl. z.B. Kahneman/Tversky (1979), S. 283; Tversky/Kahneman (1992), S. 310.

578 Vgl. Kahneman/Tversky (1979), S. 279.

Prospect Theory. Es reflektiert die Beobachtung, dass Menschen im Zusammenhang mit Verlusten tendenziell zu risikofreudigem Verhalten neigen. Die dritte Eigenschaft besagt, dass Verluste stärker empfunden werden als Gewinne (Verlustaversion). Das Zusammenspiel dieser drei Faktoren kann erklären, warum Anleger in bestimmten Situationen Dividende (D) und Kursänderung (K) nicht als zwei Teile eines Ganzen betrachten, sondern im Sinne von „Mental Accounting" auf unterschiedlichen Konten verbuchen und bewerten.[579] Formal ausgedrückt führt Mental Accounting dazu, dass der Anleger Dividende und Kursgewinn je nach Situation nicht als v(D + K), sondern als v(D) + v(K) ansieht. Dies führt zu unterschiedlichen Bewertungen der Situation, wie im Folgenden gezeigt wird.[580] Welche Variante aus Anlegersicht vorteilhafter ist, hängt dabei von der Kursentwicklung (K) ab, wie Shefrin/Statman (1984) in ihrem vielbeachteten Beitrag dargestellt haben.

Gemäß der Prospect Theory würden Anleger im Falle von Kursgewinnen (K > 0) zu einer getrennten Bewertung tendieren, weil aufgrund des konkaven Verlaufs im Gewinnbereich v(D) + v(K) > v(D + K) gilt.[581] Ähnlich wie bei Weihnachtsgeschenken, wo die Freude über zwei separate Päckchen häufig größer ist als über ein großes, würden Anleger in Zeiten steigender Kurse die Dividende separat im Sinne eines „super added benefit" wahrnehmen.[582]

Kommt es hingegen zu einem Kursverlust (K < 0), erscheint eine saldierte Betrachtungsweise grundsätzlich vorteilhafter. Entspricht z.B. der Kursverlust der Dividende (K = -D), gilt v(D + K) = 0. Eine separate Beurteilung führt jedoch zu v(D) + v(-D) < 0, da Verluste annahmegemäß stärker empfunden werden als Gewinne.[583] Nicht immer führt jedoch eine saldierte Betrachtung im Falle von Kursverlusten zu einem positiveren Ergebnis: Aufgrund des konvexen Verlaufs der Wertfunktion im Verlustbereich gilt v(D) + v(K) > v(D + K), wenn die Kursverluste im Vergleich zur Dividende entsprechend hoch ausfallen,[584] wie Abb. 3 dokumentiert. Folglich führt dann analog zum ersten Fall (Kursgewinne) eine getrennte Bewertung zu einem positiveren Ergebnis.

---

579 Vgl. Thaler (1985), S. 199. Auf das Thema des Mental Accounting wird in Abschnitt 3.4.2 verstärkt eingegangen.

580 Vgl. Thaler (1985), S. 201. Innerhalb der Prospect Theory werden Gewinne und Verluste als Abweichung von einem subjektiven Referenzpunkt bewertet. Aus Vereinfachungsgründen wird im Folgenden von dem Referenzpunkt Null ausgegangen. Vgl. Shefrin/Statman (1984), S. 264.

581 Vgl. Thaler (1985), S. 202.

582 Vgl. Shefrin/Statman (1984), S. 265.

583 Vgl. Shefrin/Statman (1984), S. 264.

584 Vgl. Shefrin/Statman (1984), S. 265; Thaler (1985), S. 202.

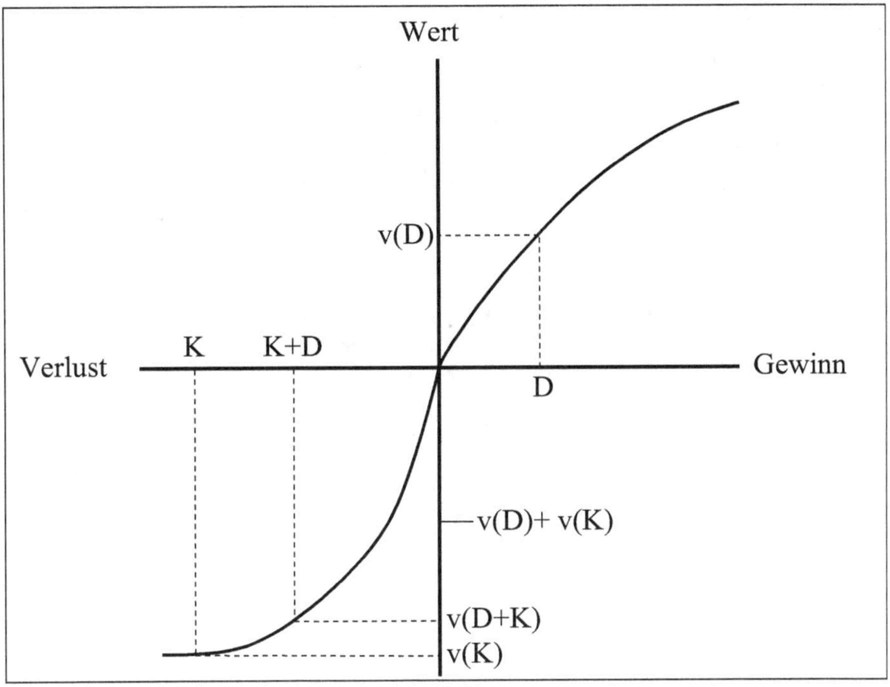

Abb. 3: Wertfunktion für Verluste und Gewinne innerhalb der Prospect Theory[585]

Die Prospect Theory liefert somit die theoretische Erklärung dafür, warum das Argument vom „Spatz in der Hand“ vor allem in Börsenabschwüngen besonders häufig angebracht wird:[586] Kommt es zu hohen Kursverlusten, fühlen sich Anleger besser, wenn sie eine Dividende erhalten, die das Leid aus den Kursverlusten mindert. Eine Reduzierung der Kursverluste durch Einbehalt der Mittel könnte diese schmerzlindernde Wirkung („silver lining“) nicht in gleichem Maße entfalten.[587] Insgesamt bleibt somit festzustellen, dass die Präferenz für Dividenden zum einen vom Börsenumfeld und zum anderen von der Risikoeinstellung abhängt, die sich innerhalb der Prospect Theorie aus dem Zusammenspiel von Wertfunktion und Entscheidungsgewichten ergibt.

---

585 Vgl. Thaler (1985), S. 203.

586 Vgl. Dong/Robinson/Veld (2005), S. 125; Baker/Wurgler (2006), S. 1651.

587 Vgl. Shefrin/Statman (1984), S. 265.

3.2.2 Einfluss von Börsenstimmungen auf die Dividendepräferenz

Der aus der Prospect Theory abgeleitete Grundgedanke, wonach die Dividendenpräferenz durch psychologische Faktoren bzw. Börsensituationen beeinflusst wird, findet sich innerhalb der „Catering Theory" von Baker/Wurgler (2004) wieder. Die Autoren postulieren, dass die Nachfrage nach dividendenstarken Papieren von der Börsenstimmung („sentiment") abhängt.[588] Hierunter wird allgemein die nicht auf Fundamentaldaten basierende, im Zeitablauf schwankende Bereitschaft von Aktionären verstanden, spekulativ tätig zu sein bzw. in risikobehaftete Vermögenswerte zu investieren.[589] Diese kann nach Ansicht der Autoren mit dem Börsenverlauf positiv korrelieren.[590] Da Anleger insbesondere Aktien mit stabiler Dividende als weniger risikobehaftet empfinden, sollte deren Attraktivität unmittelbar nach Börsenzusammenbrüchen steigen. In Blasenphasen sollte hingegen die Attraktivität abnehmen, da dann Anleger verstärkt „spannende", wachstumsstarke Aktien z.B. aus der Technologiebranche nachfragen.[591]

Insgesamt sind zwei Studien bekannt, in denen die Bedeutung der regulären Dividende in Abhängigkeit vom Börsenumfeld untersucht wird. In beiden Fällen stützen die empirischen Ergebnisse die Hypothese, dass die Bedeutung der Dividende für Aktionäre in Zeiten sinkender Börsenkurse zunimmt. So stellen Fuller/Goldstein (2011) für den Zeitraum 1970 bis 2007 fest, dass sich dividendenzahlende Aktien allgemein besser entwickeln als Aktien ohne Dividendenzahlungen. In Bärenmärkten nimmt die Outperformance von Dividendenpapieren

588 Vgl. Baker/Wurgler (2004a), S. 1127.

589 Vgl. Baker/Wurgler (2006), S. 1648 f.; Baker/Wurgler (2007), S. 129; Edelen/Marcus/Tehranian (2010), S. 1. Empirische Evidenz dafür, dass diese Einstellung in den Jahren 1983 bis 2001 durchaus unterschiedlich ausfiel, findet sich bei Yao/Hanna/Lindamood (2004). Den Gedanken, dass Aktienkurse allgemein stark von schwankenden Vorlieben getrieben werden, äußerten bereits Cutler/Poterba/Summers (1989), S. 9.

590 Weitergehend zum Zusammenhang von sentiment und Aktienkursentwicklung sowie für einen Literaturüberblick vgl. Edelen/Marcus/Tehranian (2010).

591 Vgl. Baker/Wurgler (2006), S. 1648. Die Wahrnehmung von Dividenden als Differenzierungsmerkmal zwischen „spannenden" und „langweiligen" Unternehmen spiegelt sich anscheinend auch in der Dividendenpolitik wider. So hatte z.B. Microsoft trotz nachhaltiger Gewinne lange Zeit keine Dividende gezahlt. Die Angst davor, fortan nicht mehr als Wachstumsunternehmen wahrgenommen zu werden, wird als eine mögliche Erklärung angesehen. Vgl. DeAngelo/DeAngelo/Skinner (2009), S. 190 f.

jedoch signifikant zu.[592] Dabei kontrollieren die Autoren für eine ganze Reihe von unternehmensspezifischen Faktoren. Die Analyse wird durch eine Betrachtung der Ankündigungseffekte ergänzt, wobei das Bild nicht ganz eindeutig ausfällt: Auf der einen Seite scheint der Kapitalmarkt stärker auf Ankündigungen von Dividendensteigerungen zu reagieren, wenn diese in Zeiten schwacher Märkte gemacht werden. Für Dividendensenkungen kommt es auf der anderen Seite jedoch in Bärenmärkten zu einem schwächeren Ankündigungseffekt, was nicht ohne Weiteres mit dem obigen Gedanken der Prospect Theory zu vereinbaren ist.[593]

Die Ergebnisse decken sich jedoch mit denen von Below/Johnson (1996), die lediglich Ankündigungseffekte in Bullen- und Bärenmärkten zwischen 1970 und 1982 untersuchen.[594] Die Autoren betrachten ihre Ergebnisse vor dem Hintergrund der Signalinghypothese. Sie gehen davon aus, dass Dividenden als Signale immer dann besonders wertvoll sind, wenn sie im Widerspruch zum Börsenzyklus und damit den allgemeinen Ertragserwartungen stehen. Demzufolge erscheint ihnen der schwächere Ankündigungseffekt bei Dividendenkürzungen in Bärenmärkten im Vergleich zu Bullenmärkten plausibel.[595]

Baker/Wurgler (2006) messen die Börsenstimmung als Index aus verschiedenen Faktoren, wie z.B. Aktienumschlag und Anfangsrenditen von IPOs sowie die Differenz des Marktwert-Buchwert-Verhältnisses zwischen Dividendenzahlern und Nichtzahlern.[596] Im Gegensatz zu obigen Studien untersuchen sie, inwiefern dieser Index den Zusammenhang von Dividendenpolitik und *künftiger* Aktienperformance beeinflusst. Für die Jahre 1963 bis 2001 kommen die Autoren zu dem Ergebnis, dass bei einem hohen Index (optimistische Stimmung) Aktien mit Dividenden in den kommenden zwölf Monaten eine um 0,75 % höhere Rendite erreichen als Aktien ohne Ausschüttungen. Im umgekehrten Fall entwickeln sich Dividendenpapiere um 0,89 % schlechter.[597] Diese Beobachtungen stützen die Hypothese, dass dividendenzahlende Aktien aufgrund der Nachfrageschwankungen bei guter Börsenstimmung tendenziell niedriger bzw. bei schlechter Börsenstimmung tendenziell höher bewertet sind.[598]

Entsprechend der Bezeichnung „Catering Theory" gehen Baker/Wurgler (2004a) in ihrem ursprünglichen Beitrag bei der empirischen Analyse einen

---

592 Vgl. Fuller/Goldstein (2011), S. 463 ff.
593 Vgl. Fuller/Goldstein (2011), S. 468 f.
594 Vgl. Below/Johnson (1996), S. 18 ff.
595 Vgl. Below/Johnson (1996), S. 15, 20.
596 Vgl. Baker/Wurgler (2006), S. 1655 ff.
597 Vgl. Baker/Wurgler (2006), S. 1662 f., 1668.
598 Vgl. Baker/Wurgler (2006), S. 1646.

Schritt weiter: Sie testen, ob Unternehmen ihre Dividendenpolitik im Zeitablauf an die sich ändernde Nachfrage anpassen.[599] Tatsächlich kommen die Autoren für den US-amerikanischen Kapitalmarkt im Zeitraum von 1962 bis 2000 zu dem Ergebnis, dass Unternehmen vermehrt Dividendenzahlungen aufnehmen bzw. Dividendenzahlungen einstellen, wenn die Nachfrage nach Dividenden hoch bzw. niedrig erscheint. In weiteren Untersuchungsschritten wird ausgeschlossen, dass die Neigung zu Dividendenzahlungen primär auf unternehmensspezifische, im Zeitablauf variierende Faktoren, wie z.B. Investitionsmöglichkeiten, zurückzuführen sein könnte. Letztlich wird somit die Nachfrage des Kapitalmarkts nach Dividenden als wesentliche Determinante der Ausschüttungspolitik angesehen.[600]

In einer Folgestudie untersuchen die Autoren, inwiefern der Proxy für die Dividendennachfrage tatsächlich durch Stimmungen und nicht etwa durch klassische Steuerklienteleffekte verursacht wird. Hierzu wird im Rahmen von Regressionsanalysen der Zusammenhang zwischen der Neigung zu Dividendenausschüttungen und drei Steuerklientelvariablen betrachtet. Ein robuster Einfluss der Klientelvariablen auf die Ausschüttungsneigung kann nicht ausgemacht werden.[601] Vielmehr weisen die Regressoren die falschen Vorzeichen auf. Demgegenüber zeigt eine Textanalyse von Artikeln der „New York Times" im Zeitraum von 1969 bis 2001, dass Börsenstimmungen als Treiber für die Dividendennachfrage nicht unwahrscheinlich erscheinen. So lassen sich in Zeiten hoher Dividendennachfrage vermehrt Bezüge auf schlechte Börsenstimmungen und Unsicherheiten am Kapitalmarkt in Zeitungsartikeln finden.

Im Rahmen der Untersuchungen von Baker/Wurgler (2004a, 2004b, 2006) wird lediglich der Zusammenhang zwischen Dividendennachfrage und Einführung bzw. Aussetzung der Dividendenzahlungen betrachtet. Variationen in der Dividendenhöhe wurden hingegen nicht analysiert. Dabei entfallen auf dem US-amerikanischen Kapitalmarkt 90 % der ausgezahlten Dividenden auf Unternehmen, die schon in den Vorjahren Dividenden ausgeschüttet hatten. Deren Verhalten wird in dem Zahler/Nichtzahler-Modell nicht analysiert.[602] Dabei erscheint es nicht unwahrscheinlich, dass Unternehmen auf einen Nachfragerückgang eher mit einer Reduzierung der Dividende als mit der vollständigen Einstellung derselben reagieren dürften.[603] Vor diesem Hintergrund erweitern z.B. Li/Lie (2006) den Gedanken der Catering Theory und finden den zu erwarten-

599 Vgl. Baker/Wurgler (2004a), S. 1125 f.
600 Vgl. Baker/Wurgler (2004a), S. 1147 ff.
601 Vgl. Baker/Wurgler (2004b), S. 284 ff.
602 Vgl. Hoberg/Prabhala (2009), S. 81.
603 Vgl. Li/Lie (2006), S. 294.

den Zusammenhang zwischen Dividendennachfrage und Dividendenhöhe. Darüber hinaus können sie im Gegensatz zu Baker/Wurgler (2004a, 2004b, 2006) feststellen, dass die Kapitalmarktreaktion auf angekündigte Dividendenänderungen je nach Dividendennachfrage unterschiedlich ausfällt.[604]

In letzter Zeit sind jedoch in verschiedenen Beiträgen Zweifel an der Gültigkeit der Catering-These geäußert worden, da die empirischen Ergebnisse bis heute ein relativ uneinheitliches Bild ergeben.[605] So zeigen z.B. Hoberg/Prabhala (2009), dass die Dividendennachfrage keinen Erklärungsgehalt mehr für die Neigung zur Dividendenzahlung hat, sobald für Risiko kontrolliert wird.[606] Da die vorliegende Arbeit den Fokus auf die Seite der Dividendennachfrager legt, ist jedoch eine andere Feststellung von größerer Bedeutung: Sofern der Appetit nach dividendenstarken Papieren Privatanleger bei ihren Entscheidungen beeinflussen sollte, müssten Änderungen der Dividendenpolitik je nach Stimmung mit unterschiedlichen Änderungen in der Aktionärsstruktur einhergehen. Hoberg/Prabhala (2009) können jedoch keine Hinweise für einen solchen Effekt finden.[607]

3.2.3 Anlegermerkmale und Risikoneigung

Baker/Wurgler (2004) gehen davon aus, dass die Nachfrage nach Dividenden im Zeitablauf mit der Börsenstimmung schwankt. Wird „Stimmung" im Sinne obiger Definition als Bereitschaft zur Anlage in risikobehaftete Vermögenswerte verstanden, meint der Begriff letztlich nichts anderes als „Risikotoleranz". Wenn Risikotoleranz die Dividendennachfrage treibt, sollte ein entsprechender Zusammenhang nicht nur im Zeitablauf, sondern auch im Querschnitt festzustellen sein. D.h., mit zunehmender Risikotoleranz wäre bei Anlegern eine geringere Dividendenpräferenz zu vermuten.[608] Dass sich der in der Literatur allgemein

604 Vgl. Li/Lie (2006), S. 300 ff.

605 Vgl. DeAngelo/DeAngelo/Skinner (2009), S. 197 ff. Da bei den weiteren empirischen Studien zur Catering Theory zumeist die Angebotsseite im Sinne der Dividendenpolitik im Fokus steht, soll auf eine weitergehende Darstellung an dieser Stelle verzichtet werden. Eine entsprechende Übersicht findet sich bei De Rooij/Renneboog (2009), S. 225 ff.

606 Vgl. Hoberg/Prabhala (2009), S. 96 ff.

607 Vgl. Hoberg/Prabhala (2009), S. 102, 107.

608 Schließlich kann die schwankende Risikotoleranz im Zeitablauf sowohl durch eine marktweite Verschiebung des „Risikoappetits" oder durch eine geänderte Zusammensetzung der Kapitalmarktteilnehmer mit unterschiedlichen Risikoeinstellungen bedingt sein. Vgl. Kumar/Persaud (2002), S. 407.

angenommene und durch die Prospect Theory erklärte Zusammenhang von Risikotoleranz und Dividendenpräferenz tatsächlich empirisch messen lässt, zeigt die Untersuchung von Baker/Hargrove/Haslem (1977). In deren Rahmen wurden 851 Privatanleger postalisch nach ihrem „acceptable risk of financial loss" sowie ihrer Dividendenpräferenz befragt. Die Auswertung ergab einen extrem starken, negativen Zusammenhang zwischen Risikotoleranz und Dividendenpräferenz.[609]

Losgelöst von der Dividendenthematik existiert unter dem Begriff der Risikotoleranz eine breite Forschungsrichtung, die sich insbesondere mit den Determinanten des Anlageverhaltens und der Portfoliozusammensetzung privater Haushalte beschäftigt. Aus Sicht der Entscheidungstheorie lässt sich Risikotoleranz formal als Kehrwert der Risikoaversion ausdrücken, d.h. mit steigender (sinkender) Risikoaversion nimmt Risikotoleranz ab (zu).[610] Empirisch wird die Risikotoleranz eines Menschen entweder aus dessen tatsächlichem Investitionsverhalten (Portfolioanalyse, Verhältnis risikobehafteter Anlagen zum Gesamtvermögen), seiner Beurteilung von (fiktiven) Entscheidungssituationen im Rahmen von Experimenten oder aus Befragungen abgeleitet.

Im Idealfall könnte der Zusammenhang zwischen Risikotoleranz und Dividendenpräferenz direkt untersucht werden. Im Rahmen dieser Arbeit ist dies in Ermangelung entsprechender Daten nicht möglich. Stattdessen können nur indirekt Rückschlüsse auf das Verhältnis von Risikoeinstellung und Dividendenpräferenz gezogen werden. Hierfür bietet es sich an, auf die Ergebnisse empirischer Studien zurückzugreifen, in denen eine signifikante Korrelation zwischen Risikotoleranz und bestimmten demografischen, sozioökonomischen und psychischen Faktoren festgestellt wurde.[611] Sofern die Dividendenpräferenz eines Anlegers durch dessen Risikoeinstellung beeinflusst wird, könnte dies in einer messbaren Korrelation zwischen seinen Merkmalen und der Dividendenpräferenz zum Ausdruck kommen.

Aufgrund einiger Ergebnisse früherer Untersuchungen ist z.B. die Sichtweise, dass Risikotoleranz mit steigendem Alter grundsätzlich abnimmt, relativ weit verbreitet.[612] Eine Erklärung dafür ist, dass jüngere Anleger mehr Investitionsopportunitäten in Humankapital besitzen und mehr Zeit haben, sich von erlitte-

---

609 Vgl. Baker/Hargrove/Haslem (1977), S. 379 ff.

610 Vgl. zu diesen Grundlagen z.B. Faff/Mulino/Chai (2008), S. 2.

611 Die Frage, welche Faktoren tatsächlich die Risikotoleranz bestimmen, ist jedoch bislang keineswegs eindeutig geklärt. Vgl. z.B. Hallahan/Faff/McKenzie (2004), S. 58.

612 Vgl. z.B. Wallach/Kogan (1961); McInish (1982); Morin/Suarez (1983); Brown (1990); Dahlback (1991); Bakshi/Chen (1994); Palsson (1996). Neuere Evidenz findet sich bei Hallahan/Faff/McKenzie (2004).

nen Verlusten wieder zu erholen.[613] Darüber hinaus können durch den Alterungsprozess bedingte, biologische Unterschiede eine Rolle spielen.[614] In einigen, zumeist neueren Studien konnte jedoch kein signifikant negativer Zusammenhang zwischen Alter und Risikotoleranz festgestellt werden.[615] Eine mögliche Erklärung für die divergierenden Ergebnisse könnte darin liegen, dass der Zusammenhang nicht linear ist,[616] wie einige Studien nahelegen.[617] So wurde u.a. beobachtet, dass die Risikotoleranz bis zum Rentenalter zunimmt und erst ab der Rentenphase mit dem Alter sinkt.[618]

Zum Zusammenhang zwischen Bildung und Risikotoleranz fällt die empirische Evidenz eindeutiger aus. Demnach steigt die Risikotoleranz mit dem Bildungsgrad.[619] Dies erklärt sich daraus, dass mit steigender Bildung die Fähigkeit zunimmt, Risiken zu beurteilen, wodurch Risikoaversion reduziert wird.[620] Hiermit stehen Ergebnisse im Einklang, wonach die Risikotoleranz steigt, je besser der Anleger das Produkt oder den Markt zu kennen glaubt.[621] Mit dem Bildungsstand verknüpft sind wiederum Einkommens- und Vermögenssituation, für die in zahlreichen Studien ebenfalls eine positive Korrelation mit Risikotoleranz nachgewiesen werden kann.[622] Grundsätzlich sind vermögende Anleger tendenziell risikotoleranter, wobei es eine Ausnahme gibt: Analog zu Firmen, die in finanziellen Schwierigkeiten stecken, können finanziell angeschlagene Menschen dazu neigen, nach Strohhalmen in Form risikoreicher Anlagealternativen zu greifen.[623]

Die Ergebnisse zum Einfluss des Geschlechts auf die Risikotoleranz ergeben ein relativ eindeutiges Bild.[624] So stützt eine Vielzahl von Studien die These,

---

613 Vgl. z.B. Brown (1990), S. 898; Bakshi/Chen (1994), S. 176; Hallahan/Faff/McKenzie (2004), S. 58.

614 Vgl. Harlow/Brown (1990).

615 Vgl. Cohn/Lewellen/Lease/Schlarbaum (1975); Guiso/Jappelli/Terlizzese (1996); Grable/Joo (1997); Wang/Hanna (1997); Grable/Lytton (1998); Hanna/Gutter/Fan (1998); Grable (2000); Hariharan/Chapman/Domian (2000); Gollier/Zeckhauser (2002).

616 Vgl. Faff/Hallahan/McKenzie (2009), S. 1329.

617 Vgl. u.a. Hallahan/Faff/McKenzie (2004); Kessler/Wolff (1991).

618 Vgl. Riley/Chow (1992); Bajtelsmit/Bernasek/Jianakoplos (1999); Gutter/Fox/Montalto (1999).

619 Vgl. für einen Literaturüberblick Grable/Lytton (1999), S. 2.

620 Vgl. Grable (2000), S. 626; Hallahan/Faff/McKenzie (2004), S. 58.

621 Vgl. für einen Literaturüberblick Evans/Holcomb/Chittenden (1989), S. 20 ff. Sie selbst können jedoch keinen signifikanten Zusammenhang feststellen.

622 Vgl. z.B. Grable/Lytton (1999), S. 3.

623 Dies legen z.B. die Ergebnisse bei Kessler/Wolff (1991) nahe.

624 Vgl. Badunenko/Barasinska/Schäfer (2009), S. 3.

dass Männer im Vergleich zu Frauen eine höhere Risikotoleranz aufweisen.[625] Begründet wird dies insbesondere durch die unterschiedliche Sozialisation, da in vielen Gesellschaften die Einstellung vorherrscht, dass Männer mehr Risiken auf sich nehmen sollten als Frauen.[626] Daraus folgt, dass Männer riskante Situationen eher als Herausforderungen ansehen, deren Bewältigung reizvoll erscheint. Frauen hingegen nehmen Risiken tendenziell als Gefahren wahr, die es zu vermeiden gilt.[627] Darüber hinaus scheint Unsicherheit bei Frauen stärkere Emotionen auszulösen als bei Männern. Zudem empfinden Männer im Vergleich zu Frauen in unsicheren Situationen vermehrt Aggressivität anstelle von Angst. Aggressivität führt wiederum dazu, dass Entscheidungssituationen unter Unsicherheit als weniger riskant eingestuft werden.[628] Schließlich finden sich empirische Ergebnisse, die einen gewissen Einfluss des Testosteronspiegels auf die Risikoeinstellung nicht ausschließen können.[629]

Neben obigen Erklärungsansätzen legen zwei weitere, empirisch beobachtete Verhaltensunterschiede zwischen Männern und Frauen unterschiedliche Risikoneigungen nahe. So weisen Männer im Durchschnitt ein höheres Maß an „overconfidence" auf,[630] d.h. sie vertrauen übertrieben stark auf ihre eigenen Fähigkeiten und Informationen.[631] Overconfidence äußert sich u.a. darin, dass Menschen das Konfidenzintervall um ihre eigenen Informationen enger ansehen, als es tatsächlich ist.[632] Die wahrgenommene Varianz weicht somit von der tatsächlichen Varianz nach unten ab. Folglich vertrauen Männer einerseits häufiger darauf, aus unsicheren Situationen erfolgreich hervorzugehen, andererseits unterschätzen sie häufiger das Maß an Unsicherheit. Beide Aspekte lassen eine höhere Risikobereitschaft vermuten.[633] Zudem scheint das Persönlichkeitsmerkmal „sensation seeking" ebenfalls bei Männern stärker ausgeprägt zu sein.[634] Hierunter werden das Streben nach neuen, komplexen und intensiven Erfahrungen sowie die Bereitschaft, hierfür entsprechende (finanzielle) Risiken

625 Einen entsprechenden Literaturüberblick bieten z.B. Byrnes/Miller/Schafer (1999); Perrin (2007); Meier-Pesti/Penz (2008); Badunenko/Barasinska/Schäfer (2009); Croson/Gneezy (2009).

626 Vgl. Byrnes/Miller/Schafer (1999), S. 368; Grable (2000), S. 626.

627 Vgl. Arch (1993), S. 6 ff.

628 Vgl. mit entsprechenden Literaturverweisen Croson/Gneezy (2009), S. 4 f.

629 Vgl. Sapienza/Zingales/Maestripieri (2009).

630 Vgl. Barber/Odean (2001), S. 264 ff., sowie Grinblatt/Keloharju (2009), S. 557, für einen Literaturüberblick.

631 Vgl. Grinblatt/Keloharju (2009), S. 551.

632 Vgl. Barber/Odean (2001), S. 263.

633 Vgl. Croson/Gneezy (2009), S. 6.

634 Vgl. z.B. Zuckerman/Eysenck/Eysenck (1978); Ball/Farnhill/Wangeman (1984).

einzugehen, verstanden.[635] Sensation seeking äußert sich neben der Neigung zum Glücksspiel, Drogenkonsum und riskanten Autofahren ebenso im Verhalten am Kapitalmarkt, z.B. in Form erhöhter Tradingaktivität.[636] Auch hier kann eine positive Korrelation mit Risikotoleranz zumindest vermutet werden.[637]

Insgesamt spricht einiges für eine höhere Risikotoleranz bei Männern, auch wenn in einzelnen Studien ein Zusammenhang zwischen Geschlecht und Risikoeinstellung nicht oder in gegenteiliger Form festgestellt wird.[638] Zudem wird in manchen Untersuchungen nicht für andere Faktoren, die einen potenziellen Einfluss auf die Risikoeinstellung haben können (Alter, Bildung, etc.), kontrolliert.[639] Bleiben diese unberücksichtigt, können geschlechterspezifische Unterschiede in der Risikoeinstellung genauso gut durch systematische Unterschiede bei Bildung oder Vermögen bedingt sein.[640] Schließlich ist zu beachten, dass verheiratete Männer und Frauen ihre Anlageentscheidungen nicht selten in Absprache mit dem Partner treffen.[641] Zumindest ist davon auszugehen, dass sie sich bei Anlageentscheidungen gegenseitig beeinflussen.[642] Folglich spiegeln insbesondere die Ergebnisse von Studien, in denen die Zusammensetzung der Portfolios untersucht wird, nicht unbedingt die reine Risikoeinstellung von nur einem der beiden Ehepartner wider. Neben dem Phänomen der gegenseitigen Beeinflussung wird allgemein davon ausgegangen, dass Verheiratete im Vergleich zu Singles eine geringere Risikotoleranz aufweisen, insbesondere wenn es sich um Haushalte mit Kindern handelt.[643]

Vor dem Hintergrund des Untersuchungsziels der vorliegenden Arbeit ist einschränkend festzuhalten, dass die angeführten sozioökonomischen und demografischen Faktoren in manchen Studien weniger als 10 % der Risikotoleranz

---

635 Vgl. Zuckerman (1994), S. 27.

636 Vgl. Grinblatt/Keloharju (2009), S. 550.

637 Vgl. Zuckerman/Kuhlman (2000), S. 1001, sowie Grinblatt/Keloharju (2009), S. 575, deren empirische Ergebnisse einen solchen Zusammenhang jedoch nicht erkennen lassen.

638 Vgl. Embrey/Fox (1997); Grable/Joo (1999); Bertaut/Starr-McCluer (2000); Hanna/Gutter/Fan (2001) sowie für eine differenziertere Sichtweise Schubert et al. (1999).

639 Vgl. Schubert et al. (1999), S. 381. Dies ist z.B. bei Levin/Sneyder/Chapman (1988); Powell/Ansic (1997) und Schubert et al. (1999) der Fall.

640 Vgl. Bajtelsmit/Bernasek (1996), S. 5 f.

641 Vgl. Lyons/Neelakantan/Scherpf (2008), S. 9. Dort findet sich auch ein entsprechender Literaturüberblick.

642 Vgl. Hanna/Lindamood (2005), S. 4.

643 Vgl. Unser (1999), S. 209; Grable/Lytton (1999), S. 2.

erklären.[644] Somit erscheint es unwahrscheinlich, dass sich der angenommene Zusammenhang zwischen Risikoeinstellung und Dividendenpräferenz tatsächlich in Form signifikanter Korrelationen zwischen den genannten Merkmalen eines Anlegers und dessen Dividendenpräferenz niederschlägt. Dies gilt umso mehr, als die Dividendenpräferenz eines Anlegers nicht nur durch dessen Risikoneigung determiniert sein dürfte. Dass es dennoch zu entsprechenden empirischen Ergebnissen kommen kann, zeigt die Literaturauswertung in Kapitel 4.

3.3 Home Bias

Gemäß der Portfoliotheorie von Markowitz (1952) lässt sich das Risiko eines Portfolios mittels Mischung verschiedener Wertpapiere (Diversifikation) ohne Renditeverlust reduzieren, sofern die Anlageobjekte nicht perfekt positiv miteinander korrelieren.[645] Darüber hinaus nimmt der Diversifikationseffekt zu, je schwächer die Korrelation ist.[646] Da die Entwicklung von Unternehmen teilweise gesamtwirtschaftlichen Trends folgt,[647] müsste ein risikoeffizientes Portfolio somit Aktien von Unternehmen aus verschiedenen Ländern aufweisen.[648]

Obwohl der risikomindernde Effekt der Länderdiversifikation bereits früh in zahlreichen Studien empirisch belegt werden konnte,[649] waren Anleger noch bis in die neunziger Jahre primär in Aktien ihres jeweiligen Heimatlandes investiert. So entfiel das Aktienvermögen deutscher Anleger zum Ende des Jahres 1987 noch zu ca. 75 % und in den USA zu 98 % auf inländische Aktien.[650] Auch heutzutage scheinen Anleger ausländische Aktien bei der Portfoliozusammen-

---

644 Vgl. Unser (1999), S. 210. Ältere Untersuchungen weisen mitunter ein Bestimmtheitsmaß von weniger als zwei Prozent auf. Vgl. Palsson (1996), S. 784. In neueren Studien, in denen nicht-lineare Modelle geschätzt werden, finden sich wiederum Bestimmtheitsmaße deutlich über 20 %. Vgl. z.B. Hallahan/Faff/McKenzie (2004), S. 73; Faff/Hallahan/McKenzie (2009), S. 1330.

645 Vgl. Kelly (1995), S. 87, sowie grundlegend Markowitz (1952), S. 77 ff.

646 Vgl. Perridon/Steiner/Rathgeber (2009), S. 255.

647 Vgl. z.B. Stulz (2005), S. 1596.

648 Vgl. French/Poterba (1991), S. 222.

649 Vgl. Grubel (1968); Levy/Sarnat (1970); Solnik (1974); Grauer/Hakanson (1987). Im Lichte der zunehmenden Integration von Kapitalmärkten deuten neuere Ergebnisse indes auf verminderte Risikosenkungspotenziale durch Länderdiversifikation hin. Vgl. Erb/Harvey/Viskanta (1994); Longin/Solnik (1995); Shawky/Kuenzel/Mikhai (1997); Errunza/Hogan/Hung (1999); Longin/Solnik (2001); Schwebach/Olienyk/Zumwalt (2002); Driessen/Laeven (2007); Bai/Green (2010); You/Daigler (2010).

650 Vgl. French/Poterbba (1991), S. 222.

setzung häufig zu ignorieren.[651] Die Ursache hierfür kann kaum in internationalen Kapitaltransferbeschränkungen liegen, da diese bereits seit den siebziger Jahren von vielen Ländern weitgehend abgebaut wurden.[652] Das Phänomen des „Home Bias" konnte in empirischen Studien zudem nicht überzeugend auf Transaktionskosten, Quellensteuern, politische Unsicherheiten oder Währungsrisiken zurückgeführt werden.[653]

Als primäre Ursache für die Übergewichtung heimischer Aktien gelten vielmehr fehlende Vertrautheit bzw. (gefühlte) Informations- und Kompetenzdefizite im Zusammenhang mit ausländischen Aktien.[654] So legen die Ergebnisse verschiedener Untersuchungen nahe, dass Anleger mit zunehmender Vertrautheit dazu neigen, die Aussichten einer Aktie optimistischer einzuschätzen bzw. Aktien höher zu bewerten.[655] Darüber hinaus dürfte die Analyse ausländischer Aktien z.B. aufgrund abweichender Rechnungslegungssysteme, geringerer Präsenz in den heimischen Medien, Sprachbarrieren sowie schlechterer Datenverfügbarkeit aus Anlegersicht vermehrt Ressourcen beanspruchen.[656] Die generelle Neigung, bei der Informationsbeschaffung verstärkt auf gut und frei zugängliche Quellen zurückzugreifen („availability bias"),[657] unterstreicht die potenzielle Relevanz von Such- und Auswertungskosten bei der Anlageentscheidung. Hinzu kommt, dass in den Fällen, in denen Anleger ausländische Aktien kaufen, sie sich vorrangig für Unternehmen mit großer Marktkapitalisierung („large-cap") entscheiden. Neben der höheren Liquidität dürfte dies insbesondere an der besseren Wahrnehmung bzw. Informationsversorgung liegen.[658]

Eines der stärksten Argumente dafür, dass Home Bias offenbar nicht durch internationale Marktfriktionen ausgelöst wird, stellt die Existenz von „Home Bias at home" bzw. „Local Bias" dar. So ist zu beobachten, dass Anleger auch bei inländischen Aktien eine lokale bzw. regionale Präferenz aufweisen, d.h.

---

651 Vgl. Stulz (2005), S. 1596.

652 Vgl. Kilka/Weber (2000), S. 176.

653 Vgl. Cooper/Kaplanis (1994); Tesar/Werner (1995); Glassman/Riddick (1996); Brennan/Cao (1997); Lewis (1999).

654 Vgl. Uppal (1992), S. 186; Cooper/Kaplanis (1994), S. 57; Tesar/Werner (1995), S. 486; Kilka/Weber (2000), S. 177.

655 Vgl. Kilka/Weber (2000), S. 186 ff.

656 Vgl. Uppal (1992), S. 186; Gehring (1993), S. 97 ff.; Kalev/Nguyen/Oh (2008), S. 2377.

657 Vgl. Ernst/Gassen/Pellens (2009), S. 28 ff; Perridon/Steiner/Rathgeber (2009), S. 300.

658 Vgl Kang/Stulz (1997), S. 27; Eun/Huang/Lai (2008), S. 490.

überproportional viele Aktien von Unternehmen aus ihrer Umgebung halten.[659] Als Begründung wird einerseits angeführt, dass Anleger mit den lokalen Unternehmen besser vertraut sind und diese daher optimistischer einschätzen.[660] Diese Vertrautheit resultiert bereits aus der verstärkten Wahrnehmung lokaler Unternehmen und muss keinesfalls einen besseren Zugang zu bewertungsrelevanten Informationen implizieren. Als Indiz hierfür lässt sich anführen, dass der Anteil lokal gehaltener Aktien eines Unternehmens mit steigenden Werbeausgaben abnimmt.[661] Folglich wäre Local Bias keineswegs das Ergebnis objektiver Informationsvorsprünge aufgrund der räumlichen Nähe zum Unternehmen.

Andererseits sind gerade kleine, gläubigerdominierte Unternehmen, deren Produkte nicht international gehandelt werden, besonders häufig in der Hand lokaler Aktionäre.[662] Gerade bei solchen Unternehmen wäre zu erwarten, dass lokale Anleger eher einen Informationsvorteil genießen (z.B. durch persönliche Beziehungen zu Arbeitern und Management oder lokale Berichterstattung) und hiervon stärker profitieren können sollten.[663] Dies spricht dafür, dass die Präferenz für lokale bzw. einheimische Aktien durch Informationsasymmetrien getrieben wird. Mit größerer Entfernung zwischen Unternehmen und Aktionär nehmen diese Informationsmöglichkeiten ab und damit Informationsasymmetrien c.p. zu, wodurch die entsprechenden Aktien an Attraktivität einbüßen.[664] Es lässt sich jedoch nicht durchweg empirisch nachweisen, dass Privatanleger mit lokalen Aktien eine Outperformance im Vergleich zu anderen Aktientiteln bzw. anderen Aktionären erreichen, was wiederum gegen Informationsvorteile bzw. die Nutzung selbiger spricht.[665] Ungeachtet dieser Einwände werden in neuerer Literatur regelmäßig Entfernungen als Maß für Informationsasymmetrien verwendet, um z.B. deren Einfluss auf die Güte von Analystenschätzungen,[666] die

---

659 Vgl. Coval/Moskowitz (1999), S. 2070 f., die dieses Verhalten erstmalig für Fondsmanager dokumentieren. In Bezug auf Privataktionäre, wo der Effekt tendenziell noch stärker ausgeprägt ist, vgl. Grinblatt/Keloharju (2001), S. 1060; Zhu (2002), S. 10; Ivković/Weisbrenner (2005), S. 268; Massa/Simonov (2006), S. 682; Seasholes/Zhu (2009), S. 11 ff.

660 Vgl. Hubermann (2001), S. 675 ff; Zhu (2002), S. 3 f.

661 Vgl. Zhu (2002), S. 21 f.

662 Vgl. Coval/Moskowitz (1999), S. 2071; Ivković/Weisbrenner (2005), S. 305.

663 Vgl. Coval/Moskowitz (1999), S. 2047.

664 Vgl. Coval/Moskowitz (1999), S. 2047 f.; Massa/Simonov (2006), S. 634; Ivković/Weisbrenner (2005), S. 305.

665 Vgl. Zhu (2002), S. 30; Seasholes/Zhu (2009), S. 20, deren Ergebnisse gegen eine Outperformance sprechen. Zu gegenteiligen Resultaten kommen jedoch Ivković/Weisbrenner (2005), S. 305; Massa/Simonov (2006), S. 681 f.

666 Vgl. z.B. Bae/Tab/Stulz (2005); Malloy (2005).

Auswahl und den Erfolg von M&A-Transaktionen,[667] die Performance von Tradern[668] oder die Höhe der Kapitalkosten zu untersuchen.[669]

Dieser Zusammenhang lässt sich auch auf die Fragestellung dieser Arbeit übertragen: Sofern Informationsasymmetrien und damit ggf. Agencykonflikte zwischen Aktionär und Unternehmen mit größerer Distanz zum Firmensitz zunehmen, könnte dies einen Einfluss auf die Dividendenpräferenz haben.[670] Schließlich können Dividenden dem Aktionär sowohl als Informationsquelle als auch i.S. eines Instruments zur Reduzierung von Agencykosten dienen. Folglich wäre eine positive Korrelation zwischen der Dividendenpräferenz eines Anlegers und dessen geographischer Entfernung zum Unternehmenssitz denkbar, da er dann verstärkt auf Dividenden als Instrument zum Abbau von Informationsasymmetrien bzw. Agencykosten angewiesen ist.[671] Erste empirische Ergebnisse stehen im Einklang mit dieser Hypothese. So konnten für Unternehmen, deren Stammsitz in entlegeneren Gebieten liegt, stärkere Kursreaktionen bei Ankündigungen von Dividendenänderungen beobachtet werden.[672]

Bestimmte Charakteristika auf Anleger- wie auch auf Unternehmensebene könnten die Stärke des Zusammenhangs beeinflussen. Für die empirische Analyse im Rahmen dieser Arbeit sind insbesondere diejenigen auf Anlegerseite von Interesse. So wäre z.B. dann von einem schwächeren Zusammenhang zwischen Dividendenpräferenz und Entfernung zum Unternehmenssitz auszugehen, wenn sich Anleger ohnehin ausreichend informiert fühlen.[673] Dies kann z.B. daran liegen, dass sie als Mitarbeiter besser informiert sind oder intensiv einschlägige Informationsquellen bemühen. Erfahrungen in der Aktienanlage bzw. entsprechende berufliche Vorbildung führen zudem dazu, dass Aktionäre solche Infor-

---

667 Vgl. z.B. Kedia/Panchapagesan/Uysal (2005).

668 Vgl. Hau (2001).

669 Vgl. z.B. Francis/Hasan/Waisman (2007).

670 Vgl. John/Knyazeva/Knyazeva (2008), S. 1.

671 Vgl. John/Knyazeva/Knyazeva (2008), S. 3.

672 Vgl. John/Knyazeva/Knyazeva (2008), S. 18 f. Zudem weisen diese Unternehmen eine großzügigere Dividendenpolitik auf, was ggf. durch eine höhere Dividendennachfrage bedingt sein könnte. Vgl. John/Knyazeva/Knyazeva (2008), S. 21 f. Grundsätzlich gilt dies auch für die Ergebnisse bei Becker/Ivković/Weisbenner (2011). Letztere testen die Home Bias-Hypothese jedoch nicht losgelöst, sondern in Verbindung mit der Lebenszyklushypothese. Daher wird hierauf in Abschnitt 3.4.3 eingegangen.

673 Vgl. John/Knyazeva/Knyazeva (2008), S. 3.

mationen besser verwerten können.[674] Abschließend stellt sich die Frage, inwiefern für deutsche Anleger überhaupt ein Local Bias im Zusammenhang mit der Dividendenpräferenz zu erwarten ist. So wird in verschiedenen Studien zwar dokumentiert, dass deutsche Anleger übermäßig stark in deutschen Aktien investiert sind.[675] Ob jedoch darüber hinaus auch die Entfernung innerhalb der deutschen Landesgrenzen von Bedeutung ist, darf angesichts der in Relation zu den USA überschaubaren Distanzen bezweifelt werden.

3.4 Lebenszyklustheorie

3.4.1 Grundidee

Auch wenn i.S. des Irrelevanztheorems davon ausgegangen wird, dass die Dividendenpolitik keinen Einfluss auf die Vermögensposition eines Anlegers hat, da sie lediglich darüber bestimmt, ob der durch die Investitionspolitik determinierte Unternehmenserfolg als Kursgewinn oder Zahlung „verpackt" wird, kann ein Anleger grundsätzlich eine klare Dividendenpräferenz haben. Diese richtet sich danach, ob er die Dividende aktuell zur Finanzierung seines Konsums verwenden möchte bzw. muss und daher die „Packungsvariante Dividende" gegenüber Kursgewinnen bevorzugt.[676] Es ist zu erwarten, dass mit steigendem Einkommen aus anderen Quellen die Nachfrage eines Aktionärs nach Dividenden grundsätzlich sinkt. Neben Einkünften aus Vermietung bzw. sonstigen Finanzanlagen dürfte somit insbesondere das aktuell verfügbare Arbeitseinkommen einen Einfluss auf die Dividendenpräferenz haben.[677] Letzteres wiederum hängt regelmäßig vom Alter des Anlegers ab. Jüngere Anleger haben relativ hohe Mittelzuflüsse aus der Arbeitstätigkeit, die sie (teilweise) für die spätere Rentenzeit ansparen. In dieser Bevölkerungsgruppe ist somit von keiner bzw. einer schwach ausgeprägten Dividendenpräferenz auszugehen. Mit dem Übergang in die Rentenphase dürfte sich dies ändern, da Dividendeneinkünfte vermehrt zur Substitution der weggefallenen Arbeitseinkünfte benötigt werden. Folglich kann ein po-

---

674 Verwandte Studien, in denen lediglich der grundsätzliche Zusammenhang von Anlegererfahrung und Local Bias untersucht wird, kommen jedoch zu widersprüchlichen Ergebnissen. Vgl. Coval/Moskowitz (1999), S. 2070; Grinblatt/Keloharju (2001), S. 1067 f.; Zhu (2002), S. 4; Ivković/Weisbrenner (2005), S. 279; Massa/Simonov (2006), S. 679. Zuletzt finden Graham/Harvey/Huang (2009) einen signifikant negativen Zusammenhang zwischen Anlegerkompetenz und Home Bias.

675 Vgl. z.B. Gerke/Mager/Röhrs (2005), S. 86 ff; Oehler/Rummer/Wendt (2008), S. 150 ff.

676 Vgl. z.B. Lease et al. (2000), S. 47; Allen/Michaely (2003), S. 400.

677 Vgl. z.B. Shefrin/Statman (1984), S. 271 f.

sitiver Zusammenhang zwischen Alter und Dividendenpräferenz unterstellt werden, der im Folgenden als Lebenszyklustheorie bezeichnet werden soll.[678]

Die Existenz einer vom Alter abhängigen Dividendenpräferenz bedeutet zunächst jedoch nicht, dass diese für die Anlageentscheidung relevant sein muss. Unter den Annahmen von Miller/Modigliani (1961) führt die Thesaurierung freier Zahlungsmittel zu einem Anstieg des Aktienkurses in Höhe der thesaurierten Beträge. In einem solchen Szenario wäre es unerheblich, ob die Dividendenpolitik eines Unternehmens dem vom Anleger präferierten Zahlungsprofil entspricht: Ist die vom Unternehmen ausgeschüttete Dividende aus Sicht eines (älteren) Anlegers zu niedrig, kann dieser die Lücke schließen, indem er einen bestimmten Teil der Kursgewinne durch Aktienverkäufe realisiert.[679] Auf der anderen Seite kann ein (jüngerer) Anleger, der eine geringere Auszahlung präferiert, die aus seiner Sicht zu hohe Dividende reduzieren, indem er den überschießenden Betrag in Aktien des Unternehmens reinvestiert. Mithilfe solcher „selbstgemachter" Dividenden kann folglich jeder Aktionär individuell bestimmen, zu welchen Zeitpunkten ihm der Unternehmenserfolg in Form liquider Mittel zufließt.[680]

Ein Anleger wird jedoch nur dann indifferent gegenüber der Dividendenpolitik eines Unternehmens sein, wenn mit der Produktion „selbstgemachter" Dividenden keine Nachteile, z.B. in Form von Vermögensverlusten oder sonstigen Kosten, verbunden sind. In der Verhaltensökonomie finden sich jedoch verschiedene Hinweise dafür, dass Anleger Nutzeneinbußen auf sich nehmen müssen, wenn sie eine unerwünschte Dividendenpolitik durch den Kauf bzw. Verkauf von Aktien neutralisieren möchten. Im Folgenden werden drei verschiedene Konzepte der Verhaltensökonomie beleuchtet, die jeweils erklären können, warum bzw. welche Art von Nutzeneinbußen bei der Herstellung selbstgemachter Dividenden entstehen. Es ist zu betonen, dass diese Faktoren per se weder einzeln noch in Summe zu einer Präferenz für oder gegen (hohe) Dividendenzahlungen führen. Sie bewirken lediglich, dass eine bereits – aufgrund des Anlegeralters bzw. Einkommens – bestehende Dividendenpräferenz für die Anlageentscheidung relevant wird.[681] Je stärker diese Effekte wirken, desto wahrscheinlicher ist es, dass ein Anleger seine Aktieninvestments nach seiner Dividendenpräferenz aussucht.

678 Dieser Begriff wird insbesondere im Zusammenhang mit der Konsumtheorie benutzt. Vgl. Graham/Isaac (2002), S. 392. Vgl. grundlegend zur Lebenszyklustheorie Shefrin/Thaler (1988).

679 Vgl. z.B. Miller/Modigliani (1961), S. 431; DeAngelo/DeAngelo (2009), S. 203.

680 Vgl. Lease et al. (2000), S. 46 f.

681 Vgl. z.B. Shefrin/Statman (1984), S. 274; DeAngelo/DeAngelo (2009), S. 203.

3.4.2 Erklärungsansätze

3.4.2.1 Transaktionskosten und andere Marktunvollkommenheiten

Die Existenz von Transaktionskosten stellt eine naheliegende Begründung dafür dar, dass Anleger die Dividendenpolitik eines Unternehmens nicht kostenfrei nach ihren Wünschen anpassen können.[682] Hierunter fallen in diesem Kontext insbesondere die mit dem Aktienhandel verbundenen Brokergebühren sowie ggf. Transaktionssteuern und „Bid-Ask-Spreads".[683]

Darüber hinaus geht die Verhaltensökonomie im Gegensatz zur neoklassischen Finanzierungstheorie lediglich von „bedingt rationalen" Anlegern mit begrenzten kognitiven Kapazitäten aus.[684] Dies impliziert u.a. die Möglichkeit von Fehlern sowie die Tatsache, dass Informationsaufnahme und -verarbeitung Zeit kosten. Neben den unmittelbar mit dem Kauf und Verkauf von Aktien verbundenen monetären Kosten entstehen folglich nicht-monetäre bzw. Opportunitätskosten.[685] So muss der Anleger Zeit aufwenden, um die Höhe der Order zu berechnen, diese aufzugeben und deren Durchführung zu überwachen.[686] Auch wenn die eigentlichen Tradingkosten in den letzten Jahren u.a. durch die zunehmende Bedeutung von Internet-Handelsplattformen abgenommen haben dürften,[687] ist die oben beschriebene „Korrektur" der Dividendenpolitik aus Anlegersicht nach wie vor mit Kosten verbunden.

Neben Transaktionskosten existieren weitere Marktunvollkommenheiten, die dazu führen, dass Anleger die Zahlungsströme aus einer Unternehmensbeteiligung nicht ohne Reibungsverluste nach eigenen Wünschen modellieren können. Hierzu gehören z.B. Ganzzahligkeitsbedingungen. So können immer nur ganze Aktien ge- oder verkauft werden, so dass das bevorzugte Zahlungsprofil

---

682 Vgl. z.B. Shefrin/Statman (1984), S. 274; Lease et al. (2000), S. 47; Allen/Michaely (2003), S. 400.

683 Vgl. z.B. Barberis/Thaler (2003), S. 1057. Zur uneinheitlichen Definition von Transaktionskosten in diesem Zusammenhang vgl. Ruwisch (2002), S. 59.

684 Vgl. z.B. Oehler (2000), S. 980; Simon (1997), S. 17.

685 Vgl. z.B. Prokot (2005), S. 73. Aufgrund der Zielsetzung dieser Arbeit werden hier nur die auf Anlegerebene anfallenden Transaktionskosten erwähnt, da diese unmittelbar von den Aktionären wahrgenommen werden. Mit der Dividendenentscheidung sind jedoch auch Transaktionskosten auf Unternehmensebene z.B. für den Auszahlungsvorgang verbunden. Grundsätzlich beeinflussen diese Kosten den zur Verfügung stehenden Ausschüttungsbetrag und wären somit (sofern wesentlich) von einem Anleger ins Kalkül zu ziehen. Vgl. weitergehend zu Transaktionskosten auf Unternehmensebene Ruwisch (2002), S. 62 ff.

686 Vgl. Allen/Michaely (2003), S. 400.

687 Vgl. z.B. Jones (2002), S. 28.

nicht exakt nachgebildet werden kann. Darüber hinaus kann mangelnde Marktliquidität bewirken, dass eine Neutralisierung der vom Unternehmen gewählten Dividendenpolitik je nach Zeitpunkt mit Vermögenseinbußen verbunden ist.[688]

Kapitalmarktbasierte empirische Untersuchungen, in denen die Bedeutung der Transaktionskosten für die Dividendenpräferenz separat betrachtet wird, sind nicht bekannt.[689] Vor dem Hintergrund, dass sich die jeweiligen Opportunitätskosten der verschiedenen Privataktionärsgruppen kaum aus Kapitalmarktdaten ableiten lassen, verwundert dies nicht weiter. Eine der wenigen Studien zu diesem Thema stellt die kapitalmarktbasierte Untersuchung von Banerjee/Gatchev/Spindt (2007) für die Jahre 1967 bis 2002 dar. Dort wird u.a. festgestellt, dass Aktien signifikant schwächer von Schwankungen der Marktliquidität betroffen sind, sobald das betreffende Unternehmen Dividendenzahlungen aufgenommen hat (Vorher-Nachher-Vergleich).[690] Dies könnte dahingehend interpretiert werden, dass die Dividendenzahlungen im Interesse der breiten Anlegerschaft sind, so dass diese fortan weniger handeln muss und daher geringer auf Marktliquidität angewiesen ist. Im Vergleich mit der Gruppe der nicht-dividendenzahlenden Unternehmen (Querschnittvergleich) wird das Liquiditätsrisiko bei dividendenzahlenden Unternehmen jedoch stärker eingepreist, so dass eine eindeutige Gesamtaussage nicht möglich ist. Weitere empirische Evidenz zur Bedeutung von Transaktionskosten findet sich im Zusammenhang mit den allgemeinen Befragungs- und Portfoliostudien zur Dividendenpräferenz privater Anleger in Abschnitt 4.1.

3.4.2.2 Mental Accounting als Instrument zur Selbstkontrolle

Die Theorie der Selbstkontrolle geht auf einen Beitrag von Thaler/Shefrin (1981) zurück, in welchem die Autoren den Kerngedanken der Agencytheorie auf das einzelne Individuum übertragen. Vergleichbar mit dem Spannungsverhältnis zwischen Aktionär (Prinzipal) und Management (Agent) im Kontext der Unternehmensführung wird demnach das Handeln eines Menschen durch das Zusammenwirken zweier Seiten seiner Persönlichkeit bestimmt, deren Präferenzen voneinander abweichen.[691] Auf der einen Seite existiert der „Planer“, der die Nutzenmaximierung über die gesamte Lebenszeit zum Ziel hat. Demgegenüber steht der egoistische „Tuer“, für den lediglich der kurzfristige Nutzen der aktuel-

---

688 Vgl. für eine detaillierte Analyse dieser Effekte Ruwisch (2002), S. 224 ff.

689 In den im Abschnitt 2.4.3.1 genannten Untersuchungen werden Transaktionskosten z.B. teilweise im Zusammenhang mit steuerlichen Effekten thematisiert.

690 Vgl. Banerjee/Gatchev/Spindt (2007), S. 329 ff.

691 Vgl. Thaler/Shefrin (1981), S. 396.

len Periode von Bedeutung ist.[692] Er entscheidet allein darüber, wie viel von dem Einkommen einer Periode konsumiert bzw. gespart wird. Da der Grenznutzen von Konsum annahmegemäß sinkt, favorisiert der Planer eine anteilige Ansparung des heutigen Einkommens zugunsten des Konsums in künftigen Perioden, in denen das (Arbeits-)Einkommen geringer ausfallen wird.[693]

Folglich hat der Planer ein Interesse daran, den Tuer davon abzuhalten, das gesamte Einkommen einer Periode sogleich vollständig für Konsumzwecke aufzubrauchen. Hierzu stehen ihm zwei Möglichkeiten zur Verfügung.[694] Zum einen kann er die Anreize des Tuers modifizieren. Dazu zählen insbesondere das Instrument der Rechnungslegung (Haushaltsbuch) oder Handlungen, die zu einer Bestrafung des Tuers bei unerwünschtem Handeln führen.[695] Um solche Maßnahmen ergreifen zu können, ist jedoch i.d.R. ein nicht unerhebliches Maß an Willensstärke nötig, was in diesem Kontext als Agencykosten angesehen werden kann.[696]

Eine aus Sicht des Planers kostengünstigere Möglichkeit besteht darin, die Anzahl der Handlungsoptionen beim Tuer einzuschränken. Hierzu implementiert der Planer bestimmte (Daumen-)Regeln.[697] Notorische Glücksspieler meiden z.B. bewusst Las Vegas, trockene Alkoholiker gehen nicht in Bars und Studierende schreiben ihre Seminararbeiten bevorzugt in der Universitätsbibliothek, um Ablenkung durch Fernseher etc. zu Hause zu entgehen. Bezogen auf das Ausgabeverhalten legen sich z.B. viele Menschen eine Art „Schulden-Kodex" auf, der die Aufnahme von Darlehen entweder gänzlich verbietet oder lediglich für bestimmte Ausgaben (z.B. Haus oder Auto) zulässt. Einige dieser Regeln führen zu sogenanntem „Mental Accounting".[698]

Mental Accounting bezeichnet den Hang, Geldzuflüsse in unterschiedlichen mentalen „Konten" zu verbuchen.[699] Diesen werden bestimmte „Labels" angeheftet, welche darüber bestimmen, wofür das Geld verwendet werden darf. Wenn z.B. jemand ein teures Kleidungsstück nicht selbst kaufen möchte, son-

---

692 Vgl. Thaler/Shefrin (1981), S. 394 f.; Shefrin/Thaler (1988), S. 610 ff.

693 Dieser Konflikt kann sich neben Einkommen auch auf andere „Ressourcen", wie z.B. Gesundheit, beziehen. So wird in diesem Kontext auch die Problematik des Rauchens oder des Alkoholkonsums als ein Beispiel für Planer-Tuer-Konflikte genannt. Vgl. Thaler/Shefrin (1981), S. 397.

694 Vgl. Thaler/Shefrin (1981), S. 396 f.

695 Wissenschaftler setzen sich z.B. einen Anreiz zur effizienten Arbeit, indem sie der Einreichung eines Beitrags zu einer Konferenz frühzeitig zustimmen.

696 Vgl. Shefrin/Statman (1984), S. 256.

697 Vgl. Thaler/Shefrin (1981), S. 397 f.

698 Vgl. Thaler (1985), S. 208.

699 Vgl. im Folgenden Thaler (1985), S. 199 f.

dern sich dieses lieber von seiner Ehefrau zum Geburtstag schenken lässt – trotz gemeinsamer Bankkonten – deutet dies auf Mental Accounting hin. Analog hierzu unterteilen viele Menschen Einkommen in regelmäßige und außerordentliche Komponenten („Windfall Profits").[700] So wird ein nicht erwarteter Geldeingang (z.B. Versicherungsprämie) eher für ein extravagantes Abendessen ausgegeben als ein äquivalenter Anstieg des regelmäßigen Arbeitseinkommens.

Mental Accounting greift z.B. auch, wenn jemand Kapital für einen Hauskauf zu 10 % anspart und zeitgleich sein neues Auto zu 15 % finanziert.[701] Die zugrunde liegende Überlegung ist, dass er durch den Druck der Bank gezwungen ist, seinen Zins- und Tilgungsverpflichtungen nachzukommen. Würde er jedoch das angesparte Geld für das Auto ausgeben, wäre es fraglich, ob er in Ermangelung externer Instanzen selbst die Willensstärke aufbringen könnte, um den Rückstand im Sparplan wieder aufzuholen. Zum Zweck der Selbstkontrolle werden somit grundlegende ökonomische Prinzipien verletzt, was in diesem Kontext nicht unbedingt als irrational anzusehen ist.[702]

Mental Accounting zum Zwecke der Selbstkontrolle kann schließlich ein Grund dafür sein, warum manche Anleger Dividenden gegenüber Kursgewinnen favorisieren: Ist die vom Unternehmen gewählte Dividendenpolitik aus Anlegersicht zu niedrig, müsste dieser Aktien verkaufen, um den gewünschten Zahlungsstrom zu erhalten.[703] Vor dem Hintergrund der Theorie zur Selbstkontrolle besteht dann jedoch die Gefahr, dass sich der Anleger von dem Tuer hinreißen lässt, einen zu großen Teil seines Aktienbestands zugunsten des aktuellen Konsums und zulasten des langfristigen Wohlstandes zu verkaufen. Um dies zu verhindern, kann der Planer die Regel aufstellen, dass der Konsum lediglich aus Dividenden und nicht aus realisierten Kursgewinnen bestritten werden darf („Verkaufe die Eier, nicht die Henne."). Folglich stellen Dividenden und Kursgewinne unter diesen Umständen keine Substitute dar, sondern werden in unterschiedlichen mentalen Konten verbucht, von denen lediglich das erste zur Finanzierung des aktuellen Konsums herangezogen wird.[704] Eine solche, selbst auferlegte Regelung würde erklären, warum ältere Anleger ein Interesse an dividendenstarken Aktien haben.[705] Junge Anleger würden hingegen tendenziell dividendenschwache Papiere nachfragen, um möglichst nicht in die Versuchung

700 Vgl. Shefrin/Thaler (1988), S. 614 ff; Thaler (1990), S. 197 f. Dort finden sich auch Verweise auf entsprechende Ergebnisse empirischer Untersuchungen.

701 Vgl. Shefrin/Statman (1984), S. 257 f.

702 Vgl. Graham/Isaac (2002), S. 399.

703 Vgl. Abschnitt 3.4.1.

704 Vgl. Shefrin/Statman (1984), S. 257 f.

705 Vgl. Shefrin/Statman (1984), S. 271 f.

zu kommen, erhaltene Dividenden zu verkonsumieren anstatt sie zu reinvestieren.

3.4.2.3 Mental Accounting als Folge von Regret Aversion

Nicht nur der Wunsch nach Selbstkontrolle kann dazu führen, dass Anleger Dividenden und Kursgewinne in unterschiedlichen „Konten" verbuchen und nur erstgenannte Erträge zur Finanzierung ihres aktuellen Konsums heranziehen. Vielmehr kann dieses Verhalten auch durch den Wunsch ausgelöst werden, künftiges Bedauern zu vermeiden („Regret Aversion").

Die theoretische Basis für Regret Aversion bildet die oben dargestellte Prospect Theory.[706] Eine ihrer Kernaussagen lautet, dass Menschen die Konsequenzen ihrer Entscheidungen in Form von Gewinnen und Verlusten und nicht anhand der Höhe des (künftigen) Endvermögens beurteilen.[707] Gewinne und Verluste ergeben sich hierbei als Differenz zwischen dem Resultat einer Entscheidung und einem Referenzpunkt.[708] Letzterer muss indes nicht immer der Status Quo sein. Vielmehr kann es vorkommen, dass Menschen die Ausgänge von Entscheidungen mit Referenzpunkten vergleichen, die sie sich lediglich vorstellen.[709] So scheint bei vielen Menschen die Enttäuschung über einen verpassten Flug höher auszufallen, wenn sie diesen nicht um Stunden, sondern nur um wenige Minuten verfehlt haben. Gleiches gilt bei einer nicht gewonnenen Tombola: Je näher die eigene Losnummer an der Glückszahl liegt, desto mehr wird der entgangene Gewinn bedauert. Obwohl das Ergebnis jeweils identisch ist (Flugzeug verpasst bzw. Tombola nicht gewonnen), wird die Situation, je nach dem, wie knapp es war, unterschiedlich beurteilt. Dies liegt daran, dass hier jeweils unterschiedliche Referenzpunkte in der Vorstellung gewählt werden.[710] Die Vorstellungskraft und damit die Wahl des Referenzpunkts unterliegen wiederum speziellen Regeln, wie z.B. der Tatsache, dass sich Menschen etwas besser vorstellen können (erfolgreicher Abflug, Losgewinn), wenn dieser Zustand nur knapp verfehlt wurde.

Eine spezielle Form von Enttäuschung stellt Bedauern über eine in der Vergangenheit durchgeführte bzw. unterlassene Handlung dar („Regret"). Auch in diesem Fall hängt die Höhe der Enttäuschung davon ab, wie leicht sich der Einzelne vorstellen kann, zum damaligen Zeitpunkt anders gehandelt zu haben.

706 Vgl. Abschnitt 3.2.1.
707 Vgl. Kent/Hirshleifer/Teoh (2002), S. 145; Perridon/Steiner/Rathgeber (2009), S. 302.
708 Vgl. Kahneman/Tversky (1979), S. 274.
709 Vgl. Kahneman/Tversky (1979), S. 286.
710 Vgl. im Folgenden Kahneman/Tversky (1982), S. 140 f.

Folglich werden z.B. Handlungen von vielen Menschen weniger stark bedauert, wenn sie hierzu genötigt wurden. Ebenso ist es oftmals schwieriger, sich ungewöhnliche Handlungen vorzustellen. Demnach kann ein bevorzugtes Festhalten an Gewohnheiten und Standardprozeduren sowie die Abneigung gegen innovative Handlungen als Strategie zur Vermeidung künftigen Bedauerns angesehen werden („Regret Aversion").

Allgemein dürfte es in ihrer Vorstellungskraft für viele leichter sein, eine tatsächlich vorgenommene Handlung auszulöschen als eine nicht unternommene Handlung einzufügen. Demnach ist das Bedauern tendenziell größer, wenn eine unangenehme Situation das Resultat einer aktiven Handlung ist, als wenn es durch das Unterlassen einer Handlung verursacht wurde. Dies verdeutlicht folgendes Beispiel: X hält Aktien an Unternehmen A. Während des Jahres erwog er, auf Aktien des Unternehmens B zu wechseln. Hätte er dies getan, wäre er heute um 1.200 USD besser gestellt. Y besaß zu Beginn des Jahres Aktien an Unternehmen B, die er jedoch im Jahresverlauf gegen Aktien des Unternehmens A eintauschte. Auch sein Vermögen wäre heute um 1.200 USD höher, wenn er auf Unternehmen B gesetzt hätte. Trotz identischer Situation würden wohl Außenstehende Y ein höheres Maß an Bedauern attestieren als X.

Die Beobachtung, dass Menschen häufig ein stärkeres Bedauern empfinden, wenn sie zuvor aktiv gehandelt haben bzw. von ihren üblichen Verhaltensmustern abgewichen sind, kann auch eine mögliche Erklärung dafür sein, dass sie sich bei ihrer Anlageentscheidung von der Dividendenpolitik eines Unternehmens beeinflussen lassen.[711] Würden sie Aktien eines Unternehmens halten, dessen Dividendenpolitik sich nicht mit ihren Konsum- und Sparwünschen deckt, müssten sie häufiger Aktien kaufen oder verkaufen. Folglich würde die Gefahr steigen, vermehrt Bedauern zu empfinden. Folgt der Anleger hingegen der Regel, seinen Konsum lediglich aus Dividenden und nicht aus Kursgewinnen zu finanzieren, und wählt vor diesem Hintergrund seine Aktieninvestments aus, reduziert er das Ausmaß späteren Bedauerns. Die Relevanz der Dividendenpolitik für Anleger kann somit u.a. als Ergebnis einer Strategie zur Vermeidung von Bedauern angesehen werden, wie das abschließende Beispiel illustriert:[712] X erhält eine Dividende von 1 USD und wendet diese für seinen Konsum auf. Y muss mangels Dividende Aktien im Wert von 1 USD verkaufen, um seinen Konsum finanzieren zu können. In beiden Fällen steigt anschließend der Aktienkurs. Es kann davon ausgegangen werden, dass X weniger Bedauern empfindet als Y. Denn es ist schwieriger für X, sich vorzustellen, die Dividende reinvestiert zu haben, als es für Y ist, die Aktie nicht verkauft zu haben.

711 Vgl. Shefrin/Statman (1984), S. 268 f.
712 Vgl. Shefrin/Statman (1984), S. 270.

3.4.3 Empirische Evidenz

Gemäß der Lebenszyklushypothese hängt die Dividendenpräferenz eines Anlegers davon ab, inwiefern er die Dividende zur Finanzierung seines Konsums benötigt. Unter der Annahme, dass jeder Anleger die „richtigen" Aktien hält, würden Dividenden im Gegensatz zu Kursgewinnen stets vollständig für Konsum ausgegeben und somit nicht reinvestiert.[713] Diesem Gedanken folgend untersuchen Rantapuska/Kaustia (2008) die Reinvestitionsquoten von Dividenden am finnischen Aktienmarkt in den Jahren 1995 bis 2002. Es zeigt sich, dass Privatanleger in den zwei Wochen nach Ausschüttung im Durchschnitt weniger als 1 % der Dividende reinvestieren.[714] Darüber hinaus werden auch unerwartete Cashflows, z.B. in Form von Sonderdividenden, nur in geringem Maße wieder angelegt. Dies lässt sich insbesondere durch Verhaltensregeln zum Zwecke der Selbstkontrolle erklären, wonach Privatanleger kontinuierlich der Regel folgen, dass Dividenden (unabhängig vom Umfang) vollständig für Konsumzwecke ausgegeben werden können.[715]

Analog hierzu untersuchen Baker/Nagel/Wurgler (2007), inwiefern die Konsumausgaben eines Haushalts davon abhängen, ob die Aktienrendite in Form von Kursgewinnen oder Dividenden anfällt. Das zugrunde liegende Datenset basiert auf Befragungen von Haushalten aus den Jahren 1988 bis 2001 und umfasst mehr als 2.500 Beobachtungen.[716] Im Gegensatz zu vorherigen Studien, deren Ergebnisse in Summe kein eindeutiges Bild ergeben, kommen hier somit Mikrodaten anstelle von Kapitalmarktinformationen zum Einsatz.[717] Die Autoren messen einen positiven und signifikanten Einfluss der Dividendenvariable, so dass mehr vom Einkommen konsumiert wird, wenn es in Form von Dividenden anstatt Kursgewinnen anfällt. Baker/Nagel/Wurgler (2007) untermauern ihre Ergebnisse mithilfe einer weiteren Analyse auf Basis von Portfoliodaten der Jahre 1991 bis 1996.[718] Die Autoren stellen fest, dass im Vergleich zu Kursgewinnen ein signifikant höherer Teil von Dividenden dauerhaft aus den Depotkonten entnommen wird.

In einer aktuellen Studie testen Becker/Ivković/Weisbenner (2011) die Lebenszyklushypothese in Verbindung mit dem Home Bias-Phänomen. Unter der Annahme, dass Anleger bevorzugt Aktien von heimischen Unternehmen halten,

---

713 Vgl. Rantapuska/Kaustia (2008), S. 2.

714 Die Ergebnisse variieren mit den verwendeten Maßen. Im Extremfall wurde eine Reinvestitionsquote von 8,1 % gemessen. Vgl. Rantapuska/Kaustia (2008), S. 25.

715 Vgl. Rantapuska/Kaustia (2008), S. 4.

716 Vgl. Baker/Nagel/Wurgler (2007), S. 243 ff.

717 Vgl. für einen entsprechenden Literaturüberblick Poterba (1991), S. 51 f.

718 Vgl. Baker/Nagel/Wurgler (2007), S. 255 ff.

sollten sich Unternehmen einer stärkeren Dividendennachfrage ausgesetzt sehen, wenn ihr Hauptsitz in Gebieten mit einem hohen Rentneranteil liegt.[719] Die Regressionsergebnisse auf Basis der Jahre 1980, 1990 und 2000 lassen einen hochsignifikanten, positiven Einfluss der Rentnervariablen auf die Dividendenpolitik erkennen.[720] Flankierend hierzu führen die Autoren eine Analyse der Dividendenabschläge um den Ex-Tag durch und stellen fest, dass dieser in Gebieten mit vielen Rentnern signifikant höher ausfällt, was auf eine höhere Wertschätzung von Dividenden hindeutet.

Daneben existieren Studien, die analog zur vorliegenden Arbeit den Zusammenhang von Anlegermerkmalen (auf Basis von Fragebogen- bzw. Portfoliodaten) und Dividendenpräferenz testen. Auch diese kommen häufig zu Ergebnissen, welche die Lebenszyklushypothese stützen. Aufgrund ihrer methodischen Nähe werden diese Beiträge zusammen mit der eigenen empirischen Analyse in Kapitel 4 vorgestellt (Abschnitt 4.2).

3.5 Informationsverhalten von Privatanlegern

Im vorhergehenden Kapitel wurde die Bedeutung von Dividenden u.a. dadurch erklärt, dass diese für Anleger als verständliches und verdichtendes Signal hinsichtlich der Geschäftsaussichten dienen können. Die Erkenntnisse der Verhaltensökonomik zum Informationsverhalten unterstreichen zusätzlich, warum und in welchen Fällen Privatanleger zur Einschätzung der künftigen Unternehmenslage lieber auf die Dividende als „Bottom-Line"-Größe zurückgreifen als auf die zahlreich bereitgestellten Finanzinformationen.

Die Ausgangsbasis bildet die Erkenntnis, dass sich Privatanleger hinsichtlich der Informationssuche und -verarbeitung aufgrund geringerer Kenntnisse und Erfahrungen systematisch von institutionellen Anlegern unterscheiden.[721] So neigen Privatanleger, die mit Finanzberichten konfrontiert werden, dazu, Informationen sequentiell, d.h. in der Reihenfolge wie sie präsentiert werden, aufzunehmen, anstatt die (potenziell) wichtigsten Informationen zuerst zu suchen. Folglich beeinflussen die Reihenfolge aber auch die Art, in der Informationen präsentiert werden, wie sie von Privatanlegern wahrgenommen werden.[722] Informationssysteme, wie z.B. XBRL, mit denen sich Finanzberichtsinformationen nach Themen verknüpft darstellen lassen, scheinen das Problem der Infor-

719 Vgl. Becker/Ivković/Weisbenner (2011), S. 656.
720 Vgl. Becker/Ivković/Weisbenner (2011), S. 663 ff.
721 Vgl. Frederickson/Miller (2004), S. 671 f.
722 Vgl. Maines/McDaniel (2000), S. 199; Elliott (2006), S. 115.

mationsaufnahme zwar lindern zu können, sind jedoch noch nicht in der Praxis etabliert.[723] Auf Ebene der Informationsverarbeitung schlägt sich die undifferenzierte Aufnahme von Informationen in Form eines „Verwässerungseffekts" nieder: Privatanleger treffen andere Entscheidungen, wenn ihnen neben relevanten Angaben zusätzlich irrelevante Informationen zur Verfügung gestellt werden.[724]

Angesichts der Defizite bei der Verwendung primärer Finanzdaten verwundert es kaum, dass Privatanleger bei ihrer Anlageentscheidung realiter eher selten auf diese Informationsquelle zurückgreifen. Vielmehr zeigen empirische Untersuchungen, dass insbesondere unerfahrene Privatanleger lieber auf gefilterte Informationen wie z.B. Medienberichte, Analystenmeinungen oder Aktionärsbriefe zurückgreifen, wo die wesentlichen Punkte verdichtet, interpretiert und hervorgehoben werden.[725] Dabei lässt sich ein Zusammenhang zwischen Informationsverhalten und Anlageerfolg beobachten. Vor allem unerfahrene Anleger investieren erfolgreicher, wenn sie gefilterte anstatt ungefilterter Daten verwenden. Mit steigender Erfahrung schwächt sich dieser Zusammenhang indes ab, bis er sich ins Gegenteil umkehrt.[726]

Die Bedeutung gefilterter Informationen legt nahe, dass Privataktionäre ein erhöhtes Interesse an „Bottom-Line"-Größen haben, welche die wirtschaftliche Entwicklung bzw. Lage des Unternehmens zu einer Gesamtaussage verdichten. Hierzu zählt neben der Dividende grundsätzlich auch der buchhalterisch ermittelte (Konzern-)Gewinn. Im Gegensatz zu einer ausgezahlten Dividende kann das Management den Gewinn grundsätzlich in gewissem Maße durch bilanzpolitische Maßnahmen manipulieren. So glauben Befragungsergebnissen zufolge mitunter 50 % der Privatanleger, dass Unternehmen trotz einer Überwachung durch Wirtschaftsprüfer „earnings management" betreiben.[727] Die Dividende kann demgegenüber entweder separat als Signal für die Unternehmensperformance bzw. als Indikator dafür gewertet werden, dass es sich bei den Gewinnen nicht nur um reine Bucherfolge handelt.[728]

---

723 Vgl. Hodge/Kennedy/Maines (2004), S. 695 ff. Zur Idee und Konzeption von XBRL vgl. z.B. Flickinger (2007).

724 Vgl. Nisbett/Zuckier/Lemley (1981), S. 248 ff., sowie speziell im Kontext der Wirtschaftsprüfung Hackenbrack (1992); Hoffman/Patton (1997); Glover (1997).

725 Vgl. z.B. Baker/Haslem (1973), S. 64 ff; Anderson/Epstein (1996), S. 36; Bartlett/Chandler (1997), S. 255 ff.; Hank (1999), S. 195 ff; Hodge/Pronk (2006), S. 288. Eine relativ hohe Bedeutung des Geschäftsberichts dokumentieren indes Epstein/Pava (1993), S. 71 ff. Für einen Überblick über ältere Studien vgl. Epstein/Pava (1993), S. 27 ff.; Barlett/Chandler (1997), S. 248.

726 Vgl. Elliott/Hodge/Jackson (2008), S. 484 ff.

727 Vgl. Hodge (2003), S. 42.

728 Vgl. Dong/Robinson/Veld (2005), S. 126; Maditinos et al. (2007), S. 21.

Mit der Frage der Informationsauswahl und -verarbeitung eng verbunden ist das Thema der Urteilsheuristiken. Anstatt ihre Entscheidungen auf Basis komplexer statistischer Modelle zu treffen, greifen Menschen aufgrund ihrer emotionalen und kognitiven Einschränkungen auf verschiedene Daumen- und Faustregeln zurück.[729] Aus Sicht der Investitionstheorie handelt es sich hierbei um „ill-defined valuation models“,[730] welche zwar die Entscheidungsfindung erleichtern, aber mitunter zu suboptimalen Ergebnissen führen. Dies können z.B. „fehlerhafte“ Dividendendiskontierungsmodelle in dem Sinne sein, dass Anleger lediglich die Dividendenhöhe ins Kalkül ziehen und die Auswirkungen thesaurierter Gewinne auf den Unternehmenswert unberücksichtigt lassen.[731]

Zu dieser Gruppe „mentaler Abkürzungen“ zählt z.B. die Verankerungsheuristik, wonach sich Individuen bei Entscheidungen unter Unsicherheit an quantitativen Ankerwerten orientieren, auch wenn diese rein zufällig sind und objektiv gesehen gar keine Entscheidungsrelevanz aufweisen.[732] Im Hinblick auf Anlageentscheidungen gilt dies z.B. insbesondere für historische Werte einer Maßgröße sowie für Zahlen, die in öffentlichen Medien besonders stark hervorgehoben werden. Die besondere Bedeutung der Dividende, die sehr stark im Fokus öffentlicher Medien steht, könnte eine Form dieses „availability bias“ sein.[733]

Darüber hinaus lässt sich eine ggf. übertriebene Wahrnehmung der Dividende als Performancesignal auch durch die Repräsentationsheuristik erklären. Diese besagt, dass Menschen ihre Einschätzung, ob Objekt A (Finanzanlage A) zur Gruppe B (erfolgreiche Unternehmen) gehört, auf Basis der Ähnlichkeit zwischen A und B hinsichtlich einiger weniger, leicht zugänglicher Oberflächenmerkmale treffen.[734] Dies führt zu einem Denken in Stereotypen, zu einer Übergewichtung leicht zugänglicher Informationen und insbesondere zu einer Fehleinschätzung kausaler Zusammenhänge sowie einer Verwechslung von Ursache und Wirkung.[735] Anstatt bei der Investitionsentscheidung auf Fundamentaldaten bzw. valide Bewertungsmodelle abzustellen, könnte die Dividende zur Unterscheidung zwischen „guten“ und „schlechten“ Unternehmen verwendet werden, da Dividenden mit erfolgreichen Unternehmen assoziiert werden.

Es ist davon auszugehen, dass sich erfahrene Anleger u.a. aufgrund negativer Erlebnisse weniger stark auf (potenziell irreführende) Heuristiken verlassen.

---

729 Vgl. Tversky/Kahneman (1974), S. 1124.

730 Vgl. Maines/McDaniel (2000), S. 185.

731 Vgl. zur problematischen Anwendung des Dividendendiskontierungsmodells z.B. Penman (2010), S. 116 ff.; White/Sondhi/Fried (2003), S. 1044 f.

732 Vgl. Tversky/Kahneman (1974), S. 1128; Chapman/Johnson (1994), S. 144.

733 Vgl. Jordan (2004), S. 58; Perridon/Steiner/Rathgeber (2009), S. 300.

734 Vgl. Tversky/Kahneman (1974), S. 1124.

735 Vgl. Tversky/Kahneman (1983), S. 306; Jordan (2004), S. 66 f.

Zudem können sie besser bzw. effizienter originäre Finanzinformationen aufnehmen und verarbeiten, was den Einsatz von Heuristiken ebenfalls unwahrscheinlich macht. Dies unterstreichen empirische Ergebnisse, wonach sich die Nutzung ungefilterter Daten mit steigender Anlageerfahrung mehr auszahlt.[736] Folglich dürften Anleger, die sich bei ihrer Anlageentscheidung mit dem Geschäftsbericht eines Unternehmens, dessen Marktumfeld, Wettbewerbern und Kunden auseinandergesetzt haben, weniger stark auf die Dividende als Signal angewiesen sein.[737] Insgesamt ist somit vor dem Hintergrund der Signalingeigenschaft von Dividenden bei Privatanlegern eine negative Korrelation zwischen Dividendenrelevanz und Anlageerfahrung bzw. Nutzung einschlägiger Informationsquellen, wie z.B. Finanzberichten, zu erwarten.

3.6 Kapitelfazit

Der Aufstieg der Verhaltensökonomie liegt insbesondere darin begründet, dass sich die Realität an den Kapitalmärkten in vielen Fällen nicht durch die traditionelle Finanzierungstheorie erklären lässt. Jedoch ist auch diese verhältnismäßig junge Forschungsrichtung nicht frei von Kritik. So wird aus wissenschaftlicher Sicht insbesondere bemängelt, dass es der Verhaltensökonomie an einem konsistenten, alles umschließenden theoretischen Rahmengebilde fehle.[738] Stattdessen komme es meist zur Entwicklung von „Ad-hoc-Theorien", die lediglich die gerade vorliegenden empirischen Resultate zu erklären versuchen. Studien, bei denen z.B. der Einfluss der Wolkendecke auf die Handelsaktivität untersucht wird,[739] können ggf. – zumindest auf den ersten Blick – einen gewissen Eindruck von Theorielosigkeit erwecken.

Ungeachtet dessen bietet die Verhaltensökonomie gerade bei der Frage der Dividendenpräferenz sowohl neue Ansätze als auch Erweiterungen der klassischen Dividendentheorien, welche ggf. einen signifikanten Beitrag zur Erklärung der Dividendenpräferenz privater Anleger leisten können. Die nachfolgende Abbildung fasst die theoretischen Einflussfaktoren auf die Dividendenpräferenz aus verhaltensökonomischer Sicht zusammen.

Dabei lässt sich hinsichtlich Risikotoleranz, Home Bias und Lebenszyklus ein Einfluss auf die gewünschte Dividendenhöhe ableiten. In Bezug auf das Informationsverhalten gilt grundsätzlich, dass es für Anleger wichtig ist, dass eine

736 Vgl. Elliott/Hodge/Jackson (2008), S. 475.

737 Vgl. z.B. Pettit (1972), S. 994; Peng (2005), S. 311, 322.

738 Vgl. Subrahmanyam (2008), S. 13.

739 Vgl. z.B. Levy/Galili (2008).

(aussagekräftige) Dividende gezahlt wird. Ein Einfluss auf die Höhe der Dividende lässt sich in diesem Kontext zumindest nicht direkt ableiten. Es gibt eine handvoll empirischer Studien, in denen der Einfluss einiger dieser Variablen auf die Dividendenpräferenz des einzelnen Anlegers analysiert wird. Aufgrund der methodischen Nähe zur eigenen Untersuchung wird auf diese Beiträge im Rahmen des Literaturüberblicks im nachfolgenden Kapitel eingegangen.

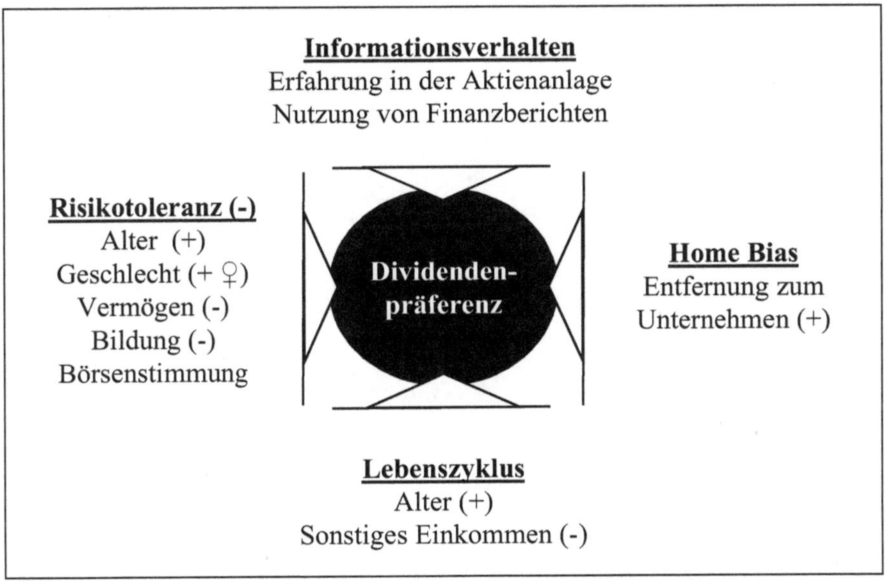

Abb. 4: Überblick zur Dividendenpräferenz aus verhaltensökonomischer Sicht[740]

740 Eigene Darstellung.

4 Empirische Analyse der Dividendenpräferenz deutscher Privatanleger

4.1 Überblick über verwandte Studien

Den Großteil der empirischen Arbeiten zur Dividendenpräferenz machen kapitalmarktbasierte Studien aus, wie sie vorrangig in Kapitel 2 vorgestellt wurden. Wie bereits ausgeführt, können aus solchen Studien nur eingeschränkt bzw. unter Vorbehalt Erkenntnisse zur Dividendenpräferenz privater Anleger gewonnen werden. Zudem konzentrieren sich die Studien i.d.R. lediglich auf eine Theorie und lassen verhaltensökonomische Aspekte vollständig außer Acht. Sowohl in methodischer als auch inhaltlicher Hinsicht sind diese Arbeiten somit nicht ohne Weiteres mit der nachfolgenden Analyse von Befragungsdaten zu vergleichen.

Es existiert indes eine überschaubare Anzahl an Studien, in denen gleichermaßen anlegerspezifische Daten in Form von Befragungsergebnissen oder Portfolioinformationen betrachtet sowie Erkenntnisse zur Dividendenpräferenz aus verhaltensökonomischer Perspektive abgeleitet werden. Aufgrund der im Vergleich zur nachfolgenden Analyse ähnlichen Methodik sollen deren Charakteristika und Ergebnisse im Folgenden kurz tabellarisch zusammengefasst und anschließend hinsichtlich des bisherigen Erkenntnisgewinns verdichtet werden.

Tab. 5: Vergleichbare Untersuchungen zur Dividendenpräferenz von Privatanlegern

Verfasser Zeitraum, Untersuchungsland Anzahl der Beobachtungen	**Design & Kernergebnisse**
Blume/Crockett/Friend (1974) 1971, USA n = 17.056	▪ Analyse basiert auf Steuererklärungen. ▪ Anhand von Kreuztabellen wird gezeigt, dass Anleger in höheren Einkommensgruppen tendenziell Aktien mit geringeren Dividendenrenditen halten.
Baker/Haslem (1974a) 1971, USA n = 851	▪ Postalische Befragung von Privatanlegern aus dem Großraum Washington D.C. ▪ Chi-Quadrat-Tests zeigen, dass ältere, weibliche und weniger vermögende Anleger der Dividendenrendite eine signifikant höhere Bedeutung beimessen. ▪ Selbiges gilt für Aktionäre, die sich bei ihrer Anlageentscheidung helfen lassen.

Baker/Haslem (1974b) 1971, USA n = 851	▪ Datenset wie bei Baker/Haslem (1974a). ▪ Schrittweise Regression mit der Bedeutung der Dividende als Regressand. ▪ Bedeutung der Dividende für die Investitionsentscheidung variiert stark innerhalb der Befragungsgruppe. ▪ Mit zunehmendem Alter, sinkender Risikoakzeptanz, sinkendem Aktienwert und Familieneinkommen steigt die Dividendenbedeutung. ▪ Angestellte im Dienstleistungssektor und Frauen messen der Dividende eine signifikant höhere Bedeutung bei.
Baker/Hargrove/Haslem (1977) 1971, USA n = 851	▪ Datenset wie bei Baker/Haslem (1974a). ▪ Mittels Chi-Quadrat- und Somers-d-Tests wird ein signifikant negativer Zusammenhang zwischen Dividendenbedeutung und Risikotoleranz dokumentiert. ▪ Analog wird ein signifikant positiver Zusammenhang zwischen Risikotoleranz und Kursgewinnen festgestellt.
Lease/Lewellen/Schlarbaum (1974) 1972, USA n = 990	▪ Befragungsdaten eines Retail-Brokers. ▪ Mittels bivariater Korrelationsanalyse wird ein positiver Zusammenhang zwischen Dividende als Anlageziel und Alter festgestellt. ▪ Mit zunehmenden Spekulationsgeschäften sinkt die Bedeutung der Dividende als Anlageziel.
Lewellen/Lease/Schlarbaum (1977) 1972, USA n = 972	▪ Um Portfoliodaten ergänzter Datensatz von Lease/Lewellen/Schlarbaum (1974). ▪ Anhand von Kreuztabellen und Entscheidungsbäumen wird gezeigt, dass die Bedeutung von Dividenden mit dem Alter zu- und mit Familieneinkommen sowie Risikobereitschaft abnimmt.
Pettit (1977) 1972, USA n = 914	▪ Um Portfoliodaten ergänzter Datensatz von Lease/Lewellen/Schlarbaum (1974). ▪ Im Rahmen einer Regressionsanalyse wird ein signifikant positiver Zusammenhang zwischen Dividendenrendite und Alter festgestellt. ▪ Einkommen und Grenzsteuersatz korrelieren signifikant negativ mit Dividendenrendite.
Lewellen et al. (1978) 1972, USA n = 914	▪ Um Portfoliodaten ergänzter Datensatz von Lease/Lewellen/Schlarbaum (1974). ▪ Durch schrittweise Diskriminanzanalyse wird die durchschnittliche Dividendenrendite im Portfolio erklärt. ▪ Positiver Zusammenhang zwischen Dividendenrendite und Anlegeralter. ▪ Einen negativen Einfluss auf die Dividendenrendite haben Familiengröße, Bildung und Grenzsteuersatz. ▪ Berufstätige und Männer weisen im Durchschnitt eine niedrigere Dividendenrendite im Portfolio auf. ▪ Begrenzter ökonomischer Einfluss der Variablen.

Chaplinsky/Seyhun (1990) 1979, USA n = 203.536	▪ Zufallsstichprobe von Steuererklärungen. ▪ Für die Anlegergruppe, in der Dividenden gegenüber Kursgewinnen steuerlich benachteiligt sind, zeigt sich eine signifikant negative Korrelation von Steuerquote und relativem Dividendeneinkommen.
Scholz (1992) 1983, USA n = 1.053	▪ Daten aus dem „Survey of Consumer Finances". ▪ Mittels einer Maximum-Likelihood-Schätzung wird ein signifikant positiver Zusammenhang zwischen Dividendenrendite und Alter sowie Aktienanzahl ermittelt. ▪ Mit steigender steuerlicher Benachteiligung von Dividenden nimmt die Dividendenrendite signifikant ab. ▪ Risikofaktoren sowie Vermögen haben im Wesentlichen keinen signifikanten Einfluss.
Clark-Murphy/Soutar (2005) Australien n = 361	▪ Privataktionärsbefragung / Conjoint Analyse. ▪ Mittels Diskriminanzanalysen werden verschiedene Anlegergruppen abgegrenzt. ▪ Die Gruppe der risikoaversen Investoren zeichnet sich durch eine Präferenz für stabile Dividenden, Home Bias, hohen Anteil älterer und weiblicher Anleger sowie weniger Handelsaktivität aus.
Graham/Kumar (2006) 1991-1996, USA n = 22.808	▪ Portfoliodaten / demografische Angaben. ▪ Im Rahmen einer Regressionsanalyse wird ein signifikant positiver Zusammenhang zwischen Alter bzw. Portfoliogröße und Dividendenrendite festgestellt. ▪ Ein signifikant negativer Zusammenhang besteht zwischen Einkommen bzw. Handelsaktivität und Dividendenrendite. ▪ Einkommen wird als Proxy für Grenzsteuersatz verstanden. ▪ Der Einfluss der Risikoproxies ist nicht signifikant. ▪ Im Rahmen weiterer Untersuchungsschritte auf Basis von Kapitalmarktdaten werden die Ergebnisse im Wesentlichen bestätigt.
Kawano (2010) 2001, 2004, 2007, USA n = ca. 4.000	▪ Daten aus dem „Survey of Consumer Finances" der Jahre 2001, 2004 und 2007. ▪ Signifikant positiver Einfluss von Alter und Bildung auf Dividendenrendite in Portfolios. ▪ Mit steuerlicher Benachteiligung sinkt die Dividendenrendite. ▪ Im Zuge des JGTRRA 03 steigt die Dividendenrendite in den Portfolios der höheren Steuerklassen am stärksten an. ▪ Risikoeinstellung hat keinen signifikanten Einfluss auf die Dividendenrendite.

Verglichen mit den kapitalmarktbasierten Studien, die in den vorherigen Abschnitten vorgestellt wurden, fällt der Umfang der mit der vorliegenden Untersuchung vergleichbaren Literatur sehr schwach aus, was vor allem an der Datenverfügbarkeit liegen dürfte.[741] Dies wird primär daran deutlich, dass acht der 13 hier vorgestellten Studien bereits aus den 1970er Jahren stammen und lediglich auf drei verschiedenen Datensätzen basieren. Letzteres erklärt zumindest teilweise die für empirische Studien ungewöhnlich starke Homogenität der Ergebnisse. So ist die empirische Evidenz hinsichtlich des Einflusses von Alter, Einkommen und Geschlecht auf die Dividendenpräferenz verhältnismäßig eindeutig. Dies spricht vornehmlich für die Gültigkeit der Lebenszyklushypothese. Der Einfluss steuerlicher Gegebenheiten kann jedoch insgesamt nicht ganz so deutlich bestätigt werden. Klare Steuerklientele in dem Sinne, dass Anleger dividendenzahlende Aktien aufgrund des steuerlichen Nachteils vollständig meiden, existieren nicht, wie insbesondere die Studien auf Basis von Steuererklärungen zeigen.[742] Dieses Ergebnis überrascht jedoch nicht, da es im Umkehrschluss bedeuten würde, dass sich Anleger bei der Aktienwahl ausschließlich nach der steuerlichen Behandlung von Dividenden und Kursgewinnen richten würden. Dennoch zeigen vor allem die jüngeren Studien, dass die Dividendenrendite in den Portfolios mit zunehmendem Grenzsteuersatz bzw. zunehmender steuerlicher Benachteiligung von Dividenden gegenüber Kursgewinnen abnimmt. Bezüglich des Zusammenhangs von Risikoeinstellung und Dividendenpräferenz ist die empirische Evidenz hingegen gespalten.

Neben der Tatsache, dass bis auf eine Ausnahme durchgängig US-amerikanische Anleger analysiert werden, schränken weitere Faktoren die Aussagefähigkeit der hier vorgestellten Untersuchungen ein. So steht in einigen der Studien die Dividendenpräferenz nicht unmittelbar im Fokus des Forschungsinteresses, sondern stellt lediglich eine Variable unter vielen dar.[743] Dabei fällt auf, dass ein theoretischer Unterbau hinsichtlich der Dividendenpräferenz bzw. entsprechende Hypothesen oftmals sehr rudimentär ausfallen. Folglich sind die empirischen Modelle auch nicht darauf ausgerichtet, dass die daraus hervorgehenden Ergebnisse eindeutig in Richtung einer bestimmten Theorie interpretiert werden können. Dies spiegelt sich insbesondere darin wider, dass in den Analysen zumeist nicht für alle relevanten Einflussgrößen kontrolliert wird.[744] Bspw.

---

741 Vgl. Thaler (1999), S. 15 f.

742 Vgl. Chaplinsky/Seyhun (1990); Blume/Crockett/Friend (1974).

743 Dies ist z.B. bei Clark-Murphy/Soutar (2005) der Fall.

744 Mit Ausnahme von Steuern kontrollieren z.B. Blume/Crockett/Friend (1974) für keine anderen Faktoren. Lewellen et al. (1978) z.B. vernachlässigen dafür gerade steuerliche Aspekte. Chaplinsky/Seyhun (1990) lassen wiederum Risikoaspekte unberücksichtigt.

kann eine positive Korrelation von Alter und Dividendenpräferenz ohne entsprechende Modellspezifikation sowohl auf Risikoaspekte als auch auf die Lebenszyklustheorie zurückgeführt werden.[745] Tatsächlich finden sich in den Studien divergierende Erklärungen für denselben empirischen Sachverhalt.[746] Schließlich werden in keinem der genannten Beiträge klassische Agency- und Signalingaspekte angemessen berücksichtigt.

Mit Dong/Robinson/Veld (2005) und Maditinos et al. (2007) existieren zwei Befragungsstudien, in denen die Dividendenpräferenz privater Anleger sowohl hinsichtlich klassischer als auch verhaltensökonomischer Erklärungsansätze untersucht wird. Im Gegensatz zu den in obiger Tabelle zusammengefassten Untersuchungen werden die Determinanten der Dividendenpräferenz dort nicht indirekt aus Korrelationen zwischen Investorenmerkmalen und Dividendenpräferenz abgeleitet. Stattdessen werden die Befragten direkt nach dem Ausmaß und den Gründen ihrer Dividendenpräferenz befragt. Hierzu nutzen Dong/Robinson/Veld (2005) einen Fragebogen mit 32 verschiedenen Fragen, den Maditinos et al. (2007) für ihre Untersuchung in modifizierter Form übernehmen.[747] Die Fragen beziehen sich i.d.R. eindeutig auf eine der Theorien zur Dividendenpräferenz, wie z.B. „Do you wish to receive dividends because you believe the company will otherwise invest the money unprofitably?“ (Free Cashflow-Hypothese) oder „Do you think that a dividend *decrease* tells you something about a company's future performance?" (Signalinghypothese).[748]

Dem Datensatz von Dong/Robinson/Veld (2005) liegt eine internetbasierte Befragung von 2.723 repräsentativ ausgewählten niederländischen Haushalten zugrunde. In die Analyse werden lediglich die 555 Antwortenden einbezogen, die sich als Halter von Aktien oder Fondsanteilen zu erkennen geben. Die Antworten werden sowohl in Summe als auch gruppiert nach Alter (älter/jünger als 55), Einkommen (hoch/niedrig), Hochschulabschluss (ja/nein) sowie Anlageform (Aktien/Fonds) ausgewertet.[749] Insgesamt ist eine Präferenz für Dividenden zu erkennen.[750] Die Ergebnisse zu den Determinanten der Dividendenpräferenz stützen die Lebenszyklus- und Transaktionskostenhypothese sowie die klassische Signalinghypothese, wonach Dividendenänderungen als Indikator für geänderte Ertragsaussichten wahrgenommen werden. Demgegenüber haben Risi-

745 Vgl. z.B. Scholz (1992), S. 275.
746 Vgl. Baker/Haslem (1974a), S. 471; Lewellen et al. (1978), S. 1393.
747 Vgl. Maditinos et al. (2007), S. 23.
748 Vgl. zum Aufbau des Fragebogens Dong/Robinson/Veld (2005), S. 135 ff.
749 Vgl. Dong/Robinson/Veld (2005), S. 130 ff.
750 Vgl. Dong/Robinson/Veld (2005), S. 144 ff.

koaspekte, Agencykosten sowie steuerliche Rahmenbedingungen keinen signifikanten bzw. nicht den erwarteten Einfluss auf die Dividendenpräferenz.

Maditinos et al. (2007) befragten im Frühjahr 2007 insgesamt 750 griechische Privatanleger per Post und Email. Der für die Analyse relevante Rücklauf lag bei 248 Antworten.[751] Auch in diesem Fall lässt sich über das gesamte Datenset im Durchschnitt eine Präferenz für Dividenden feststellen.[752] Dabei ist zu beachten, dass unter dem zum Befragungszeitpunkt gültigen Steuersystem sowohl Dividenden als auch Kursgewinne auf Ebene des Privatanlegers steuerfrei waren.[753] Hinsichtlich der Determinanten der Dividendenpräferenz werden jedoch lediglich die Lebenszyklus- und Signalingtheorie gestützt.[754]

Die beiden letztgenannten Studien zeichnen sich dadurch aus, dass sie im Wesentlichen sämtliche in Frage kommenden Determinanten der Dividendenpräferenz beleuchten. Neben der geringen Größe der Datensätze ist insbesondere kritisch anzumerken, dass für bestimmte, ggf. relevante Faktoren, wie z.B. Geschlecht oder Anlagehorizont, nicht kontrolliert wird. Die eigene empirische Untersuchung versucht ebenfalls auf Basis von Befragungsdaten, die Dividendenpräferenz von Privatanlegern aus möglichst vielen Blickwinkeln zu beleuchten. Insofern ähnelt sie den zuletzt vorgestellten Beiträgen zur Dividendenpräferenz von niederländischen bzw. griechischen Privatanlegern. Dort werden die Determinanten der Dividendenpräferenz jedoch explizit abgefragt, während sie in der vorliegenden Arbeit indirekt aus Merkmalen bzw. Ansichten der Anleger abgeleitet werden. In dieser Hinsicht ähnelt das Vorgehen also eher den eingangs vorgestellten Studien.

Trotz der unterschiedlichen Vorgehensweisen stützen die beiden letztgenannten Untersuchungen weitgehend die Ergebnisse der anderen Studien. Für die in diesem Abschnitt behandelten Beiträge ist also insgesamt festzustellen, dass die Dividendenpräferenz von Privatanlegern primär von Alter, Geschlecht sowie Signalingaspekten abhängt. Der direkte Einfluss von Risikoeinstellung und Steuern hingegen ist zumindest unklar. Inwiefern diese Erkenntnisse auf den deutschen Anleger übertragbar sind, wird im Folgenden zu klären sein.

---

751 Vgl. Maditinos et al. (2007), S. 24.
752 Vgl. Maditinos et al. (2007), S. 25.
753 Vgl. Maditinos et al. (2007), S. 20.
754 Vgl. Maditinos et al. (2007), S. 27 ff.

4.2 Datenbasis

4.2.1 Befragungsmethodik und Fragebogendesign

Die nachfolgende empirische Untersuchung basiert auf Daten zweier postalischer Befragungen, die von den Lehrstühlen für Internationale Unternehmensrechnung der Ruhr-Universität Bochum sowie für Rechnungswesen und Wirtschaftsprüfung der Humboldt-Universität zu Berlin in Zusammenarbeit mit der DPAG und dem IFU durchgeführt wurden. Hierbei wurden jeweils die DPAG-Privataktionäre hinsichtlich ihres Informationsverhaltens, ihrer Stimmrechtswahrnehmung bzw. -ausübung sowie ihrer Dividendenpräferenz befragt. Die Befragungsergebnisse wurden erstmalig im Rahmen zweier vom DAI herausgegebener Studien vorgestellt.[755] Anders als in der vorliegenden Arbeit lag der Fokus dort jedoch auf einer primär deskriptiven Auswertung sämtlicher im Fragebogen behandelter Themenbereiche.

Bei den Befragungen handelt es sich um zwei Befragungswellen, die zu den Jahreswechseln 2003/2004 (21.11.2003 bis 06.01.2004) und 2007/2008 (14.12.2007 bis 21.01.2008) durchgeführt wurden.[756] Im Rahmen der ersten Befragungswelle wurden sämtliche der über 800.000 Privataktionäre der DPAG kontaktiert. Da sich die Anzahl der ausländischen Anleger bis zum Ende des Jahres 2007 erheblich reduziert hatte, wurden im zweiten Durchgang nur noch die deutschen Privataktionäre der DPAG angeschrieben. Diese Gruppe umfasste zum damaligen Zeitpunkt ca. 465.000 Anleger und somit ca. 11,5 % aller deutschen Aktionäre.[757]

Der verwendete Fragebogen gliedert sich in die oben erwähnten drei Themenbereiche zum Informationsverhalten, Stimmrecht sowie zur Dividendenpräferenz und wird durch einen demographischen Teil abgeschlossen, der jedoch ausdrücklich keine Rückschlüsse auf die einzelne Person erlaubt.[758] Bei der Gestaltung des Fragebogens wurde versucht, das Risiko einer Verzerrung aufgrund nicht zufälliger Nicht-Beantwortung („non-response bias") zu minimieren.[759] Hierzu wurde insbesondere auf eine einfache und neutrale Formulierung der Fragen geachtet. Darüber hinaus wurde der Umfang des Fragebogens bewusst

755 Vgl. Ernst/Gassen/Pellens (2005); Ernst/Gassen/Pellens (2009). Aufgrund von Namensaktien konnten die Privataktionäre anhand des Aktienregisters identifiziert werden.

756 Die Ausführungen in diesem Abschnitt basieren auf Ernst/Gassen/Pellens (2005), S. 51 ff.; Ernst/Gassen/Pellens (2009), S. 66 ff.

757 Im Jahr 2007 lag die Gesamtzahl der Aktionäre in Deutschland bei ca. 4 Mio. Vgl. DAI (2010), S. 204.

758 Vgl. Anlage 2 im Anhang.

759 Vgl. hierzu weitergehend Abschnitt 4.7.

auf 23 Fragen(gruppen) bzw. zwei Seiten begrenzt. Schließlich sind mit Ausnahme einer Frage zum Kfz-Kennzeichen sämtliche Fragen lediglich durch die Angabe einer Zahl bzw. eines Zahlenkürzels zu beantworten.

Vor der ersten Befragungswelle wurde der Fragebogen einem zweistufigen Pretest hinsichtlich der internen Validität sowie des zur Beantwortung notwendigen Zeitaufwands unterzogen. Im Rahmen der Probeläufe, die auf der ersten Stufe mit Fachvertretern der Wirtschafts- und Sozialwissenschaften und auf der zweiten Stufe mit Privataktionären durchgeführt wurden, betrug die Bearbeitungszeit zumeist nicht mehr als 20 Minuten. Mit dem zweiseitigen Fragebogen und einem Rückantwortumschlag wurde ein Anschreiben verschickt.[760] Darin wurde explizit darauf hingewiesen, dass einzelne Fragen unbeantwortet gelassen werden können und die Daten nicht personalisiert erhoben sowie vertraulich behandelt werden. Schließlich wurde darum gebeten, die Fragen nicht aus der speziellen Perspektive eines DPAG-Anlegers, sondern aus der allgemeinen Sicht als Aktionär zu beantworten.

Der im Rahmen der zweiten Befragungswelle verwendete Fragebogen ist bis auf zwei Ausnahmen identisch mit dem Fragebogen des ersten Durchlaufs.[761] Er unterscheidet sich zum einen dadurch, dass bei der Frage nach der Nutzung der einzelnen Geschäftsberichtbestandteile zusätzlich der Vergütungsbericht und die Eigenkapitalveränderungsrechnung berücksichtigt wurden. Zum anderen wurden im ersten Fragebogen ausländische Anleger nach ihrem Länderkennzeichen gefragt. Da sich der zweite Durchlauf auf deutsche Anleger beschränkte, wurde diese Angabe durch die Frage nach dem Kfz-Kennzeichen des Wohnorts ersetzt. Abermals war dem Fragebogen ein Anschreiben beigefügt, das sich inhaltlich nicht von der ersten Version unterscheidet.

4.2.2 Rücklaufcharakteristika und Datenbereinigung

Im Rahmen der ersten Befragungswelle antworteten bis zum Stichtag insgesamt 88.212 der über 800.000 angeschriebenen Anleger. Im zweiten Durchgang schickten insgesamt 44.321 der 465.321 angeschriebenen Aktionäre den Fragebogen zurück. Die Rücklaufquote lag somit bei zufriedenstellenden 11 % bzw. 9 %, so dass auf eine Nachfassaktion verzichtet wurde. Der Rücklauf wurde vom Beleglesezentrum der DPAG erfasst, eingescannt und am Bildschirm kodiert. Ein Fehlertest durch eine nachfolgende Doppelerhebung ergab eine Fehlerquote von 0,38 %. Dies zeigt sich auch im Rahmen der Datensatzbereinigung,

---

760 Vgl. Anlage 1 im Anhang.
761 Vgl. Anlage 3 im Anhang.

bei der relativ wenige fehlerhafte Einträge in einzelnen Variablen identifiziert wurden, wie die nachfolgende Tabelle zeigt.

Tab. 6: Vorgehensweise bei der Datensatzbereinigung

	2004	2008
Gesamter Rücklauf	**88.212**	**44.321**
Ausländische Aktionäre (Angabe von Länderkennzeichen)	-7.142	–
Fehler bzw. unplausible Werte in einzelnen Variablen	-121	-164
Fehlende Werte in einer der Variablen für Dividendenpräferenz, Schulabschluss, Geschlecht oder Alter	-4.897	-2.595
Fehlerhafte Variablenkombinationen	-1.729	-3.571
= **Im Folgenden berücksichtigte Fragebögen**	**74.323**	**37.991**

Im ersten Schritt der Datensatzbereinigung werden sämtliche Fragebögen ausländischer Anleger ausgeschlossen. Hierzu werden alle Fälle gelöscht, die eine Angabe des Länderkennzeichens enthalten, da diese lediglich von ausländischen Anlegern gemacht werden sollte. Im zweiten Schritt werden die kategorialen Variablen nach ungültigen Zahlencodes durchsucht und entsprechende Fälle entfernt. Bei den numerischen Variablen werden Fälle mit unplausiblen Werten ausgeschlossen. So werden z.B. Fälle entfernt, in denen das angegebene Alter unter 14 oder über 95 Jahren liegt. Ebenso wird verfahren, wenn der in Aktien investierte Vermögensanteil mit über 100 % oder die Anlageerfahrung mit über 95 Jahren angegeben sind.

Da für die nachfolgende Analyse vor allem die Ansichten zur Dividendenpräferenz von Bedeutung sind, werden anschließend alle Fälle entfernt, in denen die entsprechende Frage nicht beantwortet bzw. als nicht beurteilbar klassifiziert wurde. Selbiges gilt für die demografischen Kernangaben zum Schulabschluss, Geschlecht und Alter. Schließlich werden Validitätschecks zum Verhältnis der Antworten untereinander durchgeführt. So sollten Anleger, die angeben, sich nicht selbst zu informieren, bestimmte Fragen unbeantwortet lassen. Gleiches gilt für die Frage nach dem Wert des Stimmrechts, wenn ein Aktionär zuvor angibt, darauf nicht verzichten zu können. Hat der Antwortende die Hinweise nicht beachtet und die betreffenden Fragen dennoch bearbeitet, wird sein Fragebogen nicht gewertet. Schließlich werden diejenigen Fälle ausgeschlossen, in denen die angegebene Anlageerfahrung das Lebensalter übersteigt.

Neben der hier gewählten Form der Datensatzbereinigung („truncating“ bzw. „trimming“) kommt in empirischen Studien oftmals auch ein als „winsorizing“ bezeichnetes Verfahren zum Einsatz. Hierbei werden Beobachtungen mit

Ausreißerwerten nicht entfernt, sondern durch das entsprechende 99 %- oder 95 %-Perzentil ersetzt. Dies ist zweckmäßig, wenn davon auszugehen ist, dass ein (z.B. außergewöhnlich hoher) Wert zwar der Realität entspricht, jedoch für die weiteren Berechnungen problematisch ist. In dem hier gewählten Untersuchungsdesign handelt es sich aber bei Fällen, in denen z.B. das Alter mit 430 oder mit 2 Jahren angegeben wird, entweder um eine fehlerhafte Erfassung oder um eine Falschangabe. Da das tatsächliche Alter somit in keinem Verhältnis zum erfassten Wert steht, wäre ein winsorizing nicht sachgerecht, denn es käme einer willkürlichen Datenänderung gleich.

4.2.3 Variablenauswahl

Der verwendete Fragebogen enthält 70 (2004) bzw. 72 (2008) Fragen, was zu einer entsprechenden Anzahl von Variablen im Datensatz führen würde, wenn sämtliche der erhobenen Informationen in die nachfolgende Analyse aufgenommen würden. Von einer solchen Vorgehensweise wird hier abgesehen. Stattdessen beschränkt sich die Analyse auf eine Auswahl der zur Verfügung stehenden Informationen. So werden nur diejenigen Variablen berücksichtigt, für die sich nachvollziehbare Hypothesen zur Dividendenpräferenz formulieren lassen. Die hierfür notwendigen Grundlagen wurden in den vorangegangenen Abschnitten gelegt. Im Ergebnis besteht der für die Untersuchung verwendete Datensatz aus insgesamt 34 Variablen für das Jahr 2004 und 36 Variablen für das Jahr 2008. In den meisten Fällen dürfte aus der deskriptiven Analyse im nachfolgenden Abschnitt hervorgehen, wie die einzelnen Variablen definiert sind. Eine weitergehende Beschreibung findet sich im Anhang.[762]

Ein Großteil der Variablen geht auf Fragen zurück, bei denen der Anleger nach seiner Einstellung bzw. Meinung befragt wird. Hierfür kommt auf dem Fragebogen durchgehend eine gleichgerichtete fünfstufige Likertskala mit den Werten 1 bis 5 zur Anwendung.[763] Gemäß der auf dem Fragebogen verwendeten Variante gibt der Anleger den Wert 1 für die Antwortkategorie „sehr hoch/sehr intensiv/sehr dafür“ bzw. den Wert 5 für „gar nicht/sehr gering/sehr dagegen“ an. Bei allen Fragen besteht darüber hinaus die explizite Möglichkeit, über die Angabe des Zahlencodes 9 eine Antwort als nicht beantwortbar zu klassifizieren. Für die Zwecke der vorliegenden Arbeit werden die Variablen im Datensatz dahingehend umkodiert, dass die Zuordnung der Zahlenwerte zu den Antwortkategorien in umgekehrter Reihenfolge erfolgt. Folglich wird eine höhere Intensi-

---

762 Vgl. Anlage 4 im Anhang.

763 Vgl. zur Konzeption der Skala Likert (1932).

tät, Zustimmung oder Bedeutung durch eine höhere und nicht durch eine niedrigere Zahl repräsentiert. Eine solche Kodierung erleichtert insbesondere die Interpretation von Zusammenhangsmaßen und Regressionsergebnissen.[764]

Von den 34 Variablen im 2004er Datensatz wurden bei 33 Variablen keine weiteren Transformationen oder Berechnungen durchgeführt, so dass hier die erhobenen Informationen im Wesentlichen unverändert in die Analyse einbezogen werden. Die Ausnahme bildet die Variable *dividende_vs_gewinn*, welche sich aus den Antworten zu vier Fragen zusammensetzt, die einzeln nicht als Variablen aufgenommen sind. So wurden die Anleger gebeten, jeweils die Bedeutung einer Gewinnerhöhung, -minderung, Dividendenerhöhung sowie einer -minderung von 10 % für ihre Anlageentscheidung auf einer Likertskala einzustufen. Für die Berechnung der Variable *dividende_vs_gewinn* wurden zunächst einerseits die Antwortwerte für die Gewinnerhöhung und -minderung sowie andererseits die für die Dividendenerhöhung und -minderung addiert. Anschließend wurden beide Werte voneinander subtrahiert. Hierdurch ergab sich eine Variable, welche die relative Bedeutung von Dividendenänderungen im Vergleich zu Gewinnänderungen in Form eines Wertes von -8 bis +8 widerspiegelt. Aus Konsistenzgründen wurden die Werte anschließend in eine fünfstufige Likertskala umgruppiert.

Der 2008er Datensatz enthält im Vergleich zum 2004er Datensatz zwei zusätzliche Variablen. Dies ist einerseits die Variable *datum*, welche den Tag der Fragebogenauswertung enthält. Diese Information wird nicht in der eigentlichen Analyse, sondern im Rahmen der Robustheitstests in Abschnitt 4.7 verwendet. Andererseits misst die Variable *entfernung* die Distanz zwischen dem Wohnort des Anlegers und der Bonner Konzernzentrale der DPAG. Der Wert leitet sich aus dem angegebenen Kfz-Kennzeichen ab. Hierzu wurde jedem Kfz-Kennzeichen der Breiten- und Längengrad der entsprechenden Stadt[765] zugeordnet und darauf aufbauend die Länge der Luftlinie nach Bonn in Kilometern berechnet.[766]

764 Hiervon unberührt spiegeln nach wie vor der Wert 3 bzw. 9 die Antwortkategorie „mittel(mäßig)/unentschieden" bzw. „unbeantwortbar" wider.

765 Bei Landkreisen wurden die Koordinaten des Verwaltungssitzes verwendet.

766 Die Geokoordinaten wurden der freien Datenbank „OpenGeoDB" entnommen. Sie sind unter www.http://fa-technik.adfc.de/code/opengeodb.pl verfügbar (Stand: 25.08.2011). Die Plausibilität der berechneten Entfernungen wurde stichprobenartig überprüft.

4.2.4 Problem ordinalskalierter Variablen

Neben einigen nominalskalierten bzw. binären Variablen finden sich eine Vielzahl von Variablen auf Basis der Likertskala sowie weitere ordinalskalierte Variablen im Datensatz. Die Anzahl verhältnisskalierter Variablen fällt hingegen eher gering aus. Angesichts der Dominanz ordinalskalierter Variablen stellt sich die Frage, welche statistischen Verfahren bei der Untersuchung verwendet werden können. Grundsätzlich setzen z.B. die Berechnung von Mittelwerten und Varianzen bzw. die Verwendung darauf aufbauender (parametrischer) Testverfahren voraus, dass die Abstände zwischen den Merkmalsausprägungen identisch sind (Intervall- bzw. Verhältnisskala).[767] Dies ist bei ordinalen Daten gerade nicht gegeben, da hier nur eine Aussage über die Rangfolge der Merkmalsausprägungen getroffen werden kann.[768]

Werden dennoch entsprechende Berechnungen mit ordinalen Daten durchgeführt, ergeben sich vorrangig bei Variablen Probleme, welche die Einstellung einer Person messen.[769] Dies lässt sich z.B. anhand der Variable *dividendenpräferenz* demonstrieren, welche die gewünschte Ausschüttungsquote eines Anlegers reflektiert und somit für die nachfolgende Untersuchung von besonderer Bedeutung ist. Während die eigentlich interessierende Größe (präferierte Ausschüttungsquote) stetig ist, liegt diese Information im Datensatz lediglich in Form einer ordinalskalierten Variable mit fünf möglichen Ausprägungen vor: „keine Dividende, sehr hohe Kurssteigerung (1)“, „geringe Dividende und hohe Kurssteigerung (2)“, „mittlere Dividende und mittlere Kurssteigerung (3)“, „hohe Dividende und geringe Kurssteigerung (4)“, „sehr hohe Dividende und keine Kurssteigerung (5)“. Durch die Messung in Form einer ordinalskalierten Variable muss der Befragte zunächst das Spektrum der möglichen Ausschüttungsquoten gedanklich in die vorgegebenen Kategorien unterteilen und anschließend die von ihm präferierte Kategorie wählen.[770] Es sollte davon auszugehen sein, dass mit der ersten und letzten Kategorie jeweils eine Ausschüttungsquote von 0 % bzw. 100 % verbunden wird. Welche Ausschüttungsquoten den anderen Kategorien zugeordnet werden, ist hingegen unbekannt. Es wäre z.B. denkbar, dass eine Ausschüttungsquote von ca. 30 % als „mittlere Dividende und mittlere Kurssteigerung“ angesehen wird, da sie in etwa dem Durchschnitt im HDAX entspricht. Dann ergäbe sich folgendes Bild:

---

767 Vgl. z.B. Janssen/Laatz (2007), S. 559 f. Parametrische Testverfahren basieren auf Informationen zur Verteilung und damit u.a. auf Mittelwerten und Varianzen.

768 Vgl. z.B. Bleymüller/Gehlert/Gülicher (2008), S. 3 f.

769 Vgl. Jamieson (2004), S. 1217 f.

770 Vgl. Baur (2011), S. 212 f.

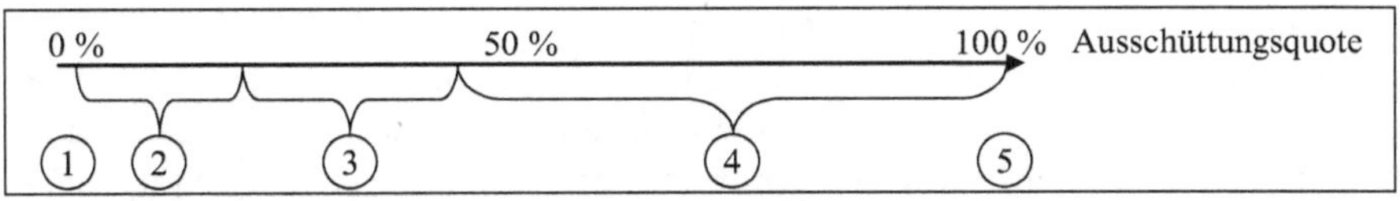

Abb. 5: *Zusammenhang zwischen kategorialer Messvariable und dem zugrunde liegenden Merkmal am Beispiel der Variable dividendenpräferenz*

Hieran zeigt sich besonders deutlich, dass sich die gewünschte Ausschüttungsquote zwischen Kategorie 3 und 4 deutlich stärker unterscheidet als zwischen den Kategorien 1 und 2. In beiden Fällen würde die rechnerische Differenz 1 betragen, obwohl sich aus inhaltlicher Sicht argumentieren ließe, dass der „Sprung" von 1 auf 2 deutlich kleiner ist als von 3 auf 4. Gäbe es zwei Anleger, von denen der eine Kategorie 1 (gewünschte Ausschüttungsquote 0 %) und der andere Kategorie 4 (gewünschte Ausschüttungsquote z.B. 70 %) gewählt hat, würde der rechnerische Durchschnitt bei 2,5 liegen, wobei die tatsächlich vertretene durchschnittliche Ausschüttungsquote der beiden Anleger (ca. 35 %) viel besser durch den Wert bzw. die Kategorie 3 repräsentiert würde. Dies hat u.a. Konsequenzen für die Aussagekraft statistischer Testverfahren zum Mittelwertvergleich.[771] Es ist somit festzuhalten, dass die Verwendung unerlaubter Rechenoperationen bzw. Testverfahren dazu führen kann, dass Muster in den Daten ausgemacht werden, die tatsächlich nicht existieren bzw. real existierende Zusammenhänge übersehen werden.[772]

Ungeachtet dessen ist in der empirischen Forschungspraxis regelmäßig zu beobachten, dass ordinale Daten mittels statistischer Methoden ausgewertet werden, die lediglich für intervall- bzw. verhältnisskalierte Variablen zulässig sind.[773] Als Begründung hierfür wird zum einen angeführt, dass die Kernaussagen durch die Wahl der Methodik in vielen Fällen nicht verändert werden.[774]

771 Vgl. z.B. Kampen/Swyngedouw (2000), S. 93.

772 Neben der Problematik ungleicher Abstände kommt in diesem Fall hinzu, dass die Art der Unterteilung von Person zu Person variieren kann. D.h. es herrschen unterschiedliche Vorstellungen darüber, welche Ausschüttungsquote mit „mittlerer" Dividende gemeint ist. Dies wäre z.B. bei der ordinalen Variable schulabschluss, wo jede Kategorie eindeutig belegt ist, nicht der Fall. Vgl. zum Problem unkalibrierter Antwortkategorien Kampen/Swyngedouw (2000), S. 90 ff.

773 Dieser Widerspruch und die damit verbundene Frage, wie dramatisch die Folgen dieses Vergehens tatsächlich sind, werden seit über 30 Jahren in der Literatur diskutiert. Vgl. für einen (frühen) Überblick z.B. Allerbeck (1978); Baur (2011).

774 Dies gilt umso mehr, je größer die Anzahl der Kategorien ist. Vgl. z.B. Atkinson (1988), S. 364; Baur (2011), S. 218 ff.

Darüber hinaus wird in (älteren) Beiträgen angeführt, dass insbesondere multivariate Analysen ordinalskalierter Daten nicht oder nur umständlich durchgeführt werden können, da entsprechende Prozeduren in den einschlägigen Statistikpaketen fehlen.[775] Mittlerweile greift der letztgenannte Einwand jedoch nicht mehr, weshalb im Rahmen der nachfolgenden Analyse grundsätzlich nur solche Verfahren zum Einsatz kommen, die für das jeweilige Skalenniveau zweifelsfrei geeignet sind. Somit wird der Empfehlung in der jüngeren Literatur gefolgt, nach Möglichkeit nur zulässige Verfahren zu nutzen.[776]

4.2.5 Deskriptive Analyse des Datensatzes

Untenstehend werden die Merkmale der befragten Privatanleger sowohl tabellarisch als auch grafisch dargestellt, wobei zunächst die ordinal- bzw. nominalskalierten und anschließend die verhältnisskalierten Daten der 2008er Befragungswelle präsentiert werden. Da sich die Antworten in den meisten Punkten nur unwesentlich geändert haben, sind die Daten der 2004er Erhebung im Anhang zu finden.[777] Deshalb beschränken sich auch die nachfolgenden Ausführungen grundsätzlich nur auf die 2008er Daten, sofern sie in ihrer Tendenz denen aus dem Jahr 2004 entsprechen. Nur in den Fällen, in denen erwähnenswerte Unterschiede bestehen, wird explizit auf die 2004er Erhebung Bezug genommen.[778]

Im Rahmen der nachfolgenden Untersuchungsschritte ist die Variable *dividendenpräferenz* von besonderer Bedeutung. Sie spiegelt die gewünschte Relation von Kurssteigerung und Dividendenhöhe wider und misst somit die Höhe der präferierten Ausschüttungsquote. Es zeigt sich, dass nur ein verschwindend kleiner Teil der befragten Anleger der Dividendenpolitik indifferent gegenübersteht.[779] Der Rest hat zwar eine klare Vorstellung von der Ausschüttungspolitik, jedoch variiert diese Einstellung zwischen den Befragten stark. Anstelle eines einzigen Klientels findet sich die gesamte Bandbreite der möglichen Antworten von „vollständige Thesaurierung“ bis „vollständige Ausschüttung“ im Datensatz wieder. Der Anteil derjenigen, die eine vollständige Thesaurierung wünschen,

---

775 Vgl. Baur (2011), S. 215.

776 Vgl. Kampen/Swyngedouw (2000), S. 100; Janssen/Laatz (2007), S. 23; Baur (2011), S. 221. Im Rahmen der vorliegenden Analyse wird mit der Berechnung der Variable *dividende_vs_gewinn* ausnahmsweise dagegen verstoßen.

777 Vgl. Anlage 5 im Anhang.

778 Diese Vorgehensweise gilt abschnittsübergreifend für alle nachfolgenden Analyseschritte.

779 Antworten mit diesem Wert werden in den nachfolgenden Berechnungen als „fehlend“ behandelt.

liegt jedoch mit 5,2 % im einstelligen Prozentbereich und macht somit die kleinste Gruppe aus. In der Gruppe der Anleger mit eindeutiger Dividendenpräferenz wird am häufigsten ein „mittleres" Verhältnis von Dividende und Kursgewinn bevorzugt. Angesichts der Tatsache, dass sämtliche der befragten Personen dasselbe Unternehmen im Portfolio haben, verdeutlicht die Heterogenität der Antworten, dass die Dividendenpolitik nicht das einzige Investitionskriterium für Privatanleger darstellt. Verglichen mit den Ergebnissen der 2004er Befragung zeigt sich, dass das grundlegende Muster der Verteilung konstant geblieben ist. Gleichzeitig lässt sich jedoch in dem 2008er Datensatz eine Verschiebung der Dividendenpräferenz zugunsten höherer Ausschüttungsquoten erkennen.

Die Variable *dividende_vs_gewinn* bringt zum Ausdruck, welche Bedeutung Änderungen der Dividende im Vergleich zu Gewinnänderungen beigemessen wird. Es zeigt sich, dass ca. die Hälfte der Befragten Änderungen beider Größen als gleich wichtig erachtet. Jeweils ein Viertel der Anleger hält entweder Dividendenänderungen oder Gewinnänderungen im Allgemeinen für wichtiger. Wie bei der Variable *dividendenpräferenz* wird auch hier im Zeitvergleich deutlich, dass der Stellenwert der Dividende insgesamt gestiegen ist.

Die Bedeutung der Informationsquellen weist im Zeitablauf praktisch keine Veränderungen auf. So wird Medien im Durchschnitt die höchste Bedeutung und Verständlichkeit attestiert. Dahinter rangiert der Geschäftsbericht, dessen Bedeutung, Verständlichkeit und Vertrauenswürdigkeit häufig als mittelmäßig bis hoch beurteilt werden. Das soziale Umfeld wird schließlich als eine weniger bedeutende und verständliche Informationsquelle für Anlageentscheidungen wahrgenommen. Bezogen auf die einzelnen Bestandteile des Geschäftsberichts werden GuV, Bilanz und Lagebericht am intensivsten gelesen. Eher mittelmäßig ist das Interesse an Aktionärsbrief, Kapitalflussrechnung und Aufsichtsratsbericht. Der Anhang wird mit Abstand am wenigsten beachtet.

Die Variablen *angst_management*, *angst_mehrheitsaktionär*, *angst_großaktionär*, *angst_banken* spiegeln die Befürchtungen wider, durch opportunistisches Verhalten der genannten Stakeholdergruppen Schaden zu nehmen. Es zeigt sich, dass die Angst, ausgebeutet zu werden, generell recht weit verbreitet ist. So schätzen in allen vier Fällen jeweils mehr als 40 % der Befragten die Ausbeutungsgefahr als hoch oder sehr hoch ein. Besonders groß ist die Skepsis gegenüber Management und Mehrheitsaktionären. Im Zeitvergleich zeigt sich, dass die Ausbeutungsangst gegenüber dem Mehrheitsaktionär tendenziell zu- und gegenüber Banken sowie sonstigen Großaktionären tendenziell abgenommen hat.

Die Auswertung der binären Variablen zeigt, dass sich ca. 60 % der antwortenden Anleger vorstellen können, auf ihr Stimmrecht zu verzichten. Steuerliche

Aspekte spielen nur bei ca. 38 % der Personen eine Rolle für die Dividendenpräferenz. Mit über 70 % überwiegt darüber hinaus deutlich der Anteil derer, die weder ein Studium mit ökonomischem Schwerpunkt noch eine Ausbildung mit einem kaufmännischen Fokus abgeschlossen haben. Ferner ist festzuhalten, dass es sich bei den Befragten in 85 % der Fälle um Männer handelt. Schließlich zeigt sich, dass der Anteil derjenigen, die aktuell für die DPAG arbeiten bzw. früher für die DPAG gearbeitet haben, lediglich ca. 13 % der Antwortenden beträgt. Die Auffassung, dass Unternehmen eine gewinnunabhängige Pflichtdividende zahlen sollten, wird lediglich von einer Minderheit geteilt. Hinsichtlich ihrer Anlagestrategie geben drei Viertel der Befragten an, langfristig Vermögen aufbauen zu wollen. Der Anteil der Aktionäre, die auf kurzfristige Gewinne abzielen, ist demgegenüber mit ca. 4 % relativ gering. Befragt nach ihrem Bildungsstand gibt ca. die Hälfte der befragten Anleger an, ein Studium abgeschlossen bzw. aufgenommen zu haben. Ähnlich groß ist die Menge derjenigen, die bezüglich ihrer Wohnsituation angeben, im eigenen Haus zu wohnen.

Abschließend werden die Lageparameter der verhältnisskalierten Variablen tabellarisch präsentiert. In den Minima und Maxima der Variablen *alter* und *aktienvermögen* spiegeln sich die zuvor durchgeführten Bereinigungsschritte wider. Darüber hinaus deutet das Minimum (null) der Variable *anzahl_unternehmen* darauf hin, dass einzelne Anleger ihre DPAG-Aktien verkauft hatten, bevor sie den Fragebogen bearbeiteten. Der recht hohe Maximalwert bei der Variable *anzahl_unternehmen* von 500 lässt sich u.a. damit erklären, dass manche Anleger ggf. indirekt über Fondsanteile oder „Indexanteile" gehaltene Unternehmen mitgezählt haben. Ferner liegen die entsprechenden Werte der Variable *entfernung* in plausiblen Bereichen. Insgesamt fällt das hohe Durchschnittsalter der Befragten auf. Hier zeigt sich auch der einzig nennenswerte Unterschied zur ersten Erhebungswelle, in der das durchschnittliche Alter und damit auch die durchschnittliche Erfahrung etwas niedriger ausfallen.

Insgesamt verdeutlicht die deskriptive Auswertung, dass die im Datensatz enthaltenen Variablen über ein akzeptables Maß an Varianz verfügen. Als Daumenregel gilt in diesem Kontext, dass die häufigste Kategorie bzw. die zwei häufigsten Kategorien einer Variable möglichst weniger als 90 % der Beobachtungen umfassen sollte(n).[780] Dies trifft in fast allen Fällen zu. Lediglich die Verteilungen der Variablen *geschlecht_weiblich*, *mitarbeiter_dpag* und *anlagestrategie* sind vor dem Hintergrund dieses Maßstabs nicht ideal verteilt.

780 Vgl. Nardi (2003), S. 140.

	dividenden-präferenz	
	N	%
keine Dividende und sehr hohe Kurssteigerung	1.971	5,2%
niedrige Dividende und hohe Kurssteigerung	10.217	26,9%
mittlere Dividende und mittlere Kurssteigerung	14.886	39,2%
hohe Dividende und geringe Kurssteigerung	8.322	21,9%
sehr hohe Dividende und keine Kurssteigerung	1.605	4,2%
ist mir egal	990	2,6%
Summe	37.991	
Median	mittlere Dividende / mittlere Kurssteigerung	
Modalwert	mittlere Dividende / mittlere Kurssteigerung	

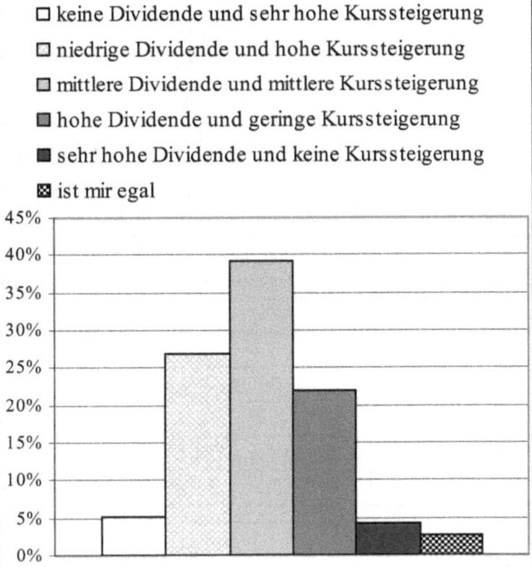

	dividende_ vs_gewinn	
	N	%
Gewinnänderung deutlich wichtiger	338	1,0%
Gewinnänderung etwas wichtiger	8.189	23,2%
Beide Änderungen gleich wichtig	17.986	51,0%
Dividendenänderung etwas wichtiger	8.517	24,2%
Dividendenänderung deutlich wichtiger	210	0,6%
Summe	35.240	
Median	Beide Änderungen gleich wichtig	
Modalwert	Beide Änderungen gleich wichtig	

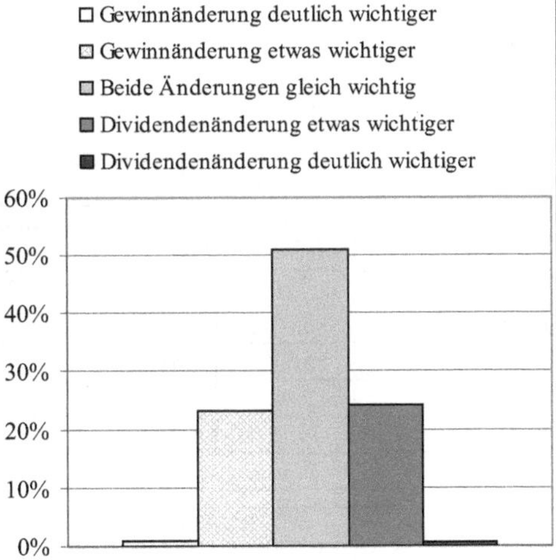

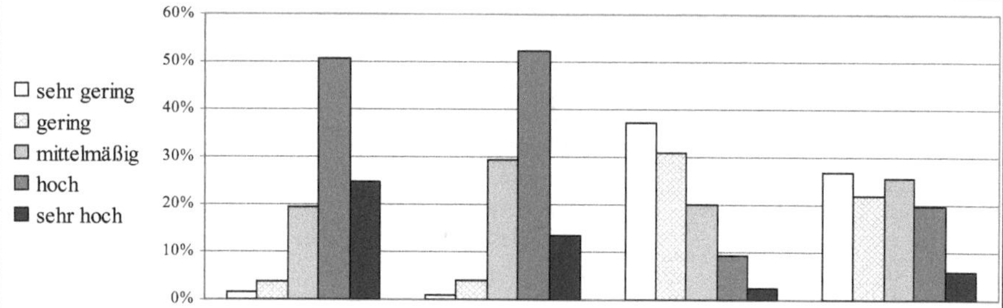

	info_medien_ bedeutung		*info_medien_ verständlichkeit*		*info_sozial_ bedeutung*		*info_sozial_ verständlichkeit*	
	N	%	N	%	N	%	N	%
sehr gering	517	1,5%	374	1,1%	11.096	37,2%	6.870	26,8%
gering	1.369	3,9%	1.376	4,0%	9.222	30,9%	5.626	21,9%
mittelmäßig	6.846	19,4%	10.132	29,4%	5.948	20,0%	6.582	25,7%
hoch	17.866	50,5%	17.948	52,1%	2.812	9,4%	5.020	19,6%
sehr hoch	8.770	24,8%	4.618	13,4%	721	2,4%	1.556	6,1%
Summe	35.368		34.448		29.799		25.654	
Median	hoch		hoch		gering		mittelmäßig	
Modalwert	hoch		hoch		sehr gering		sehr gering	

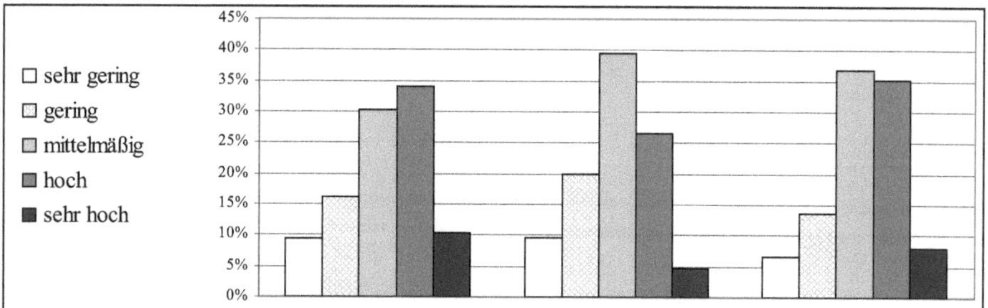

	info_gb_bedeutung		*info_gb_verständ-lichkeit*		*info_gb_vertrauens-würdigkeit*	
	N	%	N	%	N	%
sehr gering	3.070	9,4%	2.952	9,5%	1.996	6,7%
gering	5.239	16,1%	6.170	19,9%	4.039	13,5%
mittelmäßig	9.828	30,1%	12.231	39,4%	11.047	36,9%
hoch	11.084	34,0%	8.229	26,5%	10.519	35,1%
sehr hoch	3.394	10,4%	1.431	4,6%	2.363	7,9%
Summe	32.615		31.013		29.964	
Median	mittelmäßig		mittelmäßig		mittelmäßig	
Modalwert	hoch		mittelmäßig		mittelmäßig	

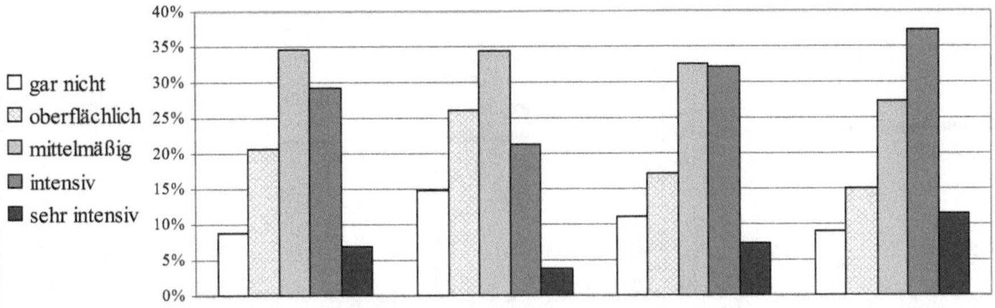

	gb_aktionärsbrief		gb_aufsichtsrats-bericht		gb_lagebericht		gb_bilanz	
	N	%	N	%	N	%	N	%
gar nicht	3.187	8,8%	5.145	14,7%	3.765	11,1%	3.111	8,9%
oberflächlich	7.426	20,6%	9.100	26,0%	5.804	17,1%	5.262	15,1%
mittelmäßig	12.444	34,5%	12.040	34,4%	10.990	32,4%	9.552	27,4%
intensiv	10.516	29,2%	7.401	21,2%	10.905	32,2%	13.010	37,3%
sehr intensiv	2.469	6,9%	1.281	3,7%	2.451	7,2%	3.974	11,4%
Summe	36.042		34.967		33.915		34.909	
Median	mittelmäßig		mittelmäßig		mittelmäßig		mittelmäßig	
Modalwert	mittelmäßig		mittelmäßig		mittelmäßig		intensiv	

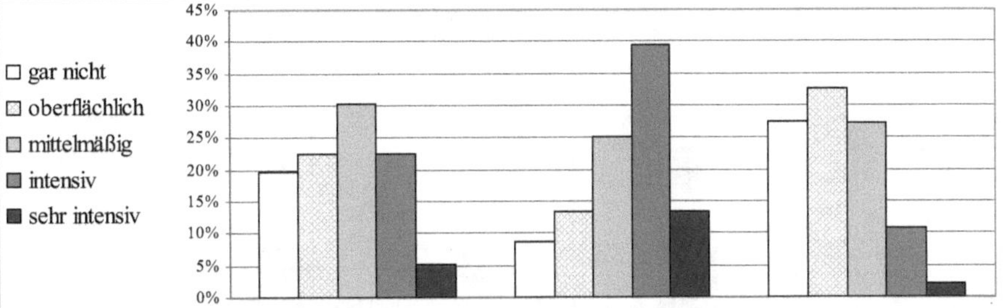

	gb_kapitalflussrechnung		gb_guv		gb_anhang	
	N	%	N	%	N	%
gar nicht	6.045	19,7%	2.996	8,7%	8.072	27,3%
oberflächlich	6.873	22,4%	4.634	13,4%	9.631	32,6%
mittelmäßig	9.227	30,1%	8.670	25,2%	8.004	27,1%
intensiv	6.869	22,4%	13.568	39,4%	3.180	10,8%
sehr intensiv	1.614	5,3%	4.589	13,3%	633	2,1%
Summe	30.628		34.457		29.520	
Median	mittelmäßig		intensiv		oberflächlich	
Modalwert	mittelmäßig		intensiv		oberflächlich	

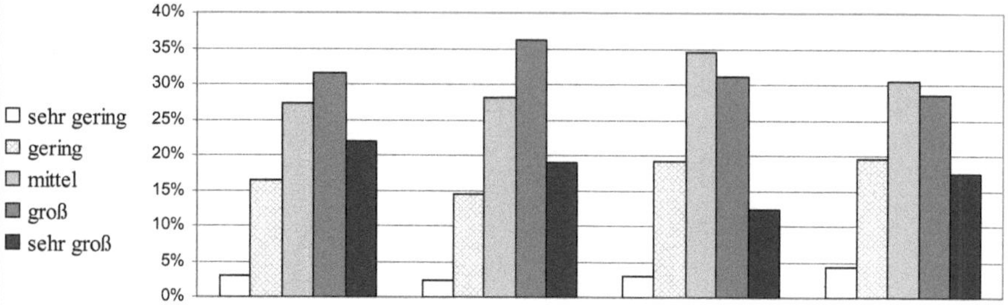

	angst_ management		*angst_ mehrheitsaktionär*		*angst_ großaktionär*		*angst_banken*	
	N	%	N	%	N	%	N	%
sehr gering	1.096	3,1%	850	2,4%	1.013	2,9%	1.500	4,3%
gering	5.829	16,3%	5.028	14,4%	6.615	19,2%	6.757	19,5%
mittel	9.710	27,2%	9.841	28,1%	11.862	34,5%	10.568	30,4%
groß	11.247	31,5%	12.658	36,2%	10.678	31,0%	9.862	28,4%
sehr groß	7.872	22,0%	6.622	18,9%	4.247	12,3%	6.020	17,3%
Summe	35.754		34.999		34.415		34.707	
Median	groß		groß		mittel		mittel	
Modalwert	groß		groß		mittel		mittel	

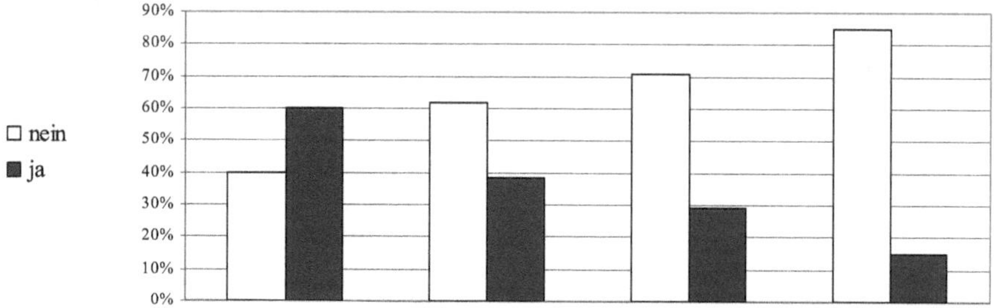

	simmrecht_ verzicht		*steuern*		*wiwi_knowhow*		*geschlecht_ weiblich*	
	N	%	N	%	N	%	N	%
nein	12.201	40,0%	23.402	61,8%	26.819	70,9%	32.299	85,0%
ja	18.335	60,0%	14.468	38,2%	11.019	29,1%	5.692	15,0%
Summe	30.536		37.870		37.838		37.991	
Modalwert	ja		nein		nein		nein	

	mitarbeiter_dpag	
	N	%
nein	33.137	87,4%
ja, gewesen	1.409	3,7%
ja, aktuell	3.358	8,9%
Summe	37.904	
Median	nein	
Modalwert	nein	

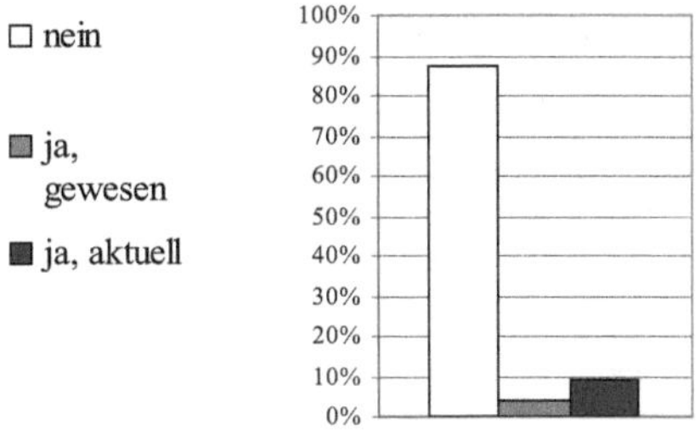

	dividendenbemessung_pflicht	
	N	%
sehr dagegen	8.872	27,6%
eher dagegen	9.926	30,8%
unentschieden	5.036	15,6%
eher dafür	5.075	15,8%
sehr dafür	3.294	10,2%
Summe	32.203	
Median	eher dagegen	
Modalwert	eher dagegen	

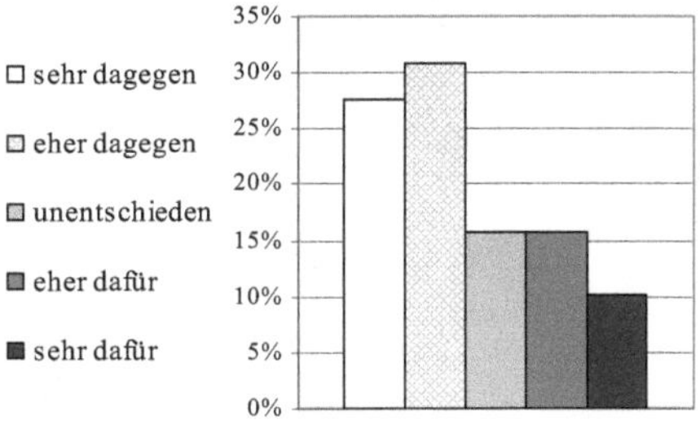

	schulabschluss	
	N	%
kein Abschluss	167	0,4%
Hauptschule/ Volks-schule	5.887	15,5%
Realschule/ Mittlere Reife	8.839	23,3%
Fachoberschulrei-fe/Abitur	4.155	10,9%
(Fach-)Hochschul-studium laufend	1.586	4,2%
(Fach-)Hochschul-studium abgeschlos-sen	17.357	45,7%
Summe	37.991	
Median	Fachoberschulreife/ Abitur	
Modalwert	(Fach-)Hochschul-studium abgeschlossen	

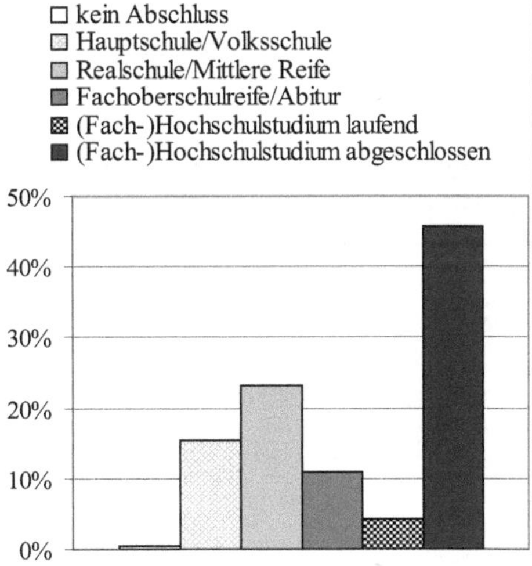

	anlagestrategie	
	N	%
kurzfristige Gewinne	1.602	4,2%
langfristige Vermögensbildung	27.257	72,1%
regelmäßiges Einkommen aus Dividenden/ Kursgewinnen	8.947	23,7%
Summe	37.991	
Modalwert	langfristige Vermögens-bildung	

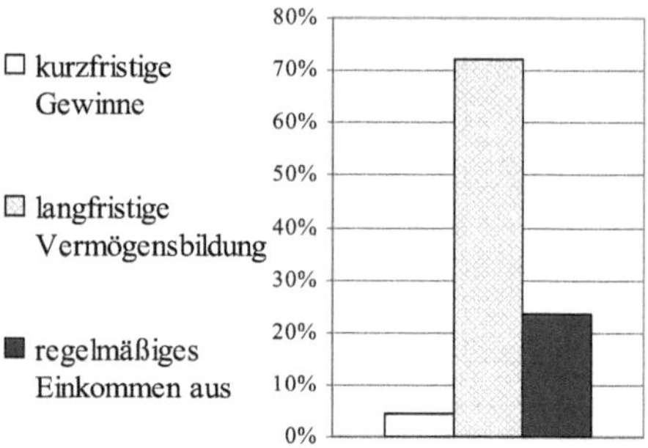

	wohnsituation	
	N	%
wohne bei Eltern	567	1,5%
gemietete Wohnung	7.112	18,9%
gemietetes Haus	753	2,0%
Eigentumswohnung	4.604	12,2%
Eigentum Reihenhaus/ Doppelhaushälfte	7.156	19,0%
Eigentum freistehendes Haus	17.486	46,4%
Summe	37.678	
Median	Eigentum Reihenhaus/ Doppelhaushälfte	
Modalwert	Eigentum freistehendes Haus	

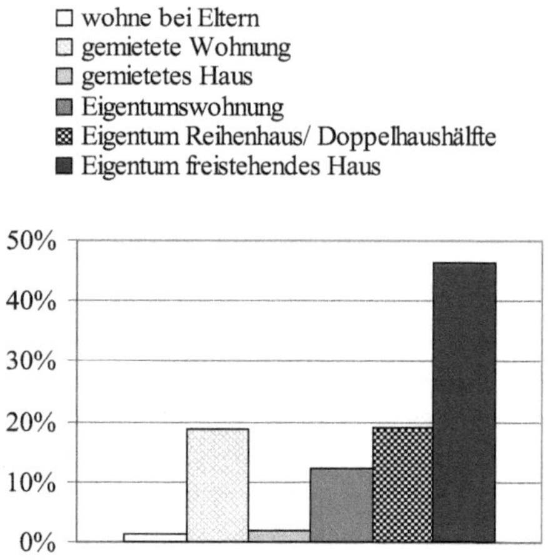

	N	**Min.**	**5%-Perzentil**	**Mittelwert**	**Median**	**95%-Perzentil**	**Max.**	**Standardabweichung**
alter	37.991	14	34	59	62	79	95	14
erfahrung	37.630	0	5	17	14	40	75	11
aktienvermögen	36.669	0	3	28	20	75	100	22
anzahl_ unternehmen	37.576	0	2	10	6	26	500	11
entfernung	35.480	0	28	254	257	478	593	146

Abb. 6: Häufigkeitsverteilungen und Lageparameter der Variablen (2008er Datensatz)

Tab. 7: *Rangkorrelationen nach Spearman (2008er Datensatz)*

	dividendenpräferenz	dividende_vs_gewinn	info_medien_bedeutung	info_medien_verständlichkeit	info_sozial_bedeutung	info_sozial_verständlichkeit	info_gb_bedeutung	info_gb_verständlichkeit	info_gb_vertrauenswürdigkeit	gb_aktionärsbrief	gb_aufsichtsratsbericht	gb_lagebericht	gb_bilanz	gb_kapitalflussrechnung	gb_guv	gb_anhang	dividendenbemessung_pflicht	angst_management	angst_mehrheitsaktionär	angst_großaktionär	angst_banken	mitarbeiter_dpag	schulabschluss	wohnsituation	entfernung	alter	erfahrung	aktienvermögen	anzahl_unternehmen
dividendenpräferenz	-																												
dividende_vs_gewinn	,23	-																											
info_medien_bedeutung	-,03	-,03	-																										
info_medien_verständlichkeit	-,04	-,02	,43	-																									
info_sozial_bedeutung	,03	,00	-,02	-,02	-																								
info_sozial_verständlichkeit	-,01	-,03	,02	,08	,67	-																							
info_gb_bedeutung	,09	-,01	,01	,03	,02	-,03	-																						
info_gb_verständlichkeit	,06	-,01	,04	,16	,01	,00	,54	-																					
info_gb_vertrauenswürdigkeit	,04	-,02	,06	,13	,01	,06	,51	,57	-																				
gb_aktionärsbrief	,10	,02	,07	,07	,00	-,05	,39	,32	,28	-																			
gb_aufsichtsratsbericht	,09	,01	,01	,03	,01	-,05	,45	,36	,30	,63	-																		
gb_lagebericht	,05	-,03	,08	,10	-,03	-,03	,43	,38	,33	,50	,55	-																	
gb_bilanz	,07	-,02	,04	,07	-,01	-,04	,50	,42	,33	,40	,49	,61	-																
gb_kapitalflussrechnung	,05	-,02	,01	,06	,01	-,04	,42	,37	,25	,36	,45	,51	,61	-															
gb_guv	,06	-,01	,05	,08	-,01	-,03	,45	,38	,29	,38	,43	,54	,69	,69	-														
gb_anhang	,07	-,01	,01	,05	,02	-,04	,39	,36	,23	,37	,46	,51	,52	,61	,53	-													
dividendenbemessung_pflicht	,17	,11	-,08	-,09	,10	-,03	,04	,01	-,04	,06	,08	-,07	,01	,02	-,02	,01	-												
angst_management	,00	,02	,01	-,03	,01	,02	-,09	-,15	-,18	-,11	-,13	-,11	-,08	-,07	-,07	-,07	,06	-											
angst_mehrheitsaktionär	,01	,01	-,02	-,06	-,01	-,05	-,02	-,08	-,11	-,03	-,03	-,04	-,02	,00	-,01	-,02	,07	,36	-										
angst_großaktionär	,02	,02	-,05	-,08	,02	-,05	-,02	-,08	-,13	-,03	-,03	-,08	-,04	-,02	-,04	-,03	,16	,32	,66	-									
angst_banken	,01	,03	-,04	-,06	,06	,03	-,04	-,12	-,13	-,08	-,06	-,11	-,06	-,05	-,07	-,06	,12	,30	,35	,46	-								
mitarbeiter_dpag	,02	-,01	,00	-,02	,08	,03	,01	-,03	-,01	-,02	,00	-,05	-,02	-,01	-,02	-,01	,09	,01	,04	,06	,09	-							
schulabschluss	-,05	-,03	,06	,08	-,04	,10	-,08	-,03	,00	-,09	-,10	,01	-,06	-,06	-,05	-,06	-,25	,00	-,03	-,09	-,02	-,18	-						
wohnsituation	,01	,01	-,02	-,02	-,04	-,09	,00	,02	-,04	,03	,02	,02	,02	,03	,04	,03	,02	,00	,02	,03	-,01	-,02	-,06	-					
entfernung(klassiert)	,00	,00	-,02	,00	,00	,01	,00	,01	,02	-,02	-,01	-,02	-,02	-,02	-,02	-,02	,02	,01	,00	,00	,02	-,02	,04	-,06	-				
alter(klassiert)	,09	,05	-,10	-,09	-,09	-,21	,09	,13	-,01	,16	,15	,10	,09	,08	,08	,09	,16	-,09	,04	,07	-,07	-,17	-,11	,19	-,02	-			
erfahrung(klassiert)	-,02	,01	,03	,03	-,09	-,09	,00	,06	-,02	,08	,04	,12	,05	,06	,08	,07	-,14	-,03	,00	-,05	-,11	-,22	,10	,17	-,04	,34	-		
aktienvermögen(klassiert)	-,07	-,02	,09	,08	-,09	-,04	,02	,05	,04	,06	,02	,12	,05	,06	,08	,05	-,15	-,03	-,05	-,08	-,08	-,16	,08	-,01	-,02	,06	,31	-	
anzahl_unternehmen(klassiert)	-,08	-,01	,09	,09	-,12	-,06	-,01	,04	,00	,05	,00	,14	,06	,07	,09	,06	-,21	-,02	-,05	-,09	-,11	-,27	,17	,10	-,04	,10	,42	,56	-

Abschließend werden oben die Zusammenhänge zwischen sämtlichen nichtnominalskalierten Variablen in Form einer Korrelationsmatrix dargestellt. Angesichts der Häufigkeit ordinalskalierter Variablen wird hierfür der Rangkorrelationskoeffizient nach Spearman herangezogen. Die wenigen verhältnisskalierten Variablen werden zuvor durch Kategorisierung auf Ordinalskalenniveau gebracht.[781] Bei der Berechnung des Rangkorrelationskoeffizienten nach Spearman werden die hinter den Variablen stehenden Datenreihen jeweils in aufsteigender Reihenfolge geordnet. Anschließend wird für jede Beobachtung die Rangdifferenz berechnet.[782] Die quadrierte Summe der Rangdifferenzen wird schließlich auf den Wertebereich von -1 bis 1 normiert.

Entsprechend der allgemeinen Vorgehensweise basiert die untenstehende Korrelationsmatrix auf den Daten der zweiten Befragungswelle. Verglichen mit den Ergebnissen des 2004er Datensatzes, die sich im Anhang wiederfinden,[783] lassen sich keine wesentlichen Unterschiede erkennen. Folglich gelten die nachfolgenden Ausführungen uneingeschränkt für beide Datensätze. Korrelationen, die mit einer Irrtumswahrscheinlichkeit von 1 % als statistisch signifikant zu bezeichnen sind, werden in der Tabelle fett hervorgehoben. Diesbezüglich ist ein Phänomen zu beobachten, das auch im weiteren Verlauf der Analyse immer wieder zum Vorschein kommt: Aufgrund der Vielzahl an Beobachtungen sind schon schwächste Zusammenhänge als statistisch signifikant zu bezeichnen.[784] Im konkreten Fall gilt dies für sämtliche Korrelationskoeffizienten, die größer oder gleich 0,02 sind. Daher ist für die Interpretation die Höhe des Koeffizienten ausschlaggebend.

Nennenswerte positive Zusammenhänge existieren jeweils zwischen der Bedeutung einer Informationsquelle und deren Verständlichkeit. Darüber hinaus ist der zu erwartende Zusammenhang zwischen der Bedeutung bzw. Verständlichkeit des Geschäftsberichts und der Intensität, mit der die einzelnen Bestandteile desselbigen genutzt werden, zu beobachten. Hier lassen sich zudem zwei unterschiedliche Adressatengruppen ausmachen. So sind einerseits die Nutzung der „weichen" Bestandteile (Aufsichtsratsbericht und Brief des Vorstands) sowie andererseits die Nutzung der „Hard Facts" (Bilanz, GuV, Lagebericht, Anhang) jeweils verhältnismäßig stark positiv korreliert. Weiterhin ist auffällig, dass ein ausgeprägter positiver Zusammenhang zwischen den vier Agencyvariablen besteht, welche jeweils die Angst vor Ausbeutungshandlungen seitens des

781 Vgl. Cleff (2008), S. 127 ff.

782 Vgl. z.B. Janssen/Laatz (2007), S. 276 f.

783 Vgl. Anlage 6 im Anhang.

784 Vgl. zu diesem Effekt z.B. Nardi (2003), S. 150.

Managements, des Mehrheitsaktionärs, anderer Großaktionäre oder Banken widerspiegeln. Offensichtlich unterscheiden sich Anleger somit eher in dem grundsätzlichen Ausmaß ihrer Furcht vor opportunistischem Verhalten als darin, gegenüber welcher Partei diese besteht. Hinsichtlich der demografischen Daten steigt mit zunehmendem Alter der Wunsch nach Pflichtdividenden. Außerdem sind erwartungsgemäß Alter und Erfahrung recht stark korreliert. Erfahrene Anleger zeichnen sich schließlich dadurch aus, dass sie tendenziell mehr Vermögen in Aktien investiert haben und besser diversifiziert sind.

Negative Zusammenhänge existieren nur in recht schwacher Form im Datensatz. So ist z.B. zu beobachten, dass mit zunehmender Angst vor dem Management das Vertrauen in den Geschäftsbericht und auch die Nutzung seiner einzelnen Bestandteile tendenziell zurückgehen. Darüber hinaus sinkt mit höherem Bildungsniveau die Zustimmung zu einer Pflichtdividende. Schließlich sind Belegschaftsaktionäre tendenziell unerfahrener und weniger stark diversifiziert.

4.2.6 Fragen der Repräsentativität und Generalisierbarkeit

Wie zuvor dargestellt, basieren die nachfolgend analysierten Daten auf den Ergebnissen zweier Befragungen von DPAG-Aktionären. Wenn das Datenset ausschließlich die Meinungen und Eigenschaften von DPAG-Aktionären einfängt, stellt sich die Frage, inwiefern sich die Ergebnisse auf die Grundgesamtheit sämtlicher Aktionäre übertragen lassen. Darüber hinaus ist in diesem Kontext zu klären, inwiefern die erfassten Aktionäre hinsichtlich ihrer demografischen Angaben repräsentativ für die Grundgesamtheit sind.

In Bezug auf den ersten Punkt zeigt die deskriptive Auswertung der Variable *anzahl_unternehmen* im vorangegangenen Abschnitt, dass in der zweiten Befragungswelle nicht einmal 5 % der Befragten ausschließlich DPAG-Aktien halten und somit „reine" DPAG-Aktionäre darstellen.[785] Die Mehrheit der befragten Anleger ist an sechs oder mehr Unternehmen beteiligt. Hinzu kommt, dass die Anleger im Begleitschreiben zum Fragebogen explizit gebeten worden sind, die Fragen nicht aus der speziellen Sicht eines DPAG-Aktionärs zu beantworten.

Für die Beantwortung der Frage, inwiefern die im Datensatz erfassten Anleger hinsichtlich ihrer demografischen Angaben repräsentativ für die Grundgesamtheit sind, kann auf die vom DAI bereitgestellten Aktionärsstatistiken zurückgegriffen werden. Im Anhang zu dieser Arbeit werden die DAI-Statistiken zu Alter, Schulbildung und Geschlecht der Jahre 2004, 2007 und 2010 mit den

785 In der ersten Befragungswelle fällt der Anteil mit 7,4 % etwas höher aus.

entsprechenden Verteilungen in den Datensätzen verglichen.[786] Es zeigt sich, dass die Verteilungen von Alter und Schulbildung weitgehend vergleichbar sind. Insgesamt sind jedoch männliche, ältere und besser ausgebildete Anleger in den hier ausgewerteten Datensätzen überrepräsentiert.

Auf eine entsprechende Gewichtung der Datensätze wird jedoch aus zwei Gründen verzichtet. Zum einen würde der Effekt auf die hier verwendeten Variablen verhältnismäßig gering ausfallen.[787] Zum anderen will die vorliegende Arbeit keine Antwort auf die Frage geben, wie sich die Dividendenpräferenz innerhalb der Grundgesamtheit verteilt. Es geht vielmehr darum, Zusammenhänge zwischen der Dividendenpräferenz und anderen Variablen aufzudecken. Somit ist das Kriterium der demografischen Repräsentativität nicht von primärer Bedeutung.[788] Entscheidend ist vielmehr, ob Gründe dafür sprechen, dass nachfolgend festgestellte Zusammenhänge zur Dividendenpräferenz nicht für die Grundgesamtheit aller deutschen Aktionäre gelten könnten. Im Umkehrschluss könnten in der Grundgesamtheit wiederum Zusammenhänge existieren, die sich aus dem vorliegenden Datenmaterial nicht destillieren lassen. Das Ausmaß dieser Problematik wird grundsätzlich im Abschnitt 4.7 analysiert. Daher soll an dieser Stelle lediglich ein möglicher Umstand thematisiert werden, unter dem real existierende Zusammenhänge in den Daten nicht sichtbar würden. Dies wäre nämlich insbesondere dann zu befürchten, wenn sich die DPAG zu den Befragungszeitpunkten durch eine extreme Form der Dividendenpolitik (z.B. vollständige Thesaurierung) ausgezeichnet hätte. Dann hätte die Gefahr bestanden, dass sich die befragte Anlegerschaft zu großen Teilen aus einem speziellen Dividendenklientel zusammensetzt (z.B. ausschließlich junge Leute, die jede Dividendenzahlung ablehnen). Dies hätte sich in einer geringen Variation der gemessenen Variablen widergespiegelt (einschließlich der Variable *dividendenpräferenz*), was die Beobachtung signifikanter Zusammenhänge unwahrscheinlich gemacht hätte. Diese Bedenken konnten im Rahmen der vorangegangenen deskriptiven Analyse ex post ausgeräumt werden. Insbesondere sind die verschiedenen Ausprägungen der Dividendenpräferenz in ausreichender Anzahl im Datensatz vertreten.

Ex ante ließ sich das Problem der unzureichenden Variabilität innerhalb der Daten und insbesondere in der Variable *dividendenpräferenz* anhand der Divi-

---

786 Vgl. Anlage 7 im Anhang.

787 Dies zeigt ein Vergleich der Häufigkeitsverteilungen mit denen bei Ernst/Gassen/Pellens (2005) und Ernst/Gassen/Pellens (2009), wo ausgehend von derselben Datenbasis eine Gewichtung stattgefunden hat. Vgl. zur Vorgehensweise bei der Gewichtung Ernst/Gassen/Pellens (2009), S. 69 f.

788 Vgl. Lewellen/Lease/Schlarbaum (1977), S. 299; Lewellen et al. (1978), S. 1396 f.

dendenpolitik der DPAG abschätzen. Wie den entsprechenden Abbildungen im Anhang entnommen werden kann,[789] lag die Ausschüttungsquote[790] der DPAG in den Jahren 2001 bis 2005 durchweg (knapp) unterhalb des arithmetischen Durchschnitts aller restlichen DAX30-Unternehmen von 35 % bis 40 %. Gemessen an der Dividendenrendite[791] lag die DPAG zwar stets über dem arithmetischen Durchschnitt, jedoch weisen z.B. in den Jahren 2001 bis 2006 jeweils fünf bis zehn Unternehmen eine höhere Dividendenrendite auf. Insgesamt kann somit festgehalten werden, dass die DPAG in dem Zeitraum 2001 bis 2006 keine besonders extreme Variante der Dividendenpolitik verfolgt hat.

4.3 Hypothesen

Aufbauend auf den theoretischen Grundlagen aus Kapitel 2 und 3 können nun die zu testenden Hypothesen anhand der Variablen konkret formuliert werden. Da die Ergebnisse verwandter Untersuchungen die hohe Bedeutung verhaltensökonomischer Faktoren für die Dividendenpräferenz privater Anleger betonen, soll mit den Hypothesen zu diesem Theoriebereich begonnen werden.

Die Lebenszyklustheorie stellt einen der bedeutendsten verhaltensökonomischen Erklärungsansätze zur Dividendenpräferenz dar. Demnach wünschen sich Anleger höhere Dividenden, wenn sie die Rückflüsse aus der Aktienanlage zur Befriedigung ihrer Konsumwünsche benötigen. Dies ist zumeist in höherem Alter der Fall, wenn Einkünfte aus der eigenen Erwerbstätigkeit wegfallen. Die Frage, warum Anleger eine unerwünschte Dividendenpolitik nicht ohne Weiteres durch Aktienzu- und -verkäufe neutralisieren können bzw. möchten, lässt sich anhand der Theorien zu Mental Accounting, Regret Aversion, Selbstkontrolle und Transaktionskosten beantworten.

> **Hypothese 1:** Anleger, die Aktien zur Erzielung eines regelmäßigen Einkommensstroms halten, haben eine höhere *dividendenpräferenz* als diejenigen, deren Ziel in der langfristigen Vermögensbildung oder in der Realisierung kurzfristiger Gewinne liegt (*anlagestrategie*).[792]

---

789 Vgl. Anlage 8 im Anhang. Da die Befragungszeitpunkte jeweils zur Jahreswende 2003/2004 und 2007/2008 lagen, ist hinsichtlich möglicher Kapitalmarkterwartungen und Klienteleffekte insbesondere der Zeitraum bis einschließlich 2006 relevant.

790 Berechnet als gezahlte Dividende je Aktie geteilt durch das EPS des zurückliegenden Geschäftsjahres.

791 Berechnet als Dividende geteilt durch Schlusskurs des vorangegangenen Jahres.

792 Im weiteren Verlauf der Arbeit wird Hypothese 1 durch H1 abgekürzt. Analog wird bei den anderen Hypothesen vorgegangen.

Anleger nehmen oftmals dividendenstarke Aktien als weniger risikoreich wahr. Wie gezeigt wurde, kann aus Sicht der klassischen Finanzierungstheorie nicht ohne Weiteres hergeleitet werden, dass das Risiko einer Aktie durch eine großzügigere Dividendenpolitik abnimmt. Indirekt bzw. umgekehrt kann jedoch ein Zusammenhang hergestellt werden: So zeichnen sich oftmals weniger wachstumsstarke und damit tendenziell risikoärmere Unternehmen durch hohe Dividenden aus. Vor dem Hintergrund, dass Anleger bei ihrer Informationsaufnahme und -verarbeitung Einschränkungen unterworfen sind bzw. auf Heuristiken zurückgreifen, kann es zu einer Verwechslung von Ursache und Wirkung kommen, so dass schließlich eine höhere Ausschüttungsquote mit weniger Risiko assoziiert wird. Unter diesen Gesichtspunkten sollte die Dividendenpräferenz mit zunehmender Risikoaversion bzw. bei konstanter Risikoaversion mit zunehmender Risikoaussetzung steigen. Da weder Risikoaversion noch der Grad der Risikoaussetzung explizit erhoben wurden, muss behelfsweise auf Surrogate abgestellt werden. Aufbauend auf den Erkenntnissen aus der Verhaltensökonomie wird auf verschiedene demografische Variablen zurückgegriffen, bei denen regelmäßig eine Korrelation mit der Risikoeinstellung unter- bzw. festgestellt wird. So ist davon auszugehen, dass jüngere, erfahrenere, vermögendere, besser ausgebildete und männliche Aktionäre risikofreudiger sind. Das Ausmaß der Risikoaussetzung wird anhand der Diversifikation des Aktienportfolios gemessen.

> **Hypothese 2:** *dividendenpräferenz* steigt mit *alter* und sinkt mit *erfahrung*, *aktienvermögen*, *anzahl_unternehmen*, *schulabschluss* und *wohnsituation*. Darüber hinaus weisen Frauen (*geschlecht_weiblich*) und Anleger ohne ökonomische Vorbildung (*wiwi_knowhow*) eine höhere *dividendenpräferenz* auf.

Zu den Befragungszeitpunkten galt in Deutschland das Halbeinkünfteverfahren, wonach Dividenden nur hälftig der Besteuerung zum persönlichen ESt-Satz unterlagen. Selbiges galt für Kursgewinne, die innerhalb der zwölfmonatigen Spekulationsfrist realisiert wurden. Betrug die Haltedauer hingegen mehr als zwölf Monate, waren entsprechende Kursgewinne steuerfrei. Folglich waren Dividenden gegenüber Kursgewinnen je nach Haltedauer steuerlich entweder schlechter oder gleich gestellt. Es gab jedoch keinen Fall, in dem Dividenden aus steuerlicher Sicht zu präferieren gewesen wären. Über das Gesamtsample wäre folglich ein negativer Zusammenhang zwischen den Variablen *steuern* und *dividendenpräferenz* zu erwarten.

> **Hypothese 3a:** Es besteht ein negativer Zusammenhang zwischen *steuern* und *dividendenpräferenz*.

Im nächsten Schritt wäre bei der Analyse der Steuerwirkung auf die Dividendenpräferenz danach zu differenzieren, ob die Anleger kurzfristig orientiert sind oder nicht. Nur im zweiten Fall sollte ein signifikant negativer Einfluss von *steuern* auf *dividendenpräferenz* festzustellen sein.

> **Hypothese 3b:** Für Anleger, deren Anlageziel nicht in der Erzielung kurzfristiger Gewinne liegt (*anlagestrategie*), besteht ein negativer Zusammenhang zwischen *steuern* und *dividendenpräferenz*.

> **Hypothese 3c:** Für Anleger, deren Anlageziel in der Erzielung kurzfristiger Gewinne liegt (*anlagestrategie*), hat steuern einen signifikant geringeren Einfluss auf *dividendenpräferenz*.

Mit dem im Jahr 2009 in Kraft getretenen Abgeltungsteuersystem wurde die Besteuerung von Dividenden und Kursgewinnen – unabhängig von der Haltedauer – vereinheitlicht. Die wesentlichen Aspekte der Steuerreform waren zum Befragungszeitpunkt 2008 bereits der Öffentlichkeit bekannt. Es wäre somit denkbar, dass die Anleger zum zweiten Befragungszeitpunkt die künftigen Steueränderungen bereits antizipiert hatten.

> **Hypothese 3d:** Der negative Einfluss von steuern auf *dividendenpräferenz* nimmt zwischen den Jahren 2004 und 2008 für die Gruppe der nicht kurzfristig orientierten Anleger (*anlagestrategie*) ab.

Das Verhältnis zwischen den verschiedenen Stakeholdergruppen ist in gewissem Maße durch Interessendivergenzen und Informationsasymmetrien geprägt. Vor diesem Hintergrund besteht die Gefahr, dass sich z.B. das Management, Fremdkapitalgeber oder andere Aktionäre auf Kosten der Privatanleger bereichern könnten. Wie zuvor ausgeführt, können Dividenden aus verschiedenen Gründen einen Beitrag dazu leisten, dass Agencykonflikte aus Aktionärssicht gelindert werden. Daher wäre zu erwarten, dass die Dividendenpräferenz eines Privatanlegers steigt, je problematischer die Agencybeziehungen wahrgenommen werden, d.h. je mehr sich der Anleger davor fürchtet, von den anderen Stakeholdern ausgebeutet zu werden.

> **Hypothese 4a:** *dividendenpräferenz* steigt mit *angst_management*, *angst_großaktionär*, *angst_mehrheitsaktionär*, *angst_banken*.

Innerhalb der Literatur finden sich sowohl theoretische als auch empirische Hinweise darauf, dass das Ausmaß der Agencyproblematik zwischen zwei Stakeholdergruppen durch die Rolle einer dritten Stakeholdergruppe beeinflusst wird. Bspw. kann für einen Privataktionär die Gefahr sinken, durch Fehlverhalten des Managements geschädigt zu werden, wenn es einen Mehrheitsaktionär gibt, der die Unternehmensleitung kontrolliert. Die Existenz bzw. der Glaube an einen solchen „Verbündeten“ würde dazu führen, dass die Dividende als Mittel zur Senkung von Agencykosten an Bedeutung verliert. Folglich dürfte der Zusammenhang zwischen *dividendenpräferenz* und *angst_management* schwächer ausfallen, wenn *angst_mehrheitsaktionär* einen geringeren Wert annimmt. Im Umkehrschluss müsste der Einfluss von *angst_management* auf *dividendenpräferenz* immer dann besonders stark ausfallen, wenn die Angst vor den anderen Stakeholdergruppen groß ist.

> **Hypothese 4b:** Der Zusammenhang zwischen *dividendenpräferenz* und *angst_management, angst_großaktionär, angst_mehrheitsaktionär* bzw. *angst_banken* fällt mit zunehmender Ausbeutungsangst vor den anderen Stakeholdergruppen stärker aus.

Neben der Angst, von den anderen Stakeholdern ausgebeutet zu werden, lässt sich das Ausmaß der Agencyproblematik auch daran festmachen, ob ein Anleger dazu bereit ist, auf sein Stimmrecht zu verzichten. Schließlich räumt das Stimmrecht dem Anleger zumindest die theoretische Möglichkeit ein, sich vor aktionärsschädigenden Praktiken zu schützen. Im Sinne einer Option kann ein Stimmrecht auch dann von Wert sein, wenn der Anleger sich bislang nicht veranlasst sah, davon Gebrauch machen zu müssen. Mit der Zustimmung, sein Stimmrecht abzugeben, willigt ein Anleger hingegen ein, die Kontrolle vollständig in die Hände Anderer zu geben. Dabei lässt sich zeigen, dass für einen kleineren Anleger die Gefahr der Ausbeutung durch einen Großaktionär steigt, wenn Letzterer im Vergleich zu den Vermögensrechten überproportional an den Stimmrechten beteiligt ist.

> **Hypothese 4c:** Anleger, die nicht auf ihr Stimmrecht verzichten möchten (*stimmrecht_verzicht*), weisen eine stärkere *dividendenpräferenz* auf.

Wenn Mitarbeiter Anteile am eigenen Unternehmen halten, nehmen sie einerseits die Rolle eines Aktionärs ein, andererseits teilen sie jedoch in gewisser Hinsicht die Interessen des Managements. So können Belegschaftsaktionäre z.B. ein erhöhtes Interesse an der finanziellen Stabilität und damit an einer tendenziell risikoärmeren Investitionspolitik haben. Ebenso können Mitarbeiter ggf. einen Nutzen daraus ziehen, für ein bekanntes bzw. großes Unternehmen zu arbeiten und somit Empire Building tendenziell weniger kritisch gegenüber stehen. In ihrer Rolle als „Halb-Insider“ sind Belegschaftsaktionäre tendenziell weniger stark von Agencyproblemen betroffen, so dass sie c.p. eine geringere Dividendenpräferenz aufweisen sollten.

> **Hypothese 4d:** *mitarbeiter_dpag* übt einen negativen Einfluss auf *dividendenpräferenz* aus.

Als eine der möglichen Erklärungen für Home Bias wird angeführt, dass mit steigender Distanz zwischen Anleger und Unternehmen Informationsasymmetrien zunehmen. Folglich kann die Entfernung zwischen Wohnsitz und Hauptsitz des Unternehmens als Proxy für das Ausmaß der Informationsasymmetrie zwischen Management und Anleger angesehen werden. Vor diesem Hintergrund wäre anzunehmen, dass mit steigender Entfernung c.p. Agencykosten zunehmen sollten.

Hypothese 4e: *dividendenpräferenz* steigt mit zunehmender *entfernung*.

Hält ein DPAG-Belegschaftsaktionär zusätzlich Aktien anderer Unternehmen, so ist davon auszugehen, dass die von ihm angegebene (allgemeine) Dividendenpräferenz nicht nur durch das Aktienengagement am „eigenen" Unternehmen (DPAG) determiniert wird. Insbesondere wenn sein Portfolio stark diversifiziert ist, dürfte seine Dividendenpräferenz weitgehend derjenigen eines Nicht-DPAG-Belegschaftsaktionärs gleichen. Aus diesem Grund lässt sich Hypothese 4d nur für die Teilgruppe der DPAG-Belegschaftsaktionäre testen, die lediglich Aktien an der DPAG halten. Selbiges gilt auch für Hypothese 4e: Die Entfernung zur DPAG-Zentrale in Bonn dürfte wohl kaum einen messbaren Einfluss auf die Dividendenpräferenz von Anlegern haben, die an zehn oder mehr Unternehmen gleichzeitig beteiligt sind. Folglich wird auch zur Überprüfung von Hypothese 4e ausschließlich auf Daten von Aktionären zurückgegriffen, die an weniger als zwei Unternehmen (*anzahl_unternhemen* < 2) beteiligt sind.[793]

Gemäß der Signalingtheorie nehmen Anleger Änderungen der Dividende als Signale über die derzeitige bzw. künftige Unternehmenslage wahr. Im Rahmen der vorliegenden Untersuchung spiegelt die Variable *dividende_vs_gewinn* wider, inwiefern ein Anleger Dividendenänderungen gegenüber Gewinnänderungen als wichtiger einschätzt. Hinsichtlich der Gründe für die Eignung der Dividende als Informationsträger lässt sich anführen, dass die Dividende eine verdichtete und für die Anleger leicht greifbare Größe darstellt. Selbiges gilt ggf. auch für den Gewinn. Dieser wird jedoch durch Bilanzierungsregelungen determiniert, die aus Sicht eines Privatanlegers nicht unbedingt nachvollziehbar bzw.

---

793 Dieses Kriterium wird durch die dichotome Variable DPAG gemessen, die den Wert 1 annimmt, wenn die Bedingung *anzahl_unternehmen* < 2 erfüllt ist („reiner" DPAG-Aktionär). Somit fallen auch Personen in diese Kategorie, die an keinem Unternehmen beteiligt sind. Dies ist dann möglich, wenn DPAG-Aktionäre kurz vor der Befragung ihre Aktien verkauft und dennoch den Fragebogen ausgefüllt haben. Da es sich hierbei mit einiger Wahrscheinlichkeit zuvor um „reine" DPAG-Aktionär handelte, werden sie mit in die Betrachtung aufgenommen. Die Anzahl dieser Fälle liegt im einstelligen Bereich.

zweckmäßig sein dürften. Unregelmäßige bzw. einmalige Bestandteile, „Buchgewinne“ und Gewinneffekte aufgrund von Regeländerungen beeinflussen den Gewinn. Ohne Kenntnisse der Bilanzierungsregelungen bzw. ohne Lektüre des Anhangs ist eine Interpretation des Gewinns hinsichtlich der „tatsächlichen“ Unternehmensperformance daher kaum möglich. Hinzu kommt, dass die GuV – wie auch andere Teile des Finanzberichts – grundsätzlich den Geschäftsverlauf im abgelaufenen Jahr reflektieren. Demgegenüber kann das Management bei der Entscheidung über die Dividende bzw. den Dividendenvorschlag seine Informationen über die künftige Unternehmensentwicklung einfließen lassen. Schließlich ist mit der Dividendenentscheidung ein unmittelbarer Zahlungsmittelabfluss verbunden. Hierdurch wird deutlich, dass die ausgewiesenen Gewinne nicht nur Bucherfolge sind, sondern dass das Unternehmen tatsächlich Geld verdient hat.

Vor diesem Hintergrund wäre zu erwarten, dass Dividendenänderungen vor allem für solche Anleger wichtig sind, die verstärkt auf einfache, komprimierte und gefilterte Informationen wert legen und daher entsprechende Informationsquellen bzw. Bereiche im Geschäftsbericht bevorzugen. Analog würden diese Anleger den detaillierten „Hard Facts“ der Kernrechenwerke bzw. des Anhangs im Finanzbericht weniger Bedeutung, Verständlichkeit und ggf. Vertrauen beimessen.

> ***Hypothese 5a:*** *dividende_vs_gewinn* steigt mit *zunehmender info_medien_ bedeutung, info_medien_verständlichkeit, info_sozial_bedeutung, info_sozial_verständlichkeit, gb_aktionärsbrief, gb_aufsichtsratsbericht* und sinkt mit zunehmender *info_gb_bedeutung, info_gb_verständlichkeit, info_gb_vertrauenswürdigkeit, gb_lagebericht, gb_bilanz, gb_kapitalflussrechnung, gb_guv* und *gb_ anhang.*

Die Dividende kann nur dann als Signal dienen, wenn sie sich entsprechend der Unternehmenssituation verändern (lassen) kann. Eine Pflichtdividende, die unabhängig von der Lage des Unternehmens und von der Einschätzung des Managements alljährlich zu zahlen ist, kann daher schwerlich als Signalinstrument dienen. Wenn Anleger Dividendenänderungen aufgrund ihres Informationscharakters wertschätzen, wäre die Einführung einer Pflichtdividende kontraproduktiv. Daneben wäre davon auszugehen, dass die Bedeutung der Dividende als Signal mit zunehmender Informationsasymmetrie zunehmen sollte, weshalb auch hier ein positiver Zusammenhang mit *entfernung* unterstellt wird. Letzterer wird abermals nur für die „reinen“ DPAG-Aktionäre getestet (*DPAG*=1).

> ***Hypothese 5b:*** *dividende_vs_gewinn* steigt mit *entfernung* und sinkt mit *dividendenbemessung_pflicht.*

4.4 Bivariate Analyse

4.4.1 Methodische Grundlagen

Im kommenden Abschnitt wird aufbauend auf den formulierten Hypothesen der paarweise Zusammenhang zwischen den abhängigen Variablen *dividendenpräferenz* bzw. *dividende_vs_gewinn* und verschiedenen unabhängigen Variablen betrachtet. Bei diesem ersten Untersuchungsschritt handelt es sich um bivariate Analysen, d.h., es wird jeweils nur der Zusammenhang zwischen zwei Variablen betrachtet.[794] Angesichts des kategorialen Datenmaterials bietet es sich an, die Zusammenhänge anhand sog. Kreuz- bzw. Kontingenztabellen zu analysieren.[795] Hieran lassen sich Zusammenhänge visualisieren. Um die Stärke, Richtung und statistische Signifikanz der Beziehungen auch quantitativ beurteilen zu können, werden zusätzlich verschiedene Zusammenhangsmaße berechnet, deren wesentliche Merkmale im Folgenden kurz dargestellt werden.

Während die zwei oben genannten, abhängigen Variablen ordinalskaliert sind, weisen die unabhängigen Variablen sowohl Nominal-, Ordinal- als auch Verhältnisskalenniveau auf. Um die Darstellung von Kreuztabellen und die Berechnung von Korrelationskoeffizienten zu ermöglichen bzw. zu erleichtern, werden die verhältnisskalierten Variablen durch Gruppierung der Merkmalsausprägungen für die folgende Analyse auf Ordinalskalenniveau gebracht, so dass letztlich nur noch zwei unterschiedliche Skalenniveaus vorliegen.[796] Je nach dem, ob die unabhängige Variable ordinal- oder nominalskaliert ist, kommen unterschiedliche Zusammenhangsmaße zum Einsatz.

Unabhängig vom Skalenniveau wird jedoch zunächst für jede Kombination aus unabhängiger und abhängiger Variable der Chi-Quadrat-Test auf Unabhängigkeit durchgeführt.[797] Hierbei handelt es sich um einen nicht-parametrischen (verteilungsfreien) Test, der lediglich einen hinreichend großen Datenumfang voraussetzt.[798] Mit diesem wird die Nullhypothese, dass die Merkmalsausprägungen in den beiden Variablen unabhängig von einander auftreten, gegen die Alternativhypothese getestet, dass die Häufigkeit der Merkmalsausprägung einer Variablen von der Ausprägung der anderen abhängt. Hierzu werden den in der Kreuztabelle beobachteten Häufigkeiten die erwarteten Häufigkeiten gegenüber

794 Vgl. z.B. Nardi (2003), S. 140.

795 Vgl. z.B. Janssen/Laatz (2007), S. 253; Akremi/Baur (2011), S. 169.

796 Vgl. Cleff (2008), S. 128.

797 Vgl. im Folgenden z.B. Eckstein (2010), S. 286 ff.; Kühnle/Krebs (2009), S. 346 ff.

798 Die erwarteten Zellhäufigkeiten sollten stets größer eins sein und in 80 % der Fälle über fünf liegen. Vgl. z.B. Eckstein (2010), S. 286.

gestellt. Die Frage, ob sich beobachtete und erwartete Häufigkeiten signifikant voneinander unterscheiden, wird neben dem Chi-Quadrat-Wert durch die Anzahl der Freiheitsgrade determiniert, weshalb hier jeweils beide Größen präsentiert werden.[799]

Die Höhe des Chi-Quadrat-Werts hängt jedoch nicht nur von der Stärke der Abhängigkeit zweier Variablen sondern auch von Stichprobengröße und Anzahl der Zellen in der Kreuztabelle (d.h. Variablenkategorien) ab.[800] Folglich kann mittels des Chi-Quadrat-Tests lediglich die Frage beantwortet werden, ob zwei Variablen voneinander abhängig sind. Es kann jedoch keine Aussage über die Stärke des Zusammenhangs getroffen werden.[801] Hierfür existieren spezielle Kontingenzmaße, die auf dem Chi-Quadrat-Wert aufsetzen und diesen hinsichtlich der genannten Punkte normieren. Für nominale Daten wird in dieser Arbeit diesbezüglich auf Cramer-V zurückgegriffen. Diese Größe kann sämtliche Werte von 0 (kein Zusammenhang) bis 1 (perfekter Zusammenhang) annehmen und eignet sich auch dann, wenn die untersuchten Variablen über unterschiedlich viele Kategorien verfügen („rechteckige“ Kreuztabelle). Durch diese Eigenschaften hebt sich Cramer-V von vergleichbaren Maßen (Phi, Kontingenzkoeffizient) ab,[802] weshalb es innerhalb dieser Gattung auch als das „am sinnvollsten einsetzbare Zusammenhangsmaß“[803] gilt.

Neben Cramer-V werden bei nominalen Daten zusätzlich die Maße Lambda, Goodman-und-Kruskall-Tau[804] sowie der Unsicherheitskoeffizient berechnet. Anders als Cramer-V basieren Letztere nicht auf der Logik des Chi-Quadrat-Tests. Stattdessen handelt es sich hierbei um sog. PRE-Maße, welche den proportionalen Rückgang des Prognosefehlers („proportional reduction in error“) widerspiegeln.[805] Die grundsätzliche Berechnungsmethodik ist bei allen drei Größen identisch: Es wird zunächst die Höhe des Prognosefehlers ermittelt, der sich bei dem Versuch ergibt, die Variable X ohne Informationen aus anderen Variablen vorherzusagen. Anschließend wird der Rückgang des Prognosefehlers berechnet, wenn bei der Vorhersage von X die Werte der Variablen Y berücksichtigt werden.[806]

Die drei PRE-Maße unterscheiden sich darin, nach welchen Regeln die Prognosen gebildet werden. So stellt z.B. Lambda allein auf die Modalwerte ab.

799 Vgl. Janssen/Laatz (2007), S. 262.
800 Vgl. z.B. Jann (2005), S. 71; Cleff (2008), S. 87.
801 Vgl. Nardi (2003), S. 149.
802 Vgl. z.B. Nardi (2003), S. 150; Janssen/Laatz (2007), S. 270; Eckstein (2010), S. 287.
803 Vgl. Cleff (2008), S. 92.
804 Im Folgenden bzw. in den Tabellen kurz als Tau bezeichnet.
805 Vgl. Janssen/Laatz (2007), S. 272.
806 Vgl. z.B. Akremi/Baur (2011), S. 191 f.

Dementsprechend wird im ersten Schritt der Modalwert von Variable X (z.B. *dividendenpräferenz*) als Prognosewert verwendet.[807] Bei Kenntnis von Variable Y (z.B. *geschlecht_weiblich*) verbessert sich die Prognose, da nun je nach Kategorie von Y der Modalwert für die jeweilige Teilgruppe als Prognosewert gewählt wird (d.h., je nach Geschlecht wird der Modalwert innerhalb der Männer- oder Frauengruppe als Prognosewert verwendet). Problematisch ist jedoch, dass Lambda einen Wert von Null annimmt, sobald sich der Modalwert für X über die verschiedenen Kategorien von Y nicht unterscheidet (d.h., wenn Männer und Frauen denselben Modalwert bei *dividendenpräferenz* aufweisen). Dieses Ergebnis ist zwar korrekt, da in diesen Fällen die Kenntnis der Modalwerte für X innerhalb der Kategorien von Y die Vorhersage nicht verbessert. Aus inhaltlicher Sicht ist dies jedoch problematisch, da sich Verteilungen trotz eines einheitlichen Modalwerts erheblich unterscheiden können.[808] Dementsprechend kann Lambda auch bei eindeutigen Zusammenhängen den Wert Null annehmen.[809]

Gerade im letztgenannten Fall bietet es sich an, auf Tau und den Unsicherheitskoeffizient abzustellen. Anders als bei Lambda wird bei der Berechnung dieser PRE-Maße nicht auf den Modalwert, sondern auf die konkreten Verteilungseigenschaften abgestellt. Hierdurch führen Tau und der Unsicherheitskoeffizient auch dann noch zu interpretierbaren Ergebnissen, wenn Lambda den Wert Null annimmt. So wird bei der Berechnung von Tau nicht durchgängig der häufigste Wert als Prognosewert angenommen, sondern es werden alle Ausprägungen prognostiziert. Wie oft ein bestimmter Wert als Prognosewert verwendet wird, hängt von seiner Häufigkeit im Datensatz ab.[810] Bei dem Unsicherheitskoeffizienten wird der Rückgang des Prognosefehlers aus der Änderung der Devianz, also dem Streuungsmaß für nominalskalierte Variablen, abgeleitet.[811]

Grundsätzlich können Messgrößen, die sich für ein bestimmtes Skalenniveau eignen, stets auch bei Daten eines höheren Messniveaus verwendet werden. Folglich könnten die eben vorgestellten Zusammenhangsmaße auch bei ordinalskalierten Variablen zur Anwendung kommen. Hierdurch ginge jedoch ein Teil der den Daten innewohnenden Informationen verloren, da sich ordinalskalierte Daten in eine eindeutige Rangfolge bringen lassen.[812] Dies ermöglicht die Berechnung von Maßen, die neben der Stärke auch die Richtung des Zusam-

807 Vgl. z.B. Jann (2005), S. 75 f.

808 Vgl. Janssen/Laatz (2007), S. 274.

809 Vgl. Nardi (2003), S. 150.

810 Vgl. Akremi/Baur (2011), S. 193 f.

811 Vgl. Kühnel/Krebs (2009), S. 362 ff.

812 Vgl. z.B. Janssen/Laatz (2007), S. 276.

menhangs zwischen zwei Variablen angeben, indem sie Werte im Bereich von -1 bis 1 annehmen können.

In der vorliegenden Arbeit werden Richtung und Ausmaß bivariater Zusammenhänge zwischen ordinalen Variablen zunächst durch den Rangkorrelationskoeffizienten nach Spearman gemessen, wie er bereits im Rahmen der deskriptiven Datensatzanalyse vorgestellt und verwendet wurde. Aus theoretischer Sicht ist jedoch einzuwenden, dass der Berechnung dieses Korrelationskoeffizienten implizit die Annahme gleicher Abstände zwischen den Rängen zugrunde liegt (Werte der Rangliste werden als intervallskaliert aufgefasst), was sich bei ordinalen Variablen nicht ohne weiters nachweisen lässt.[813]

Nicht zuletzt daher werden neben dem Rangkorrelationskoeffizienten nach Spearman noch die Maße Kendall-Tau-b, Gamma und Somers-d berechnet, die allesamt auf einem paarweisen Vergleich basieren und somit nicht von dem genannten Problem betroffen sind. Die grundsätzliche Berechnungsmethodik dieser drei sog. Konkordanzmaße ist dieselbe:[814] Es werden die Ausprägungen der Variablen X und Y eines Falles paarweise mit sämtlichen anderen Fällen im Datensatz verglichen. Anschließend wird gezählt, wie oft beim paarweisen Vergleich der Fälle

- beide Variablen einen höheren oder beide Variablen einen niedrigeren Wert annehmen (konkordantes Paar),
- eine Variable höher und die andere Variable geringer ausfällt (diskonkordantes Paar),
- eine oder beide Variablen den gleichen Wert annehmen (gebunden auf Variable X, gebunden auf Variable Y oder gebunden auf Variable X und Y).

Schließlich wird die Differenz zwischen der Summe der konkordanten und der Summe der diskonkordanten Paare berechnet und auf eins normiert. Bei einem perfekt positiv-monotonen (negativ-monotonen) Zusammenhang gäbe es ausschließlich konkordante (diskonkordante) Paare, so dass die jeweiligen Konkordanzmaße einen Wert von 1 (-1) annehmen würden.[815] Der wesentliche Unterschied zwischen den drei Konkordanzmaßen liegt in der Art der Normierung, also in der Frage, in welchem Ausmaß gebundene Paare in den Nenner einbezogen werden.[816] So gehen z.B. bei Gamma überhaupt keine gebundenen Paare in

813 Vgl. Jann (2005), S. 94; Cleff (2008), S. 118.

814 Vgl. z.B. Janssen/Laatz (2007), S. 277 ff.; Kühnel/Krebs (2009), S. 368 ff.

815 Monotone Zusammenhänge lassen sich auch als „je, desto"-Zusammenhänge beschreiben. Vgl. Jann (2005), S. 374; Akremi/Baur (2011), S. 194.

816 Vgl. Jann (2005), S. 80 f.

den Nenner ein, während bei Kendall-Tau-b sämtliche einseitig gebundenen Paare im Nenner berücksichtigt werden. Folglich fällt Kendall-Tau-b systematisch geringer aus.[817] Während es sich bei Gamma und Kendall-Tau-b um symmetrische Maße handelt, stellt Somers-d grundsätzlich ein asymmetrisches bzw. Richtungsmaß dar, bei dem die Richtung des Zusammenhangs, also die Frage, welche Variable als unabhängig und welche als abhängig anzusehen ist, die Berechnung beeinflusst. Im Sinne einer kausalen „je, desto"-Beziehung sollte die abhängige Variable immer mit steigenden Werten der unabhängigen Variable zunehmen.[818] Folglich werden beim Somers-d lediglich die Bindungen auf der abhängigen Variable im Nenner berücksichtigt.

Neben einer asymmetrischen Variante lässt sich auch eine symmetrische Variante von Somers-d berechnen. Selbiges gilt für die zuvor vorgestellten Zusammenhangsmaße Lambda und den Unsicherheitskoeffizient. Bei den nachfolgend präsentierten Testergebnissen handelt es sich stets um die asymmetrische Variante, bei der jeweils entweder *dividendenpräferenz* oder *dividende_vs_gewinn* als abhängige Variable betrachtet wird.[819]

4.4.2 Ergebnisse

Nachfolgend werden die relevanten Paare aus unabhängiger und abhängiger Variable mit den genannten Zusammenhangsmaßen in drei Blöcken präsentiert. Erst werden die demografischen und steuerlichen Faktoren betrachtet. Danach steht der Einfluss der Variablen aus den Bereichen der Agency- sowie zuletzt Signalingtheorie im Fokus. Wie auch im weiteren Verlauf der Arbeit zeigen Sterne neben den Testwerten die Irrtumswahrscheinlichkeit, mit der die Zusammenhänge als statistisch signifikant bezeichnet werden können.[820]

Der Aufbau der Kreuztabellen folgt stets demselben Muster. Aus Gründen der kompakteren Darstellung werden die Kategorien der unabhängigen Variablen in den Zeilen und die der abhängigen Variable in den Spalten dargestellt. Gem. der formulierten Hypothesen deutet ein Plus- bzw. Minuszeichen unterhalb der unabhängigen Variable auf die Richtung des zu erwartenden Zusam-

817 Vgl. Janssen/Laatz (2007), S. 278.

818 Vgl. Kühnel/Krebs (2009), S. 374 ff.

819 Es sei angemerkt, dass der Unterschied zwischen den symmetrischen und asymmetrischen Varianten durchweg marginal ausfällt. Eine Entscheidung zugunsten der symmetrischen Maße hätte somit zu identischen Aussagen geführt.

820 ***, ** bzw. * entsprechen jeweils einer Irrtumswahrscheinlichkeit kleiner gleich 1 %, 5 % bzw. 10 %.

menhangs hin.[821] Bei einem erwarteten positiven Zusammenhang sollten z.B. mit höheren Kategorien der unabhängigen Variable (z.B. „hoch" bzw. „sehr hoch") mehr Beobachtungen in die höheren Kategorien der abhängigen Variable (z.B. „hohe Dividende") fallen. Damit sich dieser Analyseschritt auch mit vehältnisskalierten Variablen durchführen lässt, wurden diese – wie bereits im Zusammenhang mit der Korrelationsanalyse im deskriptiven Teil – zuvor durch Klassifizierung in ordinalskalierte Variablen transformiert.

Bei der Auswertung der Ergebnisse fallen im ersten Schritt einige grundsätzliche Aspekte auf. So zeigt der Chi-Quadrat-Test bis auf zwei Ausnahmen in allen Fällen an, dass die betrachteten Variablenpaare mit einer Irrtumswahrscheinlichkeit von 1 % als voneinander abhängig anzusehen sind. Wie bereits bei der deskriptiven Analyse beobachtet, werden darüber hinaus bereits schwache Zusammenhänge als statistisch signifikant angezeigt. Das zuvor angesprochene Phänomen, dass das Zusammenhangsmaß Lambda den Wert Null annehmen kann, lässt sich hier bis auf einen Fall durchgängig beobachten. Ansonsten liegen die verschiedenen Zusammenhangsmaße für eine Variablenkombination zumeist eng beieinander und weisen dieselbe statistische Signifikanz auf, was die Interpretation erleichtert.

Im Hinblick auf den ersten Variablenblock ist zunächst festzustellen, dass die *dividendenpräferenz* mit zunehmendem *alter* erwartungsgemäß steigt. Der Zusammenhang ist verhältnismäßig stark ausgeprägt, was sich darin äußert, dass die entsprechenden Maße einen (fast) zweistelligen Wert annehmen. Innerhalb der Kreuztabelle wird die Stärke des Zusammenhangs u.a. daran deutlich, dass innerhalb der Gruppe der über 70jährigen 32 % der befragten Anleger eine hohe oder sehr hohe *dividendenpräferenz* aufweisen. Demgegenüber liegt der Wert in der Gruppe der 25- bis 39jährigen nur bei 24 %. Obwohl *erfahrung* positiv mit *alter* korreliert ist, weist die Variable den zu erwartenden negativen Zusammenhang mit *dividendenpräferenz* auf, wobei er trotz statistischer Signifikanz deutlich schwächer ausfällt. Einen stärkeren negativen Einfluss üben die drei Variablen *aktienvermögen*, *anzahl_unternehmen* und *schulabschluss* aus. Auch hier steht der beobachtete Zusammenhang mit H_2 im Einklang. In Bezug auf die Variable *wohnsituation* ist die Höhe der Zusammenhangsmaße erstmalig statistisch nicht signifikant. Entsprechend lässt sich auch keine klare Einflussrichtung in der Kreuztabelle ausmachen.

Von den drei dichotomen Variablen *steuern*, *wiwi_knowhow* und *geschlecht_weiblich* weisen mit absteigender Intensität alle den erwarteten Zu-

821 Bei dichotomen Variablen ist das Plus (Minus) dahingehend zu interpretieren, dass mit der Ja- bzw. 1-Kategorie (Nein- bzw. 0-Kategorie) ein höherer Wert der abhängigen Variable einhergehen sollte.

sammenhang auf. Dementsprechend haben Anleger, für die Steuern relevant sind, eine schwächer ausgeprägte *dividendenpräferenz* (H_{3a}). Selbiges gilt für diejenigen, die eine Ausbildung oder ein Studium mit ökonomischem Schwerpunkt absolviert haben. Darüber hinaus präferieren Frauen gegenüber Männern tendenziell eine höhere Ausschüttungsquote. Die Variable *anlagestrategie* weist schließlich ein Cramer-V von 0,16 sowie als einzige der nominalskalierten Variablen ein Lambda von größer Null aus, was die Stärke des Zusammenhangs mit der *dividendenpräferenz* verdeutlicht. Aus der Kreuztabelle geht hervor, dass lediglich 18 % der Anleger, deren Anlageziel in der Realisation kurzfristiger Gewinne liegt, eine hohe oder sehr hohe Dividendenpräferenz aufweisen. Innerhalb der Gruppe derer, die ihr Aktienportfolio zur Erzielung eines regelmäßigen Einkommensstroms halten, liegt der entsprechende Anteil mit 41 % deutlich darüber. Diese Feststellung steht im Einklang mit (H_1).

Tab. 8: Bivariate Analyse des Einflusses demografischer und steuerlicher Variablen auf die Dividendenpräferenz (2008er Datensatz)

	n = 37.001	*dividendenpräferenz* keine Dividende	niedrige Dividende	mittlere Dividende	hohe Dividende	sehr hohe Dividende	Gesamt
alter							
(+)	< 25	12%	26%	32%	24%	7%	100%
	25 - 39	7%	30%	40%	20%	4%	100%
	40 - 54	7%	30%	40%	20%	4%	100%
	55 - 69	5%	28%	40%	23%	4%	100%
	70+	3%	24%	42%	26%	6%	100%
Chi-Quadrat 396,03***			Somers-d ,08***			Kendall-Tau-b ,08***	
df 16			Spearman ,09***			Gamma ,11***	

	n = 36.652	*dividendenpräferenz* keine Dividende	niedrige Dividende	mittlere Dividende	hohe Dividende	sehr hohe Dividende	Gesamt
erfahrung							
(-)	< 5	5%	25%	42%	23%	5%	100%
	5 - 9	5%	27%	41%	23%	5%	100%
	10 - 14	5%	27%	42%	22%	4%	100%
	15 - 19	6%	29%	39%	22%	4%	100%
	20+	5%	29%	39%	22%	4%	100%
Chi-Quadrat 47,44***			Somers-d -,02***			Kendall-Tau-b -,02***	
df 16			Spearman -,02***			Gamma -,02***	

n = 35.732	keine Dividende	niedrige Dividende	mittlere Dividende	hohe Dividende	sehr hohe Dividende	Gesamt
	dividendenpräferenz					
aktienvermögen						
(-) < 15	5%	25%	42%	24%	5%	100%
15 - 29	5%	28%	41%	22%	4%	100%
30 - 44	5%	29%	40%	22%	4%	100%
45 - 59	6%	30%	39%	21%	4%	100%
60+	7%	32%	36%	21%	4%	100%
Chi-Quadrat 236,35***		Somers-d -,05***			Kendall-Tau-b -,06***	
df 16		Spearman -,07***			Gamma -,08***	

n = 36.594	keine Dividende	niedrige Dividende	mittlere Dividende	hohe Dividende	sehr hohe Dividende	Gesamt
	dividendenpräferenz					
anzahl_unternehmen						
(-) < 3	4%	23%	43%	24%	6%	100%
3 - 5	5%	26%	41%	24%	5%	100%
6 - 14	5%	29%	40%	22%	4%	100%
15 - 19	7%	30%	39%	20%	3%	100%
20+	8%	31%	36%	20%	4%	100%
Chi-Quadrat 328,31***		Somers-d -,07***			Kendall-Tau-b -,07***	
df 16		Spearman -,08***			Gamma -,09***	

n = 36.831	keine Dividende	niedrige Dividende	mittlere Dividende	hohe Dividende	sehr hohe Dividende	Gesamt
	dividendenpräferenz					
anlagestrategie (regelmäß. Einkommen)						
kurzfristge Gewinne	14%	44%	24%	13%	5%	100%
langfristige Vermögensbildung	6%	30%	42%	19%	3%	100%
regelmäß. Einkommen aus Dividenden/ Kursgewinnen	3%	18%	38%	34%	7%	100%
Chi-Quadrat 1898,93***		Cramer-V ,16***			Tau ,01***	
df 8		Lambda ,01***			Unsich.koeff. ,02***	

n = 36.884	*dividendenpräferenz* keine Dividende	niedrige Dividende	mittlere Dividende	hohe Dividende	sehr hohe Dividende	Gesamt
steuern						
(-) nein	4%	26%	41%	24%	5%	100%
ja	7%	31%	39%	19%	4%	100%
Chi-Quadrat 319,22***		Cramer-V ,09***			Tau ,00***	
df 4		Lambda ,00			Unsich.koeff. ,00***	

n = 37.001	*dividendenpräferenz* keine Dividende	niedrige Dividende	mittlere Dividende	hohe Dividende	sehr hohe Dividende	Gesamt
schulabschluss						
(-) Kein Abschluss	8%	26%	31%	28%	8%	100%
Hauptschule/ Volksschule	4%	24%	42%	24%	6%	100%
Realschule/ MittlereReife	5%	27%	42%	22%	4%	100%
Fachoberschulreife/ Abitur	5%	27%	41%	23%	5%	100%
(Fach)Hochschul-studium laufend	6%	29%	39%	22%	4%	100%
(Fach-)Hochschul-studium abgeschlossen	6%	29%	39%	22%	4%	100%
Chi-Quadrat 159,10***		Somers-d -,04***			Kendall-Tau-b -,04***	
df 20		Spearman -,05***			Gamma -,06***	

n = 36.696	*dividendenpräferenz* keine Dividende	niedrige Dividende	mittlere Dividende	hohe Dividende	sehr hohe Dividende	Gesamt
wohnsituation						
(-) wohne bei Eltern	8%	23%	44%	20%	6%	100%
gemietete Wohnung	6%	28%	40%	23%	4%	100%
gemietetes Haus	6%	33%	34%	22%	4%	100%
Eigentumswohnung	5%	28%	39%	23%	5%	100%
Eigentum Reihen-haus/Doppelhaushälfte	5%	28%	40%	23%	4%	100%
Eigentum freistehendes Haus	5%	28%	40%	23%	4%	100%
Chi-Quadrat 55,31***		Somers-d ,01			Kendall-Tau-b ,01	
df 20		Spearman ,01			Gamma ,01	

n = 36.851	*dividendenpräferenz* keine Dividende	niedrige Dividende	mittlere Dividende	hohe Dividende	sehr hohe Dividende	Gesamt
wiwi_knowhow						
(-) nein	5%	26%	41%	23%	4%	100%
ja	6%	31%	38%	21%	4%	100%
Chi-Quadrat 131,75***		Cramer-V ,06***			Tau ,00***	
df 4		Lambda ,00			Unsich.koeff. ,00***	

n = 37.001	*dividendenpräferenz* keine Dividende	niedrige Dividende	mittlere Dividende	hohe Dividende	sehr hohe Dividende	Gesamt
geschlecht_weiblich						
(+) nein	5%	28%	40%	22%	4%	100%
ja	4%	28%	39%	24%	5%	100%
Chi-Quadrat 22,82***		Cramer-V ,02***			Tau ,00**	
df 4		Lambda ,00			Unsich.koeff. ,00***	

Die Ergebnisse für den 2004er Datensatz bestätigen in fast allen Fällen die bis hierhin beschriebenen Zusammenhänge.[822] Eine der zwei Ausnahmen betrifft die Variable *erfahrung*, für die dort ein signifikant positiver Einfluss auf die *dividendenpräferenz* gemessen wird, was sowohl der Beobachtung für den 2008er Datensatz als auch der entsprechenden Hypothese (H_2) widerspricht. Da dieser Zusammenhang durch die positive Korrelation zwischen *erfahrung* und *alter* beeinflusst sein dürfte, könnte sich der Widerspruch ggf. im Rahmen der multivariaten Analyse auflösen. Der zweite Unterschied besteht darin, dass die Variable *wohnsituation* im 2004er Datensatz entgegen der Erwartung einen signifikant positiven Einfluss auf die *dividendenpräferenz* ausübt. Bis hierhin ist festzuhalten, dass die im Rahmen der bivariaten Analyse gewonnene empirische Evidenz H_1 und H_{3a} eindeutig stützt. Hinsichtlich H_2 ist das Ergebnis nicht ganz so eindeutig, wobei immerhin sechs der acht betrachteten Variablen den erwarteten Zusammenhang in signifikantem Ausmaß aufweisen.

822 Vgl. Anlage 9 im Anhang.

Tab. 9: Bivariate Analyse des Einflusses von Agencyaspekten auf die Dividendenpräferenz (2008er Datensatz)

		dividendenpräferenz					
	n = 34.850	keine Dividende	niedrige Dividende	mittlere Dividende	hohe Dividende	sehr hohe Dividende	Gesamt
angst_management							
(+)	sehr gering	5%	28%	35%	24%	7%	100%
	gering	5%	29%	41%	21%	4%	100%
	mittel	5%	27%	43%	22%	3%	100%
	groß	5%	28%	41%	22%	4%	100%
	sehr groß	7%	28%	36%	23%	6%	100%
Chi-Quadrat 227,01***			Somers-d ,00			Kendall-Tau-b ,00	
df 16			Spearman ,00			Gamma ,00	

		dividendenpräferenz					
	n = 34.120	keine Dividende	niedrige Dividende	mittlere Dividende	hohe Dividende	sehr hohe Dividende	Gesamt
angst_mehrheitsaktionär							
(+)	sehr gering	7%	26%	35%	22%	9%	100%
	gering	6%	28%	39%	22%	4%	100%
	mittel	5%	28%	42%	22%	3%	100%
	groß	4%	28%	41%	22%	4%	100%
	sehr groß	7%	27%	38%	23%	6%	100%
Chi-Quadrat 241,83***			Somers-d ,01			Kendall-Tau-b ,01	
df 16			Spearman ,01			Gamma ,01	

		dividendenpräferenz					
	n = 1.688	keine Dividende	niedrige Dividende	mittlere Dividende	hohe Dividende	sehr hohe Dividende	Gesamt
mitarbeiter_dpag							
(-)	nein	3%	24%	41%	25%	6%	100%
	ja, gewesen	3%	19%	47%	25%	7%	100%
	ja, aktuell	3%	21%	41%	28%	7%	100%
Chi-Quadrat 5,48			Somers-d ,04			Kendall-Tau-b ,04	
df 8			Spearman ,04			Gamma ,06	

n = 33.552	*dividendenpräferenz* keine Dividende	niedrige Dividende	mittlere Dividende	hohe Dividende	sehr hohe Dividende	Gesamt
angst_großaktionär						
(+) sehr gering	7%	28%	35%	22%	7%	100%
gering	6%	29%	39%	22%	4%	100%
mittel	5%	28%	42%	22%	3%	100%
groß	5%	28%	41%	23%	4%	100%
sehr groß	8%	25%	38%	23%	7%	100%
Chi-Quadrat 234,57***		Somers-d ,02***			Kendall-Tau-b ,02***	
df 16		Spearman ,02***			Gamma ,03***	

n = 33.833	*dividendenpräferenz* keine Dividende	niedrige Dividende	mittlere Dividende	hohe Dividende	sehr hohe Dividende	Gesamt
angst_banken						
(+) sehr gering	6%	28%	39%	21%	5%	100%
gering	5%	30%	39%	22%	4%	100%
mittel	4%	27%	43%	22%	3%	100%
groß	5%	28%	40%	22%	4%	100%
sehr groß	8%	27%	36%	23%	6%	100%
Chi-Quadrat 254,56***		Somers-d ,01**			Kendall-Tau-b ,01**	
df 16		Spearman ,01**			Gamma ,01**	

n = 1.539	*dividendenpräferenz* keine Dividende	niedrige Dividende	mittlere Dividende	hohe Dividende	sehr hohe Dividende	Gesamt
entfernung(klassiert)						
(+) < 100	3%	24%	36%	29%	9%	100%
100 - 199	5%	20%	39%	28%	7%	100%
200 - 299	3%	18%	46%	26%	7%	100%
300 - 399	5%	23%	43%	25%	5%	100%
400+	2%	26%	43%	25%	5%	100%
Chi-Quadrat 24,34*		Somers-d -,04**			Kendall-Tau-b -,05**	
df 16		Spearman -,05			Gamma -,06**	

	dividendenpräferenz					
n = 29.813	keine Dividende	niedrige Dividende	mittlere Dividende	hohe Dividende	sehr hohe Dividende	Gesamt
simmrecht_verzicht						
(-) nein	4%	25%	43%	24%	5%	100%
ja	7%	31%	37%	21%	4%	100%
Chi-Quadrat 287,55***		Cramer-V ,10***			Tau ,00***	
df 1		Lambda ,00			Unsich.koeff. ,00***	

Die Hypothesen zum Einfluss von Agencyaspekten auf die *dividendenpräferenz* werden durch die Ergebnisse der bivariaten Analyse mit einer Ausnahme nicht gestützt. So fällt der Zusammenhang zwischen *angst_management* bzw. *angst_mehrheitsaktionär* und der *dividendenpräferenz* nicht signifikant aus (H_{4a}). Darüber hinaus ist es für die Ausprägung der *dividendenpräferenz* unerheblich, ob jemand Belegschaftsaktionär ist oder nicht (H_{4d}). Hier stellt sich sogar der seltene Fall ein, dass selbst der Chi-Quadrat-Test keine signifikante Abhängigkeit anzeigt. Räumliche Nähe hat entgegen der Hypothese (H_{4e}) einen minimal negativen Einfluss auf die *dividendenpräferenz.*

Zu den Beobachtungen, die grundsätzlich im Einklang mit den theoretischen Überlegungen stehen, zählt der positive Einfluss von *angst_großaktionär* bzw. *angst_banken* auf die *dividendenpräferenz* (H_{4a}). Dieser ist zwar signifikant positiv auf einem 1 % bzw. 5 % Niveau, jedoch fallen die entsprechenden Zusammenhangsmaße ausgesprochen niedrig aus. Im 2004er Datensatz kann für diese zwei Variablen überhaupt kein signifikanter Einfluss festgestellt werden.[823] Die einzige Variable, für die sich der zu erwartende Einfluss auf die *dividendenpräferenz* unabhängig vom betrachteten Datensatz einstellt, ist *stimmrecht_verzicht* (H_{4c}). Von H_{4a}, H_{4c}, H_{4d} und H_{4e} wird letztlich also nur H_{4c} gestützt.

823 Vgl. Anlage 10 im Anhang.

Tab. 10: *Bivariate Analyse des Einflusses von Informationsverhalten und -asymmetrien auf die relative Bedeutung von Dividendenänderungen (2008er Datensatz)*

n = 33.592	Gewinn deutlich wichtiger	Gewinn etwas wichtiger	indifferent	Dividende etwas wichtiger	Dividende deutlich wichtiger	Gesamt
	dividende_vs_gewinn					
info_medien_bedeutung						
(+) sehr gering	1%	22%	51%	24%	1%	100%
gering	1%	24%	50%	24%	1%	100%
mittelmäßig	1%	21%	53%	25%	0%	100%
hoch	1%	23%	51%	24%	0%	100%
sehr hoch	2%	26%	47%	24%	1%	100%
Chi-Quadrat 117,73***		Somers-d -,02***			Kendall-Tau-b -,02***	
df 16		Spearman -,03***			Gamma -,04***	

n = 32.913	Gewinn deutlich wichtiger	Gewinn etwas wichtiger	indifferent	Dividende etwas wichtiger	Dividende deutlich wichtiger	Gesamt
	dividende_vs_gewinn					
info_medien_ verständlichkeit						
(+) sehr gering	2%	17%	55%	24%	2%	100%
gering	1%	21%	52%	25%	0%	100%
mittelmäßig	1%	22%	52%	25%	0%	100%
hoch	1%	24%	50%	24%	1%	100%
sehr hoch	1%	25%	49%	24%	1%	100%
Chi-Quadrat 65,77***		Somers-d -,02***			Kendall-Tau-b -,02***	
df 16		Spearman -,02***			Gamma -,03***	

n = 28.840	Gewinn deutlich wichtiger	Gewinn etwas wichtiger	indifferent	Dividende etwas wichtiger	Dividende deutlich wichtiger	Gesamt
	dividende_vs_gewinn					
info_sozial_bedeutung						
(+) sehr gering	1%	24%	49%	25%	1%	100%
gering	1%	25%	49%	25%	0%	100%
mittelmäßig	1%	24%	50%	25%	0%	100%
hoch	1%	24%	51%	23%	0%	100%
sehr hoch	1%	20%	55%	23%	1%	100%
Chi-Quadrat 43,48***		Somers-d ,00			Kendall-Tau-b ,00	
df 16		Spearman ,00			Gamma ,00	

n = 24.951	*dividende_vs_gewinn*					
	Gewinn deutlich wichtiger	Gewinn etwas wichtiger	indifferent	Dividende etwas wichtiger	Dividende deutlich wichtiger	Gesamt
info_sozial_ verständlichkeit						
(+) sehr gering	1%	21%	53%	24%	1%	100%
gering	1%	23%	52%	24%	0%	100%
mittelmäßig	1%	25%	50%	24%	0%	100%
hoch	1%	26%	47%	25%	0%	100%
sehr hoch	2%	30%	40%	26%	1%	100%
Chi-Quadrat 161,44***		Somers-d -,02***			Kendall-Tau-b -,02***	
df 16		Spearman -,03***			Gamma -,03***	

n = 31.358	*dividende_vs_gewinn*					
	Gewinn deutlich wichtiger	Gewinn etwas wichtiger	indifferent	Dividende etwas wichtiger	Dividende deutlich wichtiger	Gesamt
info_gb_bedeutung						
(-) sehr gering	2%	24%	48%	25%	2%	100%
gering	1%	24%	48%	26%	1%	100%
mittelmäßig	1%	24%	50%	25%	0%	100%
hoch	1%	23%	52%	24%	0%	100%
sehr hoch	1%	24%	52%	23%	1%	100%
Chi-Quadrat 133,41***		Somers-d -,01			Kendall-Tau-b -,01	
df 16		Spearman -,01			Gamma -,01	

n = 29.989	*dividende_vs_gewinn*					
	Gewinn deutlich wichtiger	Gewinn etwas wichtiger	indifferent	Dividende etwas wichtiger	Dividende deutlich wichtiger	Gesamt
info_gb_verständlichkeit						
(-) sehr gering	2%	23%	49%	25%	1%	100%
gering	1%	25%	47%	27%	1%	100%
mittelmäßig	1%	24%	50%	25%	0%	100%
hoch	1%	23%	53%	23%	0%	100%
sehr hoch	1%	22%	54%	22%	1%	100%
Chi-Quadrat 149,28***		Somers-d ,00			Kendall-Tau-b ,00	
df 16		Spearman -,01			Gamma -,01	

n = 29.016		*dividende_vs_gewinn*				
		Gewinn deutlich wichtiger	Gewinn etwas wichtiger	indifferent	Dividende etwas wichtiger	Dividende deutlich wichtiger	Gesamt
info_gb_ vertrauenswürdigkeit							
(-)	sehr gering	2%	22%	50%	25%	2%	100%
	gering	1%	23%	50%	26%	1%	100%
	mittelmäßig	1%	24%	50%	24%	0%	100%
	hoch	1%	24%	50%	24%	0%	100%
	sehr hoch	1%	25%	49%	24%	1%	100%
Chi-Quadrat 112,17***			Somers-d -,02***			Kendall-Tau-b -,02***	
df 16			Spearman -,02***			Gamma -,02***	

n = 34.185		*dividende_vs_gewinn*					
		Gewinn deutlich wichtiger	Gewinn etwas wichtiger	indifferent	Dividende etwas wichtiger	Dividende deutlich wichtiger	Gesamt
gb_aktionärsbrief							
(+)	gar nicht	2%	22%	52%	23%	1%	100%
	oberflächlich	1%	26%	47%	25%	1%	100%
	mittelmäßig	1%	24%	51%	24%	1%	100%
	intensiv	1%	22%	53%	24%	0%	100%
	sehr intensiv	1%	21%	53%	24%	0%	100%
Chi-Quadrat 202,75***			Somers-d ,01***			Kendall-Tau-b ,02***	
df 16			Spearman ,02***			Gamma ,02***	

n = 33.448		*dividende_vs_gewinn*					
		Gewinn deutlich wichtiger	Gewinn etwas wichtiger	indifferent	Dividende etwas wichtiger	Dividende deutlich wichtiger	Gesamt
gb_aufsichtsratsbericht							
(+)	gar nicht	2%	24%	48%	25%	2%	100%
	oberflächlich	1%	26%	48%	25%	1%	100%
	mittelmäßig	1%	23%	52%	24%	0%	100%
	intensiv	1%	22%	54%	24%	0%	100%
	sehr intensiv	1%	20%	58%	20%	1%	100%
Chi-Quadrat 282,69***			Somers-d ,01*			Kendall-Tau-b ,01*	
df 16			Spearman ,01*			Gamma ,01*	

n = 32.500	*dividende_vs_gewinn* Gewinn deutlich wichtiger	Gewinn etwas wichtiger	indifferent	Dividende etwas wichtiger	Dividende deutlich wichtiger	Gesamt
gb_lagebericht						
(-) gar nicht	2%	21%	52%	23%	2%	100%
oberflächlich	1%	22%	50%	26%	1%	100%
mittelmäßig	1%	23%	51%	25%	0%	100%
intensiv	1%	25%	51%	23%	0%	100%
sehr intensiv	1%	25%	49%	23%	1%	100%
Chi-Quadrat 183,26***		Somers-d -,02***			Kendall-Tau-b -,02***	
df 16		Spearman -,02***			Gamma -,03***	

n = 33.310	*dividende_vs_gewinn* Gewinn deutlich wichtiger	Gewinn etwas wichtiger	indifferent	Dividende etwas wichtiger	Dividende deutlich wichtiger	Gesamt
gb_bilanz gar nicht	2%	21%	52%	24%	1%	100%
(-) oberflächlich	1%	23%	49%	26%	1%	100%
mittelmäßig	1%	23%	51%	25%	0%	100%
intensiv	1%	24%	51%	24%	0%	100%
sehr intensiv	1%	25%	49%	24%	1%	100%
Chi-Quadrat 127,96***		Somers-d -,02***			Kendall-Tau-b -,02***	
df 16		Spearman -,02***			Gamma -,02***	

n = 29.662	*dividende_vs_gewinn* Gewinn deutlich wichtiger	Gewinn etwas wichtiger	indifferent	Dividende etwas wichtiger	Dividende deutlich wichtiger	Gesamt
gb_kapitalflussrechnung						
(-) gar nicht	2%	23%	49%	25%	1%	100%
oberflächlich	1%	24%	49%	26%	1%	100%
mittelmäßig	1%	24%	52%	23%	0%	100%
intensiv	1%	24%	52%	23%	0%	100%
sehr intensiv	1%	25%	52%	21%	1%	100%
Chi-Quadrat 133,13***		Somers-d -,02***			Kendall-Tau-b -,02***	
df 16		Spearman -,02***			Gamma -,03***	

		dividende_vs_gewinn					
	n = 32.889	Gewinn deutlich wichtiger	Gewinn etwas wichtiger	indifferent	Dividende etwas wichtiger	Dividende deutlich wichtiger	Gesamt
gb_guv	gar nicht	2%	21%	52%	23%	2%	100%
(-)	oberflächlich	1%	24%	51%	24%	1%	100%
	mittelmäßig	1%	23%	50%	25%	0%	100%
	intensiv	1%	24%	51%	24%	0%	100%
	sehr intensiv	1%	25%	49%	24%	1%	100%
Chi-Quadrat 130,56***			Somers-d -,01***			Kendall-Tau-b -,01***	
df 16			Spearman -,01***			Gamma -,02***	

		dividende_vs_gewinn					
	n = 28.673	Gewinn deutlich wichtiger	Gewinn etwas wichtiger	indifferent	Dividende etwas wichtiger	Dividende deutlich wichtiger	Gesamt
gb_anhang							
(-)	gar nicht	2%	24%	48%	25%	1%	100%
	oberflächlich	1%	24%	49%	25%	0%	100%
	mittelmäßig	1%	22%	53%	23%	0%	100%
	intensiv	1%	23%	54%	21%	0%	100%
	sehr intensiv	1%	26%	50%	21%	1%	100%
Chi-Quadrat 143,86***			Somers-d -,01			Kendall-Tau-b -,01	
df 16			Spearman -,01			Gamma -,01	

		dividende_vs_gewinn					
	n = 30.501	Gewinn deutlich wichtiger	Gewinn etwas wichtiger	indifferent	Dividende etwas wichtiger	Dividende deutlich wichtiger	Gesamt
dividendenbemessung_pflicht							
(-)	sehr dagegen	2%	30%	46%	21%	1%	100%
	eher dagegen	1%	25%	50%	24%	0%	100%
	unentschieden	1%	21%	51%	27%	0%	100%
	eher dafür	0%	17%	55%	27%	1%	100%
	sehr dafür	0%	16%	56%	27%	1%	100%
Chi-Quadrat 616,81***			Somers-d ,09***			Kendall-Tau-b ,10***	
df 16			Spearman ,11***			Gamma ,14***	

n = 1.409	*dividende_vs_gewinn* Gewinn deutlich wichtiger	Gewinn etwas wichtiger	indifferent	Dividende etwas wichtiger	Dividende deutlich wichtiger	Gesamt
entfernung(klassiert)						
(+) < 100	2%	19%	59%	20%	0%	100%
100 - 199	2%	20%	63%	15%	0%	100%
200 - 299	1%	19%	58%	22%	0%	100%
300 - 399	1%	20%	56%	22%	0%	100%
400+	1%	19%	57%	22%	1%	100%
Chi-Quadrat 10,89		Somers-d ,03			Kendall-Tau-b ,03	
df 16		Spearman ,04			Gamma ,05	

Die Evidenz hinsichtlich der Signalingtheorie fällt ähnlich schwach aus. So weisen die Zusammenhangsmaße für die Variablen zur Bedeutung, Verständlichkeit und Verlässlichkeit der einzelnen Informationsquellen durchgängig ein unerwartetes Vorzeichen auf oder fallen nicht signifikant aus (H_{5a}). Der Einfluss der Variablen, mit denen die Nutzungsintensität der einzelnen Geschäftsberichtsbestandteile gemessen wird, entspricht zwar den Hypothesen und ist statistisch signifikant, dies gilt jedoch lediglich für den 2008er Datensatz. Auf Basis der 2004er Daten weisen die entsprechenden Maße die umgekehrten Vorzeichen auf.[824] Zudem findet sich im 2008er Datensatz ein positiver Zusammenhang zwischen der Zustimmung zu Pflichtdividenden und *dividende_vs_gewinn*. Folglich ergibt sich die Bedeutung von Dividenden für Privatanleger nicht daraus, dass Erstere ein flexibles Informationsinstrument für das Management darstellen. Schließlich ist festzuhalten, dass *entfernung* und *dividende_vs_gewinn* auf keinem vernünftigen Signifikanzniveau als abhängig bezeichnet werden können, was gegen (H_{5b}) spricht.

Insgesamt stützten die Ergebnisse dieses ersten Analyseschritts primär die Hypothesen zur Verhaltensökonomie (H_1, H_2) und zu den steuerlichen Gegebenheiten (H_{3a}). Hinzu kommt H_{4c} aus dem Agencybereich. Nur für diese Variablen konnten die zu erwartenden Zusammenhänge in vergleichsweise starkem Ausmaß und unabhängig vom betrachteten Datensatz ausgemacht werden.

824 Vgl. Anlage 11 im Anhang. Die Ausnahmen bilden dort Aktionärsbrief und Aufsichtsratsbericht, wo sich die erwartete Wirkungsrichtung einstellt.

4.5 CHAID-Analyse

4.5.1 Methodische Grundlagen

Wie die bivariate Analyse gezeigt hat, existiert keine Variable, die für sich genommen in der Lage wäre, die Einstellung zur Dividendenpolitik über die gesamte Anlegergruppe zufriedenstellend zu erklären. Im Gegenteil: Die gemessenen Zusammenhänge sind durchweg recht schwach ausgeprägt und zum Teil nicht zeitstabil, auch wenn sie – bedingt durch die Größe des Datensatzes – häufig als statistisch signifikant zu bezeichnen sind. Grundsätzlich ist es denkbar, dass dieses Problem im Rahmen einer multivariaten Analyse, wie sie in Abschnitt 4.6 durchgeführt wird, an Schärfe verliert. Denn sobald für den Einfluss anderer Variablen kontrolliert wird, können Zusammenhänge stärker bzw. dort sichtbar werden, wo sie vorher nicht zu erkennen waren. Es kann sich dann sogar die Richtung zuvor beobachteter Zusammenhänge umkehren.[825] So ist nicht auszuschließen, dass manche Zusammenhänge nur innerhalb einer bestimmten Anlegergruppe in erkennbarem Umfang existieren. Wird jedoch – wie bis hierhin weitgehend geschehen – die Gesamtheit aller Anleger als Einheit betrachtet, können solche gruppenspezifischen Effekte höchstens verschwommen wahrgenommen werden.[826] Innerhalb multivariater Regressionsmodelle kann der gruppenabhängige Einfluss von Variablen hingegen mittels Interaktionstermen aufgedeckt werden.[827] Vor diesem Hintergrund wäre es also abweichend von den bisherigen Ergebnissen möglich, dass sich anhand multivariater Analysen auch Befunde zugunsten der Agency- und Signalingtheorien finden lassen.

Die Erfahrung zeigt jedoch, dass sich individuelles Verhalten bzw. individuelle Ansichten auch mittels multivariater Regressionsanalysen nur bedingt erklären lassen.[828] Dies liegt daran, dass Verhalten und Meinungen von Menschen – anders als z.B. Aktienkurse – bekanntlich keinen eindeutigen und vor allem keinen gemeinsamen Mustern oder Modellen folgen. Vielmehr sind Erstere das Ergebnis nicht beobachtbarer Prozesse, welche die Umstände und charakterlichen Besonderheiten des einzelnen Individuums reflektieren.[829] Das Grundkonzept von Regressionsanalysen greift daher ins Leere, wenn der Erfolg an einer mög-

825 Vgl. z.B. Nardi (2003), S. 183 ff.; Kühnel/Krebs (2009), S. 471 ff.

826 Vgl. Magidson (1982), S. 464.

827 Anders ausgedrückt hängt die Art des Einflusses von X auf Y von einer dritten Variable M ab. Dies wird als Interaktions- oder Moderatoreffekt bezeichnet. Vgl. Müller (2007), S. 245 ff.

828 Entsprechende Quellen für diese Schlussfolgerung werden nachfolgend genannt.

829 Vgl. Lewellen/Lease/Schlarbaum (1977), S. 300 ff.

lichst guten Erklärung gemessen wird. Neben der Unmöglichkeit, sämtliche Faktoren identifizieren und messen zu können, müsste das Regressionsmodell also eine kaum zu überblickende Anzahl an Interaktionstermen enthalten, um zumindest die gröbsten Unterschiede innerhalb der Anlegergruppe zu berücksichtigen.[830] Angesichts dieser kaum zu überwindenden Hürden verwundert es nicht, dass Regressionsanalysen auf Basis individueller Daten in der Forschungspraxis oftmals mit sehr geringen Bestimmtheitsmaßen einhergehen.[831]

Aussagekräftigere Ergebnisse versprechen in diesem Kontext Verfahren, die darauf abzielen, Verhaltensmuster nicht beim einzelnen Individuum, sondern auf Gruppenebene zu identifizieren. Hierzu zählt u.a. die Klassifikationsanalyse anhand sog. Entscheidungsbäume, mit denen die Wirkung von Prädiktoren (Vorhersagevariablen) auf die abhängige Variable in Form eines Baumdiagramms dargestellt wird.[832] Diese Analysemethode ist vor allem im Bereich der Konsumentenforschung im Zusammenhang mit Analysen zu Marktsegmentierungen verbreitet, wo es auf die Abgrenzung einzelner Gruppen ankommt.[833] Baumanalysen finden jedoch auch innerhalb der (Verhaltens-) Ökonomie zunehmend Anwendung.[834]

Die grundsätzliche Idee von Entscheidungsbäumen liegt darin, das Datenset anhand der Prädiktoren in verschiedene Segmente zu unterteilen, die sich hinsichtlich der abhängigen Variable möglichst stark voneinander unterscheiden. Wenn sich ein Prädiktor hierfür eignet, wird die Stichprobe anhand dessen in zwei oder mehr disjunkte Segmente geteilt, die als Knoten („node“) dargestellt werden. Lassen sich die so entstandenen Teilgruppen mittels anderer Prädikto-

---

830 Vgl. Reynolds (1997), S. 456.

831 Vgl. Heald (1972), S. 451; Lewellen/Lease/Schlarbaum (1977), S. 301. Beispielhaft wird in Studien, in denen die Gründe unternehmerischer Selbstständigkeit beleuchtet werden, regelmäßig ein R2 von 10 % oder weniger berichtet, vgl. Parker (2004), S. 23. Hierzu zählen z.B. Blanchflower (2000) oder Evans/Leighton (1989). Letztere kommen nur auf ein Bestimmtheitsmaß von 0,286 %. Vgl. Evans/Leighton (1989), S. 527.

832 Hierdurch unterscheiden sich Entscheidungsbaumanalysen von vergleichbaren Cluster-Verfahren, wo ex ante zumeist keine Unterscheidung zwischen abhängiger und unabhängiger Variable getroffen wird. Vgl. Galguera/Luna/Méndez (2006), S. 462.

833 Vgl. Heald (1972), S. 451; Lewellen/Lease/Schlarbaum (1977), S. 301; O’Brien/Durfee (1994), S. 36; Antipov/Pokryshevskaya (2010), S. 109. Eine Übersicht mit entsprechenden Studien findet sich bei Hsue/Kang (2007), S. 207 f.

834 So untersucht z.B. Reynolds (1997) die Merkmale von Firmengründern. Feldmann/Gross (2005) analysieren die Determinanten der Bonität von Hypothekennehmern. Rayo/Cortes (2010) versuchen, die Erfolgsfaktoren von Unternehmen zu identifizieren. Liberda/Szymczak (2011) gehen schließlich der Fragestellung nach, wie Einkommen und Sparverhalten u.a. durch demografische Faktoren beeinflusst werden.

ren weiter unterteilen, kommen auf tieferen Ebenen neue Knoten hinzu, wodurch sich letztlich die namensgebende Baumform einstellt.[835]

Es wird immer der „trennschärfste" Prädiktor zur Unterteilung verwendet, das heißt derjenige, der den stärksten Einfluss auf die abhängige Variable ausübt. Mit kleiner werdenden Gruppen bzw. feiner werdenden Verästelungen im Baumdiagramm nimmt somit auch die Bedeutung der Prädiktoren für die Vorhersage der abhängigen Variable ab. Unter dem Sammelbegriff der Entscheidungsbäume existiert eine Vielzahl von Ansätzen, die sich weiterführend in Klassifikations- und Regressionsbäume einordnen lassen. Die verschiedenen Verfahren unterscheiden sich primär in der Art des verwendeten Verzweigungsalgorithmus. Dieser bestimmt insbesondere, auf welche Weise der Zusammenhang zwischen Prädiktoren und abhängiger Variable gemessen wird und wann der Baum als „ausgewachsen" zu betrachten, d.h. keine weitere Segmentierung mehr durchzuführen ist.[836]

Im Rahmen dieser Arbeit kommt die CHAID-Prozedur („Chi-Square Automatic Interaction Detector") zum Einsatz, die zu den prominentesten Vertretern dieser Methodengattung zählt. Die Vorzüge dieser Aufbaumethode lassen sich mit „easy to use, produces intuitively appealing results, and is statistically valid"[837] beschreiben. Sie ist eine Weiterentwicklung der AID-Prozedur („Automatic Interaction Detector") von Morgan/Sonquist (1963), die als Urform der Entscheidungsbaumprozeduren gilt.[838] Somit teilt die CHAID-Methode auch die typischen Charakteristika von Entscheidungsbaumverfahren, indem sie weitgehend ohne Modellannahmen oder sonstige Voraussetzungen auskommt.[839] Zudem eignet sie sich insbesondere für die Analyse kategorialer Daten, da sie speziell hierfür entwickelt wurde.[840] Die wesentliche Anwendungsvoraussetzung besteht lediglich in einem hinreichend großen Datensatz. Ansonsten stellen sich je nach Variablenanzahl schnell Segmente mit nur wenigen Fällen ein, auf deren Basis das Ziehen von Inferenzen wenig zielführend ist.[841] Angesichts der hier

---

835 Vgl. Petersohn (2005), S. 136 ff.

836 Je nach Datensatz wäre es ggf. denkbar, die Segmentierung solange durchzuführen, bis jede Gruppe nur noch eine Beobachtung enthält. Die Frage nach der Sinnhaftigkeit beantwortet sich von selbst. Vgl. Tutz (2000), S. 330.

837 Babinec (1990), S. 13.

838 Vgl. Tutz (2000), S. 317.

839 Vgl. Tutz (2000), S. 318.

840 AID war lediglich darauf ausgerichtet, den Einfluss kategorialer Prädiktoren auf eine stetige Variable zu messen. Bei der durch Magidson (1993) erweiterten Variante des CHAID-Verfahrens können gleichermaßen nominal- und ordinalskalierte Variablen als abhängige Variable verwendet werden. Vgl. Kass (1980), S. 119 f.

841 Vgl. Doyle (1973), S. 465.

vorliegenden Datenmengen, darf dieses Kriterium, das ab 300 Beobachtungen pro Prädiktor als erfüllt angesehen wird,[842] für die eigene Analyse als unproblematisch bezeichnet werden.

Wie die Bezeichnung andeutet, basiert die CHAID-Prozedur auf dem Chi-Quadrat-Unabhängigkeitstest, der bereits in Abschnitt 4.4.1 vorgestellt wurde.[843] Die Vorgehensweise lässt sich in mehrere Schritte unterteilen. Zunächst wird für jeden Prädiktor getestet, inwiefern sich die einzelnen Kategorien hinsichtlich der abhängigen Variable unterscheiden.[844] Gibt es keine signifikanten Unterschiede zwischen den Kategorien, werden sie zusammengelegt. Anschließend wird der Zusammenhang zwischen dieser „optimal" skalierten Variable und der abhängigen Variable gemessen. Der Prädiktor mit dem stärksten Einfluss auf die abhängige Variable wird zur Teilung des Datensatzes verwendet. Diese Schritte werden für jede so entstandene Teilgruppe wiederholt, bis das Kriterium zum Abbruch der Prozedur erreicht ist. Als Abbruchkriterium kann z.B. eine Mindestanzahl von Fällen in den einzelnen Knoten, eine Maximalanzahl von Baumstufen oder eine Signifikanzschwelle für den Chi-Quadrat-Test definiert werden.[845]

Neben den genannten Vorzügen eignen sich Baumanalysen besonders gut dazu, Nichtlinearitäten und Interaktionen zwischen Variablen zu identifizieren.[846] Letztere äußern sich darin, dass ein Prädiktor nur in bestimmten Teilgruppen zur weiteren Segmentierung dient.[847] Entsprechende Erkenntnisse eignen sich für die Spezifikation von Regressionsmodellen.[848] Dies ist auch der Grund, warum die multivariate Regressionsanalyse in der vorliegenden Arbeit erst nach der CHAID-Analyse erfolgt.[849] Auf Erstere kann hier nicht verzichtet werden, da Entscheidungsbaumanalysen auch Nachteile aufweisen. Hierzu zählt insbesondere die Tatsache, dass Korrelationen zwischen den Prädiktoren nicht berücksichtigt werden.[850] Sind z.B. zwei Prädiktoren stark miteinander korreliert, ist die Wahrscheinlichkeit relativ gering, dass sich beide im Baum wiederfinden.[851] Dies führt dazu, dass auch bei geringen Änderungen in den Daten

---

842 Vgl. Hsu/Kang (2007), S. 210. Teilweise wird eine Fallzahl von 1.000 als absolute Untergrenze genannt. Vgl. Sonquist/Baker/Morgan (1971), S. 1.

843 Vgl. weitergehend Kass (1980), S. 120 f.; Petersohn (2005), S. 161 f.

844 Stetige Variablen werden im ersten Schritt in ordinalskalierte Variablen transformiert. Vgl. z.B. Galguera/Luna/Méndez (2006), S. 461.

845 Vgl. Tutz (2000), S. 330.

846 Vgl. Sonquist (1969), S. 85; Lewellen/Lease/Schlarbaum (1977), S. 300 f.

847 Vgl. Magidson (1982), S. 464.

848 Vgl. Doyle (1973), S. 467.

849 Der explorative Charakter wird regelmäßig betont. Vgl. z.B. Tutz (2000), S. 317.

850 Vgl. Sonquist (1969), S. 86 f.

851 Vgl. Doyle (1973), S. 465 f.

recht unterschiedliche Bäume entstehen können. In diesen Fällen sind Aussagen über die „Bedeutung" eines Prädiktors für die Erklärung der abhängigen Variable nicht unproblematisch.

4.5.2 Ergebnisse

Nachfolgend werden die Ergebnisse der CHAID-Analyse vorgestellt. Es wird jeweils ein Baum für jede der zwei abhängigen Variablen *dividendenpräferenz* und *dividende_vs_gewinn* entwickelt. Beide Berechnungen werden getrennt für den 2004er und 2008er Datensatz durchgeführt, so dass letztlich vier verschiedene Baumdiagramme entstehen. Nachfolgend werden die zwei Bäume für die 2008er Befragungswelle präsentiert. Um die Interpretation zu erleichtern, wurden die zwei Variablen zuvor von einer 5-er Skala auf eine 3-er Skala umgruppiert.[852] Für jede Teilgruppe werden jeweils die absoluten und relativen Häufigkeiten innerhalb der abhängigen Variable dargestellt, wobei die häufigste Kategorie grau unterlegt wird. Aus Gründen der Übersichtlichkeit wird auf eine Angabe der jeweiligen Chi-Quadrat-Werte und Freiheitsgrade bzw. p-Werte im Baumdiagramm verzichtet. Letztere können der tabellarischen Darstellung entnommen werden, die sich – ebenso wie die entsprechenden Ergebnisse für den 2004er Datensatz – im Anhang wiederfindet.[853]

Für die Entwicklung der Bäume werden verschiedene Abbruchkriterien definiert. Einerseits wird festgelegt, dass eine weitere Unterteilung der Daten unterbleiben soll, sofern das Signifikanzniveau des Chi-Quadrat-Tests oberhalb von 1 % liegt. Um eine zu „feine" Kategorisierung der abhängigen Variable zu vermeiden, wird hinsichtlich der Zusammenlegung von Variablenkategorien ein verhältnismäßig konservatives Signifikanzniveau von 0,5 % gewählt. Darüber hinaus wird die minimale Gruppengröße mit 50 Beobachtungen und die maximale Baumtiefe mit 5 Stufen angegeben.

Für den ersten Baum wurde die Variable *dividendenpräferenz* als abhängige Variable und die demografischen Variablen (*anlagestrategie*, *wiwi_knowhow*, *schulabschluss*, *wohnsituation*, *geschlecht_weiblich*, *alter*, *erfahrung*, *aktienvermögen*, *anzahl_unternehmen*), die Agencyvariablen (*angst_management*, *angst_mehrheitsaktionär*, *angst_großaktionär*, *angst_banken*, *stimmrecht_verzicht*) sowie die Steuervariable (*steuern*) als Prädiktoren gewählt.[854] Mangels

852 Folglich wurden jeweils die Ausprägungen „sehr hoch" und „hoch" bzw. „sehr niedrig" und „niedrig" zu jeweils einer Kategorie zusammengefasst.

853 Vgl. Anlage 12 bzw. Anlage 16 im Anhang.

854 Da die Variablen *entfernung* und *mitarbeiter_dpag* nur für eine Untergruppe (*DPAG*=1) sinnvoll interpretiert werden können, werden sie in dieser Analyse nicht einbezogen.

Erklärungsgehalts wurden jedoch die vier Variablen zur Ausbeutungsangst sowie *wohnsituation* letztlich nicht in das Modell aufgenommen. Angesichts der Ergebnisse aus der bivariaten Analyse verwundert es nicht, dass *anlagestrategie* als erster Prädiktor aufgenommen wird. Folglich kann die Dividendenpräferenz innerhalb der gesamten Anlegergruppe am besten durch die Anlagestrategie differenziert werden. Wie aus der nachfolgenden Abbildung hervorgeht, ist eine hohe Dividendenpräferenz besonders stark bei solchen Anlegern ausgeprägt, die angeben, an einem regelmäßigen Einkommensstrom interessiert zu sein (Knoten 2). In 41,2 % der Fälle nimmt die Variable *dividendenpräferenz* innerhalb dieser Teilgruppe den Wert „hoch“ an, der gleichzeitig die am häufigsten gewählte Kategorie darstellt. Innerhalb der Teilgruppen, die langfristige Vermögensbildung bzw. kurzfristige Gewinne als Anlageziele angeben, finden sich deutlich weniger Anleger, die eine hohe Dividendenpräferenz aufweisen. Hier stellt die Angabe einer mittleren bzw. geringen Dividendenpräferenz die am häufigsten vertretene Kategorie dar. Diese Erkenntnis steht im Einklang mit H_1.[855]

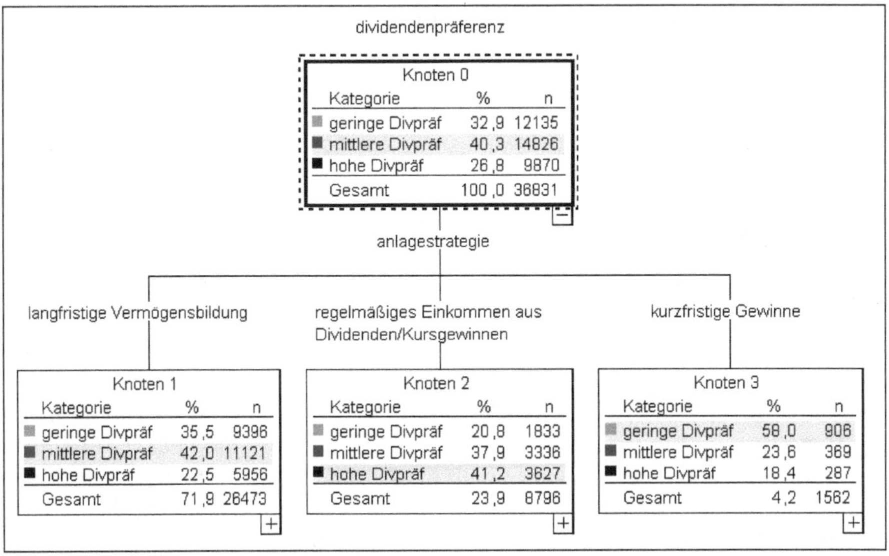

Abb. 7: Baumanalyse der Variable dividendenpräferenz (2008er Datensatz, Teil 1)

855 Die Variable *anlagestrategie* weist in 171 Fällen (2004: 390 Fällen) einen fehlenden Wert auf. Diese Gruppe fehlender Werte stellt eigentlich eine vierte Kategorie dar. Da sich diese aber weder weiter aufteilen noch sinnvoll interpretieren lässt, werden diese Beobachtungen hier ausgeschlossen und der „vierte Zweig“ somit entfernt.

Das Plussymbol unterhalb der drei Gruppen signalisiert, dass es unter den gewählten Modellprämissen Prädiktoren gibt, anhand derer die drei Gruppen in weitere Segmente unterteilt werden können. Um die Zusammenhänge hier grafisch darstellen zu können, wird der gesamte Baum anhand der Unterteilung durch *anlagestrategie* in drei Unterabschnitte aufgeteilt. Diese werden nacheinander betrachtet, wobei zunächst auf die Gruppe mit der höchsten Dividendenpräferenz eingegangen wird.

Wie der untenstehenden Abbildung entnommen werden kann, lässt sich die Dividendenpräferenz von Anlegern, deren Anlageziel in der Erzielung eines regelmäßigen Einkommens aus Dividenden bzw. Kursgewinnen liegt, am besten durch die Steuervariable unterscheiden. Da zum Befragungszeitpunkt Einkommen aus der Realisierung von Kursgewinnen nach einer Spekulationsfrist von einem Jahr im Gegensatz zu Dividenden nicht besteuert wurde, ist es nachvollziehbar, dass Anleger, die angeben, dass Steuern für ihre Dividendenpräferenz eine Rolle spielen, eine deutlich schwächer ausgeprägte Dividendenpräferenz aufweisen (H_{3b}). Für diese Gruppe stellt sich die Frage nach den Gründen, warum trotz steuerlicher Benachteiligung in immerhin 37,1 % der Fälle eine hohe Dividendenpräferenz vorliegt. Diesbezüglich ist festzustellen, dass in diesem Anlegersegment die Variable *aktienvermögen*, die als Proxy für Risikofreude angesehen werden kann, den stärksten Einfluss ausübt. Es zeigt sich, dass der Anteil derjenigen Anleger, die weniger als 9,5 % ihres Vermögens in Aktien angelegt haben, deutlich häufiger eine hohe Dividendenpräferenz aufweist, als die Anleger, die in dieser Hinsicht stärker in Aktien investiert sind.

Auch innerhalb der Anlegergruppe, für die Steuern nicht relevant sind, üben offenbar Risikofaktoren einen Einfluss auf die Dividendenpräferenz aus. So zeigt sich hier, dass Anleger, die an mehr als fünf verschiedenen Unternehmen beteiligt und damit besser diversifiziert sind, seltener eine hohe bzw. häufiger eine geringe Dividendenpräferenz aufweisen. Als weitere Variable wird *erfahrung* in dem Baumdiagramm berücksichtigt, wobei die Wirkungsrichtung nicht der Hypothese entspricht. So fällt die Dividendenpräferenz innerhalb der Gruppe der besonders erfahrenen Anleger (mehr als 20 Jahre Aktienerfahrung) entgegen der Erwartung tendenziell stärker aus. Dabei ist jedoch anzumerken, dass durch den hohen Trennwert von 20 Jahren und die Tatsache, dass hier nur Anleger mit mehr als fünf verschiedenen Aktientypen betrachtet werden, beide Gruppen nicht wirklich als unerfahren bezeichnet werden können. Die letzte Variable *geschlecht_weiblich* zeigt schließlich den erwarteten Einfluss. Während unter den männlichen Anlegern knapp 44 % der Befragten eine hohe Dividendenpräferenz aufweisen, sind es unter den weiblichen Aktionären fast 60 %. Zu beachten ist jedoch, dass Frauen im Datensatz allgemein selten vertreten sind und die Gruppe der weiblichen Anleger im konkreten Fall nur noch 107 Personen umfasst.

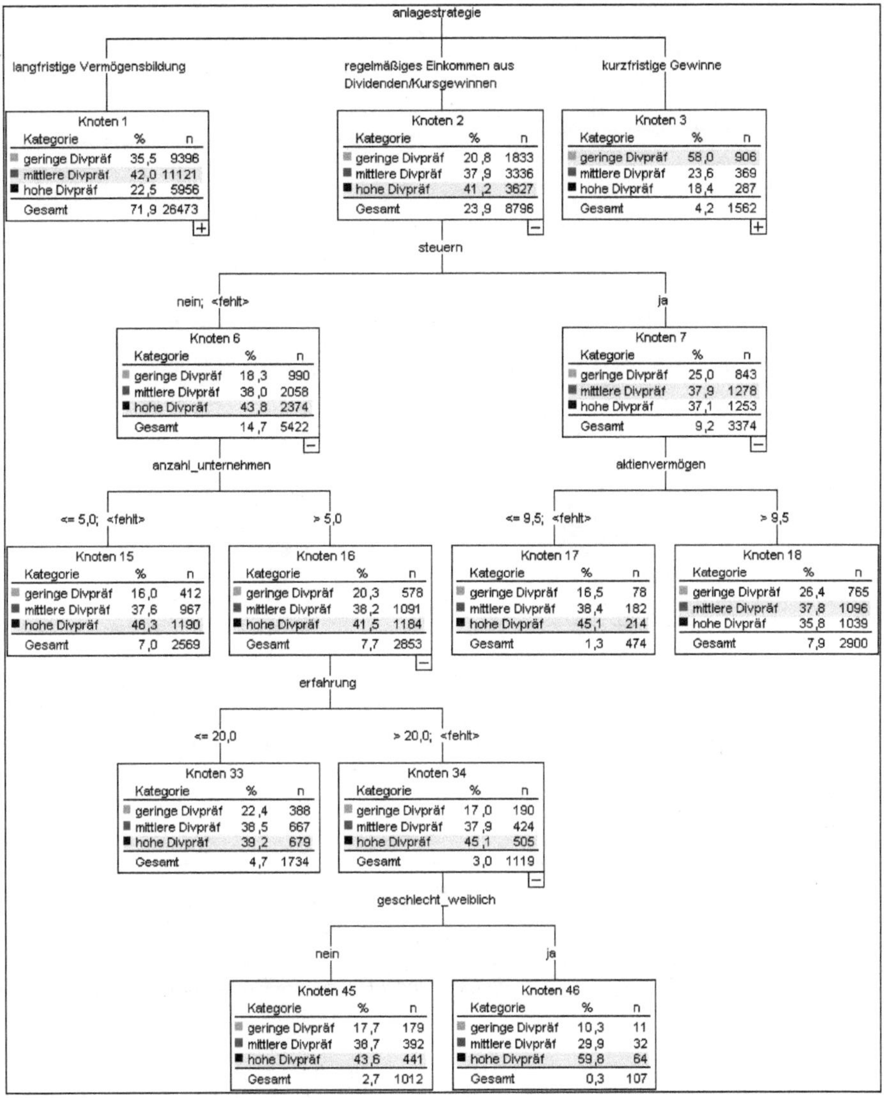

Abb. 8: Baumanalyse der Variable dividendenpräferenz (2008er Datensatz, Teil 2)

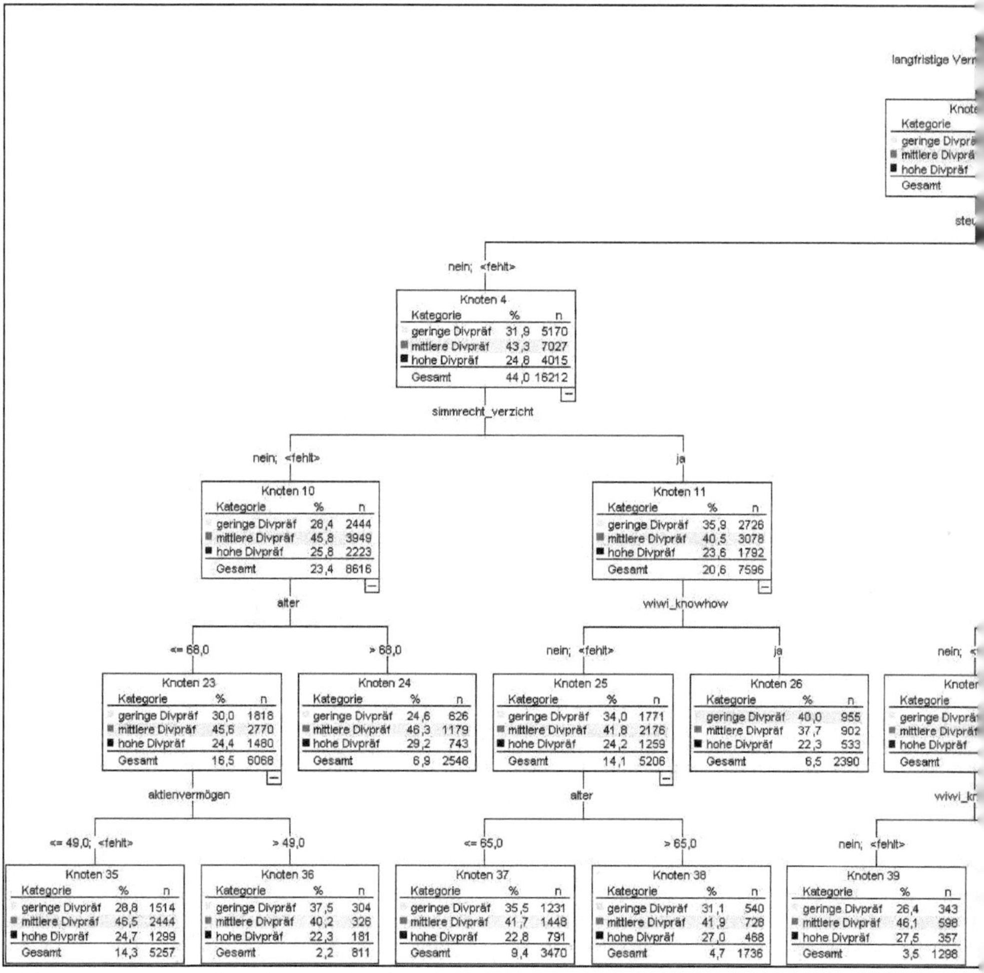

Abb. 9: Baumanalyse der Variable dividendenpräferenz (2008er Datensatz, Teil 3)

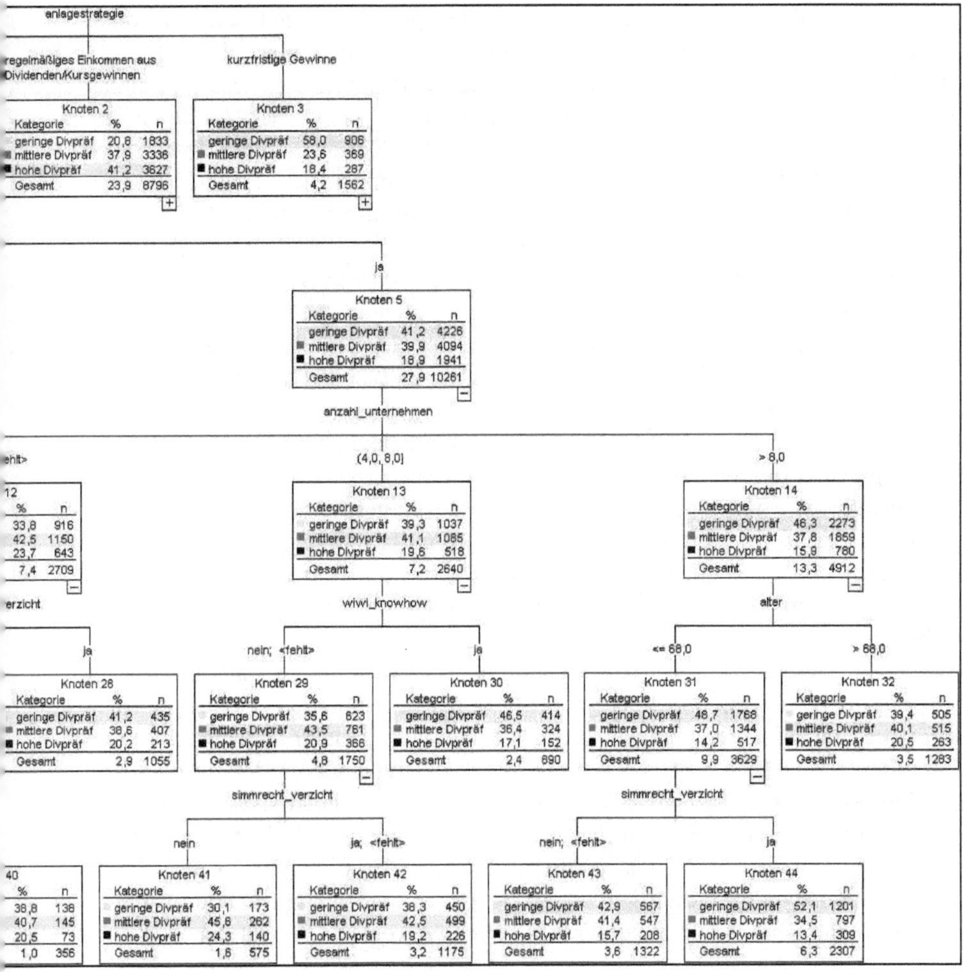
anlagestrategie
regelmäßiges Einkommen aus Dividenden/Kursgewinnen
kurzfristige Gewinne
Knoten 2
Kategorie % n
geringe Divpräf 20,8 1833
mittlere Divpräf 37,9 3336
hohe Divpräf 41,2 3627
Gesamt 23,9 8796
Knoten 3
Kategorie % n
geringe Divpräf 58,0 906
mittlere Divpräf 23,6 369
hohe Divpräf 18,4 287
Gesamt 4,2 1562
ja
Knoten 5
Kategorie % n
geringe Divpräf 41,2 4226
mittlere Divpräf 39,9 4094
hohe Divpräf 18,9 1941
Gesamt 27,9 10261
anzahl_unternehmen
ehlt>
(4,0, 8,0]
> 8,0
12
% n
33,8 916
42,5 1150
23,7 643
7,4 2709
erzicht
Knoten 13
Kategorie % n
geringe Divpräf 39,3 1037
mittlere Divpräf 41,1 1085
hohe Divpräf 19,6 518
Gesamt 7,2 2640
Knoten 14
Kategorie % n
geringe Divpräf 46,3 2273
mittlere Divpräf 37,8 1859
hohe Divpräf 15,9 780
Gesamt 13,3 4912
wiwi_knowhow
alter
ja
nein; <fehlt>
ja
<= 68,0
> 68,0
Knoten 28
Kategorie % n
geringe Divpräf 41,2 435
mittlere Divpräf 38,6 407
hohe Divpräf 20,2 213
Gesamt 2,9 1055
Knoten 29
Kategorie % n
geringe Divpräf 35,6 623
mittlere Divpräf 43,5 761
hohe Divpräf 20,9 366
Gesamt 4,8 1750
Knoten 30
Kategorie % n
geringe Divpräf 46,5 414
mittlere Divpräf 36,4 324
hohe Divpräf 17,1 152
Gesamt 2,4 890
Knoten 31
Kategorie % n
geringe Divpräf 48,7 1768
mittlere Divpräf 37,0 1344
hohe Divpräf 14,2 517
Gesamt 9,9 3629
Knoten 32
Kategorie % n
geringe Divpräf 39,4 505
mittlere Divpräf 40,1 515
hohe Divpräf 20,5 263
Gesamt 3,5 1283
simmrecht_verzicht
simmrecht_verzicht
nein
ja; <fehlt>
nein; <fehlt>
ja
40
% n
38,8 138
40,7 145
20,5 73
1,0 356
Knoten 41
Kategorie % n
geringe Divpräf 30,1 173
mittlere Divpräf 45,6 262
hohe Divpräf 24,3 140
Gesamt 1,6 575
Knoten 42
Kategorie % n
geringe Divpräf 38,3 450
mittlere Divpräf 42,5 499
hohe Divpräf 19,2 226
Gesamt 3,2 1175
Knoten 43
Kategorie % n
geringe Divpräf 42,9 567
mittlere Divpräf 41,4 547
hohe Divpräf 15,7 208
Gesamt 3,6 1322
Knoten 44
Kategorie % n
geringe Divpräf 52,1 1201
mittlere Divpräf 34,5 797
hohe Divpräf 13,4 309
Gesamt 6,3 2307

Das Baumdiagramm in Abb. 9 teilt die Gruppe derjenigen Anleger weiter auf, die als Anlageziel den langfristigen Vermögensaufbau angegeben haben.[856] Auch hier sind vorrangig die steuerlichen Rahmenbedingungen von Bedeutung (H_{3b}). Zur weiteren Untergliederung werden u.a. erneut die Variablen *anzahl_unternehmen* und *aktienvermögen* verwendet. Darüber hinaus finden sich mit *alter*, *wiwi_knowhow* und *stimmrecht_verzicht* drei neue Variablen wieder, welche jeweils den gem. H_2 und H_{4c} erwarteten Einfluss ausüben. So nimmt die Dividendenpräferenz innerhalb der Gruppe jüngerer und in ökonomischen Fragen bewanderter Anleger tendenziell ab. Auf der anderen Seite haben Anleger, die nicht bereit sind, auf ihr Stimmrecht zu verzichten, häufiger eine stärkere Dividendenpräferenz. Insgesamt bewegt sich die Häufigkeit einer hohen Dividendenpräferenz zwischen 13,4 % (Knoten 44) und 29,2 % (Knoten 24). Im ersten Fall handelt es sich um stärker diversifizierte, jüngere Anleger, für die sowohl das Stimmrecht als auch steuerliche Rahmenbedingungen von geringerer Bedeutung sind (Knoten 44).

Auffällig ist, dass das Alter auch bei den Anlegern einen starken Einfluss auf die Dividendenpräferenz ausübt, deren Ziel im langfristigen Vermögensaufbau liegt. Gem. der Lebenszyklustheorie sollten die Anleger in dieser Gruppe unabhängig vom Alter eine Thesaurierung bevorzugen, da sie aktuell Vermögen aufbauen und nicht entsparen möchten. Ein positiver Einfluss des Alters auf die Dividendenpräferenz könnte jedoch dadurch zustande kommen, dass Anleger ihr Portfolio nicht erst mit Eintritt in die Entsparphase in Richtung dividendenstarker Aktien umschichten, sondern dies als Prozess über einen längeren Zeitraum durchführen. Darüber hinaus kann die stärkere Dividendenpräferenz auch das Ergebnis einer mit dem Alter zunehmenden Risikoaversion darstellen.

Innerhalb der Gruppe kurzfristiger Anleger ist die Dividendenpräferenz schließlich am schwächsten ausgeprägt. Im Gegensatz zu den zwei anderen Teilgruppen haben die steuerlichen Gegebenheiten keinen signifikanten Einfluss auf die Ausprägung der Dividendenpräferenz. Dies deckt sich mit der Hypothese, dass steuerliche Effekte bei kurzfristig orientierten Anlegern keinen Einfluss auf die Höhe der gewünschten Ausschüttungspolitik haben sollten (H3c). Schließlich sah das zum Befragungszeitpunkt geltende Halbeinkünfteverfahren die steuerliche Gleichbehandlung von Dividenden und Kursgewinnen vor, wenn Letztere innerhalb von zwölf Monaten realisiert wurden. Überraschend ist hingegen, dass hier die Variable stimmrecht_verzicht als Prädiktor mit dem stärksten Einfluss auf die Dividendenpräferenz erscheint. Der Einfluss von an-

856 Der Hinweis „<fehlt>“ gibt an, dass in die betreffende Gruppe auch Anleger eingeordnet wurden, welche die Frage nicht beantwortet haben.

zahl_unternehmen und alter erscheint wiederum vor dem Hintergrund von Risikoeinstellungen plausibel.

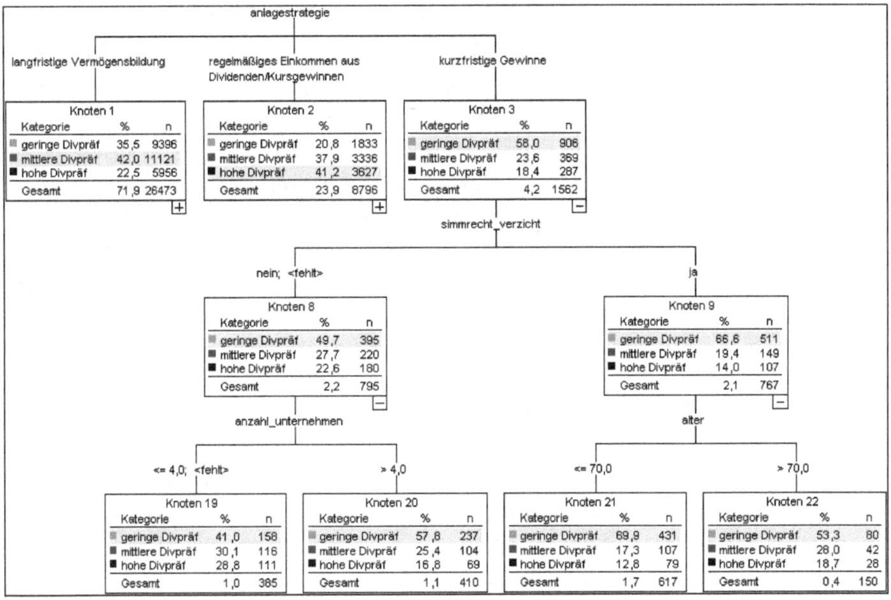

Abb. 10: Baumanalyse der Variable dividendenpräferenz (2008er Datensatz, Teil 4)

Da das Ziel der CHAID-Analyse in diesem Fall nicht darin besteht bzw. bestehen kann, ein möglichst genaues Prognosemodell für die Dividendenpräferenz von Individuen herzuleiten, soll nur der Vollständigkeit halber kurz auf die Prognosegüte eingegangen werden. So ist das erste Modell in der Lage, ca. 44 % der Beobachtungen der Variable *dividendenpräferenz* korrekt vorherzusagen.[857] Da diese Variable drei Kategorien aufweist, wäre bloßes Raten ohne Verwendung jedweder Verteilungsinformationen mit einer Erfolgsquote von ca. 33 %

857 Die Prognosegüte kann einerseits dadurch beurteilt werden, dass das berechnete Modell auf die zur Modellherleitung verwendeten Daten angewendet wird. Zusätzlich wurde hier eine Kreuzvalidierung durchgeführt. Hierbei wurde der Datensatz in 10 Teilstichproben gegliedert. Anschließend wird das Modell auf Basis der neun Teilstichproben geschätzt und anhand der ausgeschlossenen Teilstichprobe getestet. Dieser Schritt wurde für jede Teilstichprobe wiederholt. Die Klassifikationsleistung stellt dann eine Durchschnittsbetrachtung dar. Im konkreten Fall führen beide Vorgehensweisen mit Werten von 53,5 % und 53,9 % zur annähernd identischen Einschätzung der Prognosegüte. Vgl. SPSS (2010), S. 9.

verbunden. Interessanter ist in diesem Zusammenhang jedoch, dass die Prognosegüte lediglich um ca. 1 % auf 43 % sinkt, wenn ausschließlich *anlagestrategie* und *steuern* als Prädiktoren verwendet werden.

Die Bedeutung dieser beiden Variablen wird auch im Zeitvergleich deutlich. Auf Basis der 2004er Daten stellt *anlagestrategie* ebenfalls die wichtigste Variable zur Vorhersage der Variable *dividendenpräferenz* dar.[858] Im zweiten Schritt entscheidet die Variable *steuern* über die Ausprägung von *dividendenpräferenz*. Erneut wirken sich steuerliche Aspekte jedoch nur bei langfristig orientierten bzw. an dauerhaftem Einkommen interessierten Anlegern auf deren *dividendenpräferenz* aus. Bei kurzfristigen Anlegern entscheiden wiederum vorrangig die Bereitschaft, auf das Stimmrecht zu verzichten (*stimmrecht_verzicht*), sowie *alter* und Diversifikation (*anzahl_unternehmen*) über die Dividendenpräferenz. Ferner finden sich auf den tieferen Ebenen grundsätzlich dieselben Variablen wie in den hier präsentierten Baumabschnitten wieder, wenn auch nicht immer in der gleichen Anordnung bzw. Reihenfolge. Als einer der wesentlichen Unterschiede kann die Tatsache angesehen werden, dass die Variable *angst_banken* auf Basis der 2004er Daten in den Baum aufgenommen wird. Sie wird auf untergeordneter Ebene zur Segmentierung der Gruppe kurzfristig orientierter Anleger verwendet, wobei der Einfluss jedoch entgegen H_{4a} ausfällt, da Anleger mit einer geringeren Ausbeutungsangst vor Banken häufiger eine hohe Dividendenpräferenz aufweisen und nicht umgekehrt.

Abschließend wird das Baumdiagramm für die abhängige Variable *dividende_vs_gewinn* präsentiert. Der im Rahmen der bivariaten Analyse gewonnene Eindruck bestätigt sich hier: Die relative Bedeutung lässt sich nicht sinnvoll durch die verwendeten Variablen erklären. Von der Vielzahl der gemäß H_{5a} und H_{5b} in Frage kommenden Variablen werden lediglich *dividendenbemessung_pflicht*, *gb_lagebericht*, *info_sozial_bedeutung* und *info_sozial_verständlichkeit* in das Baummodell aufgenommen. Und auch diese Variablen eignen sich kaum zur Vorhersage der abhängigen Variable *dividende_vs_gewinn*. So variiert die Anzahl derjenigen, für die Dividendenänderungen gegenüber Gewinnänderungen wichtiger sind, über die verschiedenen Teilgruppen lediglich zwischen 20,4 % und 28,2 %.

---

858 Vgl. nachfolgend Anlagen 13 bis 16 im Anhang.

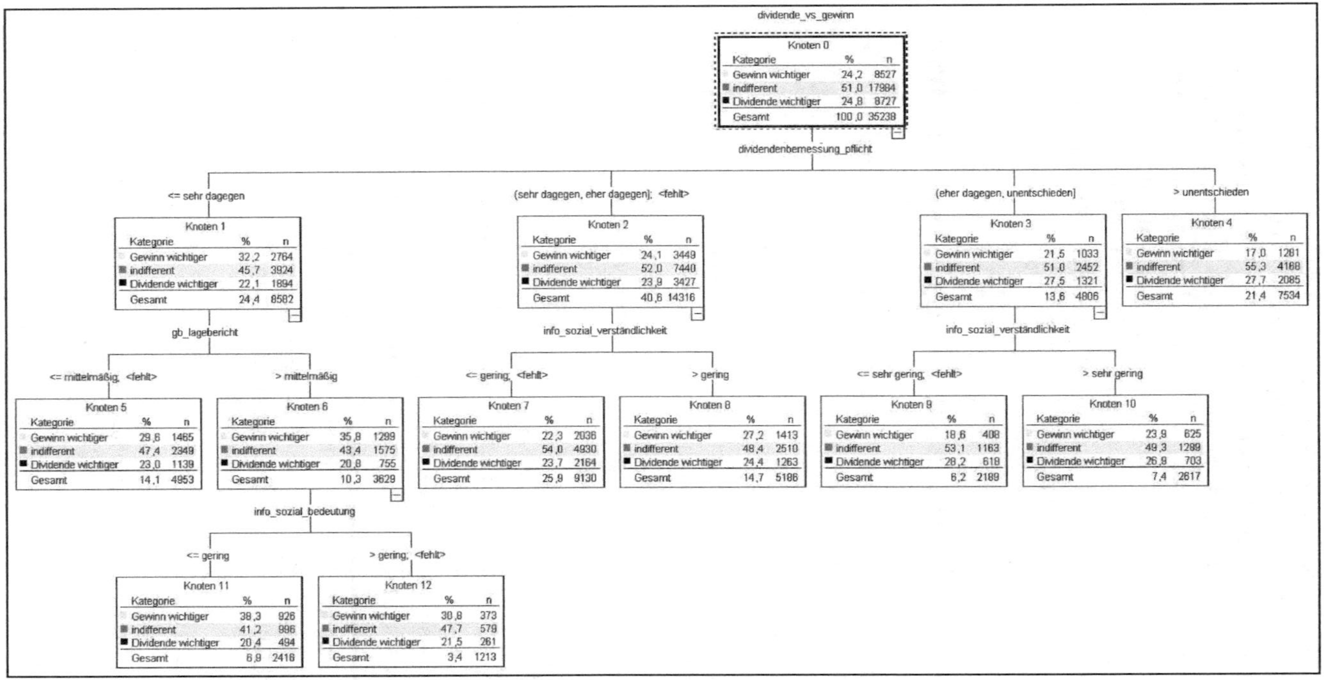

Abb. 11: Baumanalyse der Variable *dividende_vs_gewinn* (2008er Datensatz)

Die mangelnde Trennschärfe zeigt sich auch an den Klassifikationsergebnissen, die zusammen mit der tabellarischen Darstellung für die 2008er und 2004er Daten im Anhang enthalten sind:[859] Auf Basis des Modells wird stets die mittlere Variablenkategorie geschätzt, so dass überhaupt keine Informationen aus den unabhängigen Variablen zur Unterscheidung genutzt werden. Schließlich fällt insbesondere der Zusammenhang zwischen *dividendenbemessung_pflicht* und *dividende_vs_gewinn* entgegen der entsprechenden Hypothese (H_{5b}) aus. Die Ergebnisse der Baumanalyse auf Basis der 2004er Daten können H_{5a} und H_{5b} im Wesentlichen ebenfalls nicht stützen.[860]

4.6 Multivariate Regressionsanalyse

4.6.1 Methodische Grundlagen und Modellspezifikation

4.6.1.1 Konzept des Schwellenwertmodells

Mithilfe der multivariaten Regressionsanalyse ist es möglich, den gleichzeitigen Einfluss mehrerer unabhängiger Variablen auf die abhängige Variable zu analysieren. Somit kann der Einfluss gemessen werden, den jede einzelne unabhängige Variable ausübt, wenn die anderen unabhängigen Variablen konstant gehalten werden. Üblicherweise kommt hierzu die lineare Regressionsanalyse mittels der Methode der kleinsten Quadrate zum Einsatz. Diese setzt jedoch u.a. ein metrisches Skalenniveau der abhängigen Variable voraus.[861] Dies trifft auf die Variablen *dividendenpräferenz* und *dividende_vs_gewinn*, die hier im Fokus stehen, bekanntermaßen nicht zu. Eine Analyse mittels des klassischen metrischen Regressionsmodells würde daher die Gefahr falscher Schlüsse mit sich bringen.[862] Folglich ist auf alternative Regressionsverfahren abzustellen, welche die Verwendung diskreter Daten explizit erlauben.

Für die Analyse abhängiger Variablen mit mehreren Ausprägungen eignet sich u.a. die multinomiale Logit-Analyse. Hier wird anhand der Ausprägung der unabhängigen Variable die Wahrscheinlichkeit geschätzt, dass die abhängige

---

859 Vgl. Anlage 17 im Anhang.

860 Angesichts der mangelnden Aussagekraft wird für die 2004er Daten das Baummodell lediglich in tabellarischer Form im Anhang dargestellt. Vgl. Anlage 18 im Anhang.

861 Vgl. z.B. Backhaus et al. (2011), S. 250 f.

862 Vgl. z.B. Tutz (2000), S. 208.

Variable eine bestimmte Kategorie aufweist.[863] Multinomiale Modelle zeichnen sich dadurch aus, dass die Kategorien der abhängigen Variable als ungeordnet angesehen werden. Hierdurch grenzen sie sich von der sog. ordinalen Regression auf Basis des Schwellenwertmodells ab. Letzterer Ansatz nutzt die Information aus der Ordnung der Kategorien und ist angesichts der hier vorliegenden ordinalskalierten abhängigen Variablen vorzuziehen.[864]

Das Schwellenwertmodell geht davon aus, dass die vorliegende ordinalskalierte abhängige Variable eine klassifizierte Version einer im Grunde metrischen Variable darstellt.[865] Bezogen auf den vorliegenden Fall bedeutet dies, dass die Einstellung eines Privataktionärs zur optimalen Ausschüttungspolitik eines Unternehmens grundsätzlich stetig ist. Diese metrische Variable ließe sich durch eine Linearkombination anderer (unabhängiger) Variablen erklären. Aufgrund der Art, wie die Einstellung zur Dividende im Fragebogen abgefragt wurde, liegt diese Information jedoch nur in kategorisierter Form vor. Die fünf Kategorien der Variable *dividendenpräferenz* entstehen gedanklich dadurch, dass das latente Kontinuum aller möglichen Ausschüttungspräferenzen durch vier Schwellen unterteilt wird. Je nach dem, zwischen welchen Schwellen die tatsächliche Dividendenpräferenz eines Anliegers liegt, hat sich ein Anleger einer bestimmten Kategorie zugeordnet. Vor diesem Hintergrund müssen im Rahmen des Schwellenwertmodells auch die einzelnen Schwellen geschätzt werden.[866] Im Rahmen der ordinalen Regression werden auf Basis der Informationen in den unabhängigen Variablen die Wahrscheinlichkeiten geschätzt, dass ein Anleger in eine bestimmte Kategorie von *dividendenpräferenz* fällt.

Um die Einwirkung der unabhängigen Variablen auf diese Wahrscheinlichkeit in eine lineare Beziehung zu bringen, bedarf es einer sog. Link-Funktion. Letztere ist nicht zuletzt dafür verantwortlich, dass die geschätzten Wahrscheinlichkeiten im Wertebereich von 0 bis 1 liegen.[867] Die Wahl der Linkfunktion hängt von der Verteilungsannahme für den Störterm ab. Am häufigsten werden Probit- und Logit-Modelle geschätzt, bei denen der Störterm als normal bzw. logistisch verteilt angenommen wird. In der Praxis führen beide Herangehensweisen oftmals zu sehr ähnlichen Ergebnissen.[868] Im Rahmen der vorliegenden Arbeit kommen beide Varianten zum Einsatz, wobei zunächst der Logit-

863 Vgl. Schendera (2008), S. 178.
864 Vgl. z.B. Demaris (1992), S. 77; Tutz (2000), S. 209.
865 Vgl. z.B. Schendera (2008), S. 176.
866 Vgl. Kennedy (2003), S. 278.
867 Vgl. z.B. Janssen/Laatz (2007), S. 459 f.
868 Vgl. Demaris (1992), S. 78; Kennedy (2003), S. 278; Kennedy (2008), S. 245.

Variante der Vorzug gegeben wird, während die Ergebnisse der Probit-Analyse in Abschnitt 4.7 thematisiert werden.

Die Anwendungsvoraussetzungen des Schwellenwertmodells fallen verhältnismäßig moderat aus. So sollte der Datensatz eine ausreichende Größe aufweisen und die Beobachtungen sollten voneinander unabhängig sein.[869] Darüber hinaus geht das Schwellenwertmodell von der Annahme aus, dass der Effekt einer unabhängigen Variable auf die abhängige Variable für jede Stufe der abhängigen Variable gleich ist.[870] Bezogen auf den vorliegenden Fall bedeutet dies, dass die unabhängigen Variablen wie z.B. *steuern* oder *geschlecht_weiblich* die Dividendenpräferenz stets in gleichem Maße beeinflussen, d.h. unabhängig von der Höhe der Dividendenpräferenz denselben Koeffizienten (β) aufweisen. Inwiefern diese Annahme erfüllt ist, wird im Rahmen der Analyse anhand des sog. Parallelitätstests auf Linien überprüft.[871]

4.6.1.2 Modellspezifikation

Zunächst werden für die zwei Stichproben separat jeweils fünf Modelle geschätzt. Im ersten Modell wird der Einfluss der demografischen sowie steuerlichen Faktoren auf die *dividendenpräferenz* untersucht (Behavioral/Steuern-Modell). Im zweiten Modell wird die Wirkung der Agencyvariablen auf die *dividendenpräferenz* gemessen (Agency-Modell). Die dritte Variante stellt eine Kombination der beiden vorhergehenden Modelle dar (vollständiges Modell). Darauf aufbauend werden bei der vierten Variante auch Interaktionsterme modelliert (vollständiges Modell mit Interaktionen).[872] Im Rahmen des fünften Modells wird entsprechend der Signalingtheorie der Zusammenhang zwischen *dividende_vs_gewinn* und den Variablen zu Informationsasymmetrien bzw. zum Informationsverhalten gemessen. Abschließend ein modifiziertes vollständiges Modell auf Basis der gepoolten 2004er und 2008er Daten geschätzt. Hierdurch wird es möglich, die Veränderung des Einflusses von *steuern* auf *dividendenpräferenz* zwischen den Jahren zu untersuchen (H_{3c}).[873] Die nachfolgende Tabelle fasst die Modellvarianten zusammen und ordnet diese den Hypothesen zu, die anhand der jeweiligen Modelle getestet werden.

---

869 Vgl. Demaris (1992), S. 78.

870 Vgl. Schendera (2008), S. 199.

871 Vgl. zur Testlogik Janssen/Laatz (2007), S. 475 f.

872 Die Modelle werden aus Gründen einer einfacheren Interpretation zunächst ohne Interaktionsterme geschätzt, da sich die Bedeutung der Koeffizienten ändern kann, wenn Variablen zusätzlich innerhalb von Interaktionstermen vorliegen.

873 Hierzu wird im gepoolten Datensatz die dichotome Variable *D_2004* verwendet, die für Beobachtungen aus dem 2004er (2008er) Datensatz den Wert 1 (0) annimmt.

Tab. 11: Übersicht der geschätzten Regressionsmodelle

Modell-Bezeichnung (abhängige Variable)	**Unabhängige Variablen**	**Hypothesen**
Behavioral/Steuern *(dividendenpräferenz)*	*alter* *erfahrung* *aktienvermögen* *anzahl_unternehmen* *steuern* *geschlecht_weiblich* *anlagestrategie* *wiwi_knowhow* *schulabschluss* *wohnsituation*	H_1 H_2 H_{3a}
Agency *(dividendenpräferenz)*	*angst_management* *angst_mehrheitsaktionär* *angst_großaktionär* *angst_banken* *stimmrecht_verzicht*	H_{4a} H_{4c}
Vollständig *(dividendenpräferenz)*	sämtliche Variablen aus Behavioral/Steuern- und Agency-Modell	
Vollständig mit Interaktionen *(dividendenpräferenz)*	zusätzlich zum vollständigen Modell: *entfernung* *mitarbeiter_dpag* *DPAG* *entfernung* × *DPAG* (nur bei 2008er Daten) *dpag_mitarbeiter* × *DPAG* *steuern* × *anlagestrategie* *angst_management* × *angst_mehrheitsaktionär* *angst_management* × *angst_großaktionär* *angst_management* × *angst_banken* *angst_mehrheitsaktionär* × *angst_großaktionär* *angst_mehrheitsaktionär* × *angst_banken* *angst_großaktionär* × *angst_banken*	H_{3b} H_{3c} H_{4b} H_{4d} H_{4e}
Signaling *(dividende_vs_gewinn)*	*info_medien_bedeutung* *info_medien_verständlichkeit* *info_sozial_bedeutung* *info_sozial_verständlichkeit* *info_gb_bedeutung* *info_gb_verständlichkeit* *info_gb_vertrauenswürdigkeit* *gb_aktionärsbrief* *gb_aufsichtsratsbericht* *gb_lagebericht* *gb_bilanz* *gb_kapitalflussrechnung*	H_{5a} H_{5b}

	gb_guv *gb_anhang* *entfernung* *DPAG* (nur bei 2008er Daten) *entfernung* × *DPAG* (nur bei 2008er Daten) *dividendenbemessung_pflicht*	
Vollständig modifiziert *(dividendenpräferenz)*	zusätzlich zum vollständigen Modell: *anlagestrategie* × *steuern* × *D_2004*	H_{3d}

4.6.2 Ergebnisse

Nachfolgend werden die Ergebnisse der Regressionsanalyse für die 2008er Daten präsentiert.[874] Die entsprechenden Resultate für den 2004er Datensatz finden sich abermals im Anhang.[875] Für jede Regression werden zunächst die Koeffizienten der unabhängigen Variablen angegeben. Bei metrischen unabhängigen Variablen zeigt ein positiver (negativer) Koeffizient an, dass mit höheren Werten dieser Variable die Wahrscheinlichkeit zunimmt (abnimmt), dass Anleger eine hohe *dividendenpräferenz* (bzw. *dividende_vs_gewinn*) aufweisen. Bei kategorialen unabhängigen Variablen wird für jede Variablenkategorie ein separater Lageschätzer berechnet. Dieser ist jeweils in Relation zur Referenzkategorie, d.h. zur höchsten Kategorie der jeweiligen Variable, zu interpretieren.[876] Bspw. hat die Variable *geschlecht_weiblich* die Ausprägungen 0 (keine Frau) und 1 (Frau). Demnach zeigt das Vorzeichen bei *geschlecht_weiblich*=0 an, ob Männer im Vergleich zur Referenzkategorie Frauen (1 ist hier die höchste Kategorie) eine höhere oder geringere Wahrscheinlichkeit für eine hohe Dividendenpräferenz aufweisen.[877]

Mit den Koeffizienten werden in der jeweiligen Zeile die zugehörigen Standardfehler, Wald Chi-Quadrat-Statistiken, die Anzahl der Freiheitsgrade sowie der p-Wert ausgewiesen. Die Wald Chi-Quadrat-Statistik dient dabei als Test-

874 Sämtliche Modelle werden mit einem konstanten Term (Intercept) geschätzt. Da die entsprechenden Schätzergebnisse für die Interpretation der Gesamtergebnisse keine Rolle spielen, werden sie nachfolgend nicht aufgeführt.

875 Vgl. Anlagen 21 bis 25 im Anhang.

876 Dementsprechend weist die Referenzkategorie auch keinen Lageschätzer auf.

877 Es ist zu beachten, dass sich die gemäß den Hypothesen zu erwartenden Vorzeichen durch diese Darstellung umdrehen. In der Tabellenspalte „erwartetes Vorzeichen“ wird dies berücksichtigt. D.h., hier wird das Vorzeichen angegeben, dass der abgedruckte Schätzwert angesichts der Hypothesen und der Darstellungslogik aufweisen sollte.

größe für die Signifikanz der einzelnen Variablen.[878] Dem Test liegt die Nullhypothese zugrunde, dass der betreffende Koeffizient Null beträgt und Änderungen der entsprechenden Variable somit keine Wirkung auf die Dividendenpräferenz haben.[879] Der auf Basis der Wald Chi-Quadrat-Statistik und der Freiheitsgrade berechnete p-Wert gibt die Irrtumswahrscheinlichkeit für den Fall an, dass die Nullhypothese verworfen wird.[880]

Neben den variablenspezifischen Informationen werden für jede Regression auch allgemeine Angaben zur Modellgüte präsentiert. Hierzu zählt einerseits das Ergebnis des Likelihood-Ratio-Tests, dem die Nullhypothese zugrunde liegt, dass alle in das Modell einbezogenen Variablen gemeinsam nicht zur Erklärung der abhängigen Variable beitragen.[881] Der Test basiert auf einem Vergleich der Log-Likelihood-Funktionswerte zwischen einem Nullmodell (lediglich die Konstante als unabhängige Variable) und dem vollständigen Modell. Je größer der Unterschied ausfällt, umso mehr Erklärungskraft weisen die unabhängigen Variablen in Summe auf.[882] Diese Logik machen sich im Wesentlichen auch die sog. Pseudo-R^2-Maße zu Nutze, die ebenfalls für jede Regression angegeben werden. Während der Likelihood-Ratio-Test lediglich eine Aussage trifft, ob sich die Regressionsergebnisse auf die Grundgesamtheit übertragen lassen, quantifizieren die Pseudo-R^2-Maße die Modellgüte und ermöglichen somit Vergleiche zwischen verschiedenen Modellalternativen.[883] Analog zum Bestimmtheitsmaß R^2 der linearen Regression können diese Kennzahlen grundsätzlich Werte zwischen 0 und 1 annehmen. Ein Wert von 1 bedeutet hierbei, dass das Modell in der Lage ist, die Dividendenpräferenz eines jeden Anlegers stets korrekt vorherzusagen.[884] Es werden jeweils drei verschiedene Pseudo-R^2-Maße präsentiert, wobei in der Literatur der Variante von McFadden das größte Gewicht eingeräumt

---

878 Diese entspricht dem quadrierten Quotienten aus geschätztem Koeffizient und Standardfehler. Vgl. z.B. Agresti (1996), S. 109 f.

879 Angesichts der formulierten Hypothesen sind die Vorzeichen der Koeffizienten sowie deren Signifikanz von Bedeutung. Die konkrete Höhe ist für die Analyse nicht maßgeblich. Hierbei handelt es sich um die Veränderung der logarithmierten Chancen („log odds“). Vgl. Agresti (1996), S. 212.

880 Ein p-Wert kleiner gleich 1 % wird als „hochsignifikanter“ Einfluss gedeutet und entsprechend mit *** markiert. Dementsprechend gilt ein p-Wert kleiner gleich 5 % bzw. 10 % als signifikanter (**) bzw. schwach signifikanter Einfluss (*).

881 Formal ist die Nullhypothese definiert als H0: $\beta1=\beta2=...=\beta j=0$. Dieser „Omnibustest“ ist vergleichbar mit dem F-Test innerhalb der linearen Regressionsanalyse. Vgl. Janssen/Laatz (2007), S. 468.

882 Zur konkreten Vorgehensweise vgl. z.B. Agresti (1996), S. 109 f.; Tutz (2000), S. 94 ff.

883 Vgl. Backhaus et al. (2011), S. 269 ff.

884 Vgl. Tutz (2000), S. 103 f.

wird.[885] Dies dürfte daran liegen, dass dieses Maß für alle Arten kategorialer abhängiger Variablen geeignet ist und nicht von dem Stichprobenumfang oder der Baserate (Verteilung der abhängigen Variable) abhängt. Ein wesentlicher Nachteil des Maßes von McFadden liegt darin, dass es den Wert 1 in der Realität nicht erreichen kann. Vielmehr werden bereits Werte im Bereich von 0,2 bis 0,4 mitunter als „höchst zufriedenstellend“ [886] bzw. als Nachweis für einen „starken“[887] Zusammenhang interpretiert. Während der Berechnung des Maßes von McFadden das Verhältnis der Log-Likelihood-Werte zugrunde liegt, stellen Cox & Snell auf die unlogarithmierten Likelihood-Werte ab. Auch deren Maß kann den Wert 1 jedoch nicht erreichen. Dies ist lediglich bei der Variante von Nagelkerke möglich, bei der das Maß von Cox & Snell auf 1 normiert wird.[888] Als letzte allgemeine Information zum Regressionsmodell findet sich das Ergebnis des zuvor erwähnten Parallelitätstests auf Linien. Es sei vorweggenommen, dass hier durchweg eine Verletzung der Modellvoraussetzung angezeigt wird. Die daraus folgenden Implikationen werden zum Ende des Abschnitts diskutiert.

Untenstehend werden die Regressionsergebnisse für das Behavioral/Steuern-Modell präsentiert. Hinsichtlich der allgemeinen Modellgüte ist festzustellen, dass die Nullhypothese des Likelihood-Ratio-Tests mit einer Irrtumswahrscheinlichkeit kleiner 1 % verworfen werden kann. Diese (wünschenswerte) Eigenschaft weisen sämtliche der hier präsentierten Modelle auf, so dass entsprechende Vergleiche hinsichtlich der Modellgüte allein auf Basis der Pseudo-R^2-Maße möglich sind. Erwartungsgemäß liegen diese hier im einstelligen Bereich,[889] wobei McFadden mit 2 % am niedrigsten und Cox & Snell mit 7 % am höchsten ausfallen.

885 Vgl. Schendera (2008), S. 186.
886 Vgl. Schendera (2008), S. 186.
887 Vgl. Schiener (2006), S. 211 f.
888 Vgl. z.B. Janssen/Laatz (2007), S. 470; Backhaus et al. (2011), S. 270 f.
889 Vgl. z.B. Lewellen/Lease/Schlarbaum (1977), S. 301; Graham/Kumar (2006), S. 1319. Letztere kommen bei einem vergleichbaren (linearen) Modell auf ein Bestimmtheitsmaß von 4,12 %.

Tab. 12: Ergebnisse der ordinalen Regression für das Behavioral/Steuern-Modell (2008er Datensatz)

Variable	Erwartetes Vorzeichen	Koef-fizient	Standard-fehler	Wald Chi-Quadrat	df	p-Wert
alter	(+)	0,0094	0,0008	128,4837	1	0,000***
erfahrung	(–)	-0,0016	0,0010	2,3952	1	0,122
aktienvermögen	(–)	-0,0040	0,0005	63,4158	1	0,000***
anzahl_unternehmen	(–)	-0,0051	0,0011	22,9052	1	0,000***
steuern=0	(+)	0,3026	0,0206	216,1358	1	0,000***
steuern=1						
geschlecht_weiblich=0	(–)	-0,1142	0,0286	15,8846	1	0,000***
geschlecht_weiblich=1						
anlagestrategie=1	(–)	-1,6569	0,0534	961,8182	1	0,000***
anlagestrategie=2	(–)	-0,7651	0,0240	1017,4823	1	0,000***
anlagestrategie=3						
wiwi_knowhow=0	(+)	0,1166	0,0226	26,7079	1	0,000***
wiwi_knowhow=1						
schulabschluss=0	(+)	0,0457	0,1576	0,0839	1	0,772
schulabschluss=1	(+)	0,0778	0,0305	6,5101	1	0,011**
schulabschluss=2	(+)	-0,0060	0,0256	0,0554	1	0,814
schulabschluss=3	(+)	0,1011	0,0332	9,2497	1	0,002***
schulabschluss=4	(+)	0,0097	0,0504	0,0366	1	0,848
schulabschluss=5						
wohnsituation=0	(+)	0,2464	0,0847	8,4706	1	0,004***
wohnsituation=1	(+)	-0,0026	0,0279	0,0085	1	0,926
wohnsituation=2	(+)	-0,1441	0,0715	4,0565	1	0,044**
wohnsituation=3	(+)	0,0073	0,0317	0,0527	1	0,818
wohnsituation=4	(+)	-0,0001	0,0268	0,0000	1	0,997
wohnsituation=5						

Pseudo R^2			**Chi-Quadrat**	**df**	**p-Wert**
Cox & Snell	0,06	**Likelihood-Ratio**	2261,5577	19	0,000***
Nagelkerke	0,07	**Parallelitätstest**	375,3921	57	0,000***
McFadden	0,02				

Die Schätzungen zum Einfluss der einzelnen Variablen fallen überwiegend theoriekonform aus. So zeigen die Koeffizienten für die einzelnen Kategorien der variable *anlagestrategie* das erwartete Vorzeichen. Demnach weisen Anleger, deren Anlageziel nicht in der Erzielung eines dauerhaften Einkommensstroms liegt, im Vergleich dazu eine signifikant geringere Dividendenpräferenz auf (H_1). Ebenfalls im Einklang mit der entsprechenden Hypothese (H_{3a}) steht die Beobachtung, dass Anleger eine signifikant höhere Dividende präferieren, wenn Steuern für sie keine Rolle spielen (*steuern*=0). Lediglich H_2 findet keine eindeutige Unterstützung in den Ergebnissen. So weisen zwar die Variablen *alter*, *aktienvermögen*, *anzahl_unternehmen*, *geschlecht_weiblich* und *wiwi_knowhow* den zu erwartenden Einfluss in hochsignifikantem Ausmaß auf. Dies gilt jedoch nicht für die Variablen *schulabschluss* und *wohnsituation*. Gemäß H_2 wäre hier eine eindeutige Wirkungsrichtung zu erwarten, also dass mit kleineren Variablenwerten eine höhere Dividendenpräferenz einhergehen sollte. Dies ist nicht der Fall, da die Koeffizienten über die verschiedenen Variablenkategorien kein einheitliches Vorzeichen tragen. Hinzu kommt, dass der Einfluss der Variablen zumeist nicht signifikant ausfällt. Bemerkenswert ist schließlich, dass *alter* einen signifikanten Einfluss ausübt, obwohl für *anlagestrategie* und somit für Lebenszyklusaspekte kontrolliert wird. Dies lässt sich als Anhaltspunkt dafür deuten, dass *alter* einen validen Risikoproxy darstellt.

Das Agency-Modell ist zur Erklärung der Dividendenpräferenz insgesamt nicht geeignet, wie die Pseudo-R^2-Maße in der obigen Tabelle von maximal 1 % zeigen. Im Einklang mit dem geringen Erklärungsgehalt des Modells steht die Beobachtung, dass mit *angst_management*, *angst_großaktionär* und *angst_banken* drei der fünf Variablen trotz des Datenumfangs keinen signifikanten Einfluss ausüben. Demgegenüber ist der Einfluss der Variable *angst_mehrheitsaktionär* auf die Dividendenpräferenz zwar signifikant, jedoch fällt die Wirkungsrichtung entgegen der Erwartung aus. Letztlich stellt sich nur bei den Variablen *angst_großaktionär* und *stimmrecht_verzicht* ein gleichermaßen signifikanter und in der Wirkungsrichtung theoriekonformer Einfluss auf die Dividendenpräferenz ein. Demnach fällt die Dividendenpräferenz von Anlegern mit abnehmender Ausbeutungsangst vor Großaktionären geringer aus. Selbiges gilt, wenn Anleger bereit sind, auf ihr Stimmrecht zu verzichten. Insgesamt fällt die empirische Evidenz hinsichtlich H_{4a} somit äußerst schwach aus. Lediglich H_{4c} wird gestützt.

Tab. 13: Ergebnisse der ordinalen Regression für das Agency-Modell (2008er Datensatz)

Variable	Erwartetes Vorzeichen	Koef-fizient	Standard-fehler	Wald Chi-Quadrat	df	p-Wert
angst_management=1	(–)	0,1147	0,0760	2,2796	1	0,131
angst_management=2	(–)	0,0160	0,0390	0,1674	1	0,682
angst_management=3	(–)	0,0321	0,0342	0,8780	1	0,349
angst_management=4	(–)	0,0319	0,0328	0,9508	1	0,330
angst_management=5						
angst_mehrheitsaktionär=1	(–)	0,2710	0,1040	6,7935	1	0,009***
angst_mehrheitsaktionär=2	(–)	0,0915	0,0511	3,2062	1	0,073*
angst_mehrheitsaktionär=3	(–)	0,0817	0,0416	3,8487	1	0,050**
angst_mehrheitsaktionär=4	(–)	0,0796	0,0373	4,5401	1	0,033**
angst_mehrheitsaktionär=5						
angst_großaktionär=1	(–)	-0,2579	0,0977	6,9639	1	0,008***
angst_großaktionär=2	(–)	-0,1951	0,0551	12,5152	1	0,000***
angst_großaktionär=3	(–)	-0,1255	0,0484	6,7218	1	0,010***
angst_großaktionär=4	(–)	-0,1004	0,0457	4,8253	1	0,028**
angst_großaktionär=5						
angst_banken=1	(–)	0,0150	0,0659	0,0518	1	0,820
angst_banken=2	(–)	-0,0151	0,0413	0,1342	1	0,714
angst_banken=3	(–)	0,0553	0,0375	2,1726	1	0,140
angst_banken=4	(–)	0,0221	0,0371	0,3545	1	0,552
angst_banken=5						
simmrecht_verzicht=0	(+)	0,3111	0,0232	180,1003	1	0,000***
simmrecht_verzicht=1						

Pseudo R^2			**Chi-Quadrat**	**df**	**p-Wert**
Cox & Snell	0,01	**Likelihood-Ratio**	219,13	17	0,000***
Nagelkerke	0,01	**Parallelitätstest**	507,52	51	0,000***
McFadden	0,00				

Tab. 14: Ergebnisse der ordinalen Regression für das vollständige Modell (2008er Datensatz)

Variable	Erwartetes Vorzeichen	Koef-fizient	Standard-fehler	Wald Chi-Quadrat	df	p-Wert
alter	(+)	0,0078	0,0010	58,8504	1	0,000***
erfahrung	(–)	-0,0008	0,0012	0,4747	1	0,491
aktienvermögen	(–)	-0,0035	0,0006	34,5966	1	0,000***
anzahl_unternehmen	(–)	-0,0036	0,0012	9,2567	1	0,002***
steuern=0	(+)	0,3329	0,0241	191,5374	1	0,000***
steuern=1						
geschlecht_weiblich=0	(–)	-0,1094	0,0354	9,5547	1	0,002***
geschlecht_weiblich=1						
anlagestrategie=1	(–)	-1,7026	0,0648	691,3640	1	0,000***
anlagestrategie=2	(–)	-0,8028	0,0286	787,1407	1	0,000***
anlagestrategie=3						
wiwi_knowhow=0	(+)	0,1080	0,0259	17,3399	1	0,000***
wiwi_knowhow=1						
schulabschluss=0	(+)	-0,0404	0,1913	0,0446	1	0,833
schulabschluss=1	(+)	0,0782	0,0375	4,3608	1	0,037**
schulabschluss=2	(+)	-0,0018	0,0303	0,0033	1	0,954
schulabschluss=3	(+)	0,0913	0,0390	5,4643	1	0,019**
schulabschluss=4	(+)	0,0080	0,0577	0,0194	1	0,889
schulabschluss=5						
wohnsituation=0	(+)	0,2165	0,0972	4,9645	1	0,026**
wohnsituation=1	(+)	0,0031	0,0332	0,0088	1	0,925
wohnsituation=2	(+)	-0,1427	0,0823	3,0062	1	0,083*
wohnsituation=3	(+)	0,0146	0,0373	0,1532	1	0,695
wohnsituation=4	(+)	0,0426	0,0313	1,8442	1	0,174
wohnsituation=5						
angst_management=1	(–)	0,0204	0,0785	0,0673	1	0,795
angst_management=2	(–)	-0,0255	0,0404	0,3980	1	0,528
angst_management=3	(–)	-0,0034	0,0353	0,0091	1	0,924
angst_management=4	(–)	0,0217	0,0338	0,4148	1	0,520
angst_management=5						

angst_mehrheitsaktionär=1	(–)	0,2754	0,1074	6,5729	1	0,010**
angst_mehrheitsaktionär=2	(–)	0,0157	0,0527	0,0884	1	0,766
angst_mehrheitsaktionär=3	(–)	0,0380	0,0429	0,7844	1	0,376
angst_mehrheitsaktionär=4	(–)	0,0177	0,0385	0,2108	1	0,646
angst_mehrheitsaktionär=5						
angst_großaktionär=1	(–)	-0,1350	0,1013	1,7764	1	0,183
angst_großaktionär=2	(–)	-0,0411	0,0573	0,5150	1	0,473
angst_großaktionär=3	(–)	-0,0264	0,0502	0,2772	1	0,599
angst_großaktionär=4	(–)	-0,0466	0,0473	0,9698	1	0,325
angst_großaktionär=5						
angst_banken=1	(–)	0,0022	0,0681	0,0011	1	0,974
angst_banken=2	(–)	-0,0548	0,0429	1,6320	1	0,201
angst_banken=3	(–)	0,0259	0,0388	0,4463	1	0,504
angst_banken=4	(–)	-0,0072	0,0383	0,0351	1	0,851
angst_banken=5						
simmrecht_verzicht=0	(+)	0,2275	0,0244	86,9873	1	0,000***
simmrecht_verzicht=1						

Pseudo R^2			**Chi-Quadrat**	**df**	**p-Wert**
Cox & Snell	0,07	**Likelihood-Ratio**	1803,30	36	0,000***
Nagelkerke	0,07	**Parallelitätstest**	737,43	108	0,000***
McFadden	0,03				

Die obigen Regressionsergebnisse zum Modell, das die Variablen des Behavioral/Steuern- und Agency-Modells vereint, bestätigen die zuvor gewonnenen Erkenntnisse: So behalten einerseits die Variablen, bei denen zuvor im Rahmen der separaten Schätzung des Behavioral/Steuern-Modells ein signifikanter Einfluss angezeigt wurde, gleichermaßen Wirkungsrichtung und Signifikanz bei. Andererseits fällt der Zusammenhang zwischen den Variablen des Agency-Modells und *dividendenpräferenz* fast durchweg insignifikant aus. Im Vergleich zur separaten Schätzung verliert hier zusätzlich die Variable *angst_großaktionär* ihre statistische Signifikanz, so dass letztlich nur noch *stimmrecht_verzicht* den in H_{4c} unterstellten Einfluss im signifikanten Ausmaß ausübt.

Im nächsten Schritt wird das vollständige Modell um Interaktionsterme erweitert. Im Vergleich zum vorherigen Modell steigen die Pseudo-R^2-Maße auf Werte zwischen 3 % und 8 %. Ansonsten decken sich die Ergebnisse hinsichtlich der nicht-interagierten Variablen mit denen der vorherigen Schätzungen, weshalb an dieser Stelle nur auf die Interaktionseffekte eingegangen wird.[890] Die untenstehende Tabelle fasst diesbezüglich die relevanten Aspekte zusammen, wobei die Zellen den jeweiligen Koeffizienten und das zu erwartende Vorzeichen enthalten. Darüber hinaus wird die statistische Signifikanz abermals durch Sterne symbolisiert.

Tab. 15: *Ergebnisse hinsichtlich der Interaktionseffekte zu H_{3b}, H_{3c}, H_{4d}, H_{4e} (2008er Datensatz)*

	steuern=1	*steuern=0*
anlagestrategie=3		,312*** (+)
anlagestrategie=2	-,833*** (–)	,057 (?)
anlagestrategie=1	-1,464*** (–)	-,352** (–)

	DPAG=1	*DPAG=0*
mitarbeiter_dpag=2		-,394** (+)
mitarbeiter_dpag=1	-,213 (+)	,211 (–)
mitarbeiter_dpag=0	-,204 (+)	,172 (–)

entfernung	-,001 (+)	,000 (–)

Zunächst soll die Interaktion zwischen *steuern* und *anlagestrategie* in Form einer Matrix mit 3x2 Zellen betrachtet werden. Entsprechend der bisherigen Vorgehensweise stellt die Kombination der jeweils höchsten Variablenkategorien die Referenzkategorie dar. Dies sind in diesem Fall Anleger, deren Anlagestrategie in der Erzielung eines langfristigen Einkommensstroms liegt (*anlagestrategie*= 3) und deren Dividendenpräferenz von steuerlichen Aspekten beeinflusst wird (*steuern* = 1). Daher enthält die obere linke Zelle (1,1) keinen Koeffizienten. Der Koeffizient in Zelle (1,2) vergleicht die Wirkung von Steuern auf die Dividendenpräferenz in dieser Anlegergruppe. Entsprechend H_{3b} steigt in dieser Anlegergruppe die Wahrscheinlichkeit für eine hohe Dividendenpräferenz signifikant an, wenn Steuern keine Rolle spielen. Der Koeffizient in Zelle (2,2) zeigt, wie sich der Steuereffekt verändert, wenn nun Anleger betrachtet werden, deren Anlagestrategie im langfristigen Vermögensaufbau liegt (*anlagestrategie* = 2). Es zeigt sich, dass es hier tendenziell einen stärkeren Steuereffekt gibt als bei der ersten Gruppe, wobei der Unterschied nicht signifikant ausfällt. Zelle

890 Für die gesamte Ergebnisübersicht hinsichtlich des um Interaktionsterme erweiterten, vollständigen Modells vgl. Anlage 19 im Anhang.

(3,2) zeigt analog, wie sich der Steuereffekt verändert, wenn nun kurzfristig orientierte Anleger (*anlagestrategie* = 1) betrachtet werden. Es wird deutlich, dass verglichen mit Anlegern der Referenzkategorie (*anlagestrategie* = 3) Steuern einen signifikant geringeren Einfluss auf die Dividendenpräferenz ausüben. Die Höhe des Koeffizienten, der denjenigen in Zelle (1,2) übersteigt, deutet gar darauf hin, dass Steuern in dieser Anlegergruppe wohl kaum eine Rolle spielen. Die empirische Evidenz fällt somit gleichermaßen zugunsten von H_{3b} und H_{3c} aus.

Im zweiten Teil der Tabelle wird überprüft, inwiefern DPAG-Belegschaftsaktionäre im Vergleich zu den übrigen Shareholdern eine geringere Dividendenpräferenz aufweisen (H_{4d}). Zudem wird vor dem Hintergrund der möglichen Gründe für Home Bias untersucht, inwiefern die Dividendenpräferenz mit zunehmender Entfernung steigt (H_{4e}). Beide Effekte sollten sich in nennenswertem Umfang lediglich bei „reinen" DPAG-Aktionären einstellen. Daher ist für diese Analyse eine Interaktion mit der Variable *DPAG* notwendig, die den Wert 1 annimmt, wenn ein Anleger an weniger als zwei Unternehmen beteiligt ist. Dementsprechend sind für die Überprüfung der Hypothesen lediglich die Ergebnisse in der linken Spalte (*DPAG* = 1) relevant. Diese stützen jedoch keine der beiden Hypothesen. So fällt die Dividendenpräferenz bei Anlegern, die keine Belegschaftsaktionäre sind, signifikant schwächer aus, was im direkten Widerspruch zu H_{4d} steht. Weiterhin hat *entfernung* überhaupt keinen signifikanten Einfluss, so dass auch H_{4e} zu verwerfen ist.

Hinsichtlich der Variablen zur Ausbeutungsangst bringt die Berücksichtigung von Interaktionen keinen zusätzlichen Erkenntnisgewinn, so dass die Ergebnisse vollständig im Anhang wiedergegeben sind.[891] Durch die Interaktion stellen die Koeffizienten vor den einzelnen Variablen (Haupteffekte) nunmehr den Einfluss der jeweiligen Ausbeutungsvariable unter der Prämisse dar, dass die anderen Ausbeutungsvariablen jeweils den höchsten Wert aufweisen. D.h., der Koeffizient vor „*angst_management* = 4", zeigt an, wie sich die Wahrscheinlichkeit für einen Anleger ändert, wenn dessen Ausbeutungsangst vor dem Management von „sehr hoch" auf „hoch" zurückgeht und dieser zugleich vor den anderen Stakeholdergruppen „sehr hohe" Angst hat. Unter diesen Gegebenheiten sollte sich ein Zusammenhang zwischen der Ausbeutungsangst vor Stakeholdergruppen und der Dividendenpräferenz eines Anlegers am ehesten einstellen. Schließlich kann bzw. will der Anleger sich in diesem Szenario nicht auf die Kontrollfunktion anderer Stakeholdergruppen verlassen, so dass die Dividende als Mittel zur Verringerung von Agencykosten eine besonders hohe Bedeutung aufweisen sollte. Ist die Angst vor den restlichen Stakeholdern gering, dürfte die Angst vor dem Management die Dividendenpräferenz im Umkehr-

891 Vgl. Anlage 19 im Anhang.

schluss weniger stark treiben. Folglich wäre bei den Interaktionstermen ein umgekehrtes Vorzeichen zu erwarten, das ein Abschwächen des Haupteffekts anzeigt. Die Ergebnisse lassen diese Muster jedoch nicht erkennen. Vielmehr stellen sich Rauschen bzw. Vorzeichen ein, die im direkten Widerspruch zu H_{4b} stehen.

Selbiges gilt im Hinblick auf die Schätzergebnisse zum Signaling-Modell. Wie schon in den vorherigen Analyseschritten lässt sich anhand der vorliegenden Daten auch hier nur schwerlich Evidenz zugunsten von H_{5a} und H_{5b} ausmachen. Die Variablen des Modells, dessen Erklärungsgehalt insgesamt bei 1-2 % liegt, weisen keinen signifikanten Einfluss auf. Hinzu kommt, dass die Vorzeichen bei *info_medien_bedeutung*, *info_sozial_verständlichkeit* und *dividendenbemessung_pflicht* im Widerspruch zu den Hypothesen stehen. Lediglich *gb_aktionärsbrief* und *gb_lagebericht* weisen in begrenztem Umfang einen signifikanten Einfluss in der zu erwartenden Richtung auf. Aufgrund des geringen Erkenntnisgewinns werden die Regressionsergebnisse zum Signaling-Modell ebenfalls nur im Anhang dargestellt.[892]

Sämtliche der bis hierhin behandelten Modelle wurden auch für den 2004er Datensatz geschätzt.[893] Die Ergebnisse sind faktisch deckungsgleich mit den hier diskutierten Schätzungen für den 2008er Datensatz. Folglich stützen die Daten recht eindeutig die Hypothesen aus den Bereichen Verhaltensökonomie (H_1, H_2) und Steuern (H_{3a}, H_{3b}, H_{3c}). Demgegenüber finden sich hinsichtlich der Agencyhypothesen lediglich Anzeichen für die Gültigkeit von H_{4c}. Folglich sind H_{4a}, H_{4b} und H_{4d} auch auf Basis der Daten aus der ersten Befragung zu verwerfen. In Bezug auf die Signalinghypothesen (H_{5a}, H_{5b}) wird das bis hierhin gezeichnete Bild ebenfalls weitgehend bestätigt. Zwar stellen sich aufgrund des größeren Datenumfangs häufiger statistisch signifikante Zusammenhänge ein, jedoch weisen die Koeffizienten oftmals das falsche Vorzeichen auf. Ausnahmen bilden die Variablen *gb_bilanz*, *gb_guv* und *dividendenbemessung_pflicht*. Nicht zuletzt die fehlende zeitliche Stabilität dieser Zusammenhänge legt jedoch insgesamt eine Verwerfung der Signalinghypothesen nahe.

Mit dem letzten Modell wird der Gültigkeit von H_{3d} und damit der Frage nachgegangen, inwiefern der negative Einfluss von *steuern* auf *dividendenpräferenz* angesichts der nahenden Steuerreform innerhalb der 2008er Daten signifikant schwächer ausfällt als im 2004er Datensatz. Hierzu wird das modifizierte vollständige Modell auf Basis eines gepoolten Datensatzes geschätzt, in dem sowohl die 2008er als auch 2004er Daten enthalten sind. Da sich die getrennten Regressionsergebnisse für das vollständige Modell zwischen den Datensätzen

892 Vgl. Anlage 20 im Anhang.

893 Vgl. Anlagen 21 bis 25 im Anhang.

2004 und 2008 zuvor nicht wesentlich unterschieden haben, soll hier lediglich auf den Interaktionseffekt zwischen *steuern* und *D_2004* eingegangen werden. Der Rückgang des negativen Einflusses von *steuern* sollte ausschließlich für die Gruppe der nicht-kurzfristig orientierten Anleger zu beobachten sein, da die Steuerreform nur für diese Anlegergruppe die steuerliche Vorteilhaftigkeit von Dividenden gegenüber Kursgewinnen änderte. Um diesen Effekt zu identifizieren, wird das Modell separat für nicht-kurzfristig orientierte Anleger (*anlagestrategie* > 1) und für kurzfristig orientierte Anleger (*anlagestrategie* = 1) geschätzt.[894] Die hier relevanten Ergebnisse zum Interaktionseffekt werden untenstehend zusammengefasst. Die Darstellung folgt der Logik von Tab. 15.

Tab. 16: Ergebnisse hinsichtlich des Interaktionseffekts zu H_{3d}[895]

Nicht-kurzfristig orientierte Anleger (*anlagestrategie* > 1)

	steuern = 1	*steuern = 0*
D_2004 = 1		0,423*** (+)
D_2004 = 0	0,383*** (?)	-0,089** (+)

Kurzfristig orientierte Anleger (*anlagestrategie* = 1)

	steuern = 1	*steuern = 0*
D_2004 = 1		-0,0620 (0)
D_2004 = 0	0,476*** (?)	-0,0050 (0)

Abermals stellt die Zelle (1,1) in beiden Tabellen die Referenzkategorie dar. Der Wert in Zelle (1,2) zeigt den Steuereffekt auf die Dividendenpräferenz innerhalb des 2004er Datensatzes an, wie er bereits bei separater Schätzung zu beobachten war. Demnach haben *steuern* lediglich in der Gruppe der nicht-kurzfristig orientierten Anleger einen signifikant negativen Einfluss auf die Dividendenpräferenz. Von Interesse ist hier vorrangig der Wert in Zelle (2,2), der die Veränderung des Steuereffekts zwischen 2004 und 2008 widerspiegelt. Wie hier zu sehen ist, fällt der Steuereffekt in 2008 innerhalb der Gruppe nicht-kurzfristig orientierter Anleger signifikant schwächer aus als in 2004. Für kurzfristig orientierte Anleger haben Steuern bereits im Jahr 2004 keinen Einfluss auf die Dividendenpräferenz. Folglich ist hier erwartungsgemäß auch keine Ver-

894 Alternativ zur separaten Schätzung hätte auch eine 3-Wege-Interaktion zwischen anlagestrategie, steuern und *D_2004* modelliert werden können. Aufgrund der einfacheren Interpretation fiel die Entscheidung zugunsten einer separaten Schätzung aus.

895 Die Symbole geben abermals die erwarteten Wirkungszusammenhänge an. „0" signalisiert, dass kein signifikanter Zusammenhang zu erwarten ist.

änderung des Steuereffekts zu sehen. Insgesamt stehen die Ergebnisse somit vollständig im Einklang mit H_{3d}.

Darüber hinaus fällt der Wert in Zelle (2,1) auf, der für beide Anlegergruppen einen signifikanten Anstieg der Dividendenpräferenz von 2004 auf 2008 signalisiert und somit nicht durch Steuereffekte begründet werden kann. Eine Veränderung der Dividendenpräferenz im Zeitablauf, die nicht auf die hier verwendeten Variablen zurückgeführt werden kann, lässt sich u.a. durch die Catering Theory erklären. Diese besagt, dass die Dividendenpräferenz im Zeitablauf mit der Börsenstimmung schwankt. Je nach Marktphase fragen Anleger eher Wachstumsaktien oder vermeintlich risikoärmere, dividendenstarke Papiere nach.[896] Im Anhang ist die Entwicklung verschiedener Aktienindizes über die Befragungszeitpunkte hinweg abgebildet.[897] Es ließe sich ex post argumentieren, dass der erste Befragungszeitpunkt in eine Börsenaufschwungsphase fiel, während die zweite Befragung zu einem Zeitpunkt stattfand, als sich die Börsenstimmung sukzessive verschlechterte. Vor dem Hintergrund der Catering Theory wäre der hier beobachtete Zeiteffekt somit nicht unplausibel. Diese Interpretation ist jedoch nur als ein möglicher Erklärungsansatz und keineswegs als Evidenz zugunsten der Catering Theory zu verstehen. Hierzu wäre eine tiefergehende Analyse unter Rückgriff auf Sentiment-Indizes notwendig. Zudem zeigt der geringe Erklärungsgehalt der hier verwendeten Modelle, dass es offensichtlich noch zahlreiche andere Einflüsse auf die Dividendenpräferenz gibt, für die hier nicht kontrolliert wurde und die im Zeitablauf ebenfalls Änderungen unterliegen könnten.

Wie angekündigt, wird abschließend noch auf den Punkt eingegangen, dass der Parallelitätstest auf Linien durchgängig eine Verletzung der Parallelitätsannahme (Proportional Odds-Annahme) anzeigt. Hieraus folgt, dass der Einfluss der unabhängigen Variablen je nach Höhe der Dividendenpräferenz unterschiedlich stark ausfällt, was nicht unplausibel erscheint. So könnte es z.B. für die Gruppe der Rentner besonders wichtig sein, dass ein Unternehmen überhaupt eine signifikante Dividende zahlt ($dividendenpr\ddot{a}ferenz \geq 3$). Inwiefern die Dividende letztlich hoch ($dividendenpr\ddot{a}ferenz = 4$) oder sehr hoch ($dividendenpr\ddot{a}ferenz = 4$) ausfällt, wäre hingegen von nachrangiger Bedeutung. Ein variierender Einfluss von *alter* auf *dividendenpräferenz* wäre somit nicht unrealistisch. Aus theoretischer Sicht bedeutet dies jedoch, dass die Modellvoraussetzung grundsätzlich nicht erfüllt ist. Die Gründe hierfür können in einem fehlspezifizierten Modell, einer inadäquaten Linkfunktion sowie einer fragwürdigen Ordinalska-

896 Vgl. dazu Abschnitt 3.2.2.
897 Vgl. Anlage 26 im Anhang.

lierung der abhängigen Variable liegen.[898] Den letzten beiden Punkten wird im nachfolgenden Abschnitt Rechnung getragen, wo die Robustheit der Regressionsergebnisse u.a. durch eine alternative Kodierung der Variable *dividendenpräferenz* sowie die Verwendung einer Probit-Linkfunktion (anstelle der Logit-Funktion) geprüft wird. Hinsichtlich des ersten Punktes bestünde die Möglichkeit, anstelle eines geordneten Modells ein ungeordnetes (mulitnomiales) Modell zu verwenden.[899] Hierdurch würden allerdings die Informationen verlorengehen, die aus der natürlichen Ordnung der verschiedenen Dividendenpräferenzausprägungen resultieren. Damit einhergehend würde insbesondere die hohe Anzahl kategorialer unabhängiger Variablen die Interpretation der Ergebnisse stark verkomplizieren. Angesichts des begrenzten Nutzens wird daher auf die zusätzliche Schätzung mulitnomialer Modelle verzichtet.

4.7 Interpretationsgrenzen und Robustheitstests

4.7.1 Interpretationsgrenzen

Mit der Wahl der schriftlichen Befragung als Instrument zur Datengewinnung gehen einige Risiken bzw. Einschränkungen einher, die hier kurz thematisiert werden sollen. Die Ursachen möglicher Verzerrungen in den Ergebnissen lassen sich im Wesentlichen in die Kategorien „common method variance“ und „non-response bias“ einordnen.[900] Die erste Gruppe bezeichnet das Problem, dass Ergebnisse durch die gewählten Messmethoden beeinflusst und somit verzerrt sein könnten. Im Fall von Befragungen können z.B. neben dem Befragungszeitpunkt, der Stimmung der Teilnehmer und den vorgegebenen Antwortmöglichkeiten insbesondere die Reihenfolge und Formulierung der Fragen das Antwortverhalten beeinflussen.[901] Als ein wesentliches Phänomen ist in diesem Zusammenhang soziale Erwünschtheit zu nennen. Sie beschreibt den Hang dazu, Fragen nicht anhand der tatsächlichen Meinung sondern entsprechend sozialer Normen zu beantworten, um sich selbst besser darzustellen.[902] Manipulative bzw. tendenziöse Fragen („loaded statements“) können ein solches Antwortverhalten

898 Vgl. Schendera (2008), S. 199.

899 Vgl. Janssen/Laatz (2007), S. 476.

900 Vgl. z.B. Teusner (2010), S. 98.

901 Vgl. für eine systematische Darstellung der verschiedenen Facetten von common method bias Podsakoff et al. (2003), S. 881 ff.

902 Vgl. z.B. Temme/Paulssen/Hildebrandt (2009), S. 125.

begünstigen.[903] Neben eingefärbten Fragen können insbesondere auch unverständliche bzw. uneindeutige Fragen zu Ergebnisverzerrungen führen.[904] Es leuchtet ein, dass diesen Problemen ex ante im Rahmen der Fragebogengestaltung begegnet werden kann. Dementsprechend wurde im konkreten Fall beim Fragebogendesign bewusst auf einfache und neutrale Formulierungen geachtet. Da das faktische Ausmaß der Verzerrung durch common method variance in der Forschungspraxis als durchschnittlich gering bis moderat eingestuft[905] bzw. mitunter gar als „Mythos" bezeichnet wird,[906] wurde hier auf weitere Maßnahmen bzw. Analyseschritte verzichtet.[907]

Non-response bias beschreibt die Verzerrung durch das nicht-zufällige Nicht-Beantworten der Fragebögen. Dies wäre z.B. dann der Fall, wenn lediglich gut ausgebildete oder vermögende Anleger an der Befragung teilgenommen hätten. Auch diesem Problem konnte bereits im Stadium der Fragebogenentwicklung durch einfach und klar formulierte Fragen, einen begrenzten Fragebogenumfang sowie die weitgehende Verwendung von Zahlenkürzeln entgegengesteuert werden.[908] Je schneller und einfacher der Fragebogen beantwortet werden kann, desto geringer ist die Wahrscheinlichkeit, dass bestimmte (weniger gut ausgebildete) Anlegergruppen außen vor bleiben.

Ohnehin ist non-response bias nur dann ein Problem, wenn davon auszugehen ist, dass zwischen Antwortenden und Nicht-Antwortenden systematische Unterschiede hinsichtlich der Fragestellung bestehen, welche die Ergebnisse beeinflussen könnten.[909] Wie bereits in Abschnitt 4.2.6 erläutert, will die Untersuchung keine Aussagen über Anlegermerkmale per se treffen, sondern über deren Einfluss auf die Dividendenpräferenz des jeweiligen Anlegers. Folglich wäre non-response bias in diesem Kontext nur dann ein Problem, wenn die im Datensatz nicht oder unzureichend repräsentierten Anleger systematisch andere Zusammenhänge zwischen Dividendenpräferenz und den restlichen Variablen aufweisen. Um das Ausmaß dieser Problematik einschätzen zu können, bietet sich eine separate Analyse derjenigen Anleger an, die besonders spät geantwortet haben. Denn es wird gemeinhin angenommen, dass sich spät Antwortende und Nicht-Teilnehmer ähneln.[910]

---

903 Vgl. z.B. Frankfurter et al. (2002), S. 213.

904 Vgl. Baker/Powell (1999), S. 24 f.

905 Vgl. Temme/Paulssen/Hildebrandt (2009), S. 130.

906 Vgl. Spector (1987), S. 442.

907 Entsprechende Methoden finden sich z.B. bei Lindell/Whitney (2001).

908 Vgl. Ernst/Gassen/Pellens (2009), S. 66 f.

909 Vgl. z.B. Smith (2003), S. 125.

910 Vgl. Armstrong/Overton (1977), S. 401; Ernst/Gassen/Pellens (2009), S. 27.

Neben common method variance und non-response bias gibt es letztlich noch zwei weitere Punkte, die bei der Interpretation der hier gewonnenen Erkenntnisse zu beachten sind. Zum einen basiert die Analyse primär auf geäußerten Meinungen bzw. Einstellungen zu bestimmten Sachverhalten. Daten über das tatsächliche Verhalten (z.B. Portfoliozusammensetzung) gehen hingegen nicht in die Betrachtung ein. Somit kann nicht davon ausgegangen werden, dass die hier dokumentierten Determinanten der Dividendenpräferenz tatsächlich auch die Nachfrage von Privataktionären nach dividendenstarken bzw. -armen Papieren beeinflussen.[911] Zum anderen ist abschließend festzuhalten, dass der zur Analyse der Signalinghypothese verwendete, zusammengesetzte Proxy für die relative Bedeutung von Dividenden- gegenüber Gewinnänderungen nicht als optimal bezeichnet werden kann. Es ist nicht auszuschließen, dass die Verwendung einer Variable, die den Informationsgehalt von Dividendenänderungen besser misst, zu Erkenntnissen geführt hätte, die weniger stark im Widerspruch zu der Signalinghypothese stehen.

4.7.2 Robustheitstests

Trotz drei verschiedener Analysemethoden und zwei unterschiedlicher Datensätze weisen die Ergebnisse in den vorherigen Abschnitten ein hohes Maß an Einheitlichkeit auf. Vor diesem Hintergrund hält sich die Notwendigkeit zusätzlicher Robustheitstests in Grenzen. Daher werden in Summe nur vier verschiedene Robustheitstests in Form ordinaler Regressionen durchgeführt:

- Verwendung der Probit-Linkfunktion anstelle der Logit-Linkfunktion,
- Umklassifizierung der Variable *dividendenpräferenz* von fünf auf drei Kategorien,
- Begrenzung des Datensatzes auf die 30 % der Anleger, die am spätesten geantwortet haben (Einschätzung des non-response bias),[912]
- Begrenzung des Datensatzes auf die 10 % der Anleger, die am spätesten geantwortet haben (Einschätzung des non-response bias).[913]

911 Vgl. zum Auseinanderfallen von Meinung und Handeln z.B. Smith (2003), S. 118.

912 Wie auch im nachfolgenden Fall wurde für diesen Test auf die Variable datum zurückgegriffen, welche den Tag der Fragebogenauswertung enthält.

913 Zusätzlich wurde die Unterscheidung zwischen späten und nicht-späten Antworten für den gesamten 2008er Datensatz anhand einer Dummy-Variable vorgenommen. Die Variable wies in beiden Varianten (30 % und 10 %) keinen signifikanten Erklärungsgehalt auf.

Da der Zweck von Robustheitstests in erster Linie darin liegt, gefundene Zusammenhänge zu bestätigen, und nicht, neue zu identifizieren, wird für die Tests das Behavioral/Steuern-Modell verwendet, das um den Steuerinteraktionsterm sowie die Variable *stimmrecht_verzicht* erweitert wird. In diesem Modell finden sich im Wesentlichen sämtliche der zuvor identifizierten Zusammenhänge wieder. Als Datensatz werden die 2008er Daten gewählt, da diese bislang ebenfalls im Fokus standen und aufgrund des geringeren Datenumfangs eher von Ergebnisschwankungen i.S. eines Signifikanzverlusts betroffen sein dürften. Die Ergebnisse der vier Regressionen sind im Anhang abgedruckt.[914] Es zeigt sich, dass bei allen Testvarianten die zuvor ausgemachten Zusammenhänge weiterhin in signifikantem Ausmaß bestehen bleiben. Lediglich bei den beiden letztgenannten Tests, denen nur ein Teil der Daten zugrunde liegt, sinkt die Signifikanz der Einflüsse teilweise leicht. Dennoch fallen die Zusammenhänge mit einer Irrtumswahrscheinlichkeit kleiner 10 % nach wie vor signifikant aus. Folglich bleiben die Ergebnisse unverändert. Da die Kernerkenntnisse bis hierhin bereits mehrmals innerhalb der einzelnen Analyseabschnitte dargestellt wurden und zusätzlich im nachfolgenden Kapitel noch einmal zusammengefasst werden, wird hier auf ein Kapitalfazit verzichtet.

914 Vgl. Anlagen 27 bis 30 im Anhang.

5 Zusammenfassung und Ausblick

5.1 Zusammenfassung

Im Rahmen der vorliegenden Arbeit wurde die Dividendenpräferenz deutscher Privatanleger empirisch untersucht. Die Datengrundlage bildeten zwei umfangreiche Privataktionärsbefragungen zu den Jahreswechseln 2003/2004 bzw. 2007/2008, bei denen 800.000 bzw. 400.000 Anleger postalisch kontaktiert worden waren. Hinsichtlich Art und Umfang grenzt sich die Untersuchung, die letztlich auf Individualdaten von ca. 74.000 bzw. 38.000 Anlegern aufsetzt, deutlich von den bisherigen, zumeist auf Kapitalmarktinformationen beruhenden Studien zur Dividendenrelevanz ab. Während sich international noch eine handvoll annähernd vergleichbarer Untersuchungen findet, sind entsprechende Arbeiten aus Deutschland bislang gänzlich unbekannt.

Nach dem Dividendenirrelevanztheorem von Miller/Modigliani (1961) sollten Anleger der Ausschüttungsentscheidung eines Unternehmens grundsätzlich indifferent gegenüberstehen, da allein der durch den Investitionsplan determinierte Gewinn für die Vermögensposition des Anlegers entscheidend ist. Darüber hinaus können Anleger den Dividendenstrom durch den Kauf und Verkauf von Aktien theoretisch nach Belieben verändern. Die Neutralisierung der vom Unternehmen gewählten Ausschüttungsentscheidung mittels „selbstgemachter" Dividenden ist jedoch nur unter einer Reihe von Annahmen möglich, die in der Realität zumeist nicht erfüllt sind.

Dementsprechend ist es kaum verwunderlich, dass lediglich ca. 3 % der antwortenden Privatanleger angeben, keine bestimmte Dividendenpolitik zu bevorzugen. Der Rest hat hingegen klare Vorstellungen davon, wie die Ausschüttungsentscheidung auszusehen hat, wobei die Antworten keineswegs einheitlich ausfallen. Stattdessen decken sie das gesamte Spektrum möglicher Dividendenpräferenzen – von vollständiger Thesaurierung bis zu vollständiger Ausschüttung – ab. Während die Erkenntnis von der „Irrelevanz des Dividendenirrelevanztheorems" bereits im Rahmen der deskriptiven Datenauswertung gewonnen wurde, widmete sich die eigentliche empirische Analyse der Frage, welche Faktoren dazu führen, dass ein Anleger eine hohe bzw. geringe Dividende präferiert. In methodischer Hinsicht kamen hierzu bivariate Analysen, Klassifikationsbäume (CHAID-Analyse) sowie multivariate Regressionsanalysen zum Einsatz. Die Ergebnisse fielen dabei sowohl über Methoden als auch Datensätze hinweg äußerst einheitlich aus:

- Die Dividendenpräferenz eines Anlegers hängt zuallererst davon ab, ob dieser aktuell einen konstanten Einkommensstrom aus seinem Aktienengagement erzielen möchte. Anleger, bei denen dieses Kriterium zutrifft, weisen eine besonders hohe Dividendenpräferenz – i.S. einer hohen Ausschüttungsquote – auf. Dies trifft i.d.R. auf ältere bzw. im Ruhestand befindliche Aktionäre zu, bei denen das Einkommen aus der Aktienanlage die wegfallenden Einkünfte aus der Erwerbstätigkeit kompensieren soll. Die Frage, warum diese Gruppe von Aktionären ihren gewünschten Einkommensstrom nicht ohne Weiteres durch einen teilweisen Aktienverkauf realisieren kann bzw. möchte, lässt sich u.a. durch Transaktionskosten und insbesondere Mental Accounting erklären.

- Mental Accounting bezeichnet das Phänomen, dass Anleger Dividenden und Kursgewinne oftmals als zwei nicht substituierbare Größen betrachten, die sie mental auf unterschiedlichen „Konten“ erfassen. Diese Sichtweise kann als ein Instrument zur Selbstkontrolle verstanden werden: Wenn ein Anleger zur Deckung seiner laufenden Konsumausgaben jedes Mal einen Teil seines Aktienportfolios liquidieren muss, besteht die Gefahr, zu viele Aktien zu verkaufen und somit seinen Kapitalstock zu schnell bzw. zulasten künftiger Perioden aufzubrauchen. Dieser Gewissenskonflikt bleibt ihm erspart, wenn er frühzeitig sein Portfolio auf Dividendenpapiere umschichtet und für sich die Regel aufstellt, seinen Konsum ausschließlich aus Dividenden zu finanzieren.
- Die wenigen vergleichbaren empirischen Studien bestätigen die Bedeutung dieser Theorie. So zeigen zwei zuvor vorgestellte Untersuchungen zur Dividendenpräferenz von niederländischen bzw. griechischen Privatanlegern, dass der Lebenszyklus des Aktionärs in beiden Fällen eine signifikante Determinante der Dividendenpräferenz darstellt. Darüber hinaus wird in weiteren Beiträgen festgestellt, dass Haushalte zumeist nur einen sehr geringen Teil der erhaltenen Dividenden reinvestieren.
- Als zweite wesentliche Determinante der Dividendenpräferenz werden im Rahmen der Arbeit die steuerlichen Rahmenbedingungen ausgemacht: Zu den Befragungszeitpunkten galt in Deutschland das Halbeinkünfteverfahren, nach dem Dividenden nur hälftig der Besteuerung zum persönlichen ESt-Satz unterlagen. Selbiges galt für Kursgewinne, die innerhalb der zwölfmonatigen Spekulationsfrist realisiert wurden. Betrug die Haltedauer hingegen mehr als zwölf Monate, waren entsprechende Kursgewinne steuerfrei. Folglich waren zum Befragungszeitpunkt Dividenden gegenüber Kursgewinnen je nach Anlagehorizont des Anlegers steuerlich entweder schlechter oder bestenfalls gleich gestellt.
- Die empirischen Ergebnisse spiegeln dies wider: Anleger, für die steuerliche Aspekte relevant sind, weisen grundsätzlich eine signifikant geringere Divi-

dendenpräferenz auf. Bei näherer Betrachtung findet sich dieser Zusammenhang erwartungsgemäß jedoch lediglich bei längerfristig orientierten Anlegern. Die Dividendenpräferenz von Aktionären, deren Fokus auf der kurzfristigen Gewinnerzielung liegt, wird systemkonform nicht von steuerlichen Aspekten tangiert.

- Schließlich kann in diesem Kontext beobachtet werden, dass der negative Einfluss steuerlicher Gegebenheiten auf die Dividendenpräferenz zwischen den Befragungszeitpunkten abnimmt. Diese Feststellung lässt sich auf die Unternehmensteuerreform 2008 zurückführen, welche die Einführung eines Abgeltungsteuersystems beginnend mit dem Jahr 2009 vorsah. Ein wesentliches Charakteristikum des heute noch geltenden Abgeltungsteuersystems ist die Tatsache, dass Dividenden und Kursgewinne – unabhängig von der Haltedauer – grundsätzlich einheitlich besteuert werden. Da die Eckpunkte der Reform zum Jahresende 2007 bereits öffentlich bekannt waren, kann der Rückgang des steuerlichen Einflusses damit begründet werden, dass die Anleger zum zweiten Befragungszeitpunkt die künftigen Steueränderungen bereits antizipiert hatten.
- Es erscheint grundsätzlich naheliegend, dass eine asymmetrische Besteuerung von einbehaltenen und ausgeschütteten Gewinnen auf Unternehmensebene bzw. Dividenden und Kursgewinnen auf Aktionärsebene einen direkten Einfluss auf die Dividendenpräferenz von Anlegern hat. Zudem sollte es zu unterschiedlichen Dividendenpräferenzen innerhalb der Anlegerschaft kommen, sofern die asymmetrische Besteuerung nicht für alle in gleichem Maße gilt. Daher mögen die obigen Ergebnisse zur Bedeutung des Steuerrahmens wenig überraschen. Jedoch ist festzuhalten, dass die bisherige empirische Evidenz hinsichtlich der Wirkung des Steuersystems auf die Dividendenpräferenz recht uneindeutig ausfällt, wie die Auswertung der Literatur gezeigt hat.
- Dies gilt sowohl für die wenigen, vergleichbaren Studien, in denen ebenfalls Individualdaten untersucht werden, als auch für die Menge kapitalmarktbasierter Untersuchungen, in denen zumeist der US-amerikanische Aktienmarkt im Fokus steht. Im Rahmen Letztgenannter wird zumeist der Frage nachgegangen, ob Kapitalmarktdaten die steuerliche (Ungleich-)Behandlung reflektieren (Steuerhypothese). Darüber hinaus wird dort häufig untersucht, ob einzelne Anlegergruppen (kurz- und langfristige Privatanleger) entsprechend ihrer jeweiligen steuerlichen Merkmale eher zu dividendenstarken oder dividendenarmen Aktien greifen (Steuerklientelhypothese). In methodischer Hinsicht handelt es sich bei diesen Untersuchungen zumeist entweder um Ex-Tag- oder Tax-CAPM-Studien. Während im ersten Fall die Höhe des Kurs-

verlustes im Verhältnis zur Bruttodividende betrachtet wird, steht bei den letztgenannten Beiträgen der Zusammenhang zwischen Dividendenrendite und geforderter Vorsteuerrendite im Forschungsinteresse.

- Die Ergebnisse von Ex-Tag-Studien für den US-amerikanischen Kapitalmarkt decken sich zwar grundsätzlich mit der Steuer- und Steuerklientelhypothese. Die Ergebnisse von Studien, bei denen die Auswirkungen von Steuersystemänderungen analysiert werden, ergeben jedoch ein uneindeutiges Bild. Für den deutschen Kapitalmarkt fällt die empirische Evidenz zudem weitgehend zu Ungunsten der Klientelhypothese aus. Da die beobachteten Aktienkursreaktionen das Ergebnis der Handelsaktivitäten verschiedener Steuersubjekte sind, ist aus methodischer Sicht schließlich zu hinterfragen, ob sich anhand von Ex-Tag-Untersuchungen überhaupt auf den Steuersatz des marginalen Anlegers und damit auf die Gültigkeit der Klientelhypothese schließen lässt. Neben anderen Problemen stellt sich dieselbe Frage auch im Zusammenhang mit Tax-CAPM-Studien. Hinzu kommt, dass hier die empirische Evidenz nicht einmal eine eindeutige Gesamtaussage hinsichtlich der Steuerhypothese erlaubt.

- Während die Lebenszyklusphase sowie steuerliche Gegebenheiten eindeutig als wichtigste Einflussfaktoren für die Dividendenpräferenz eines Privatanlegers identifiziert wurden, scheinen zumindest in gewissem Umfang auch Risikoneigung bzw. Risikoaussetzung des Anlegers eine Rolle zu spielen. Aus theoretischer Sicht ist der Zusammenhang zwischen der Dividendenpolitik eines Unternehmens und dessen Risiko grundsätzlich nur indirekt vorhanden. So wird eine Investition in ein riskantes Unternehmen per se nicht weniger riskant, wenn dieses fortan Dividendenzahlungen aufnimmt bzw. seine bisherige Dividende erhöht. Allenfalls indirekt kann sich durch die Dividendenzahlungen das Risiko ändern, wenn z.B. infolge geringerer Mittel im Unternehmen ein anderes bzw. weniger risikoreiches Investitionsprogramm gewählt wird. Umgekehrt lässt sich jedoch argumentieren, dass sich vor allem ältere und damit tendenziell risikoärmere Unternehmen durch eine hohe Dividende auszeichnen. Insofern ist es also nicht unplausibel, wenn Anleger i.S. einer Risikosignalingtheorie dividendenstarke Aktien als weniger risikoreich wahrnehmen und höhere Dividenden letztlich mit geringerem Risiko assoziieren.

- Wenn Anleger solch eine Heuristik bei ihrer Anlageentscheidung zugrunde legen, wäre zu erwarten, dass mit zunehmender Risikoaversion auch die Nachfrage nach dividendenstarken Aktien und damit das Interesse an hohen Ausschüttungsquoten zunehmen sollten. Der direkte Zusammenhang zwischen Risikoeinstellung und Dividendenpräferenz konnte im Rahmen der Arbeit nicht untersucht werden, da Daten hinsichtlich der Risikoneigung nicht vorlagen. Jedoch konnte zwischen der Dividendenpräferenz und bestimmten Anlegermerkmalen ein stabiler und signifikanter Zusammenhang identifiziert werden, der sich auf Risikoüberlegungen zurückführen lässt. Die Ausgangsbasis bilden sozialwissenschaftliche Untersuchungen, in denen bspw. der Einfluss von Alter, Anlageerfahrung, Vermögen, Ausbildungsstand und Geschlecht auf die Risikoneigung einer Person dokumentiert wird.

- So zeichnen sich oftmals ältere, unerfahrene, weniger vermögende, geringer qualifizierte und weibliche Anleger durch eine höhere Risikoaversion aus. Dementsprechend wäre bei diesen Anlegern eine tendenziell höhere Dividendenpräferenz zu erwarten. Tatsächlich weisen Alter, Geschlecht, Aktienvermögen, Ausmaß der Diversifikation und ökonomische Vorbildung den zu erwartenden Einfluss auf die Dividendenpräferenz auf. Dieser bleibt auch im Rahmen der multivariaten Analyse erhalten, in deren Rahmen parallel für andere Faktoren – insbesondere Anlageziel und Steuern – kontrolliert wird. Jedoch ist anzumerken, dass mit den Variablen Anlageerfahrung, Wohnsituation und Schulabschluss nicht sämtliche der verwendeten Risikoproxies durchgängig die zu erwartende Korrelation mit der Dividendenpräferenz in signifikantem Ausmaß aufwiesen. Überwiegend deuten die Ergebnisse aber darauf hin, dass Risikoaspekte einen signifikanten Einfluss auf die Dividendenpräferenz ausüben. Auch diesbezüglich stehen sie im Einklang mit den wenigen vergleichbaren Studien, die zu Beginn von Kapitel 4 vorgestellt wurden.
- Mit der Signaling- und Agencytheorie wurden im Rahmen der Arbeit zwei weitere Erklärungsansätze zur Dividendenrelevanz getestet. Anhand der verwendeten Daten bzw. Methoden ließen sich aber keine ausreichenden Anhaltspunkte für die Gültigkeit dieser beiden Theorien ausmachen. Da es sich hierbei um zwei der ältesten und am häufigsten diskutierten Erklärungsansätze handelt, mag dieses Resultat verwundern. Die Verwunderung weicht aber, wenn die eigenen Ergebnisse im Lichte der bisherigen, höchst uneindeutigen Ergebnisse korrespondierender Kapitalmarktstudien betrachtet werden.
- Die Signalingtheorie geht davon aus, dass zwischen Kapitalmarktteilnehmern und Management Informationsasymmetrien hinsichtlich der künftigen Unternehmensentwicklung bestehen. In diesem Szenario versuchen sich erfolgreiche Unternehmen von weniger erfolgreichen Unternehmen abzusetzen, indem sie Signale senden. Letztere müssen jedoch aus Adressatensicht verständlich und insbesondere glaubwürdig sein, damit sie ihren Zweck erfüllen. Inwiefern letztere Eigenschaft für buchhalterisch ermittelte Gewinngrößen zutrifft, lässt sich hinterfragen. Demgegenüber zeigen verschiedene modelltheoretische Ansätze, dass die Dividende ein glaubwürdiges, verdichtetes und

leicht verständliches Signal hinsichtlich der künftigen Ertragslage darstellen kann. Somit erhält die Dividende ihre Bedeutung erst durch ihre Rolle als Informationsträger. Eine Dividendensteigerung erhöht demnach nicht per se den Wert einer Aktie, sondern vermittelt Informationen über eine Änderung der künftigen Ertragsaussichten.

- Vor diesem Hintergrund wurde im Rahmen der eigenen empirischen Analyse untersucht, inwiefern bestimmte Anleger Dividendenänderungen im Vergleich zu Gewinnänderungen eine höhere Bedeutung beimessen. Dem Gedanken der Signalingtheorie folgend wäre zu erwarten, dass insbesondere solche Anleger die Dividende als Informationsträger nutzen, die einfache, komprimierte und gefilterte Informationsquellen bevorzugen. Analog würden diese Anleger den detaillierten Informationen im Finanzbericht weniger Bedeutung, Verständlichkeit und ggf. Vertrauen beimessen. Schließlich kann die Dividende nur dann als Signal fungieren, wenn sie entsprechend der Managementerwartungen flexibel angepasst werden kann. Das Konzept einer Pflichtdividende bzw. die Befürwortung einer solchen widerspricht folglich der Idee des Dividendensignaling. Entsprechende Zusammenhänge ließen sich im Rahmen der Analyse nicht in nennenswertem Umfang nachweisen bzw. ließen über die verschiedenen Analyseschritte und Datensätze hinweg die notwendige Stabilität vermissen.

- Im Vergleich mit den eigenen Ergebnissen fallen die zahlreichen kapitalmarktbasierten Studien zur Dividendensignalingtheorie auf den ersten Blick grundsätzlich theoriekonform aus: Bei Ankündigung unerwarteter Dividendenänderungen ist eine gleichlaufende, signifikante Aktienkursreaktion um den Ankündigungstag zu beobachten, die für Dividendensenkungen im Vergleich zu Dividendenerhöhungen zudem regelmäßig stärker ausfällt. Detailliertere Untersuchungen, in denen versucht wird, die Kursreaktionen konkret auf die Signalingeigenschaft zurückzuführen, stehen jedoch oftmals im Widerspruch zur Theorie. Insbesondere Beiträge, in denen ein Zusammenhang zwischen Dividendenänderungen und künftiger Ertragsentwicklung verneint wird, legen nahe, dass Dividenden nicht naiv, sondern allenfalls situationsabhängig bzw. in einem komplexen Kontext als Signale genutzt werden.

- Im Gegensatz zur klassischen Signalinghypothese, die einen Zusammenhang zwischen Dividendenänderung und künftiger Gewinnhöhe unterstellt, wird jedoch zunehmend ein Zusammenhang zwischen Dividendenpolitik und Risiko bzw. Gewinnpersistenz eines Unternehmens dokumentiert. Wie oben bereits erwähnt, decken sich auch die eigenen Ergebnisse mit dieser Risikosingalinghypothese, die derzeit jedoch noch weitgehend ohne theoretischen Unterbau auskommt.

- Analog zur klassischen Signalingtheorie ließ sich die Dividendenpräferenz von Privatanlegern auch nicht durch die Agencytheorie erklären. Diese geht davon aus, dass das Verhältnis zwischen den verschiedenen Stakeholdergruppen durch Interessendivergenzen und Informationsasymmetrien geprägt ist. Demnach besteht die Gefahr, dass sich z.B. das Management, Fremdkapitalgeber oder andere Aktionäre auf Kosten der Privatanleger bereichern könnten. Dividenden können aus verschiedenen Gründen einen Beitrag dazu leisten, dass Agencykonflikte und damit die Agencykosten der Privatanleger gelindert bzw. abgebaut werden.

- In der Theorie mindern Dividendenzahlungen das Risiko eines Aktionärs, dass sich das Management zu seinen Lasten bereichert. So steigt z.B. mit höheren Ausschüttungen die Wahrscheinlichkeit, dass das Management Kapital aufnehmen und sich damit einem stärkeren Monitoring durch Institutionen und Informationsintermediäre aussetzen muss (Kapitalmarktkontrollhypothese). Darüber hinaus verknappen Dividendenzahlungen die im Unternehmen vorhandenen Zahlungsmittel. Hierdurch steigt der unternehmensinterne Wettbewerb um freie Mittel, so dass verschwenderisches Verhalten im Sinne von Überinvestitionen gemindert wird (Free Cashflow-Hypothese). Ferner lässt sich argumentieren, dass Dividendenzahlungen den Privataktionär auch vor Ausbeutungshandlungen anderer Stakeholdergruppen, wie z.B. Fremdkapitalgebern und Großaktionären, schützen können. Daher wäre zu erwarten, dass die Dividendenpräferenz eines Privatanlegers steigt, je problematischer er die Agencybeziehungen wahrnimmt, d.h., je stärker sich der Anleger davor fürchtet, von anderen Stakeholdern ausgebeutet zu werden. Darüber hinaus lässt sich das Ausmaß der Agencyproblematik auch daran festmachen, ob ein Anleger dazu bereit ist, auf sein Stimmrecht zu verzichten. Schließlich räumt es ihm zumindest die theoretische Möglichkeit ein, sich vor aktionärsschädigenden Praktiken zu schützen. Zwar konnte im Rahmen der Analyse gezeigt werden, dass Anleger tendenziell eine höhere Dividendenpräferenz aufweisen, wenn sie nicht auf das Stimmrecht verzichten können. Von größerer Bedeutung ist jedoch, dass die Dividendenpräferenz nicht signifikant mit der Ausbeutungsangst vor anderen Stakeholdern zunimmt.

- Die empirischen Ergebnisse existierender Kapitalmarktstudien zur Bedeutung der Dividende als Instrument zum Abbau von Agencykosten ergeben insgesamt ein uneinheitliches Bild. Lediglich die wenigen Studien zur Kapitalmarktkontrollhypothese stehen im Einklang mit der zugrundeliegenden Theorie.

- Wenn Mitarbeiter Aktien am eigenen Unternehmen halten, nehmen sie einerseits die Rolle eines Aktionärs ein, andererseits teilen sie jedoch in gewisser

Hinsicht die Interessen des Managements. So können Belegschaftsaktionäre z.B. ein erhöhtes Interesse an der finanziellen Stabilität und damit an einer risikoärmeren Investitionspolitik haben. Auch Empire Building könnten sie tendenziell weniger kritisch gegenüberstehen. In ihrer Rolle als „Halb-Insider" sind Belegschaftsaktionäre somit weniger stark von Agencykonflikten zwischen Management und Anlegerschaft betroffen. Belegschaftsaktionäre sollten daher weniger stark auf die Dividende als Mittel zur Senkung von Agencykosten angewiesen sein und somit c.p. eine geringere Dividendenpräferenz aufweisen. Auch dies ließ sich jedoch im Rahmen der empirischen Analyse nicht zeigen.

- Home Bias bezeichnet den Hang, vermehrt heimische Aktien im Portfolio zu halten. Als eine der möglichen Erklärungen für Home Bias lässt sich anführen, dass mit zunehmender Distanz zwischen Anleger und Unternehmen Informationsasymmetrien und damit letztlich auch Agencyprobleme zunehmen. Folglich kann die Entfernung als Indiz für das Ausmaß der Informationsasymmetrie zwischen Management und Anleger angesehen werden. Zumindest für den US-amerikanischen Kapitalmarkt wird diese Sichtweise u.a. dadurch gestützt, dass Anleger auch bei inländischen Aktien überproportional viele Papiere von Unternehmen aus ihrer Umgebung halten (Local Bias). Vor diesem Hintergrund wäre anzunehmen, dass mit steigender Entfernung zwischen dem Wohnsitz des Anlegers und dem Hauptsitz des Unternehmens Agencykosten und damit die Nachfrage nach Dividenden c.p. zunehmen sollten. Ein solcher Zusammenhang ließ sich im Rahmen der Datenanalyse jedoch nicht feststellen. Angesichts der – im Vergleich zu den USA – allgemein deutlich geringeren Bedeutung räumlicher Entfernungen erscheint diese Feststellung nicht besonders überraschend.

Fast genauso wichtig wie die Ergebnisse selbst sind die Art und Weise, wie diese zustande gekommen sind. Die Stärken und Schwächen von Befragungsstudien im Allgemeinen sowie der verschiedenen Auswertungsverfahren im Speziellen wurden – ebenso wie die Problematik verzerrter Daten – im vorhergehenden Kapitel diskutiert. In diesem Kontext ist jedoch zu beachten, dass bereits die Art der Fragestellung bestimmte Implikationen für die statistische Auswertung mit sich bringt. Diesbezüglich ist insbesondere das zuvor diskutierte Phänomen niedriger Bestimmtheitsmaße zu nennen, was für diese Art von Arbeiten typisch ist. So lässt sich der Meinungsbildungsprozess von Menschen in all seiner Komplexität naturgemäß schwerlich durch eine einzige Gleichung abbilden. Aus diesem Grund wurde in dieser Arbeit zusätzlich eine CHAID-Klassifikationsanalyse durchgeführt, bei der Muster nicht beim einzelnen Individuum, sondern auf Gruppenebene identifiziert werden. Letztlich blieb die Gesamtaussage der Arbeit hiervon aber unberührt:

Die Einstellung des deutschen Privataktionärs zur Dividende lässt sich am besten durch verhaltensökonomische Faktoren und steuerliche Gegebenheiten erklären.

5.2 Ausblick

Vor dem Hintergrund der verwendeten Methoden und Daten bieten die gewonnenen Erkenntnisse vielfältige Anknüpfungspunkte für weitere Forschungsvorhaben zur Dividendenpräferenz von Privatanlegern. So basiert die empirische Analyse allein auf demografischen Angaben und geäußerten Meinungen. Es bleibt daher unklar, inwiefern sich die hier dokumentierten Zusammenhänge auch im faktischen Verhalten von Anlegern niederschlagen. Zur Beantwortung dieser Frage würde sich z.B. eine weitergehende Analyse auf Basis von Portfoliodaten privater Anleger anbieten.

Ferner konnte festgestellt werden, dass die Dividendenpräferenz eines Privatanlegers vorrangig davon abhängt, ob er einen konstanten Einkommensstrom aus seinem Aktienengagement wünscht. Folglich sehen Anleger Aktienzu- bzw. Aktienverkäufe grundsätzlich nicht als kostenloses Mittel zur Neutralisierung der vom Unternehmen gewählten Dividendenpolitik an. Das gewählte Untersuchungsdesign ermöglicht jedoch keine Aussage über die Gründe hierfür. Ob diese Sichtweise maßgeblich durch Transaktionskosten, Selbstkontrolle, Regret Aversion bzw. eine Kombination daraus getrieben wird, ließe sich anhand weitergehender Befragungen bzw. im Rahmen von Experimenten untersuchen.

Schließlich zeigt die Analyse einen deutlichen Anstieg der Dividendenpräferenz im Zeitablauf, der sich durch die vorliegenden Daten (z.B. steuerliche Aspekte) nicht erklären lässt. Eine mögliche Begründung hierfür lässt sich in der Catering Theory finden. Diese besagt, dass die Nachfrage nach Dividenden je nach Börsenstimmung im Zeitablauf schwankt und Unternehmen ihre Dividendenpolitik entsprechend anpassen. Mit Blick auf die Börsensituation zu den Befragungszeitpunkten erscheint ein (letztlich durch Änderungen der Risikobereitschaft) ausgelöster Anstieg der Dividendenpräferenz nicht unplausibel. Eine wirkliche Aussage hinsichtlich der Gültigkeit der Catering Theory für den deutschen Kapitalmarkt lässt sich auf Basis der hier verwendeten Daten indes nicht treffen. Aktuell ist keine Untersuchung bekannt, in der die Catering Theory für den deutschen Kapitalmarkt anhand eines breiten Datensatzes bzw. verschiedener Börsenstimmungsindizes getestet wird. Folglich existiert hier derzeit eine nicht uninteressante Forschungslücke.

Anhang

Anlage 1: Anschreiben

Deutsche Post World Net
MAIL EXPRESS LOGISTICS FINANCE

Deutsche Post AG · Aktionärsservice · Postfach 54 44 · 37568 Einbeck

Bonn, im November 2003

Unterstützen Sie die Wissenschaft!

[Persönliche Anrede],

in Zusammenarbeit mit dem Institut für Unternehmungsführung und Unternehmensforschung der Ruhr-Universität Bochum führen wir eine fundierte Aktionärsbefragung durch, um mehr über die Interessen von Aktionären zu erfahren. Der beigefügte Fragebogen soll Ihnen die Gelegenheit geben, uns Ihre Meinung zur Attraktivität der Aktie als Instrument der Vermögensanlage mitzuteilen. Da es darum geht, Ihre Bedürfnisse und Interessen als Aktionär im Allgemeinen und nicht als Aktionär der Deutsche Post AG im Speziellen zu erheben, sollten Sie Ihre Antworten vor diesem Hintergrund geben.

Die Ergebnisse der Befragung werden wir der Wissenschaft zur Verfügung stellen. Sie kann mit den gewonnenen Informationen über die Aktionärsbedürfnisse und –interessen den Gesetzgeber bei der Verabschiedung von Gesetzen, mit denen das Vertrauen in die Aktie verbessert werden soll, beraten.

Der Fragebogen, dessen Ausfüllen nicht mehr als 20 Minuten Ihrer Zeit beanspruchen sollte, ist **vollständig anonymisiert**. Die Aussagen dienen lediglich statistischen Zwecken und lassen keinerlei Rückschluss auf Sie zu. Bitte antworten Sie gemäß Ihres tatsächlichen Verhaltens als Aktionär. Wenn Sie zu einer Frage keine bestimmte Meinung haben, dann geben Sie bitte „Nicht beurteilbar" an. Selbstverständlich steht es Ihnen frei, Fragen unbeantwortet zu lassen.

Wir bitten Sie herzlich darum, den beiliegenden Fragebogen ausgefüllt **bis zum 19.12.2003** im adressierten Freiumschlag zurückzusenden. Wir glauben, dass die Informationen aus dieser Befragung dringend zur Steigerung der Attraktivität des Finanzplatzes Deutschland für Aktionäre benötigt werden. Die Ergebnisse der Befragung werden wir nach Abschluss der Auswertungen auf unseren Internetseiten veröffentlichen.

Mit freundlichen Grüßen

2 Anlagen

Dr. Edgar Ernst
Finanzvorstand

Hausadresse
Deutsche Post AG
Zentrale
Charles-de-Gaulle-Straße 20
53113 Bonn

eMail: aktie@deutschepost.de
www.dpwn.com

Vorstand
Dr. Klaus Zumwinkel, Vorsitzender
Dr. Frank Appel
Uwe R. Dörken
Dr. Edgar Ernst
Dr. Peter Kruse
Dr. Hans-Dieter Petram
Walter Scheurle
Prof. Dr. Wulf von Schimmelmann

Vorsitzender des
Aufsichtsrates
Josef Hattig

Sitz Bonn
Registergericht Bonn
HRB 6792

Anlage 2: Fragebogen der ersten Erhebung (2004)

RUHR-UNIVERSITÄT BOCHUM
PROF. DR. BERNHARD PELLENS

Deutsche Post World Net
MAIL EXPRESS LOGISTICS FINANCE

Bitte mit blauem oder schwarzem Stift ausfüllen.

Fragen zu Ihren Informationswünschen

1 **Wenn Sie überlegen, Aktien zu kaufen oder zu verkaufen, orientieren Sie sich eher an der wirtschaftlichen Entwicklung des Unternehmens oder an der Kursentwicklung der Aktie?**

Tragen Sie bitte in das nebenstehende Feld eine Ziffer ein:
1 = eher an der wirtschaftlichen Entwicklung; 2 = eher an der Kursentwicklung; 3 = an beidem;
4 = ich treffe meine Anlageentscheidung nicht selber, sondern vertraue ausschließlich jemand anderem. ☐
Wenn Sie mit 4 geantwortet haben, machen Sie bitte mit Frage 5 weiter, sonst mit Frage 2.

2 **Welche Informationsquellen nutzen Sie für Ihre Aktienkauf- oder -verkaufsentscheidungen und wie beurteilen Sie diese?**

Beurteilen Sie die Quellen bitte hinsichtlich Bedeutung, Aktualität, Verständlichkeit und Vertrauenswürdigkeit und tragen Sie bitte in das jeweilige Feld eine Ziffer ein:
1 = sehr hoch; 2 = hoch; 3 = mittelmäßig; 4 = gering; 5 = sehr gering; 9 = nicht beurteilbar.

	Bedeutung	Aktualität	Verständlichkeit	Vertrauenswürdigkeit
Zeitungen, Zeitschriften und Wirtschaftssendungen im Fernsehen	☐	☐	☐	☐
Familie, Freunde, Bekannte	☐	☐	☐	☐
Beratung durch Bank, Sparkasse, Broker	☐	☐	☐	☐
Geschäftsbericht (einschließlich Jahresabschluss)	☐	☐	☐	☐
Quartalsbericht	☐	☐	☐	☐
Aktionärszeitung des Unternehmens, z.B. Nachrichtenbörse	☐	☐	☐	☐
Internetseiten des Unternehmens	☐	☐	☐	☐

3 **Wie intensiv nutzen Sie die einzelnen Teile des Geschäftsberichts?**

Bitte tragen Sie in die unten stehenden Felder je eine Ziffer ein:
1 = sehr intensiv; 2 = intensiv; 3 = mittelmäßig; 4 = oberflächlich; 5 = gar nicht; 9 = nicht beurteilbar.

Brief des Vorstandsvorsitzenden	☐	Kapitalflussrechnung	☐
Bericht des Aufsichtsrats	☐	Gewinn- und Verlustrechnung	☐
Allgemeiner Teil	☐	Segmentberichterstattung	☐
Lagebericht	☐	Anhang	☐
Bilanz	☐	Bestätigungsvermerk des Wirtschaftsprüfers	☐

4 **Nehmen Sie an, eines der folgenden Ereignisse tritt ein. Welche Bedeutung messen Sie ihm für Ihre Aktienkauf- oder -verkaufsentscheidung bei?**

Bitte tragen Sie in die unten stehenden Felder je eine Ziffer ein:
1 = sehr hohe; 2 = hohe; 3 = mittlere; 4 = geringe; 5 = sehr geringe; 9 = nicht beurteilbar.

Gewinn steigt um 10 %	☐	Gewinn sinkt um 10 %	☐
Dividende steigt um 10 %	☐	Dividende sinkt um 10 %	☐
Cashflow steigt um 10 %	☐	Cashflow sinkt um 10 %	☐

Fragen zu Ihrem Dividendenwunsch

5 **Die Rendite Ihrer Aktien setzt sich aus Kurssteigerungen und Dividendenzahlungen zusammen. Welche der genannten Kombinationen beider Größen bevorzugen Sie?**

Bitte tragen Sie in das nebenstehende Feld eine Ziffer ein:
1 = sehr hohe Dividende und keine Kurssteigerung; 2 = hohe Dividende und geringe Kurssteigerung;
3 = mittlere Dividende und mittlere Kurssteigerung; 4 = geringe Dividende und hohe Kurssteigerung;
5 = keine Dividende und sehr hohe Kurssteigerung; 6 = ist mir egal; 9 = nicht beurteilbar. ☐

6 **Spielen steuerliche Überlegungen für Ihren Dividendenwunsch eine Rolle?**

Bitte tragen Sie in das nebenstehende Feld eine Ziffer ein: 1 = ja; 2 = nein. ☐

bitte wenden

7 **Bisher schlägt der Vorstand eine Dividende vor, über die dann in der Hauptversammlung abgestimmt wird. Wie stehen Sie zu folgenden Forderungen?**

Bitte tragen Sie in die unten stehenden Felder je eine Ziffer ein:
1 = sehr dafür; 2 = eher dafür; 3 = unentschieden; 4 = eher dagegen; 5 = sehr dagegen; 9 = nicht beurteilbar.

Den Aktionären ist eine gewinnabhängige Dividende vorzuschlagen, im Verlustfall gibt es keine Dividende. ☐

Der Vorstand kann den Dividendenvorschlag frei festsetzen. ☐

Den Aktionären ist unabhängig von Gewinn oder Verlust in jedem Fall eine feste Dividende vorzuschlagen. ☐

Fragen zu Ihrem Stimmrecht

8 **Als Aktionär haben Sie ein Stimmrecht. Haben Sie dies im Rahmen einer Hauptversammlung (HV) bereits in Anspruch genommen oder planen Sie dessen Inanspruchnahme?**

Bitte tragen Sie in das nebenstehende Feld eine Ziffer ein: 1 = ja, persönlich in der HV; 2 = ja, durch einen Bevollmächtigten (z.B. Bank); 3 = nein, aber ich plane, die nächste HV persönlich zu besuchen; 4 = nein, aber ich plane bei der nächsten HV mein Stimmrecht von einem Bevollmächtigten (z.B. Bank) ausüben zu lassen; 5 = nein, weder noch. ☐

9 **Nehmen Sie an, es gäbe eine stimmrechtslose Aktie. Wären Sie grundsätzlich bereit, eine solche zu kaufen?**

Bitte tragen Sie in das nebenstehende Feld eine Ziffer ein: 1 = ja; 2 = nein; 9 = nicht beurteilbar. ☐

10 **Falls Sie die letzte Frage mit ja beantwortet haben, um wie viel Prozent müsste die stimmrechtslose Aktie billiger sein als eine normale Aktie?**

Bitte tragen Sie in das nebenstehende Feld die Prozentzahl ein. Falls Sie keine Vorstellung haben, lassen Sie das Feld bitte einfach frei. ☐ %

11 **Angenommen, ein Mehrheitsaktionär hält mehr als 50 % der Stimmrechte. Wie wirkt sich generell das Vorhandensein solcher Mehrheitsaktionäre Ihrer Meinung nach auf die folgenden Werte aus?**

Bitte tragen Sie in die unten stehenden Felder je eine Ziffer ein:
1 = sehr positiv; 2 = positiv; 3 = gar nicht; 4 = negativ; 5 = sehr negativ; 9 = nicht beurteilbar.

Wert Ihres Stimmrechts ☐

Wert Ihrer Aktie insgesamt ☐

12 **Wie hoch schätzen Sie die Wahrscheinlichkeit, dass sich folgende Parteien auf Ihre Kosten bereichern?**

Bitte tragen Sie in die unten stehenden Felder je eine Ziffer ein:
1 = sehr gering; 2 = gering; 3 = mittel; 4 = groß; 5 = sehr groß; 9 = nicht beurteilbar.

Unternehmensleitung ☐

Sonstige Großaktionäre ☐

Mehrheitsaktionär ☐

Banken ☐

Fragen zu Ihrer Person

13 **Wie viele Jahre halten Sie bereits Aktien (ohne Fonds)?**

Bitte tragen Sie in das nebenstehende Feld die Dauer in Jahren ein. ☐

14 **Wie viel Prozent Ihres Vermögens (ohne eigengenutzte Immobilien) haben Sie ca. in Aktien (ohne Fonds) angelegt?**

Bitte tragen Sie in das nebenstehende Feld den Prozentsatz ein. ☐ %

15 **Von wie vielen unterschiedlichen Unternehmen halten Sie Aktien?**

Bitte tragen Sie in das nebenstehende Feld die Anzahl der Unternehmen ein. ☐

16 **Welches Ziel beschreibt Ihre Anlagestrategie am besten?**

Bitte tragen Sie in das nebenstehende Feld die Ziffer zu dem Ziel ein, das am besten passt:
1 = langfristige Vermögensbildung; 2 = kurzfristige Gewinne; 3 = regelmäßiges Einkommen aus Dividenden/Veräußerung. ☐

17 **Sind oder waren Sie Mitarbeiter der Deutsche Post World Net?**

Bitte tragen Sie in das nebenstehende Feld eine Ziffer ein: 1 = ja, bin ich; 2 = ja, war ich; 3 = nein. ☐

18 **Haben Sie eine Ausbildung oder ein Studium mit wirtschaftlichem Schwerpunkt absolviert?**

Bitte tragen Sie in das nebenstehende Feld eine Ziffer ein: 1 = ja; 2 = nein. ☐

19 **Welchen Schulabschluss haben Sie?**

Bitte tragen Sie in das nebenstehende Feld eine Ziffer ein:
1 = abgeschlossenes (Fach-)Hochschulstudium; 2 = (Fach-)Hochschulstudium (laufend oder ohne Abschluss);
3 = Fachoberschulreife/Abitur; 4 = Realschulabschluss/Mittlere Reife; 5 = Hauptschule/Volksschule; 6 = ohne Abschluss. ☐

20 **Welches Geschlecht haben Sie?** Bitte tragen Sie in das nebenstehende Feld eine Ziffer ein: 1 = weiblich; 2 = männlich. ☐

21 **Wie alt sind Sie?** Bitte tragen Sie in das nebenstehende Feld Ihr Lebensalter in Jahren ein. ☐

22 **Wenn Sie nicht in Deutschland leben, geben Sie bitte hier das KFZ-Länderkennzeichen Ihres Wohnlandes an:** ☐☐☐

23 **Wie ist Ihre Wohnsituation?**

Bitte tragen Sie in das nebenstehende Feld eine Ziffer ein: 1 = Eigentum, freistehendes Haus; 2 = Eigentum, Reihenhaus/Doppelhaushälfte; 3 = Eigentumswohnung; 4 = gemietetes Haus; 5 = gemietete Wohnung; 6 = wohne bei meinen Eltern. ☐

Herzlichen Dank!

Anlage 3: Fragebogen der zweiten Erhebung (2008)

RUHR-UNIVERSITÄT BOCHUM
PROF. DR. BERNHARD PELLENS

HUMBOLDT-UNIVERSITÄT ZU BERLIN
PROF. DR. JOACHIM GASSEN

Deutsche Post World Net
MAIL EXPRESS LOGISTICS FINANCE

Bitte mit blauem oder schwarzem Stift ausfüllen.

Fragen zu Ihren Informationswünschen

1 **Wenn Sie überlegen, Aktien zu kaufen oder zu verkaufen, orientieren Sie sich eher an der wirtschaftlichen Entwicklung des Unternehmens oder an der Kursentwicklung der Aktie?**

Tragen Sie bitte in das nebenstehende Feld eine Ziffer ein:
1 = eher an der wirtschaftlichen Tätigkeit; 2 = eher an der Kursentwicklung; 3 = an beidem;
4 = ich treffe meine Anlageentscheidung nicht selber, sondern vertraue ausschließlich jemand anderem.
Wenn Sie mit 4 geantwortet haben, machen Sie bitte mit Frage 5 weiter, sonst mit Frage 2. ☐

2 **Welche Informationsquellen nutzen Sie für Ihre Aktienkauf- oder -verkaufsentscheidungen und wie beurteilen Sie diese?**

Beurteilen Sie die Quellen bitte hinsichtlich Bedeutung, Aktualität, Verständlichkeit und Vertrauenswürdigkeit und tragen Sie bitte in das jeweilige Feld eine Ziffer ein:
1 = sehr hoch; 2 = hoch; 3 = mittelmäßig; 4 = gering; 5 = sehr gering; 9 = nicht beurteilbar.

	Bedeutung	Aktualität	Verständlichkeit	Vertrauenswürdigkeit
Zeitungen, Zeitschriften und Wirtschaftssendungen im Fernsehen und Internet	☐	☐	☐	☐
Familie, Freunde, Bekannte	☐	☐	☐	☐
Beratung durch Bank, Sparkasse, Broker	☐	☐	☐	☐
Geschäftsbericht (einschließlich Jahresabschluss)	☐	☐	☐	☐
Zwischenbericht	☐	☐	☐	☐
Aktionärszeitung des Unternehmens, z.B. Nachrichtenbörse	☐	☐	☐	☐
Internetseiten des Unternehmens	☐	☐	☐	☐

3 **Wie intensiv nutzen Sie die einzelnen Teile des Geschäftsberichts?**

Bitte tragen Sie in die unten stehenden Felder je eine Ziffer ein:
1 = sehr intensiv; 2 = intensiv; 3 = mittelmäßig; 4 = oberflächlich; 5 = gar nicht; 9 = nicht beurteilbar.

Brief an die Aktionäre	☐	Kapitalflussrechnung	☐
Bericht des Aufsichtsrats	☐	Gewinn- und Verlustrechnung	☐
Corporate Governance Bericht	☐	Segmentberichterstattung	☐
Lagebericht	☐	Anhang	☐
Bilanz	☐	Bestätigungsvermerk des Wirtschaftsprüfers	☐

4 **Nehmen Sie an, eines der folgenden Ereignisse tritt ein. Welche Bedeutung messen Sie ihm für Ihre Aktienkauf- oder -verkaufsentscheidung bei?**

Bitte tragen Sie in die unten stehenden Felder je eine Ziffer ein:
1 = sehr hohe; 2 = hohe; 3 = mittlere; 4 = geringe; 5 = sehr geringe; 9 = nicht beurteilbar.

Gewinn steigt um 10 %	☐	Gewinn sinkt um 10 %	☐
Dividende steigt um 10 %	☐	Dividende sinkt um 10 %	☐
Cashflow steigt um 10 %	☐	Cashflow sinkt um 10 %	☐

Fragen zu Ihrem Dividendenwunsch

5 **Die Rendite Ihrer Aktien setzt sich aus Kurssteigerungen und Dividendenzahlungen zusammen. Welche der genannten Kombinationen beider Größen bevorzugen Sie?**

Bitte tragen Sie in das nebenstehende Feld eine Ziffer ein:
1 = sehr hohe Dividende und keine Kurssteigerung; 2 = hohe Dividende und geringe Kurssteigerung;
3 = mittlere Dividende und mittlere Kurssteigerung; 4 = geringe Dividende und hohe Kurssteigerung;
5 = keine Dividende und sehr hohe Kurssteigerung; 6 = ist mir egal; 9 = nicht beurteilbar. ☐

6 **Spielen steuerliche Überlegungen für Ihren Dividendenwunsch eine Rolle?**

Bitte tragen Sie in das nebenstehende Feld eine Ziffer ein: 1 = ja; 2 = nein. ☐

bitte wenden

7 **Bisher schlägt der Vorstand eine Dividende vor, über die dann in der Hauptversammlung abgestimmt wird. Wie stehen Sie zu folgenden Forderungen?**

Bitte tragen Sie in die unten stehenden Felder je eine Ziffer ein:
1 = sehr dafür; 2 = eher dafür; 3 = unentschieden; 4 = eher dagegen; 5 = sehr dagegen; 9 = nicht beurteilbar.

Den Aktionären ist eine gewinnabhängige Dividende vorzuschlagen, im Verlustfall gibt es keine Dividende. ☐

Der Vorstand kann den Dividendenvorschlag frei festsetzen. ☐

Den Aktionären ist unabhängig von Gewinn oder Verlust in jedem Fall eine feste Dividende vorzuschlagen. ☐

Fragen zu Ihrem Stimmrecht

8 **Als Aktionär haben Sie ein Stimmrecht. Haben Sie dies im Rahmen einer Hauptversammlung (HV) bereits in Anspruch genommen oder planen Sie dessen Inanspruchnahme?**
Bitte tragen Sie in das nebenstehende Feld eine Ziffer ein: 1 = ja, persönlich in der HV; 2 = ja, durch einen Bevollmächtigten (z.B. Bank); 3 = nein, aber ich plane, die nächste HV persönlich zu besuchen; 4 = nein, aber ich plane bei der nächsten HV mein Stimmrecht von einem Bevollmächtigten (z.B. Bank) ausüben zu lassen; 5 = nein, weder noch. ☐

9 **Nehmen Sie an, es gäbe eine stimmrechtslose Aktie. Wären Sie grundsätzlich bereit, eine solche zu kaufen?**
Bitte tragen Sie in das nebenstehende Feld eine Ziffer ein: 1 = ja; 2 = nein; 9 = nicht beurteilbar. ☐

10 **Falls Sie die letzte Frage mit ja beantwortet haben, um wie viel Prozent müsste die stimmrechtslose Aktie billiger sein als eine normale Aktie?**
Bitte tragen Sie in das nebenstehende Feld die Prozentzahl ein. Falls Sie keine Vorstellung haben, lassen Sie das Feld bitte einfach frei. ☐ %

11 **Angenommen, ein Mehrheitsaktionär hält mehr als 50 % der Stimmrechte. Wie wirkt sich generell das Vorhandensein solcher Mehrheitsaktionäre Ihrer Meinung nach auf die folgenden Werte aus?**
Bitte tragen Sie in die unten stehenden Felder je eine Ziffer ein:
1 = sehr positiv; 2 = positiv; 3 = gar nicht; 4 = negativ; 5 = sehr negativ; 9 = nicht beurteilbar.

Wert Ihres Stimmrechts ☐ Wert Ihrer Aktie insgesamt ☐

12 **Wie hoch schätzen Sie die Wahrscheinlichkeit, dass sich folgende Parteien auf Ihre Kosten bereichern?**
Bitte tragen Sie in die unten stehenden Felder je eine Ziffer ein:
1 = sehr gering; 2 = gering; 3 = mittel; 4 = groß; 5 = sehr groß; 9 = nicht beurteilbar.

Unternehmensleitung ☐ Sonstige Großaktionäre ☐

Mehrheitsaktionär ☐ Banken ☐

Fragen zu Ihrer Person

13 **Wie viele Jahre halten Sie bereits Aktien (ohne Fonds)?**
Bitte tragen Sie in das nebenstehende Feld die Dauer in Jahren ein. ☐

14 **Wie viel Prozent Ihres Vermögens (ohne eigengenutzte Immobilien) haben Sie ca. in Aktien (ohne Fonds) angelegt?**
Bitte tragen Sie in das nebenstehende Feld den Prozentsatz ein. ☐ %

15 **Von wie vielen unterschiedlichen Unternehmen halten Sie Aktien?**
Bitte tragen Sie in das nebenstehende Feld die Anzahl der Unternehmen ein. ☐

16 **Welches Ziel beschreibt Ihre Anlagestrategie am besten?**
Bitte tragen Sie in das nebenstehende Feld die Ziffer zu dem Ziel ein, das am besten passt:
1 = langfristige Vermögensbildung; 2 = kurzfristige Gewinne; 3 = regelmäßiges Einkommen aus Dividenden/Veräußerung. ☐

17 **Sind oder waren Sie Mitarbeiter der Deutsche Post World Net?**
Bitte tragen Sie in das nebenstehende Feld eine Ziffer ein: 1 = ja, bin ich; 2 = ja, war ich; 3 = nein. ☐

18 **Haben Sie eine Ausbildung oder ein Studium mit wirtschaftlichem Schwerpunkt absolviert?**
Bitte tragen Sie in das nebenstehende Feld eine Ziffer ein: 1 = ja; 2 = nein. ☐

19 **Welchen Schulabschluss haben Sie?**
Bitte tragen Sie in das nebenstehende Feld eine Ziffer ein:
1 = abgeschlossenes (Fach-)Hochschulstudium; 2 = (Fach-)Hochschulstudium (laufend oder ohne Abschluss);
3 = Fachoberschulreife/Abitur; 4 = Realschulabschluss/Mittlere Reife; 5 = Hauptschule/Volksschule; 6 = ohne Abschluss. ☐

20 **Welches Geschlecht haben Sie?** Bitte tragen Sie in das nebenstehende Feld eine Ziffer ein: 1 = weiblich; 2 = männlich. ☐

21 **Wie alt sind Sie?** Bitte tragen Sie in das nebenstehende Feld Ihr Lebensalter in Jahren ein. ☐

22 **Wo wohnen Sie?** Geben Sie bitte das Kfz-Zeichen Ihres Wohnortes an. ☐☐☐

23 **Wie ist Ihre Wohnsituation?**
Bitte tragen Sie in das nebenstehende Feld eine Ziffer ein: 1 = Eigentum, freistehendes Haus; 2 = Eigentum, Reihenhaus/Doppelhaushälfte; 3 = Eigentumswohnung; 4 = gemietetes Haus; 5 = gemietete Wohnung; 6 = wohne bei meinen Eltern. ☐

Herzlichen Dank!

Anlage 4: Übersicht der verwendeten Variablen

	Variablenbezeichnung / Bedeutung	Skalen-niveau
Signaling	*info_medien_bedeutung* Bedeutung von Zeitungen, Zeitschriften, Wirtschaftssendungen im TV sowie des Internets als Informationsquelle für Aktienkauf- und -verkaufsentscheidungen	Ordinal 5er Likert
	info_medien_verständlichkeit Verständlichkeit von Zeitungen, Zeitschriften, Wirtschaftssendungen im TV sowie des Internets als Informationsquelle für Aktienkauf- und -verkaufsentscheidungen	Ordinal 5er Likert
	info_sozial_bedeutung Bedeutung von Familie, Freunden, Bekannten als Informationsquelle für Aktienkauf- und -verkaufsentscheidungen	Ordinal 5er Likert
	info_sozial_verständlichkeit Verständlichkeit von Familie, Freunden, Bekannten als Informationsquelle für Aktienkauf- und -verkaufsentscheidungen	Ordinal 5er Likert
	info_gb_bedeutung Bedeutung des Geschäftsberichts als Informationsquelle für Aktienkauf- und -verkaufsentscheidungen	Ordinal 5er Likert
	info_gb_verständlichkeit Verständlichkeit des Geschäftsberichts als Informationsquelle für Aktienkauf- und -verkaufsentscheidungen	Ordinal 5er Likert
	info_gb_vertrauenswürdigkeit Vertrauenswürdigkeit des Geschäftsberichts als Informationsquelle für Aktienkauf- und -verkaufsentscheidungen	Ordinal 5er Likert
	gb_aktionärsbrief Intensität, mit welcher der Aktionärsbrief innerhalb des Geschäftsberichts genutzt wird	Ordinal 5er Likert
	gb_aufsichtsratsbericht Intensität, mit welcher der Aufsichtsratsbericht innerhalb des Geschäftsberichts genutzt wird	Ordinal 5er Likert

	Variablenbezeichnung / Bedeutung	Skalenniveau
	gb_lagebericht Intensität, mit welcher der Lagebericht innerhalb des Geschäftsberichts genutzt wird.	Ordinal 5er Likert
	gb_ bilanz Intensität, mit welcher die Bilanz innerhalb des Geschäftsberichts genutzt wird	Ordinal 5er Likert
	gb_kapitalflussrechnung Intensität, mit welcher die Kapitalflussrechnung innerhalb des Geschäftsberichts genutzt wird	Ordinal 5er Likert
	gb_guv Intensität, mit welcher die GuV innerhalb des Geschäftsberichts genutzt wird	Ordinal 5er Likert
	gb_anhang Intensität, mit welcher der Anhang innerhalb des Geschäftsberichts genutzt wird.	Ordinal 5er Likert
	dividendenbemessung_pflicht Zustimmung zu einer gewinnunabhängigen Pflichtdividende	Ordinal 5er Likert
Agency / Signaling	*mitarbeiter_dpag* 0 = nein; 1 = ja, gewesen; 2 = ja, aktuell	Ordinal
	entfernung (nur für die 2008er Welle verfügbar) Distanz zwischen Wohnort (laut KFZ-Kennzeichen) und DPAG-Zentrale in Kilometern	Verhältnis
	DPAG 0 = kein „reiner" DPAG-Aktionär; 1 = „reiner" DPAG-Aktionär (*anzahl_unternehmen* < 2)	Binär
Agency	*ausbeutungsangst_management* Wahrscheinlichkeit, dass sich das Management zulasten der eigenen Person bereichert	Ordinal 5er Likert
	ausbeutungsangst_mehrheitsaktionär Wahrscheinlichkeit, dass sich ein Mehrheitsaktionär zulasten der eigenen Person bereichert	Ordinal 5er Likert

	Variablenbezeichnung / Bedeutung	Skalen-niveau
	ausbeutungsangst_großaktionär Wahrscheinlichkeit, dass sich ein sonstiger Großaktionär zulasten der eigenen Person bereichert	Ordinal 5er Likert
	ausbeutungsangst_banken Wahrscheinlichkeit, dass sich Banken zulasten der eigenen Person bereichern	Ordinal 5er Likert
	simmrecht_verzicht Akzeptanz stimmrechtsloser Aktien; 0 = nein; 1 = ja	Binär
Steuern	*steuern* Relevanz steuerlicher Aspekte für die Dividendenpräferenz; 0 = nein; 1 = ja	Binär
	D_2004 0 = Beobachtung aus 2008er Datensatz; 1 = Beobachtung aus 2004er Datensatz	Binär
Verhaltensökonomie	*mitarbeiter_dpag* 0 = nein; 1 = ja, gewesen; 2 = ja, aktuell	Ordinal
	wiwi_knowhow Ausbildung oder Studium mit wirtschaftlichem Schwerpunkt; 0 = nein; 1 = ja	Binär
	schulabschluss 0 = kein Abschluss; 1 = Haupt-/Volksschule; 2 = Realschule/Mittlere Reife; 3 = (Fach-)Hochschulreife; 4 = (Fach-)Hochschulstudium laufend; 5 = (Fach-)Hochschulstudium abgeschlossen	Ordinal
	wohnsituation 0 = wohne bei Eltern; 1 = gemietete Wohnung; 2 = gemietetes Haus; 3 = eigene Wohnung; 4 = eigenes Reihenhaus bzw. Haushälfte; 5 = eigenes freistehendes Haus	Ordinal
	anlagestrategie 1 = kurzfristige Gewinne; 2 = langfristige Vermögensbildung; 3 = regelmäßiges Einkommen aus Dividenden/Kursgewinnen	Nominal

	Variablenbezeichnung / Bedeutung	Skalen-niveau
	geschlecht 0 = männlich; 1 = weiblich	Binär
	alter in Jahren	Verhältnis
	erfahrung Anzahl der Jahre, seit denen Befragter Aktienhalter ist (ohne Fonds)	Verhältnis
	aktienvermögen Prozentualer Anteil des Vermögens (ohne eigengenutzte Immobilien), der in Aktien (ohne Fonds) angelegt ist	Verhältnis
	anzahl_unternehmen Anzahl der Unternehmen, an denen Aktien gehalten werden	Verhältnis
	datum (nur für die 2008er Welle verfügbar) Tag, an dem der Fragebogen ausgewertet wurde	Verhältnis
Dividende	*dividendenpräferenz* 1 = keine Dividende und sehr hohe Kurssteigerung; 2 = geringe Dividende und hohe Kurssteigerung; 3 = mittlere Dividende und mittlere Kurssteigerung; 4 = hohe Dividende und geringe Kurssteigerung; 5 = sehr hohe Dividende und keine Kurssteigerung; 6 = egal	Ordinal
	dividende_vs_gewinn Bedeutung einer Dividendenänderung um 10 % im Vergleich zu einer Gewinnänderung um 10 % 1 = Gewinnänderung deutlich wichtiger; 2 = Gewinnänderung etwas wichtiger; 3 = Beide Änderungen gleich wichtig; 4 = Dividendenänderung etwas wichtiger; 5 = Dividendenänderung deutlich wichtiger	Ordinal

Anlage 5: Häufigkeitsverteilungen und Lageparameter der Variablen (2004er Datensatz)

	dividenden-präferenz	
	N	%
keine Dividende und sehr hohe Kurssteigerung	5.708	7,7%
niedrige Dividende und hohe Kurssteigerung	24.139	32,5%
mittlere Dividende und mittlere Kurssteigerung	27.557	37,1%
hohe Dividende und geringe Kurssteigerung	12.582	16,9%
sehr hohe Dividende und keine Kurssteigerung	2.365	3,2%
ist mir egal	1.972	2,7%
Summe	74.323	
Median	mittlere Dividende / mittlere Kurssteigerung	
Modalwert	mittlere Dividende / mittlere Kurssteigerung	

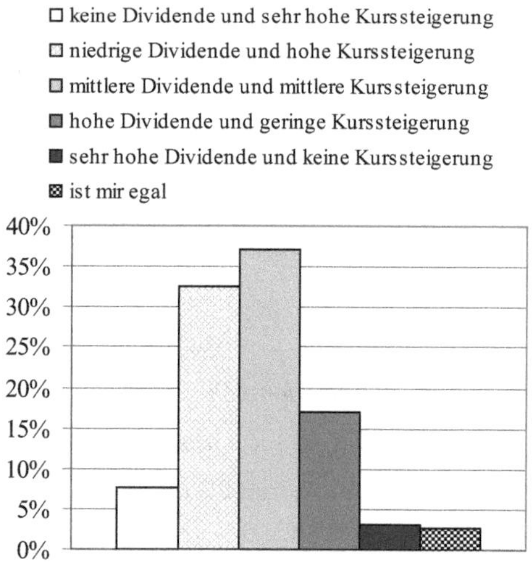

	dividende_vs_gewinn	
	N	%
Gewinnänderung deutlich wichtiger	40	0,1%
Gewinnänderung etwas wichtiger	20.097	34,3%
Beide Änderungen gleich wichtig	27.061	46,2%
Dividendenänderung etwas wichtiger	11.405	19,5%
Dividendenänderung deutlich wichtiger	26	0,0%
Summe	58.629	
Median /Modalwert	Beide Änderungen gleich wichtig	

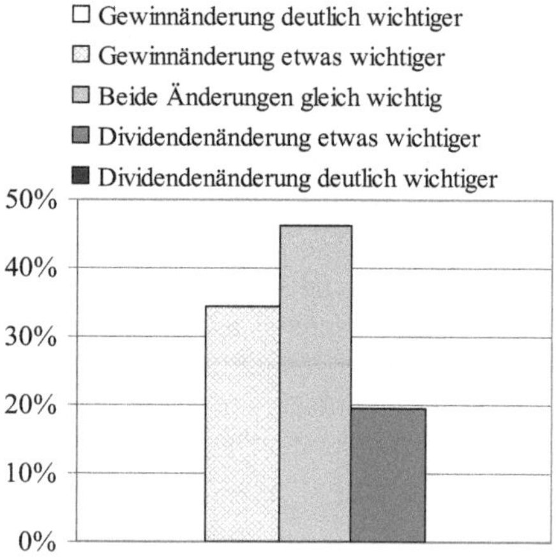

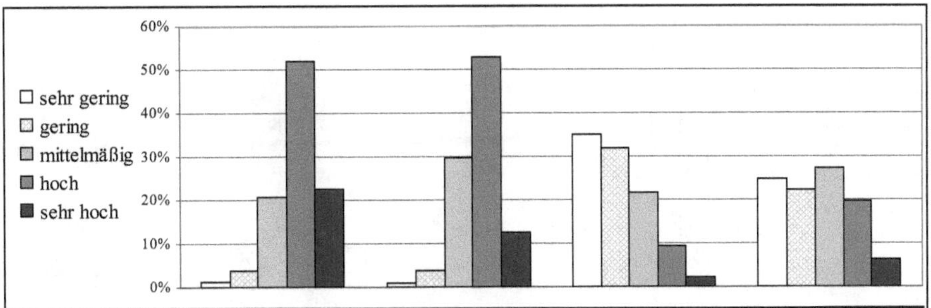

	info_medien_ bedeutung		*info_medien_ verständlichkeit*		*info_sozial_ bedeutung*		*info_sozial_ verständlichkeit*	
	N	%	N	%	N	%	N	%
sehr gering	858	1,3%	628	1,0%	19.586	35,0%	12.031	24,8%
gering	2.513	3,8%	2.490	3,9%	17.813	31,8%	10.765	22,2%
mittelmäßig	13.545	20,5%	19.198	29,8%	12.041	21,5%	13.110	27,0%
hoch	34.309	52,0%	34.143	52,9%	5.272	9,4%	9.557	19,7%
sehr hoch	14.763	22,4%	8.055	12,5%	1.307	2,3%	3.026	6,2%
Summe	65.988		64.514		56.019		48.489	
Median	hoch		hoch		gering		mittelmäßig	
Modalwert	hoch		hoch		sehr gering		mittelmäßig	

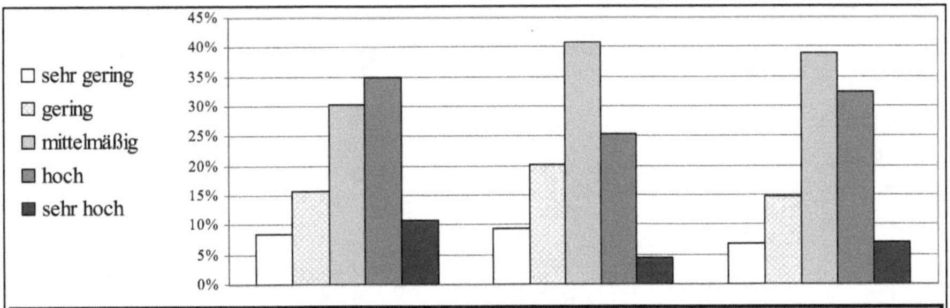

	info_gb_bedeutung		*info_gb_verständ-lichkeit*		*info_gb_vertrauens-würdigkeit*	
	N	%	N	%	N	%
sehr gering	5.126	8,4%	5.465	9,3%	3.805	6,8%
gering	9.550	15,6%	11.751	20,1%	8.334	14,8%
mittelmäßig	18.554	30,3%	23.957	40,9%	21.923	38,9%
hoch	21.306	34,8%	14.855	25,4%	18.267	32,4%
sehr hoch	6.607	10,8%	2.564	4,4%	4.027	7,1%
Summe	61.143		58.592		56.356	
Median	mittelmäßig		mittelmäßig		mittelmäßig	
Modalwert	hoch		mittelmäßig		mittelmäßig	

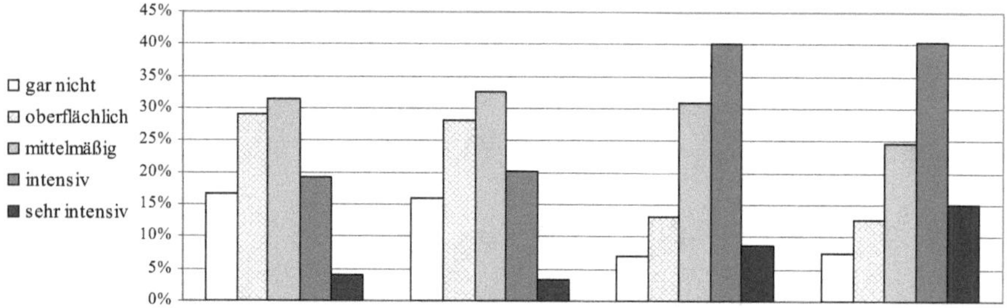

	gb_aktionärsbrief		*gb_aufsichtsrats-bericht*		*gb_lagebericht*		*gb_bilanz*	
	N	%	N	%	N	%	N	%
gar nicht	10.755	16,5%	10.448	16,0%	4.583	6,9%	4.898	7,5%
oberflächlich	18.845	29,0%	18.373	28,1%	8.739	13,2%	8.271	12,6%
mittelmäßig	20.424	31,4%	21.310	32,6%	20.449	31,0%	16.224	24,7%
intensiv	12.534	19,3%	13.115	20,1%	26.543	40,2%	26.491	40,3%
sehr intensiv	2.517	3,9%	2.146	3,3%	5.755	8,7%	9.835	15,0%
Summe	65.075		65.392		66.069		65.719	
Median	mittelmäßig		mittelmäßig		mittelmäßig		intensiv	
Modalwert	mittelmäßig		mittelmäßig		intensiv		intensiv	

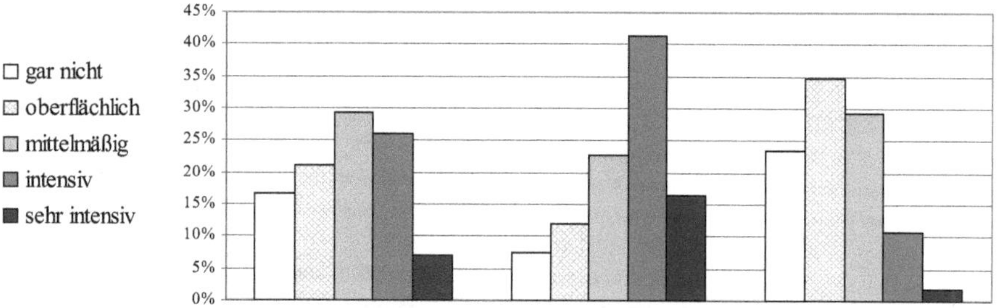

	gb_kapitalflussrechnung		*gb_guv*		*gb_anhang*	
	N	%	N	%	N	%
gar nicht	9.905	16,5%	4.895	7,5%	13.695	23,5%
oberflächlich	12.584	21,0%	7.803	12,0%	20.287	34,8%
mittelmäßig	17.569	29,3%	14.732	22,7%	17.046	29,2%
intensiv	15.623	26,1%	26.822	41,3%	6.227	10,7%
sehr intensiv	4.215	7,0%	10.686	16,5%	1.108	1,9%
Summe	59.896		64.938		58.363	
Median	mittelmäßig		intensiv		oberflächlich	
Modalwert	mittelmäßig		intensiv		oberflächlich	

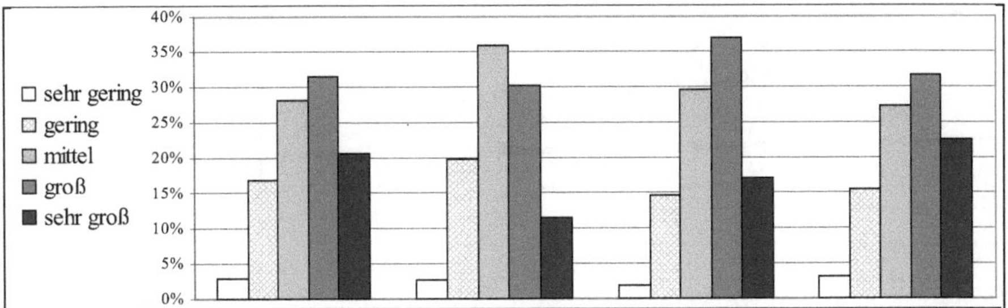

	angst_ management		*angst_ mehrheitsaktionär*		*angst_ großaktionär*		*angst_banken*	
	N	%	N	%	N	%	N	%
sehr gering	2.034	2,9%	1.860	2,8%	1.344	2,0%	2.123	3,1%
gering	11.740	16,9%	13.108	19,7%	9.889	14,6%	10.477	15,4%
mittel	19.516	28,1%	23.865	35,9%	20.110	29,6%	18.642	27,3%
groß	21.792	31,4%	20.064	30,1%	25.037	36,8%	21.569	31,6%
sehr groß	14.336	20,7%	7.664	11,5%	11.580	17,0%	15.418	22,6%
Summe	69.418		66.561		67.960		68.229	
Median	groß		mittel		groß		groß	
Modalwert	groß		mittel		groß		groß	

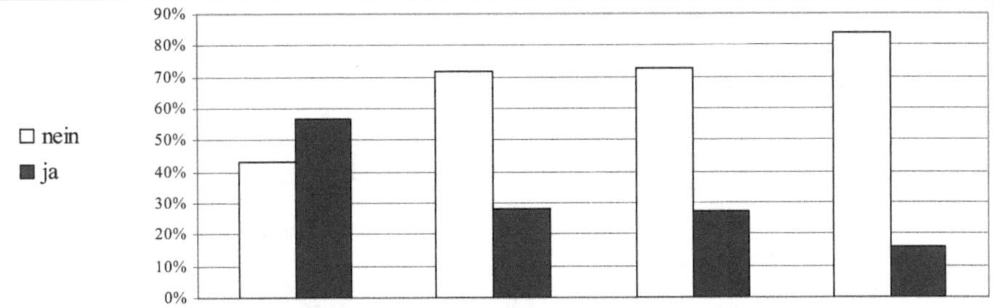

	simmrecht_ verzicht		*steuern*		*wiwi_knowhow*		*geschlecht_ weiblich*	
	N	%	N	%	N	%	N	%
nein	24.740	43,1%	53.130	71,7%	53.773	72,7%	62.317	83,8%
ja	32.670	56,9%	20.981	28,3%	20.235	27,3%	12.006	16,2%
Summe	57.410		74.111		74.008		74.323	
Modalwert	ja		nein		nein		nein	

	mitarbeiter_dpag	
	N	%
nein	64.669	87,2%
ja, gewesen	2.391	3,2%
ja, aktuell	7.084	9,6%
Summe	74.144	
Median	nein	
Modalwert	nein	

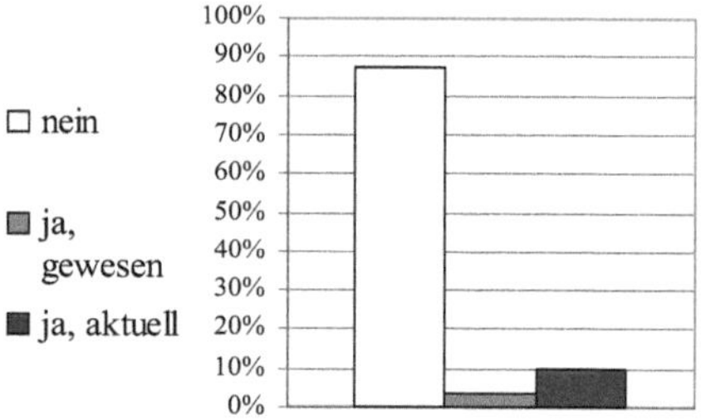

	dividendenbemessung_pflicht	
	N	%
sehr dagegen	17.044	27,3%
eher dagegen	19.071	30,6%
unentschieden	9.704	15,6%
eher dafür	9.706	15,6%
sehr dafür	6.855	11,0%
Summe	62.380	
Median	eher dagegen	
Modalwert	eher dagegen	

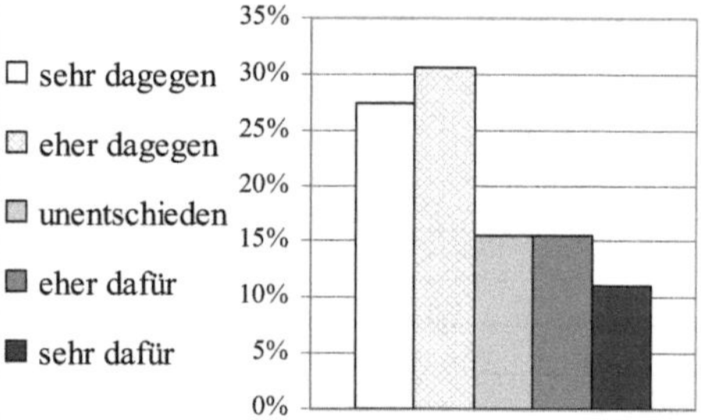

	schulabschluss	
	N	%
kein Abschluss	362	0,5%
Hauptschule/ Volksschule	13.331	17,9%
Realschule/ Mittlere Reife	18.113	24,4%
Fachoberschulreife/Abitur	8.596	11,6%
(Fach-)Hochschulstudium laufend	3.345	4,5%
(Fach-)Hochschulstudium abgeschlossen	30.576	41,1%
Summe	74.323	
Median	Fachoberschulreife/ Abitur	
Modalwert	(Fach-)Hochschulstudium abgeschlossen	

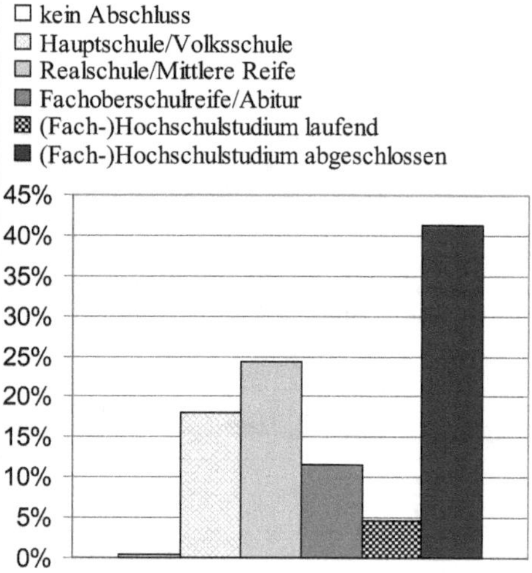

	anlagestrategie	
	N	%
kurzfristige Gewinne	5.011	6,8%
langfristige Vermögensbildung	54.460	73,7%
regelmäßiges Einkommen aus Dividenden/ Kursgewinnen	14.462	19,6%
Summe	74.323	
Modalwert	langfristige Vermögensbildung	

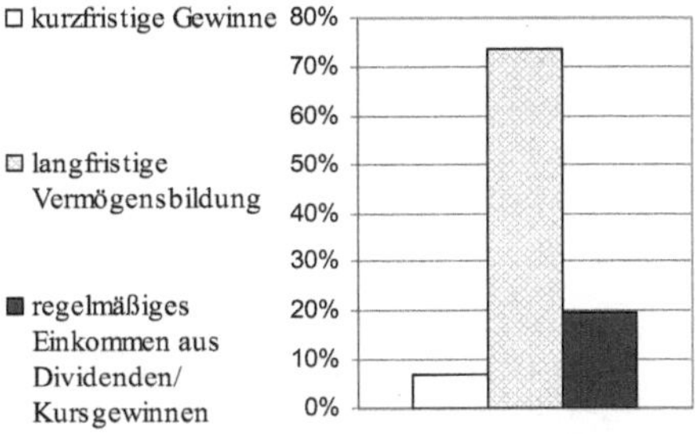

	wohnsituation	
	N	%
wohne bei Eltern	1.915	2,6%
gemietete Wohnung	16.874	22,8%
gemietetes Haus	1.748	2,4%
Eigentumswohnung	8.434	11,4%
Eigentum Reihenhaus/ Doppelhaushälfte	12.829	17,3%
Eigentum freistehendes Haus	32.176	43,5%
Summe	73.976	
Median	Eigentum Reihenhaus/ Doppelhaushälfte	
Modalwert	Eigentum freistehendes Haus	

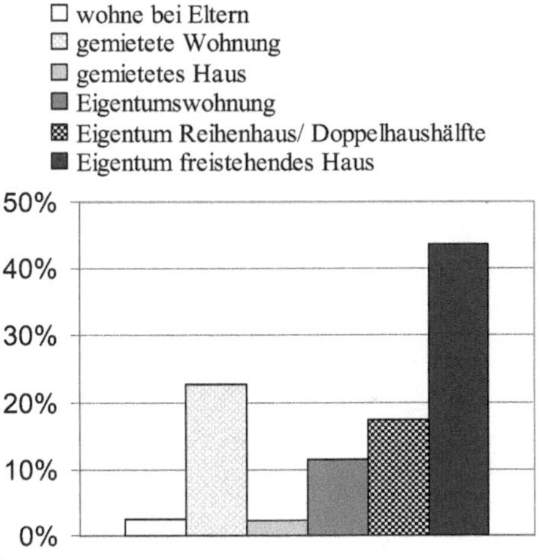

	N	**Min.**	**5%-Perzentil**	**Mittelwert**	**Median**	**95%-Perzentil**	**Max.**	**Standardabweichung**
alter	74.323	14	30	55	58	77	95	15
erfahrung	72.415	1	3	13	8	40	75	11
aktienvermögen	69.135	0	2	25	20	70	100	21
anzahl_ unternehmen	72.856	1	1	9	6	24	810	10

Anlage 6: Spearman-Rangkorrelationen (2004er Datensatz)

	dividendenpräferenz	dividende_vs_gewinn	info_medien_bedeutung	info_medien_verständlichkeit	info_sozial_bedeutung	info_sozial_verständlichkeit	info_GB_bedeutung	info_GB_verständlichkeit	info_GB_vertrauenswürdigkeit	gb_aktionärsbrief	gb_aufsichtsratsbericht	gb_lagebericht	gb_bilanz	gb_kapitalflussrechnung	gb_guv	gb_anhang	dividendenbemessung_pflicht	angst_management	angst_mehrheitsaktionär	angst_großaktionär	angst_banken	mitarbeiter_dpag	schulabschluss	wohnsituation	alter(klassiert)	erfahrung(klassiert)	aktienvermögen(klassiert)	anzahl_unternehmen(klassiert)
dividendenpräferenz	-																											
dividende_vs_gewinn	-,13	-																										
info_medien_bedeutung	-,04	-,01	-																									
info_medien_verständlichkeit	-,05	,02	,40	-																								
info_sozial_bedeutung	,04	-,03	,00	-,01	-																							
info_sozial_verständlichkeit	,00	-,02	,03	,08	,66	-																						
info_GB_bedeutung	,10	,06	,01	,02	,00	-,04	-																					
info_GB_verständlichkeit	,06	,07	,03	,17	,00	,00	,52	-																				
info_GB_vertrauenswürdigkeit	,05	,04	,04	,13	,01	,05	,51	,56	-																			
gb_aktionärsbrief	,11	,02	,04	,04	,02	-,04	,39	,33	,29	-																		
gb_aufsichtsratsbericht	,11	,02	,01	,02	,04	-,03	,43	,34	,30	,75	-																	
gb_lagebericht	,07	,06	,09	,10	-,04	-,01	,43	,35	,33	,48	,49	-																
gb_bilanz	,08	,07	,03	,07	-,02	-,03	,50	,40	,33	,36	,44	,59	-															
gb_kapitalflussrechnung	,07	,15	,01	,05	-,01	-,04	,44	,38	,27	,36	,42	,48	,66	-														
gb_guv	,07	,08	,04	,07	-,03	-,04	,46	,38	,31	,34	,39	,51	,72	,72	-													
gb_anhang	,08	,12	,01	,04	,01	-,03	,37	,35	,23	,40	,43	,45	,48	,58	,50	-												
dividendenbemessung_pflicht	,17	-,13	-,08	-,11	,11	-,03	,03	-,01	-,04	,03	,09	-,07	,02	,00	-,01	,00	-											
angst_management	-,01	-,03	,00	-,03	,01	,02	-,11	-,15	-,20	-,16	-,14	-,11	-,08	-,07	-,07	-,07	,06	-										
angst_mehrheitsaktionär	,02	-,02	-,05	-,08	,01	-,06	-,04	-,08	-,14	-,04	-,02	-,08	-,04	-,02	-,04	-,02	,17	,29	-									
angst_großaktionär	,00	-,01	-,03	-,05	-,02	-,05	-,03	-,07	-,12	-,04	-,04	-,04	-,02	-,01	-,01	-,01	,08	,34	,65	-								
angst_banken	,00	-,02	-,03	-,06	,03	,01	-,03	-,11	-,13	-,10	-,06	-,08	-,03	-,03	-,05	-,05	,11	,28	,44	,33	-							
mitarbeiter_dpag	,01	-,01	,01	-,01	,06	,02	,02	-,02	,00	,00	,03	-,03	,01	,01	,00	,00	,08	,00	,05	,03	,07	-						
schulabschluss	-,05	,04	,05	,09	-,04	,09	-,09	-,02	-,01	-,09	-,13	,01	-,06	-,05	-,05	-,05	-,26	,01	-,09	-,03	-,03	-,18	-					
wohnsituation	,01	,01	-,02	-,03	-,05	-,11	,02	,02	-,03	,05	,03	,00	,01	,02	,02	,03	,01	,00	,04	,03	-,02	-,03	-,05	-				
alter(klassiert)	,11	-,01	-,11	-,11	-,09	-,21	,08	,11	-,02	,20	,15	,02	,02	,02	,03	,07	,16	-,07	,11	,07	-,05	-,17	-,10	,27	-			
erfahrung(klassiert)	,01	,03	,01	,02	-,10	-,09	-,01	,05	-,03	,10	,01	,08	,01	,04	,04	,06	-,15	-,01	-,02	,03	-,10	-,24	,13	,20	,36	-		
aktienvermögen(klassiert)	-,07	,02	,04	,07	-,07	-,01	-,01	,02	,01	,04	-,03	,06	,01	,02	,03	,01	-,12	,02	-,04	-,01	-,05	-,14	,08	-,04	,00	,26	-	
anzahl_unternehmen(klassiert)	-,06	,03	,04	,07	-,11	-,05	-,02	,03	-,02	,05	-,04	,09	,02	,04	,05	,04	-,19	,03	-,06	,00	-,09	-,29	,18	,12	,12	,46	,50	-

Anlage 7: Vergleich der Anlegermerkmale Alter, Geschlecht und Schulabschluss mit Daten des DAI

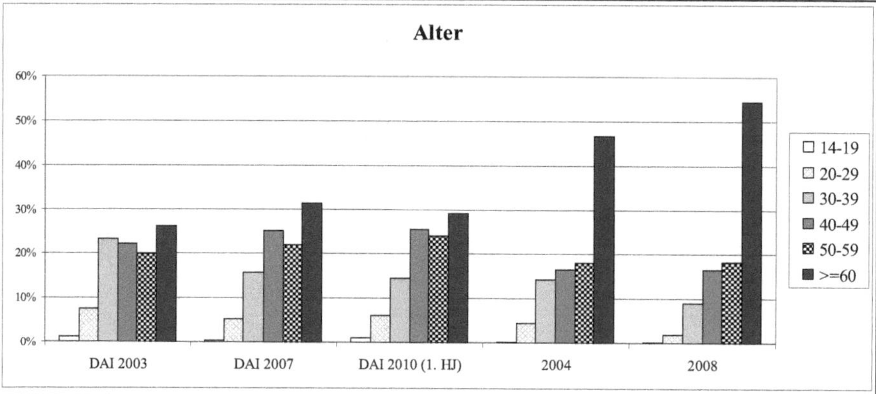

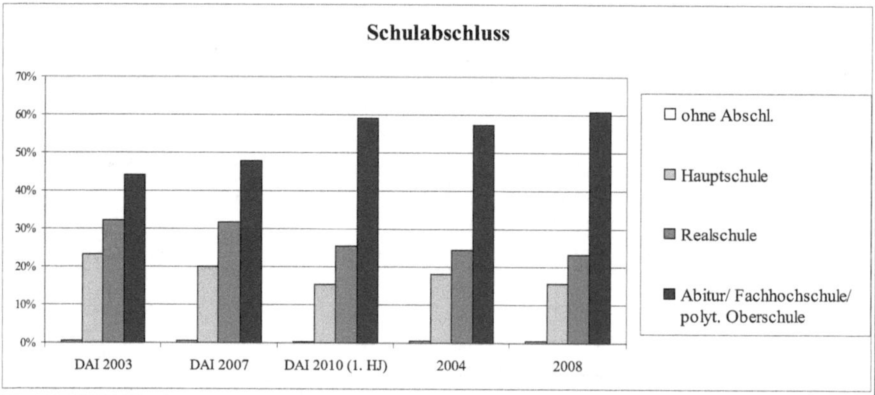

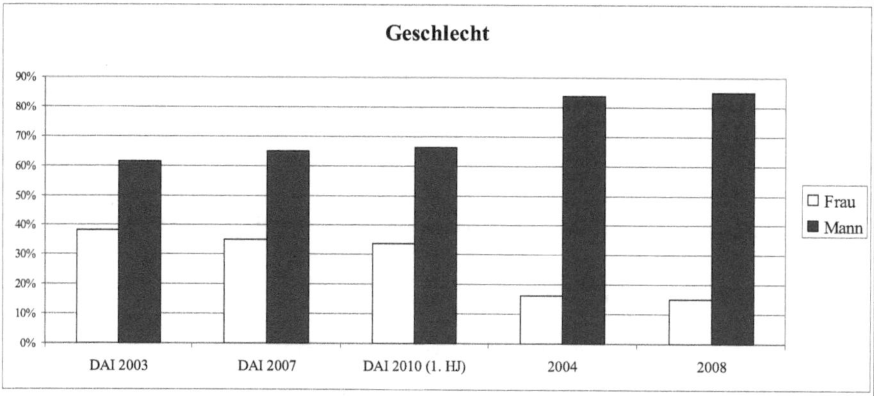

Anlage 8: Ausschüttungsquoten und Dividendenrenditen deutscher Unternehmen im Vergleich

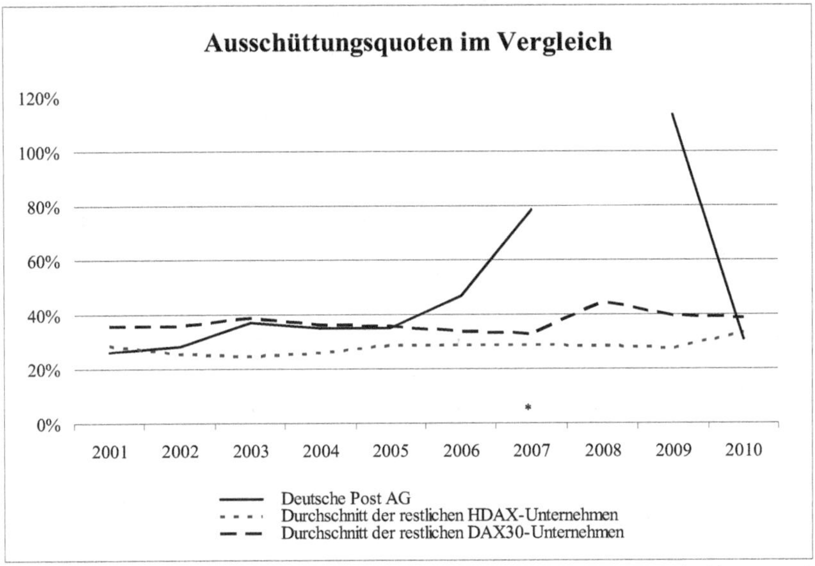

* Da die DPAG im Geschäftsjahr 2008 ein negatives Konzernergebnis ausgewiesen hat, lässt sich eine Ausschüttungsquote für das Jahr nicht sinnvoll berechnen.

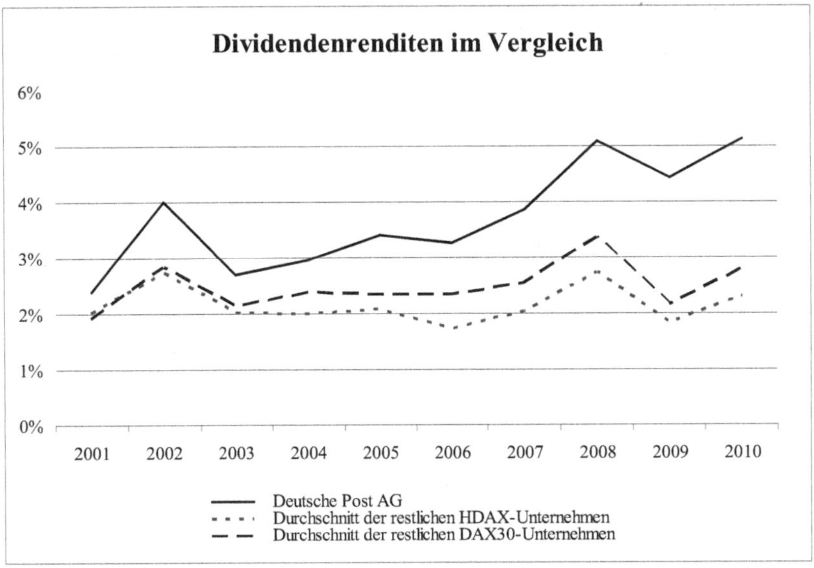

Anlage 9: Bivariate Analyse des Einflusses demografischer und steuerlicher Variablen auf die Dividendenpräferenz (2004er Datensatz)

	n = 72.351	*dividendenpräferenz* keine Dividende	niedrige Dividende	mittlere Dividende	hohe Dividende	sehr hohe Dividende	Gesamt
alter							
(+)	< 25	10%	34%	36%	18%	2%	100%
	25 - 39	10%	36%	36%	15%	3%	100%
	40 - 54	10%	35%	38%	15%	3%	100%
	55 - 69	7%	34%	38%	18%	3%	100%
	70+	5%	27%	42%	22%	5%	100%
Chi-Quadrat 1036,25***			Somers-d ,09***			Kendall-Tau-b ,09***	
df 16			Spearman ,11***			Gamma ,13***	

	n = 70.513	*dividendenpräferenz* keine Dividende	niedrige Dividende	mittlere Dividende	hohe Dividende	sehr hohe Dividende	Gesamt
erfahrung							
(-)	< 5	8%	32%	38%	17%	4%	100%
	5 - 9	8%	34%	38%	17%	3%	100%
	10 - 14	8%	34%	38%	18%	3%	100%
	15 - 19	8%	35%	38%	16%	3%	100%
	20+	7%	33%	38%	19%	4%	100%
Chi-Quadrat 87,04***			Somers-d ,01***			Kendall-Tau-b ,01***	
df 16			Spearman ,01***			Gamma ,01***	

	n = 67.358	*dividendenpräferenz* keine Dividende	niedrige Dividende	mittlere Dividende	hohe Dividende	sehr hohe Dividende	Gesamt
aktienvermögen							
(-)	< 15	7%	31%	40%	18%	4%	100%
	15 - 29	7%	34%	39%	17%	3%	100%
	30 - 44	8%	35%	37%	17%	3%	100%
	45 - 59	10%	35%	36%	16%	3%	100%
	60+	12%	38%	33%	15%	3%	100%
Chi-Quadrat 435,87***			Somers-d -,05***			Kendall-Tau-b -,06***	
df 16			Spearman -,07***			Gamma -,08***	

n = 70.949	*dividendenpräferenz* keine Dividende	niedrige Dividende	mittlere Dividende	hohe Dividende	sehr hohe Dividende	Gesamt
anzahl_unternehmen						
(-) < 3	7%	30%	40%	19%	5%	100%
3 - 5	7%	32%	39%	18%	3%	100%
6 - 14	8%	35%	37%	17%	3%	100%
15 - 19	9%	37%	36%	16%	2%	100%
20+	10%	36%	35%	16%	3%	100%
Chi-Quadrat 333,80***		Somers-d -,05***			Kendall-Tau-b -,05***	
df 16		Spearman -,06***			Gamma -,07***	

n = 72.148	*dividendenpräferenz* keine Dividende	niedrige Dividende	mittlere Dividende	hohe Dividende	sehr hohe Dividende	Gesamt
steuern						
(-) nein	7%	31%	39%	19%	4%	100%
ja	10%	38%	36%	13%	3%	100%
Chi-Quadrat 665,60***		Cramer-V ,10***			Tau ,00***	
df 4		Lambda ,01***			Unsich.koeff. ,00***	

n = 71.996	*dividendenpräferenz* keine Dividende	niedrige Dividende	mittlere Dividende	hohe Dividende	sehr hohe Dividende	Gesamt
anlagestrategie (regelmäß. Einkommen)						
kurzfristge Gewinne	21%	48%	20%	9%	2%	100%
langfristige Vermögensbildung	8%	35%	40%	15%	3%	100%
regelmäß. Einkommen aus Dividenden/ Kursgewinnen	4%	23%	38%	29%	6%	100%
Chi-Quadrat 4.762,55***		Cramer-V ,18***			Tau ,02***	
df 8		Lambda ,03***			Unsich.koeff. ,02***	

n = 72.351	keine Dividende	niedrige Dividende	mittlere Dividende	hohe Dividende	sehr hohe Dividende	Gesamt
	dividendenpräferenz					
schulabschluss						
(-) Kein Abschluss	9%	31%	33%	17%	9%	100%
Hauptschule/ Volksschule	7%	30%	40%	18%	5%	100%
Realschule/ MittlereReife	7%	33%	39%	18%	3%	100%
Fachoberschulreife/ Abitur	8%	34%	38%	18%	3%	100%
(Fach)Hochschul-studium laufend	9%	34%	36%	18%	3%	100%
(Fach-)Hochschul-studium abgeschlossen	9%	34%	36%	18%	3%	100%
Chi-Quadrat 292,37***		Somers-d -,04***			Kendall-Tau-b -,04***	
df 20		Spearman -,05***			Gamma -,06***	

n = 72.015	keine Dividende	niedrige Dividende	mittlere Dividende	hohe Dividende	sehr hohe Dividende	Gesamt
	dividendenpräferenz					
wohnsituation						
(-) wohne bei Eltern	8%	23%	44%	20%	6%	100%
gemietete Wohnung	6%	28%	40%	23%	4%	100%
gemietetes Haus	6%	33%	34%	22%	4%	100%
Eigentumswohnung	5%	28%	39%	23%	5%	100%
Eigentum Reihen-haus/Doppelhaushälfte	5%	28%	40%	23%	4%	100%
Eigentum freistehendes Haus	5%	28%	40%	23%	4%	100%
Chi-Quadrat 89,66***		Somers-d ,01***			Kendall-Tau-b ,01***	
df 20		Spearman ,01***			Gamma ,02***	

n = 72.044	keine Dividende	niedrige Dividende	mittlere Dividende	hohe Dividende	sehr hohe Dividende	Gesamt
	dividendenpräferenz					
wiwi_ knowhow						
(-) nein	8%	32%	39%	18%	3%	100%
ja	9%	36%	36%	16%	3%	100%
Chi-Quadrat 188,98***		Cramer-V ,05***			Tau ,00***	
df 4		Lambda ,00			Unsich.koeff. ,00***	

n = 72.351	keine Dividende	niedrige Dividende	mittlere Dividende	hohe Dividende	sehr hohe Dividende	Gesamt
	dividendenpräferenz					
geschlecht_weiblich						
(+) nein	8%	34%	38%	17%	3%	100%
ja	7%	32%	38%	19%	4%	100%
Chi-Quadrat 39,09***		Cramer-V ,02***			Tau ,00***	
df 4		Lambda ,00			Unsich.koeff. ,00***	

Anlage 10: Bivariate Analyse des Einflusses von Agency-Aspekten auf die Dividendenpräferenz (2004er Datensatz)

		dividendenpräferenz					
	n = 67.709	keine Dividende	niedrige Dividende	mittlere Dividende	hohe Dividende	sehr hohe Dividende	Gesamt
angst_management							
(+)	sehr gering	8%	33%	36%	18%	5%	100%
	gering	7%	34%	39%	17%	3%	100%
	mittel	6%	33%	41%	16%	2%	100%
	groß	8%	34%	37%	18%	3%	100%
	sehr groß	12%	32%	34%	18%	5%	100%
Chi-Quadrat	717,17***		Somers-d	-0,1***		Kendall-Tau-b	-0,1***
df	16		Spearman	-0,1***		Gamma	-0,1***

		dividendenpräferenz					
	n = 64.950	keine Dividende	niedrige Dividende	mittlere Dividende	hohe Dividende	sehr hohe Dividende	Gesamt
angst_mehrheitsaktionär							
(+)	sehr gering	11%	35%	32%	17%	6%	100%
	gering	8%	35%	37%	17%	3%	100%
	mittel	7%	34%	40%	17%	2%	100%
	groß	8%	33%	38%	18%	3%	100%
	sehr groß	11%	31%	34%	18%	6%	100%
Chi-Quadrat	533,80***		Somers-d	,01***		Kendall-Tau-b	,01***
df	16		Spearman	,02***		Gamma	,02***

		dividendenpräferenz					
	n = 5.044	keine Dividende	niedrige Dividende	mittlere Dividende	hohe Dividende	sehr hohe Dividende	Gesamt
mitarbeiter_dpag							
(-)	nein	8%	29%	40%	18%	4%	100%
	ja, gewesen	6%	29%	40%	20%	5%	100%
	ja, aktuell	6%	28%	42%	19%	5%	100%
Chi-Quadrat	9,54		Somers-d	,04***		Kendall-Tau-b	,03***
df	8		Spearman	,04***		Gamma	,05***

n = 66.302	*dividendenpräferenz* keine Dividende	niedrige Dividende	mittlere Dividende	hohe Dividende	sehr hohe Dividende	Gesamt
angst_großaktionär						
(+) sehr gering	11%	32%	31%	17%	8%	100%
gering	8%	35%	37%	17%	3%	100%
mittel	7%	34%	41%	17%	2%	100%
groß	7%	34%	38%	18%	3%	100%
sehr groß	11%	32%	35%	18%	5%	100%
Chi-Quadrat 573,23***		Somers-d ,00		Kendall-Tau-b ,00		
df 16		Spearman ,00		Gamma ,00		

n = 66.534	*dividendenpräferenz* keine Dividende	niedrige Dividende	mittlere Dividende	hohe Dividende	sehr hohe Dividende	Gesamt
angst_banken						
(+) sehr gering	9%	36%	35%	16%	4%	100%
gering	7%	35%	38%	17%	2%	100%
mittel	7%	33%	40%	17%	2%	100%
groß	7%	33%	39%	17%	3%	100%
sehr groß	11%	33%	34%	18%	5%	100%
Chi-Quadrat 526,34***		Somers-d ,00		Kendall-Tau-b ,00		
df 16		Spearman ,00		Gamma ,00		

n = 56.147	*dividendenpräferenz* keine Dividende	niedrige Dividende	mittlere Dividende	hohe Dividende	sehr hohe Dividende	Gesamt
simmrecht_verzicht						
(-) nein	6%	31%	41%	19%	4%	100%
ja	10%	36%	35%	16%	3%	100%
Chi-Quadrat 688,28***		Cramer-V ,11***		Tau ,00***		
df 1		Lambda ,02***		Unsich.koeff. ,00***		

Anlage 11: Bivariate Analyse des Einflusses von Informationsverhalten und -asymmetrien auf die relative Bedeutung von Dividendenänderungen (2004er Datensatz)

n = 56.336	*dividende_vs_gewinn* Gewinn deutlich wichtiger	Gewinn etwas wichtiger	indifferent	Dividende etwas wichtiger	Dividende deutlich wichtiger	Gesamt
info_medien_bedeutung						
(+) sehr gering	0%	27%	55%	17%	0%	100%
gering	0%	32%	47%	20%	0%	100%
mittelmäßig	0%	33%	48%	19%	0%	100%
hoch	0%	34%	46%	20%	0%	100%
sehr hoch	0%	36%	43%	21%	0%	100%
Chi-Quadrat 128,59***		Somers-d -,01***			Kendall-Tau-b -,01***	
df 16		Spearman -,01***			Gamma -,02***	

n = 55.450	*dividende_vs_gewinn* Gewinn deutlich wichtiger	Gewinn etwas wichtiger	indifferent	Dividende etwas wichtiger	Dividende deutlich wichtiger	Gesamt
info_medien_ verständlichkeit						
(+) sehr gering	0%	30%	54%	15%	0%	100%
gering	0%	34%	50%	16%	0%	100%
mittelmäßig	0%	34%	48%	18%	0%	100%
hoch	0%	34%	45%	21%	0%	100%
sehr hoch	0%	34%	44%	22%	0%	100%
Chi-Quadrat 120,56***		Somers-d ,02***			Kendall-Tau-b ,02***	
df 16		Spearman ,02***			Gamma ,03***	

n = 49.114	*dividende_vs_gewinn* Gewinn deutlich wichtiger	Gewinn etwas wichtiger	indifferent	Dividende etwas wichtiger	Dividende deutlich wichtiger	Gesamt
info_sozial_bedeutung						
(+) sehr gering	0%	33%	44%	22%	0%	100%
gering	0%	35%	44%	20%	0%	100%
mittelmäßig	0%	35%	46%	19%	0%	100%
hoch	0%	36%	46%	17%	0%	100%
sehr hoch	0%	36%	50%	14%	0%	100%
Chi-Quadrat 112,47***		Somers-d -,03***			Kendall-Tau-b -,03***	
df 16		Spearman -,03***			Gamma -,04***	

n = 42.909	*dividende_vs_gewinn* Gewinn deutlich wichtiger	Gewinn etwas wichtiger	indifferent	Dividende etwas wichtiger	Dividende deutlich wichtiger	Gesamt
info_sozial_ verständlichkeit						
(+) sehr gering	0%	33%	46%	21%	0%	100%
gering	0%	34%	47%	19%	0%	100%
mittelmäßig	0%	35%	46%	20%	0%	100%
hoch	0%	37%	42%	20%	0%	100%
sehr hoch	0%	37%	40%	23%	0%	100%
Chi-Quadrat 112,35***		Somers-d -,02***			Kendall-Tau-b -,02***	
df 16		Spearman -,02***			Gamma -,03***	

n = 53.356	*dividende_vs_gewinn* Gewinn deutlich wichtiger	Gewinn etwas wichtiger	indifferent	Dividende etwas wichtiger	Dividende deutlich wichtiger	Gesamt
info_gb_bedeutung						
(-) sehr gering	0%	38%	46%	16%	0%	100%
gering	0%	38%	44%	18%	0%	100%
mittelmäßig	0%	35%	46%	19%	0%	100%
hoch	0%	32%	46%	22%	0%	100%
sehr hoch	0%	32%	44%	24%	0%	100%
Chi-Quadrat 244,84***		Somers-d ,05***			Kendall-Tau-b ,05***	
df 16		Spearman ,06***			Gamma ,08***	

n = 51.595	*dividende_vs_gewinn* Gewinn deutlich wichtiger	Gewinn etwas wichtiger	indifferent	Dividende etwas wichtiger	Dividende deutlich wichtiger	Gesamt
info_gb_verständlichkeit						
(-) sehr gering	0%	41%	43%	16%	0%	100%
gering	0%	38%	43%	18%	0%	100%
mittelmäßig	0%	34%	46%	20%	0%	100%
hoch	0%	31%	46%	23%	0%	100%
sehr hoch	0%	29%	49%	22%	0%	100%
Chi-Quadrat 285,52***		Somers-d ,06***			Kendall-Tau-b ,06***	
df 16		Spearman -,07***			Gamma -,09***	

n = 49.893	*dividende_vs_gewinn* Gewinn deutlich wichtiger	Gewinn etwas wichtiger	indifferent	Dividende etwas wichtiger	Dividende deutlich wichtiger	Gesamt
info_gb_ vertrauenswürdigkeit						
(-) sehr gering	0%	36%	47%	17%	0%	100%
gering	0%	38%	44%	18%	0%	100%
mittelmäßig	0%	34%	46%	21%	0%	100%
hoch	0%	33%	45%	22%	0%	100%
sehr hoch	0%	33%	43%	23%	0%	100%
Chi-Quadrat 124,92***		Somers-d ,03***			Kendall-Tau-b ,03***	
df 16		Spearman ,04***			Gamma ,05***	

n = 56.292	*dividende_vs_gewinn* Gewinn deutlich wichtiger	Gewinn etwas wichtiger	indifferent	Dividende etwas wichtiger	Dividende deutlich wichtiger	Gesamt
gb_aktionärsbrief						
(+) gar nicht	0%	36%	45%	19%	0%	100%
oberflächlich	0%	36%	43%	20%	0%	100%
mittelmäßig	0%	33%	48%	20%	0%	100%
intensiv	0%	34%	47%	19%	0%	100%
sehr intensiv	0%	34%	46%	19%	0%	100%
Chi-Quadrat 100,59***		Somers-d ,01***			Kendall-Tau-b ,02***	
df 16		Spearman ,02***			Gamma ,02***	

n = 56.487	dividende_vs_gewinn					
	Gewinn deutlich wichtiger	Gewinn etwas wichtiger	indifferent	Dividende etwas wichtiger	Dividende deutlich wichtiger	Gesamt
gb_aufsichtsratsbericht						
(+) gar nicht	0%	36%	45%	19%	0%	100%
oberflächlich	0%	36%	44%	20%	0%	100%
mittelmäßig	0%	34%	46%	20%	0%	100%
intensiv	0%	33%	48%	19%	0%	100%
sehr intensiv	0%	31%	49%	20%	0%	100%
Chi-Quadrat 103,44***		Somers-d ,02***			Kendall-Tau-b ,02***	
df 16		Spearman ,02***			Gamma ,02***	

n = 56.899	dividende_vs_gewinn					
	Gewinn deutlich wichtiger	Gewinn etwas wichtiger	indifferent	Dividende etwas wichtiger	Dividende deutlich wichtiger	Gesamt
gb_lagebericht						
(-) gar nicht	0%	35%	51%	13%	0%	100%
oberflächlich	0%	37%	48%	15%	0%	100%
mittelmäßig	0%	35%	47%	18%	0%	100%
intensiv	0%	34%	45%	22%	0%	100%
sehr intensiv	0%	32%	42%	26%	0%	100%
Chi-Quadrat 441,23***		Somers-d ,05***			Kendall-Tau-b ,05***	
df 16		Spearman ,06***			Gamma ,08***	

n = 56.625	dividende_vs_gewinn					
	Gewinn deutlich wichtiger	Gewinn etwas wichtiger	indifferent	Dividende etwas wichtiger	Dividende deutlich wichtiger	Gesamt
gb_bilanz gar nicht	0%	36%	51%	13%	0%	100%
(-) oberflächlich	0%	39%	46%	15%	0%	100%
mittelmäßig	0%	35%	47%	18%	0%	100%
intensiv	0%	33%	46%	21%	0%	100%
sehr intensiv	0%	32%	43%	25%	0%	100%
Chi-Quadrat 451,03***		Somers-d ,06***			Kendall-Tau-b ,06***	
df 16		Spearman ,07***			Gamma ,09***	

n = 53.310	*dividende_vs_gewinn* Gewinn deutlich wichtiger	Gewinn etwas wichtiger	indifferent	Dividende etwas wichtiger	Dividende deutlich wichtiger	Gesamt
gb_kapitalflussrechnung						
(-) gar nicht	0%	42%	44%	13%	0%	100%
oberflächlich	0%	40%	44%	15%	0%	100%
mittelmäßig	0%	35%	47%	18%	0%	100%
intensiv	0%	28%	47%	25%	0%	100%
sehr intensiv	0%	23%	44%	33%	0%	100%
Chi-Quadrat 1400,61***		Somers-d ,12***			Kendall-Tau-b ,13***	
df 16		Spearman ,15***			Gamma ,19***	

n = 56.108	*dividende_vs_gewinn* Gewinn deutlich wichtiger	Gewinn etwas wichtiger	indifferent	Dividende etwas wichtiger	Dividende deutlich wichtiger	Gesamt
gb_guv gar nicht	0%	37%	51%	12%	0%	100%
(-) oberflächlich	0%	38%	47%	14%	0%	100%
mittelmäßig	0%	36%	47%	17%	0%	100%
intensiv	0%	33%	45%	21%	0%	100%
sehr intensiv	0%	31%	43%	26%	0%	100%
Chi-Quadrat 596,36***		Somers-d ,07***			Kendall-Tau-b ,07***	
df 16		Spearman ,08***			Gamma ,10***	

n = 52.113	*dividende_vs_gewinn* Gewinn deutlich wichtiger	Gewinn etwas wichtiger	indifferent	Dividende etwas wichtiger	Dividende deutlich wichtiger	Gesamt
gb_anhang						
(-) gar nicht	0%	41%	43%	16%	0%	100%
oberflächlich	0%	37%	45%	19%	0%	100%
mittelmäßig	0%	31%	48%	21%	0%	100%
intensiv	0%	26%	48%	26%	0%	100%
sehr intensiv	0%	23%	43%	35%	0%	100%
Chi-Quadrat 800,94***		Somers-d ,09***			Kendall-Tau-b ,10***	
df 16		Spearman ,12***			Gamma ,15***	

n = 30.501	*dividende_vs_gewinn* Gewinn deutlich wichtiger	Gewinn etwas wichtiger	indifferent	Dividende etwas wichtiger	Dividende deutlich wichtiger	Gesamt
dividendenbemessung_pflicht						
(-) sehr dagegen	0%	31%	41%	28%	0%	100%
eher dagegen	0%	34%	45%	21%	0%	100%
unentschieden	0%	37%	48%	15%	0%	100%
eher dafür	0%	39%	49%	12%	0%	100%
sehr dafür	0%	39%	50%	11%	0%	100%
Chi-Quadrat 1310,97***		Somers-d -,10***			Kendall-Tau-b -,11***	
df 16		Spearman -,13***			Gamma -,16***	

Anlage 12: Tabellarische Ergebnisdarstellung der CHAID-Analyse zur Variable *dividendenpräferenz* (2008er Datensatz)

Knoten	Vorheriger Knoten	Dividendenpräferenz			Gesamt		Zur Teilung verwendete Variable	p-Wert
		gering	mittel	hoch	N	Prozent		
0		32,9%	40,3%	26,8%	36.831	100,0%		
1	0	35,5%	42,0%	22,5%	26.473	71,9%	anlagestrategie	0,000
2	0	20,8%	37,9%	41,2%	8.796	23,9%	anlagestrategie	0,000
3	0	58,0%	23,6%	18,4%	1.562	4,2%	anlagestrategie	0,000
4	1	31,9%	43,3%	24,8%	16.212	44,0%	steuern	0,000
5	1	41,2%	39,9%	18,9%	10.261	27,9%	steuern	0,000
6	2	18,3%	38,0%	43,8%	5.422	14,7%	steuern	0,000
7	2	25,0%	37,9%	37,1%	3.374	9,2%	steuern	0,000
8	3	49,7%	27,7%	22,6%	795	2,2%	simmrecht_verzicht	0,000
9	3	66,6%	19,4%	14,0%	767	2,1%	simmrecht_verzicht	0,000
10	4	28,4%	45,8%	25,8%	8.616	23,4%	simmrecht_verzicht	0,000
11	4	35,9%	40,5%	23,6%	7.596	20,6%	simmrecht_verzicht	0,000
12	5	33,8%	42,5%	23,7%	2.709	7,4%	anzahl_unternehmen	0,000
13	5	39,3%	41,1%	19,6%	2.640	7,2%	anzahl_unternehmen	0,000
14	5	46,3%	37,8%	15,9%	4.912	13,3%	anzahl_unternehmen	0,000
15	6	16,0%	37,6%	46,3%	2.569	7,0%	anzahl_unternehmen	0,000
16	6	20,3%	38,2%	41,5%	2.853	7,7%	anzahl_unternehmen	0,000
17	7	16,5%	38,4%	45,1%	474	1,3%	aktienvermögen	0,000
18	7	26,4%	37,8%	35,8%	2.900	7,9%	aktienvermögen	0,000
19	8	41,0%	30,1%	28,8%	385	1,0%	anzahl_unternehmen	0,000
20	8	57,8%	25,4%	16,8%	410	1,1%	anzahl_unternehmen	0,000
21	9	69,9%	17,3%	12,8%	617	1,7%	alter	0,009
22	9	53,3%	28,0%	18,7%	150	0,4%	alter	0,009
23	10	30,0%	45,6%	24,4%	6.068	16,5%	alter	0,000
24	10	24,6%	46,3%	29,2%	2.548	6,9%	alter	0,000
25	11	34,0%	41,8%	24,2%	5.206	14,1%	wiwi_knowhow	0,000

Knoten	Vorheriger Knoten	Dividendenpräferenz			Gesamt		Zur Teilung verwendete Variable	p-Wert
		gering	mittel	hoch	N	Prozent		
26	11	40,0%	37,7%	22,3%	2.390	6,5%	wiwi_knowhow	0,000
27	12	29,1%	44,9%	26,0%	1.654	4,5%	simmrecht_verzicht	0,000
28	12	41,2%	38,6%	20,2%	1.055	2,9%	simmrecht_verzicht	0,000
29	13	35,6%	43,5%	20,9%	1.750	4,8%	wiwi_knowhow	0,000
30	13	46,5%	36,4%	17,1%	890	2,4%	wiwi_knowhow	0,000
31	14	48,7%	37,0%	14,2%	3.629	9,9%	alter	0,000
32	14	39,4%	40,1%	20,5%	1.283	3,5%	alter	0,000
33	16	22,4%	38,5%	39,2%	1.734	4,7%	erfahrung	0,002
34	16	17,0%	37,9%	45,1%	1.119	3,0%	erfahrung	0,002
35	23	28,8%	46,5%	24,7%	5.257	14,3%	aktienvermögen	0,001
36	23	37,5%	40,2%	22,3%	811	2,2%	aktienvermögen	0,001
37	25	35,5%	41,7%	22,8%	3.470	9,4%	alter	0,001
38	25	31,1%	41,9%	27,0%	1.736	4,7%	alter	0,001
39	27	26,4%	46,1%	27,5%	1.298	3,5%	wiwi_knowhow	0,000
40	27	38,8%	40,7%	20,5%	356	1,0%	wiwi_knowhow	0,000
41	29	30,1%	45,6%	24,3%	575	1,6%	simmrecht_verzicht	0,001
42	29	38,3%	42,5%	19,2%	1.175	3,2%	simmrecht_verzicht	0,001
43	31	42,9%	41,4%	15,7%	1.322	3,6%	simmrecht_verzicht	0,000
44	31	52,1%	34,5%	13,4%	2.307	6,3%	simmrecht_verzicht	0,000
45	34	17,7%	38,7%	43,6%	1.012	2,7%	geschlecht_weiblich	0,001
46	34	10,3%	29,9%	59,8%	107	0,3%	geschlecht_weiblich	0,001

Anlage 13: Baumanalyse der Variable *dividendenpräferenz* (2004er Datensatz, Teil 1)

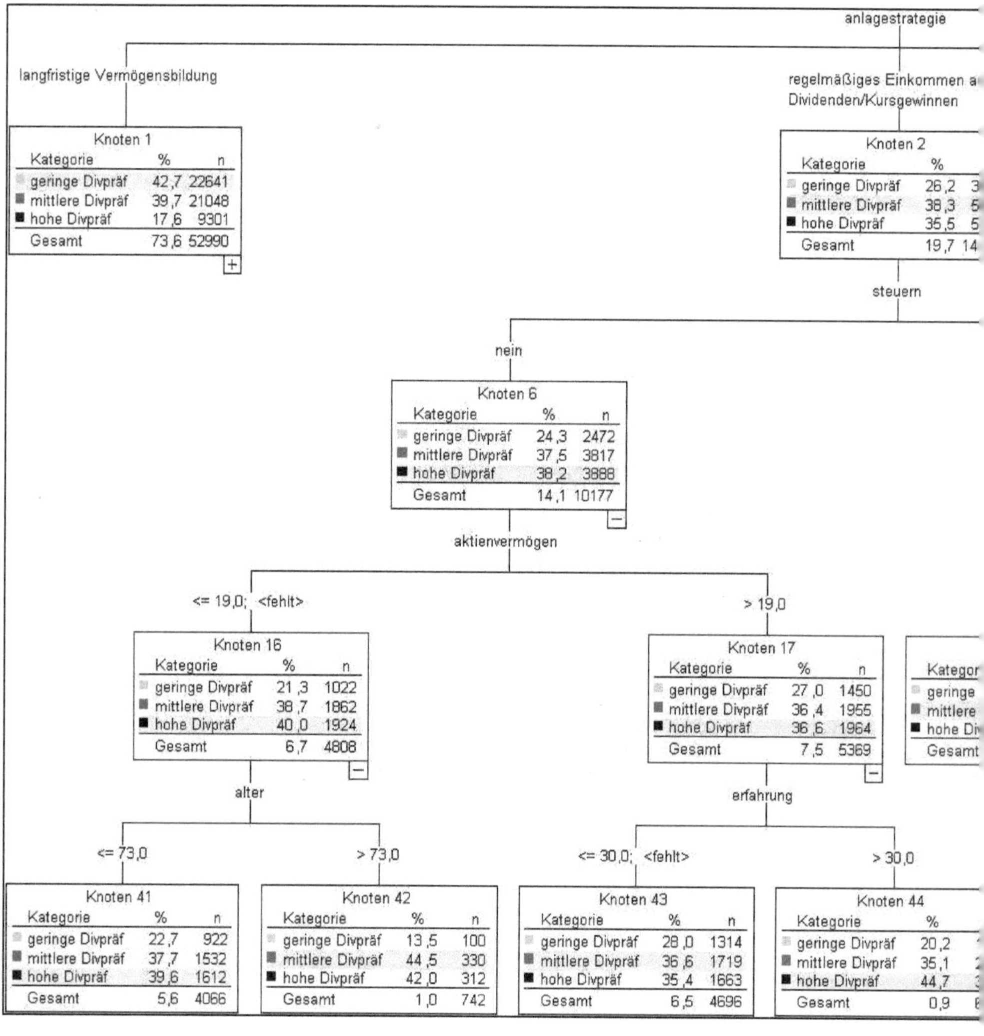

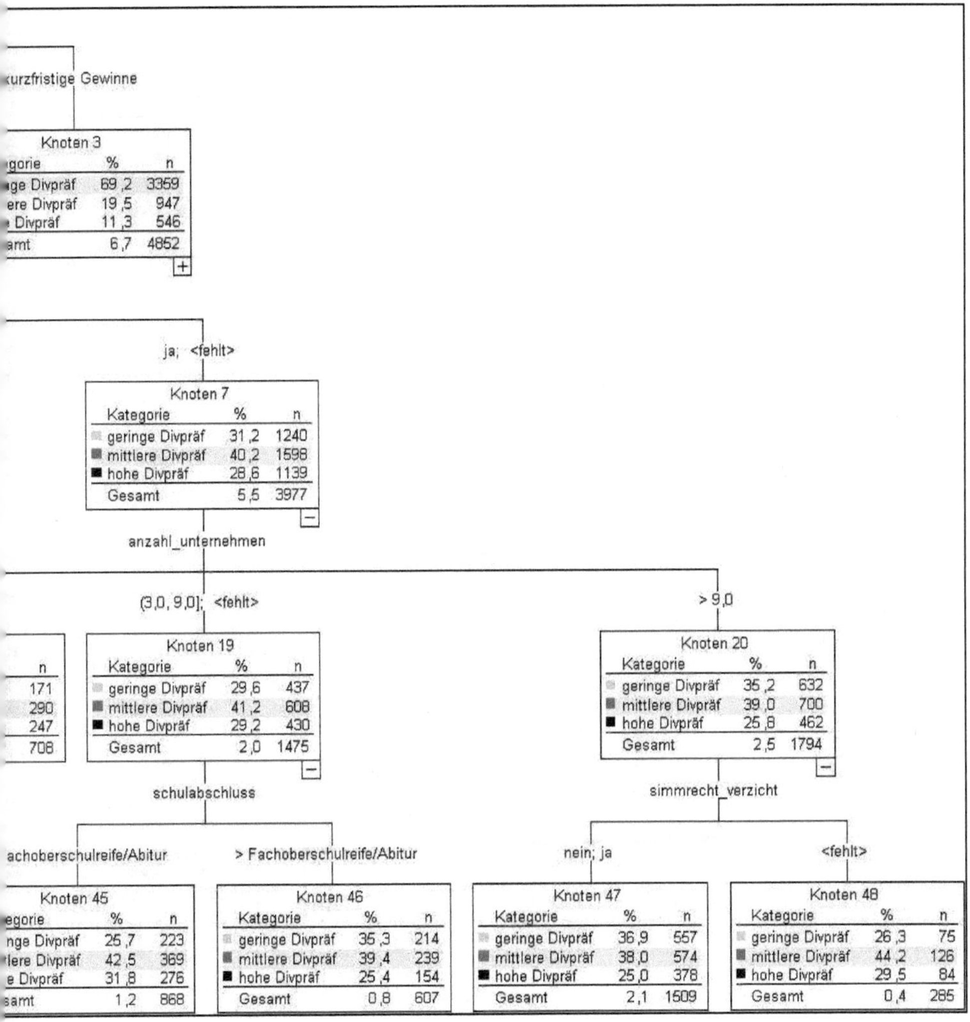

kurzfristige Gewinne
Knoten 3
Kategorie % n
geringe Divpräf 69,2 3359
mittlere Divpräf 19,5 947
hohe Divpräf 11,3 546
Gesamt 6,7 4852
ja; <fehlt>
Knoten 7
Kategorie % n
geringe Divpräf 31,2 1240
mittlere Divpräf 40,2 1598
hohe Divpräf 28,6 1139
Gesamt 5,5 3977
anzahl_unternehmen
(3,0, 9,0]; <fehlt>
> 9,0
n
171
290
247
708
Knoten 19
Kategorie % n
geringe Divpräf 29,6 437
mittlere Divpräf 41,2 608
hohe Divpräf 29,2 430
Gesamt 2,0 1475
Knoten 20
Kategorie % n
geringe Divpräf 35,2 632
mittlere Divpräf 39,0 700
hohe Divpräf 25,8 462
Gesamt 2,5 1794
schulabschluss
simmrecht_verzicht
Fachoberschulreife/Abitur
> Fachoberschulreife/Abitur
nein; ja
<fehlt>
Knoten 45
Kategorie % n
geringe Divpräf 25,7 223
mittlere Divpräf 42,5 369
hohe Divpräf 31,8 276
Gesamt 1,2 868
Knoten 46
Kategorie % n
geringe Divpräf 35,3 214
mittlere Divpräf 39,4 239
hohe Divpräf 25,4 154
Gesamt 0,8 607
Knoten 47
Kategorie % n
geringe Divpräf 36,9 557
mittlere Divpräf 38,0 574
hohe Divpräf 25,0 378
Gesamt 2,1 1509
Knoten 48
Kategorie % n
geringe Divpräf 26,3 75
mittlere Divpräf 44,2 126
hohe Divpräf 29,5 84
Gesamt 0,4 285

Anlage 14: Baumanalyse der Variable *dividendenpräferenz* (2004er Datensatz, Teil 2)

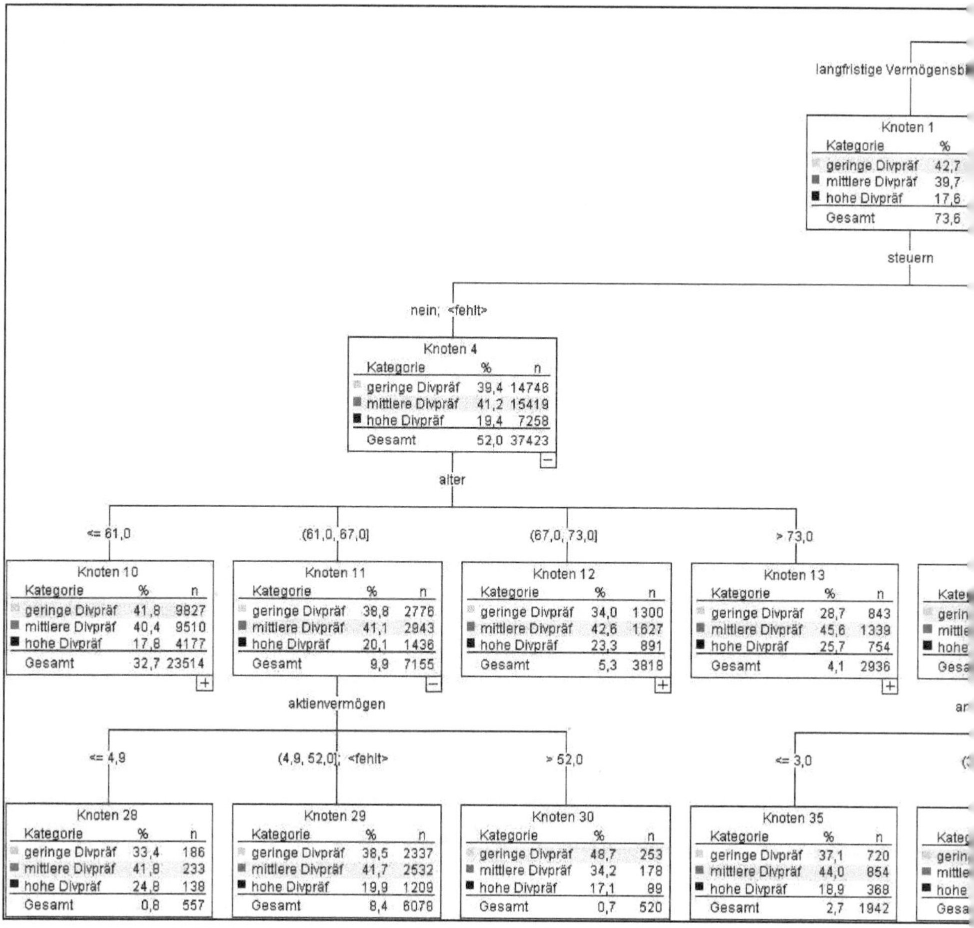

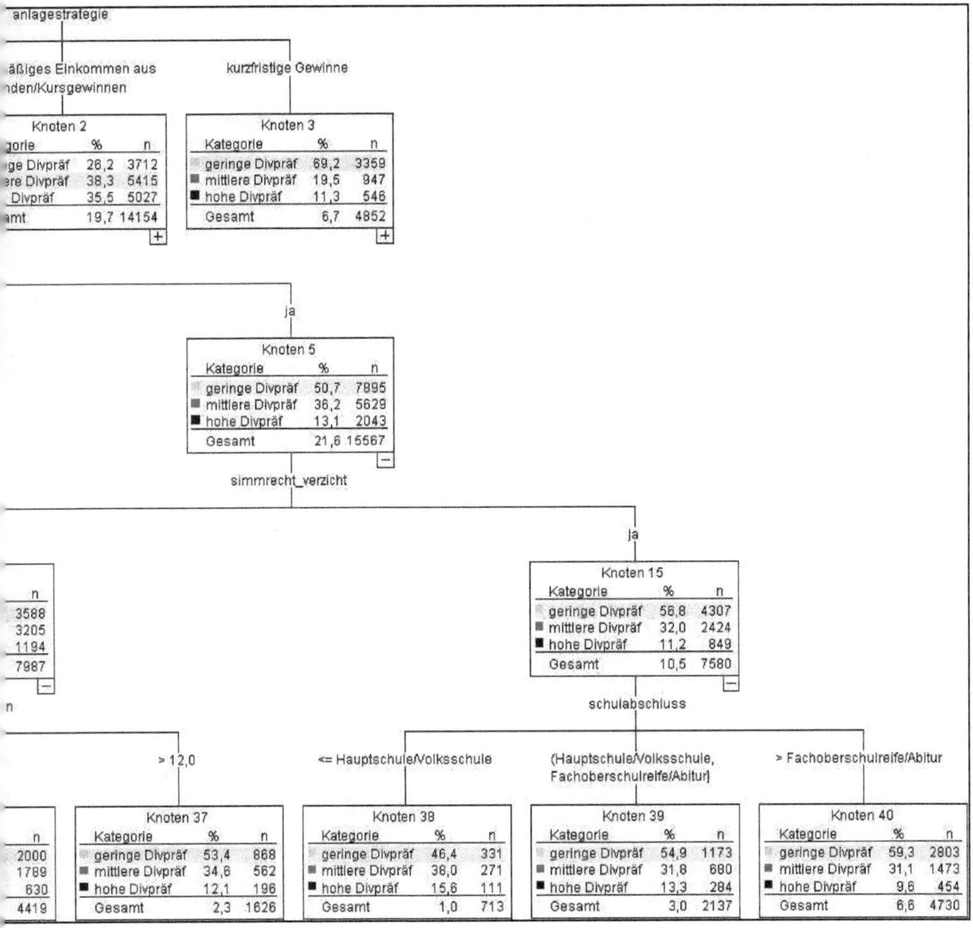

anlagestrategie
äßiges Einkommen aus
nden/Kursgewinnen
kurzfristige Gewinne
Knoten 2
gorie % n
ge Divpräf 26,2 3712
ere Divpräf 38,3 5415
Divpräf 35,5 5027
amt 19,7 14154
Knoten 3
Kategorie % n
geringe Divpräf 69,2 3359
mittlere Divpräf 19,5 947
hohe Divpräf 11,3 546
Gesamt 6,7 4852
ja
Knoten 5
Kategorie % n
geringe Divpräf 50,7 7895
mittlere Divpräf 36,2 5629
hohe Divpräf 13,1 2043
Gesamt 21,6 15567
simmrecht_verzicht
ja
n
3588
3205
1194
7987
Knoten 15
Kategorie % n
geringe Divpräf 56,8 4307
mittlere Divpräf 32,0 2424
hohe Divpräf 11,2 849
Gesamt 10,5 7580
schulabschluss
n
> 12,0
<= Hauptschule/Volksschule
(Hauptschule/Volksschule, Fachoberschulreife/Abitur]
> Fachoberschulreife/Abitur
n
2000
1789
630
4419
Knoten 37
Kategorie % n
geringe Divpräf 53,4 868
mittlere Divpräf 34,6 562
hohe Divpräf 12,1 196
Gesamt 2,3 1626
Knoten 38
Kategorie % n
geringe Divpräf 46,4 331
mittlere Divpräf 38,0 271
hohe Divpräf 15,6 111
Gesamt 1,0 713
Knoten 39
Kategorie % n
geringe Divpräf 54,9 1173
mittlere Divpräf 31,8 680
hohe Divpräf 13,3 284
Gesamt 3,0 2137
Knoten 40
Kategorie % n
geringe Divpräf 59,3 2803
mittlere Divpräf 31,1 1473
hohe Divpräf 9,6 454
Gesamt 6,6 4730

Anlage 15: Baumanalyse der Variable *dividendenpräferenz* (2004er Datensatz, Teil 3)

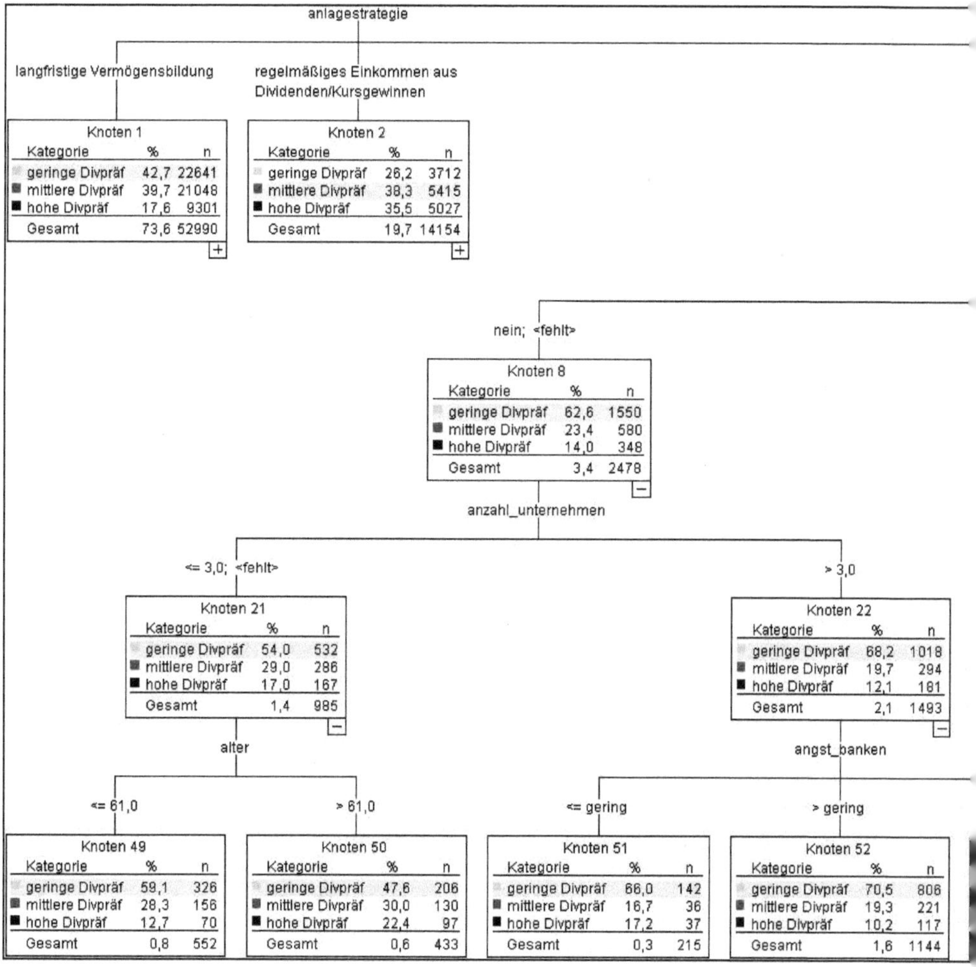

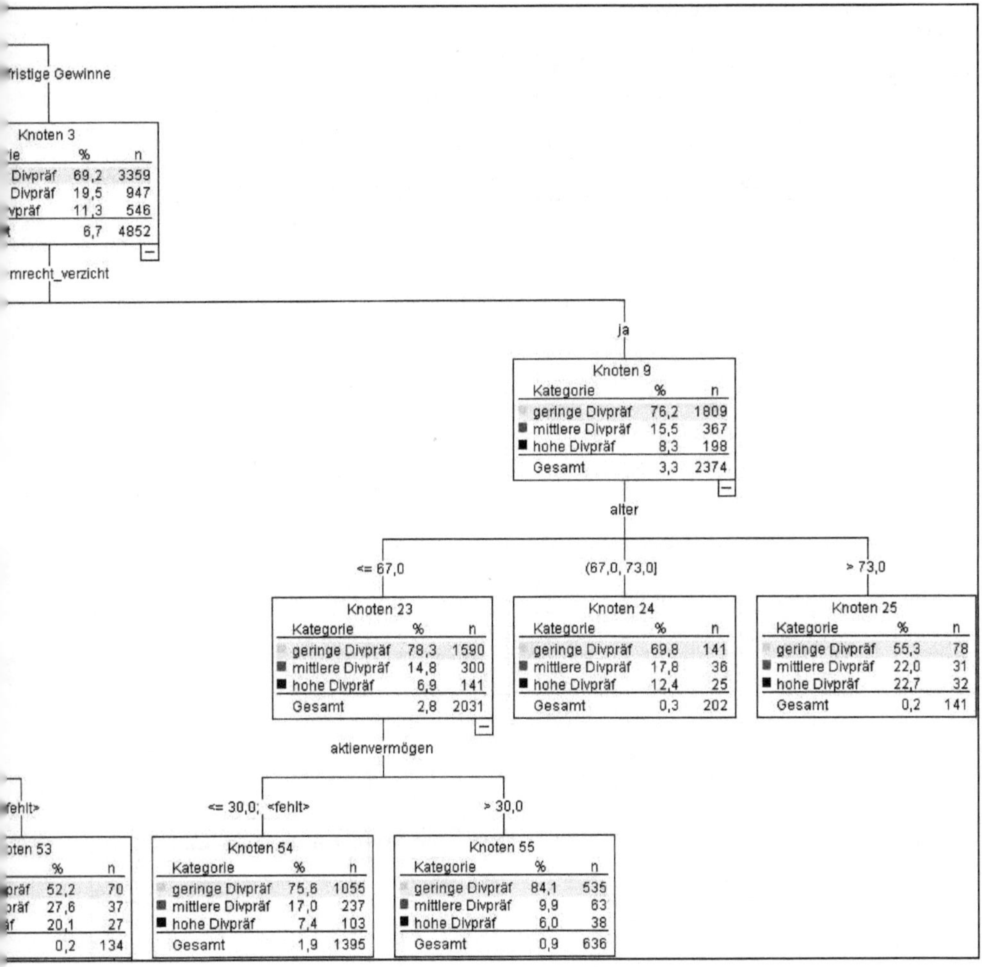

fristige Gewinne
Knoten 3
ie % n
Divpräf 69,2 3359
Divpräf 19,5 947
vpräf 11,3 546
6,7 4852
mrecht_verzicht
ja
Knoten 9
Kategorie % n
geringe Divpräf 76,2 1809
mittlere Divpräf 15,5 367
hohe Divpräf 8,3 198
Gesamt 3,3 2374
alter
<= 67,0
(67,0, 73,0]
> 73,0
Knoten 23
Kategorie % n
geringe Divpräf 78,3 1590
mittlere Divpräf 14,8 300
hohe Divpräf 6,9 141
Gesamt 2,8 2031
Knoten 24
Kategorie % n
geringe Divpräf 69,8 141
mittlere Divpräf 17,8 36
hohe Divpräf 12,4 25
Gesamt 0,3 202
Knoten 25
Kategorie % n
geringe Divpräf 55,3 78
mittlere Divpräf 22,0 31
hohe Divpräf 22,7 32
Gesamt 0,2 141
aktienvermögen
fehlt>
<= 30,0; <fehlt>
> 30,0
oten 53
% n
präf 52,2 70
präf 27,6 37
äf 20,1 27
0,2 134
Knoten 54
Kategorie % n
geringe Divpräf 75,6 1055
mittlere Divpräf 17,0 237
hohe Divpräf 7,4 103
Gesamt 1,9 1395
Knoten 55
Kategorie % n
geringe Divpräf 84,1 535
mittlere Divpräf 9,9 63
hohe Divpräf 6,0 38
Gesamt 0,9 636

Anlage 16: Tabellarische Ergebnisdarstellung der CHAID-Analyse zur Variable *dividendenpräferenz* (2004er Datensatz)

Knoten	Vorheriger Knoten	Dividendenpräferenz			Gesamt		Zur Teilung verwendete Variable	p-Wert
		gering	mittel	hoch	N	Prozent		
0		41,3%	38,1%	20,7%	71.996	100,0%		0,000
1	0	42,7%	39,7%	17,6%	52.990	73,6%	anlagestrategie	0,000
2	0	26,2%	38,3%	35,5%	14.154	19,7%	anlagestrategie	0,000
3	0	69,2%	19,5%	11,3%	4.852	6,7%	anlagestrategie	0,000
4	1	39,4%	41,2%	19,4%	37.423	52,0%	steuern	0,000
5	1	50,7%	36,2%	13,1%	15.567	21,6%	steuern	0,000
6	2	24,3%	37,5%	38,2%	10.177	14,1%	steuern	0,000
7	2	31,2%	40,2%	28,6%	3.977	5,5%	steuern	0,000
8	3	62,6%	23,4%	14,0%	2.478	3,4%	simmrecht_verzicht	0,000
9	3	76,2%	15,5%	8,3%	2.374	3,3%	simmrecht_verzicht	0,000
10	4	41,8%	40,4%	17,8%	23.514	32,7%	alter	0,000
11	4	38,8%	41,1%	20,1%	7.155	9,9%	alter	0,000
12	4	34,0%	42,6%	23,3%	3.818	5,3%	alter	0,000
13	4	28,7%	45,6%	25,7%	2.936	4,1%	alter	0,000
14	5	44,9%	40,1%	14,9%	7.987	11,1%	simmrecht_verzicht	0,000
15	5	56,8%	32,0%	11,2%	7.580	10,5%	simmrecht_verzicht	0,000
16	6	21,3%	38,7%	40,0%	4.808	6,7%	aktienvermögen	0,000
17	6	27,0%	36,4%	36,6%	5.369	7,5%	aktienvermögen	0,000
18	7	24,2%	41,0%	34,9%	708	1,0%	anzahl_unternehmen	0,000
19	7	29,6%	41,2%	29,2%	1.475	2,0%	anzahl_unternehmen	0,000
20	7	35,2%	39,0%	25,8%	1.794	2,5%	anzahl_unternehmen	0,000
21	8	54,0%	29,0%	17,0%	985	1,4%	anzahl_unternehmen	0,000
22	8	68,2%	19,7%	12,1%	1.493	2,1%	anzahl_unternehmen	0,000
23	9	78,3%	14,8%	6,9%	2.031	2,8%	alter	0,000
24	9	69,8%	17,8%	12,4%	202	0,3%	alter	0,000
25	9	55,3%	22,0%	22,7%	141	0,2%	alter	0,000

Knoten	Vorheriger Knoten	Dividendenpräferenz			Gesamt		Zur Teilung verwendete Variable	p-Wert
		gering	mittel	hoch	N	Prozent		
26	10	38,3%	43,3%	18,4%	12.186	16,9%	simmrecht_verzicht	0,000
27	10	45,6%	37,4%	17,0%	11.328	15,7%	simmrecht_verzicht	0,000
28	11	33,4%	41,8%	24,8%	557	0,8%	aktienvermögen	0,000
29	11	38,5%	41,7%	19,9%	6.078	8,4%	aktienvermögen	0,000
30	11	48,7%	34,2%	17,1%	520	0,7%	aktienvermögen	0,000
31	12	28,1%	43,9%	28,0%	725	1,0%	aktienvermögen	0,000
32	12	35,4%	42,3%	22,2%	3.093	4,3%	aktienvermögen	0,000
33	13	26,9%	46,1%	27,0%	2.036	2,8%	simmrecht_verzicht	0,001
34	13	32,9%	44,4%	22,7%	900	1,3%	simmrecht_verzicht	0,001
35	14	37,1%	44,0%	18,9%	1.942	2,7%	anzahl_unternehmen	0,000
36	14	45,3%	40,5%	14,3%	4.419	6,1%	anzahl_unternehmen	0,000
37	14	53,4%	34,6%	12,1%	1.626	2,3%	anzahl_unternehmen	0,000
38	15	46,4%	38,0%	15,6%	713	1,0%	schulabschluss	0,000
39	15	54,9%	31,8%	13,3%	2.137	3,0%	schulabschluss	0,000
40	15	59,3%	31,1%	9,6%	4.730	6,6%	schulabschluss	0,000
41	16	22,7%	37,7%	39,6%	4.066	5,6%	alter	0,001
42	16	13,5%	44,5%	42,0%	742	1,0%	alter	0,001
43	17	28,0%	36,6%	35,4%	4.696	6,5%	erfahrung	0,000
44	17	20,2%	35,1%	44,7%	673	0,9%	erfahrung	0,000
45	19	25,7%	42,5%	31,8%	868	1,2%	schulabschluss	0,000
46	19	35,3%	39,4%	25,4%	607	0,8%	schulabschluss	0,000
47	20	36,9%	38,0%	25,0%	1.509	2,1%	simmrecht_verzicht	0,008
48	20	26,3%	44,2%	29,5%	285	0,4%	simmrecht_verzicht	0,008
49	21	59,1%	28,3%	12,7%	552	0,8%	alter	0,000
50	21	47,6%	30,0%	22,4%	433	0,6%	alter	0,000
51	22	66,0%	16,7%	17,2%	215	0,3%	angst_banken	0,001
52	22	70,5%	19,3%	10,2%	1.144	1,6%	angst_banken	0,001
53	22	52,2%	27,6%	20,1%	134	0,2%	angst_banken	0,001
54	23	75,6%	17,0%	7,4%	1.395	1,9%	aktienvermögen	0,006

Knoten	Vorheriger Knoten	Dividendenpräferenz			Gesamt		Zur Teilung verwendete Variable	p-Wert
		gering	mittel	hoch	N	Prozent		
55	23	84,1%	9,9%	6,0%	636	0,9%	aktienvermögen	0,006
56	26	31,7%	45,6%	22,7%	1.255	1,7%	aktienvermögen	0,000
57	26	36,5%	45,1%	18,4%	5.755	8,0%	aktienvermögen	0,000
58	26	41,9%	40,7%	17,4%	5.176	7,2%	aktienvermögen	0,000
59	27	39,1%	39,1%	21,7%	672	0,9%	aktienvermögen	0,000
60	27	45,4%	37,6%	17,0%	9.559	13,3%	aktienvermögen	0,000
61	27	51,0%	34,3%	14,8%	1.097	1,5%	aktienvermögen	0,000
62	29	35,0%	44,4%	20,6%	2.343	3,3%	simmrecht_verzicht	0,002
63	29	40,6%	39,9%	19,5%	3.735	5,2%	simmrecht_verzicht	0,002
64	30	38,7%	31,7%	29,6%	142	0,2%	anzahl_unternehmen	0,001
65	30	52,4%	35,2%	12,4%	378	0,5%	anzahl_unternehmen	0,001
66	31	23,0%	44,8%	32,2%	317	0,4%	simmrecht_verzicht	0,010
67	31	32,1%	43,1%	24,8%	408	0,6%	simmrecht_verzicht	0,010
68	35	35,2%	43,8%	21,0%	1.407	2,0%	schulabschluss	0,000
69	35	42,1%	44,5%	13,5%	535	0,7%	schulabschluss	0,000
70	36	42,8%	42,1%	15,1%	3.177	4,4%	wiwi_knowhow	0,000
71	36	51,6%	36,3%	12,1%	1.242	1,7%	wiwi_knowhow	0,000
72	37	55,6%	33,8%	10,6%	1.428	2,0%	alter	0,000
73	37	37,4%	40,4%	22,2%	198	0,3%	alter	0,000
74	38	50,8%	36,7%	12,5%	431	0,6%	alter	0,007
75	38	39,7%	40,1%	20,2%	282	0,4%	alter	0,007
76	39	52,4%	32,8%	14,9%	1.386	1,9%	wiwi_knowhow	0,001
77	39	59,5%	30,1%	10,4%	751	1,0%	wiwi_knowhow	0,001
78	40	61,3%	29,3%	9,4%	3.857	5,4%	alter	0,000
79	40	50,4%	39,3%	10,3%	873	1,2%	alter	0,000
80	43	24,9%	37,6%	37,4%	1.485	2,1%	simmrecht_verzicht	0,008
81	43	29,4%	36,1%	34,5%	3.211	4,5%	simmrecht_verzicht	0,008
82	52	65,3%	22,9%	11,8%	585	0,8%	schulabschluss	0,002
83	52	75,8%	15,6%	8,6%	559	0,8%	schulabschluss	0,002

Knoten	Vorheriger Knoten	Dividendenpräferenz			Gesamt		Zur Teilung verwendete Variable	p-Wert
		gering	mittel	hoch	N	Prozent		
84	53	35,1%	31,6%	33,3%	57	0,1%	aktienvermögen	0,002
85	53	64,9%	24,7%	10,4%	77	0,1%	aktienvermögen	0,002

Anlage 17: Tabellarische Ergebnisdarstellung der CHAID-Analyse zur Variable *dividende_vs_gewinn* (2008er Datensatz)

Beobachtet	Vorhergesagt			
	Gewinn wichtiger	indifferent	Dividende wichtiger	Prozent korrekt
Gewinn wichtiger	0	8527	0	0,0%
indifferent	0	17984	0	100,0%
Dividende wichtiger	0	8727	0	0,0%
Gesamtprozentsatz	0,0%	100,0%	0,0%	51,0%

Knoten	Vorh. Knoten	Dividende vs. Gewinn			Gesamt		Zur Teilung verwendete Variable	p-Wert
		pro Gew.	mittel	pro Div.	N	Prozent		
0		24,2%	51,0%	24,8%	35238	100,0%		
1	0	32,2%	45,7%	22,1%	8582	24,4%	dividendenbemessung_pflicht	0,000
2	0	24,1%	52,0%	23,9%	14316	40,6%	dividendenbemessung_pflicht	0,000
3	0	21,5%	51,0%	27,5%	4806	13,6%	dividendenbemessung_pflicht	0,000
4	0	17,0%	55,3%	27,7%	7534	21,4%	dividendenbemessung_pflicht	0,000
5	1	29,6%	47,4%	23,0%	4953	14,1%	gb_lagebericht	0,000
6	1	35,8%	43,4%	20,8%	3629	10,3%	gb_lagebericht	0,000
7	2	22,3%	54,0%	23,7%	9130	25,9%	info_sozial_verständlichkeit	0,003
8	2	27,2%	48,4%	24,4%	5186	14,7%	info_sozial_verständlichkeit	0,003
9	3	18,6%	53,1%	28,2%	2189	6,2%	info_sozial_verständlichkeit	0,009
10	3	23,9%	49,3%	26,9%	2617	7,4%	info_sozial_verständlichkeit	0,009
11	6	38,3%	41,2%	20,4%	2416	6,9%	info_sozial_bedeutung	0,008
12	6	30,8%	47,7%	21,5%	1213	3,4%	info_sozial_bedeutung	0,008

Anlage 18: Tabellarische Ergebnisdarstellung der CHAID-Analyse zur Variable *dividende_vs_gewinn* (2004er Datensatz)

Beobachtet	Vorhergesagt: Gewinn wichtiger	Vorhergesagt: indifferent	Vorhergesagt: Dividende wichtiger	Prozent korrekt
Gewinn wichtiger	2552	17403	174	12,7%
indifferent	2072	24665	312	91,2%
Dividende wichtiger	667	10249	512	4,5%
Gesamtprozentsatz	9,0%	89,3%	1,7%	47,3%

Knoten	Vorh. Knoten	Dividende vs. Gewinn: pro Gew.	Dividende vs. Gewinn: mittel	Dividende vs. Gewinn: pro Div.	Gesamt: N	Gesamt: Prozent	Zur Teilung verwendete Variable	p-Wert
0		34,3%	46,2%	19,5%	58606	100,0%		
1	0	42,3%	44,1%	13,6%	7802	13,3%	gb_kapitalflussrechnung	0,000
2	0	40,1%	44,4%	15,4%	10968	18,7%	gb_kapitalflussrechnung	0,000
3	0	34,7%	47,6%	17,6%	21348	36,4%	gb_kapitalflussrechnung	0,000
4	0	28,2%	47,1%	24,8%	14521	24,8%	gb_kapitalflussrechnung	0,000
5	0	23,2%	43,7%	33,1%	3967	6,8%	gb_kapitalflussrechnung	0,000
6	1	39,3%	41,3%	19,4%	2269	3,9%	dividendenbemessung_pflicht	0,000
7	1	42,5%	45,4%	12,1%	4087	7,0%	dividendenbemessung_pflicht	0,000
8	1	46,6%	45,0%	8,4%	1446	2,5%	dividendenbemessung_pflicht	0,000
9	2	38,4%	40,9%	20,7%	2748	4,7%	dividendenbemessung_pflicht	0,000
10	2	38,1%	46,7%	15,2%	4572	7,8%	dividendenbemessung_pflicht	0,000
11	2	44,0%	44,3%	11,7%	3648	6,2%	dividendenbemessung_pflicht	0,000
12	3	31,8%	43,1%	25,1%	4719	8,1%	dividendenbemessung_pflicht	0,000
13	3	33,1%	48,0%	18,8%	8941	15,3%	dividendenbemessung_pflicht	0,000
14	3	37,7%	49,9%	12,4%	5936	10,1%	dividendenbemessung_pflicht	0,000
15	3	40,7%	50,1%	9,2%	1752	3,0%	dividendenbemessung_pflicht	0,000

Knoten	Vorh. Knoten	Dividende vs. Gewinn			Gesamt		Zur Teilung verwendete Variable	p-Wert
		pro Gew.	mittel	pro Div.	N	Prozent		
16	4	22,8%	41,6%	35,7%	3769	6,4%	dividendenbemessung_pflicht	0,000
17	4	28,0%	44,7%	27,3%	3983	6,8%	dividendenbemessung_pflicht	0,000
18	4	28,9%	51,3%	19,8%	3731	6,4%	dividendenbemessung_pflicht	0,000
19	4	34,1%	51,8%	14,1%	3038	5,2%	dividendenbemessung_pflicht	0,000
20	5	18,5%	34,4%	47,1%	1344	2,3%	dividendenbemessung_pflicht	0,000
21	5	24,0%	46,5%	29,5%	1859	3,2%	dividendenbemessung_pflicht	0,000
22	5	29,6%	53,1%	17,3%	764	1,3%	dividendenbemessung_pflicht	0,000
23	6	33,8%	46,8%	19,5%	1099	1,9%	gb_aktionärsbrief	0,005
24	6	44,4%	36,2%	19,4%	1170	2,0%	gb_aktionärsbrief	0,005
25	7	37,7%	50,5%	11,8%	2129	3,6%	gb_aufsichtsratsbericht	0,000
26	7	47,7%	39,8%	12,5%	1958	3,3%	gb_aufsichtsratsbericht	0,000
27	8	43,8%	46,8%	9,3%	1040	1,8%	info_medien_bedeutung	0,004
28	8	53,7%	40,1%	6,2%	406	,7%	info_medien_bedeutung	0,004
29	10	38,4%	46,9%	14,7%	4430	7,6%	gb_anhang	0,000
30	10	29,6%	38,7%	31,7%	142	,2%	gb_anhang	0,000
31	14	48,2%	38,5%	13,3%	585	1,0%	gb_anhang	0,002
32	14	36,6%	51,2%	12,3%	5351	9,1%	gb_anhang	0,002
33	15	35,1%	55,6%	9,3%	851	1,5%	gb_guv	0,003
34	15	45,9%	44,8%	9,2%	901	1,5%	gb_guv	0,003
35	18	27,1%	52,6%	20,3%	2760	4,7%	gb_guv	0,003
36	18	34,3%	47,5%	18,2%	971	1,7%	gb_guv	0,003
37	19	40,0%	45,9%	14,0%	1089	1,9%	gb_anhang	0,002
38	19	30,8%	55,2%	14,1%	1949	3,3%	gb_anhang	0,002
39	20	17,6%	31,3%	51,1%	910	1,6%	gb_aufsichtsratsbericht	0,006
40	20	20,3%	41,0%	38,7%	434	,7%	gb_aufsichtsratsbericht	0,006
41	21	39,7%	46,2%	14,1%	78	,1%	info_GB_bedeutung	0,001
42	21	23,3%	46,5%	30,2%	1781	3,0%	info_GB_bedeutung	0,001

Knoten	Vorh. Knoten	Dividende vs. Gewinn			Gesamt		Zur Teilung verwendete Variable	p-Wert
		pro Gew.	mittel	pro Div.	N	Prozent		
43	23	38,3%	45,8%	15,9%	559	1,0%	info_GB_verständlichkeit	0,001
44	23	29,1%	47,8%	23,1%	540	,9%	info_GB_verständlichkeit	0,001
45	25	34,5%	53,6%	11,9%	1621	2,8%	gb_guv	0,000
46	25	47,8%	40,7%	11,4%	508	,9%	gb_guv	0,000
47	26	28,0%	51,2%	20,7%	82	,1%	info_medien_bedeutung	0,003
48	26	48,6%	39,3%	12,2%	1876	3,2%	info_medien_bedeutung	0,003
49	27	48,4%	44,8%	6,9%	496	,8%	info_GB_verständlichkeit	0,007
50	27	39,7%	48,7%	11,6%	544	,9%	info_GB_verständlichkeit	0,007
51	29	33,2%	50,9%	15,9%	1059	1,8%	info_medien_bedeutung	0,006
52	29	40,0%	45,7%	14,4%	3371	5,8%	info_medien_bedeutung	0,006
53	34	55,2%	38,0%	6,8%	250	,4%	gb_aufsichtsratsbericht	0,006
54	34	42,4%	47,5%	10,1%	651	1,1%	gb_aufsichtsratsbericht	0,006
55	42	22,4%	43,2%	34,4%	946	1,6%	dividendenbemessung_pflicht	0,006
56	42	24,3%	50,2%	25,5%	835	1,4%	dividendenbemessung_pflicht	0,006
57	48	53,6%	36,1%	10,3%	698	1,2%	info_GB_bedeutung	0,008
58	48	45,6%	41,2%	13,2%	1178	2,0%	info_GB_bedeutung	0,008
59	55	15,9%	30,7%	53,4%	88	,2%	gb_guv	0,004
60	55	23,1%	44,5%	32,4%	858	1,5%	gb_guv	0,004

Anlage 19: Ergebnisse der ordinalen Regression für das vollständige Modell mit Interaktionen (2008er Datensatz)

Variable	Erwartetes Vorzeichen	Koeffizient	Standardfehler	Wald Chi-Quadrat	df	p-Wert
steuern=0	(+)	0,3118	0,0512	37,0636	1	0,000***
steuern=1						
geschlecht_weiblich=0	(-)	-0,1104	0,0369	8,9481	1	0,003***
geschlecht_weiblich=1						
anlagestrategie=1	(-)	-1,4638	0,1116	172,1335	1	0,000***
anlagestrategie=2	(-)	-0,8331	0,0459	329,5679	1	0,000***
anlagestrategie=3						
wiwi_knowhow=0	(+)	0,1150	0,0268	18,3824	1	0,000***
wiwi_knowhow=1						
schulabschluss=0	(+)	0,0066	0,2019	0,0011	1	0,974
schulabschluss=1	(+)	0,0787	0,0390	4,0829	1	0,043**
schulabschluss=2	(+)	0,0038	0,0315	0,0144	1	0,904
schulabschluss=3	(+)	0,0852	0,0405	4,4313	1	0,035**
schulabschluss=4	(+)	-0,0016	0,0599	0,0007	1	0,979
schulabschluss=5						
wohnsituation=0	(+)	0,2222	0,1011	4,8296	1	0,028**
wohnsituation=1	(+)	0,0118	0,0345	0,1170	1	0,732
wohnsituation=2	(+)	-0,1373	0,0856	2,5758	1	0,109
wohnsituation=3	(+)	0,0033	0,0384	0,0072	1	0,932
wohnsituation=4	(+)	0,0464	0,0324	2,0536	1	0,152
wohnsituation=5						
angst_management=1	(-)	0,3493	0,4489	0,6056	1	0,436
angst_management=2	(-)	0,3167	0,1760	3,2375	1	0,072*
angst_management=3	(-)	0,0316	0,1272	0,0618	1	0,804
angst_management=4	(-)	0,2446	0,1035	5,5881	1	0,018**
angst_management=5						
angst_mehrheitsaktionär=1	(-)	2,6745	0,6470	17,0844	1	0,000***
angst_mehrheitsaktionär=2	(-)	0,1809	0,2825	0,4101	1	0,522
angst_mehrheitsaktionär=3	(-)	0,1470	0,1851	0,6307	1	0,427

Variable	Erwartetes Vorzeichen	Koeffizient	Standardfehler	Wald Chi-Quadrat	df	p-Wert
angst_mehrheitsaktionär=4	(–)	0,0775	0,1274	0,3704	1	0,543
angst_mehrheitsaktionär=5						
angst_großaktionär=1	(–)	-0,0989	0,4362	0,0514	1	0,821
angst_großaktionär=2	(–)	-0,2908	0,1914	2,3080	1	0,129
angst_großaktionär=3	(–)	-0,0462	0,1371	0,1134	1	0,736
angst_großaktionär=4	(–)	-0,0326	0,1089	0,0898	1	0,764
angst_großaktionär=5						
angst_banken=1	(–)	-0,4688	0,3502	1,7923	1	0,181
angst_banken=2	(–)	0,0237	0,1746	0,0184	1	0,892
angst_banken=3	(–)	0,0114	0,1217	0,0088	1	0,925
angst_banken=4	(–)	-0,0858	0,1069	0,6435	1	0,422
angst_banken=5						
simmrecht_verzicht=0	(+)	0,2198	0,0253	75,7368	1	0,000***
simmrecht_verzicht=1						
mitarbeiter_dpag=0	(+)	-0,2042	0,1565	1,7036	1	0,192
mitarbeiter_dpag=1	(+)	-0,2134	0,2371	0,8103	1	0,368
mitarbeiter_dpag=2						
DPAG=0	(+)	-0,3935	0,1839	4,5794	1	0,032**
DPAG=1						
alter	(+)	0,0079	0,0011	54,1246	1	0,000***
erfahrung	(–)	-0,0005	0,0013	0,1341	1	0,714
aktienvermögen	(–)	-0,0031	0,0006	25,5894	1	0,000***
anzahl_unternehmen	(–)	-0,0036	0,0012	8,4277	1	0,004***
entfernung	(+)	-0,0006	0,0004	1,5954	1	0,207
DPAG=0 * entfernung	(–)	0,0005	0,0005	1,1826	1	0,277
mitarbeiter_dpag=0 * DPAG=0	(–)	0,1720	0,1631	1,1124	1	0,292
mitarbeiter_dpag=1 * DPAG=0	(–)	0,2109	0,2512	0,7048	1	0,401
steuern=0 * anlagestrategie=1	(–)	-0,3524	0,1387	6,4562	1	0,011**
steuern=0 * anlagestrategie=2	(?)	0,0572	0,0584	0,9592	1	0,327
angst_management=1 * angst_mehrheitsaktionär=1	(+)	-0,2751	0,4597	0,3582	1	0,550

Variable	Erwartetes Vorzeichen	Koeffizient	Standardfehler	Wald Chi-Quadrat	df	p-Wert
angst_management=1 * angst_mehrheitsaktionär=2	(+)	-0,4392	0,3649	1,4484	1	0,229
angst_management=1 * angst_mehrheitsaktionär=3	(+)	-0,1501	0,3506	0,1832	1	0,669
angst_management=1 * angst_mehrheitsaktionär=4	(+)	-0,3146	0,3522	0,7976	1	0,372
angst_management=2 * angst_mehrheitsaktionär=1	(+)	0,1258	0,3816	0,1087	1	0,742
angst_management=2 * angst_mehrheitsaktionär=2	(+)	0,0523	0,1872	0,0781	1	0,780
angst_management=2 * angst_mehrheitsaktionär=3	(+)	0,1082	0,1588	0,4639	1	0,496
angst_management=2 * angst_mehrheitsaktionär=4	(+)	-0,0076	0,1486	0,0026	1	0,959
angst_management=3 * angst_mehrheitsaktionär=1	(+)	-0,3237	0,3737	0,7505	1	0,386
angst_management=3 * angst_mehrheitsaktionär=2	(+)	-0,3329	0,1676	3,9452	1	0,047**
angst_management=3 * angst_mehrheitsaktionär=3	(+)	-0,1884	0,1273	2,1914	1	0,139
angst_management=3 * angst_mehrheitsaktionär=4	(+)	-0,1843	0,1124	2,6903	1	0,101
angst_management=4 * angst_mehrheitsaktionär=1	(+)	0,5428	0,3904	1,9327	1	0,164
angst_management=4 * angst_mehrheitsaktionär=2	(+)	0,1753	0,1604	1,1940	1	0,275
angst_management=4 * angst_mehrheitsaktionär=3	(+)	0,0237	0,1184	0,0401	1	0,841
angst_management=4 * angst_mehrheitsaktionär=4	(+)	-0,1683	0,0995	2,8572	1	0,091*
angst_management=1 * angst_großaktionär=1	(+)	-0,2744	0,5509	0,2482	1	0,618
angst_management=1 * angst_großaktionär=2	(+)	-0,3930	0,4808	0,6681	1	0,414
angst_management=1 * angst_großaktionär=3	(+)	-0,6142	0,4664	1,7343	1	0,188
angst_management=1 * angst_großaktionär=4	(+)	-0,4410	0,4711	0,8761	1	0,349
angst_management=2 * angst_großaktionär=1	(+)	-0,5633	0,3524	2,5557	1	0,110
angst_management=2 * angst_großaktionär=2	(+)	-0,5328	0,2140	6,2009	1	0,013**
angst_management=2 * angst_großaktionär=3	(+)	-0,4460	0,1960	5,1774	1	0,023**
angst_management=2 * angst_großaktionär=4	(+)	-0,4056	0,1919	4,4684	1	0,035**
angst_management=3 * angst_großaktionär=1	(+)	-0,2379	0,3268	0,5297	1	0,467
angst_management=3 * angst_großaktionär=2	(+)	0,2113	0,1731	1,4902	1	0,222
angst_management=3 * angst_großaktionär=3	(+)	0,0720	0,1496	0,2315	1	0,630
angst_management=3 * angst_großaktionär=4	(+)	0,0445	0,1412	0,0992	1	0,753
angst_management=4 * angst_großaktionär=1	(+)	-0,7770	0,3240	5,7522	1	0,016**
angst_management=4 * angst_großaktionär=2	(+)	-0,3526	0,1599	4,8632	1	0,027**
angst_management=4 * angst_großaktionär=3	(+)	-0,3279	0,1333	6,0546	1	0,014**
angst_management=4 * angst_großaktionär=4	(+)	-0,1086	0,1227	0,7827	1	0,376
angst_management=1 * angst_banken=1	(+)	0,0764	0,3654	0,0437	1	0,834
angst_management=1 * angst_banken=2	(+)	0,5580	0,3224	2,9947	1	0,084*
angst_management=1 * angst_banken=3	(+)	0,4674	0,3257	2,0594	1	0,151

Variable	Erwartetes Vorzeichen	Koeffizient	Standardfehler	Wald Chi-Quadrat	df	p-Wert
angst_management=1 * angst_banken=4	(+)	0,1904	0,3373	0,3186	1	0,572
angst_management=2 * angst_banken=1	(+)	-0,1918	0,2299	0,6966	1	0,404
angst_management=2 * angst_banken=2	(+)	0,0532	0,1508	0,1244	1	0,724
angst_management=2 * angst_banken=3	(+)	0,0773	0,1414	0,2990	1	0,584
angst_management=2 * angst_banken=4	(+)	0,0566	0,1441	0,1540	1	0,695
angst_management=3 * angst_banken=1	(+)	-0,0508	0,2204	0,0530	1	0,818
angst_management=3 * angst_banken=2	(+)	-0,0171	0,1298	0,0174	1	0,895
angst_management=3 * angst_banken=3	(+)	0,0215	0,1149	0,0350	1	0,852
angst_management=3 * angst_banken=4	(+)	0,1651	0,1140	2,0987	1	0,147
angst_management=4 * angst_banken=1	(+)	-0,1496	0,2245	0,4441	1	0,505
angst_management=4 * angst_banken=2	(+)	0,1222	0,1220	1,0036	1	0,316
angst_management=4 * angst_banken=3	(+)	0,0189	0,1057	0,0320	1	0,858
angst_management=4 * angst_banken=4	(+)	0,0464	0,1020	0,2071	1	0,649
angst_mehrheitsaktionär=1 * angst_großaktionär=1	(+)	-1,5787	0,7095	4,9507	1	0,026**
angst_mehrheitsaktionär=1 * angst_großaktionär=2	(+)	-1,3609	0,6726	4,0933	1	0,043**
angst_mehrheitsaktionär=1 * angst_großaktionär=3	(+)	-2,3124	0,7082	10,6625	1	0,001***
angst_mehrheitsaktionär=1 * angst_großaktionär=4	(+)	-0,8456	0,7235	1,3659	1	0,243
angst_mehrheitsaktionär=2 * angst_großaktionär=1	(+)	0,5511	0,4599	1,4356	1	0,231
angst_mehrheitsaktionär=2 * angst_großaktionär=2	(+)	0,0613	0,2925	0,0440	1	0,834
angst_mehrheitsaktionär=2 * angst_großaktionär=3	(+)	0,1432	0,2843	0,2536	1	0,615
angst_mehrheitsaktionär=2 * angst_großaktionär=4	(+)	0,2090	0,3000	0,4855	1	0,486
angst_mehrheitsaktionär=3 * angst_großaktionär=1	(+)	0,5576	0,4389	1,6139	1	0,204
angst_mehrheitsaktionär=3 * angst_großaktionär=2	(+)	-0,0606	0,2185	0,0769	1	0,782
angst_mehrheitsaktionär=3 * angst_großaktionär=3	(+)	0,0502	0,1861	0,0729	1	0,787
angst_mehrheitsaktionär=3 * angst_großaktionär=4	(+)	-0,0781	0,1866	0,1753	1	0,675
angst_mehrheitsaktionär=4 * angst_großaktionär=1	(+)	0,3937	0,4192	0,8823	1	0,348
angst_mehrheitsaktionär=4 * angst_großaktionär=2	(+)	0,1459	0,1832	0,6343	1	0,426
angst_mehrheitsaktionär=4 * angst_großaktionär=3	(+)	0,1715	0,1351	1,6125	1	0,204
angst_mehrheitsaktionär=4 * angst_großaktionär=4	(+)	0,0493	0,1186	0,1731	1	0,677
angst_mehrheitsaktionär=1 * angst_banken=1	(+)	-1,1521	0,4519	6,4986	1	0,011**
angst_mehrheitsaktionär=1 * angst_banken=2	(+)	-0,9551	0,4079	5,4830	1	0,019**
angst_mehrheitsaktionär=1 * angst_banken=3	(+)	-0,7545	0,4104	3,3790	1	0,066*
angst_mehrheitsaktionär=1 * angst_banken=4	(+)	-1,0052	0,4388	5,2470	1	0,022**
angst_mehrheitsaktionär=2 * angst_banken=1	(+)	-0,3761	0,2996	1,5762	1	0,209

Variable	Erwartetes Vorzeichen	Koeffizient	Standardfehler	Wald Chi-Quadrat	df	p-Wert
angst_mehrheitsaktionär=2 * angst_banken=2	(+)	-0,2516	0,1972	1,6280	1	0,202
angst_mehrheitsaktionär=2 * angst_banken=3	(+)	-0,3195	0,1851	2,9805	1	0,084*
angst_mehrheitsaktionär=2 * angst_banken=4	(+)	-0,1161	0,1878	0,3820	1	0,537
angst_mehrheitsaktionär=3 * angst_banken=1	(+)	-0,4666	0,2693	3,0019	1	0,083*
angst_mehrheitsaktionär=3 * angst_banken=2	(+)	-0,1101	0,1573	0,4898	1	0,484
angst_mehrheitsaktionär=3 * angst_banken=3	(+)	-0,1241	0,1374	0,8161	1	0,366
angst_mehrheitsaktionär=3 * angst_banken=4	(+)	0,0346	0,1380	0,0628	1	0,802
angst_mehrheitsaktionär=4 * angst_banken=1	(+)	-0,2692	0,2653	1,0296	1	0,310
angst_mehrheitsaktionär=4 * angst_banken=2	(+)	-0,0842	0,1401	0,3615	1	0,548
angst_mehrheitsaktionär=4 * angst_banken=3	(+)	-0,1542	0,1151	1,7955	1	0,180
angst_mehrheitsaktionär=4 * angst_banken=4	(+)	0,0216	0,1120	0,0373	1	0,847
angst_großaktionär=1 * angst_banken=1	(+)	0,8830	0,5135	2,9565	1	0,086*
angst_großaktionär=1 * angst_banken=2	(+)	0,0481	0,4067	0,0140	1	0,906
angst_großaktionär=1 * angst_banken=3	(+)	-0,0438	0,3870	0,0128	1	0,910
angst_großaktionär=1 * angst_banken=4	(+)	-0,3814	0,4153	0,8435	1	0,358
angst_großaktionär=2 * angst_banken=1	(+)	1,2627	0,4069	9,6284	1	0,002***
angst_großaktionär=2 * angst_banken=2	(+)	0,3014	0,2170	1,9292	1	0,165
angst_großaktionär=2 * angst_banken=3	(+)	0,3692	0,1845	4,0027	1	0,045**
angst_großaktionär=2 * angst_banken=4	(+)	0,3001	0,1809	2,7528	1	0,097*
angst_großaktionär=3 * angst_banken=1	(+)	0,8576	0,3988	4,6255	1	0,032**
angst_großaktionär=3 * angst_banken=2	(+)	-0,0996	0,1934	0,2653	1	0,607
angst_großaktionär=3 * angst_banken=3	(+)	0,1648	0,1494	1,2173	1	0,270
angst_großaktionär=3 * angst_banken=4	(+)	-0,0472	0,1438	0,1077	1	0,743
angst_großaktionär=4 * angst_banken=1	(+)	0,8080	0,4059	3,9631	1	0,047**
angst_großaktionär=4 * angst_banken=2	(+)	-0,0290	0,1900	0,0232	1	0,879
angst_großaktionär=4 * angst_banken=3	(+)	0,0603	0,1381	0,1907	1	0,662
angst_großaktionär=4 * angst_banken=4	(+)	0,0106	0,1266	0,0071	1	0,933

Pseudo R^2			**Chi-Quadrat**	**df**	**p-Wert**
Cox & Snell	0,07	**Likelihood-Ratio-Test**	1834,58	141	0,000***
Nagelkerke	0,08	**Parallelitätstest**	1044,91	423	0,000***
McFadden	0,03				

Anlage 20: Ergebnisse der ordinalen Regression für das Signaling-Modell (2008er Datensatz)

Variable	Erwartetes Vorzeichen	Koef-fizient	Standard-fehler	Wald Chi-Quadrat	df	p-Wert
info_medien_bedeutung=1	(–)	-0,0487	0,1499	0,1057	1	0,745
info_medien_bedeutung=2	(–)	0,0315	0,0879	0,1281	1	0,720
info_medien_bedeutung=3	(–)	0,1378	0,0496	7,6985	1	0,006***
info_medien_bedeutung=4	(–)	0,0905	0,0390	5,3918	1	0,020**
info_medien_bedeutung=5						
info_medien_verständlichkeit=1	(–)	-0,2629	0,1868	1,9813	1	0,159
info_medien_verständlichkeit=2	(–)	-0,0215	0,0977	0,0486	1	0,825
info_medien_verständlichkeit=3	(–)	-0,0089	0,0555	0,0258	1	0,872
info_medien_verständlichkeit=4	(–)	-0,0259	0,0487	0,2833	1	0,595
info_medien_verständlichkeit=5						
info_sozial_bedeutung=1	(–)	-0,0358	0,1156	0,0958	1	0,757
info_sozial_bedeutung=2	(–)	-0,0370	0,1119	0,1093	1	0,741
info_sozial_bedeutung=3	(–)	0,0193	0,1118	0,0299	1	0,863
info_sozial_bedeutung=4	(–)	-0,0403	0,1150	0,1229	1	0,726
info_sozial_bedeutung=5						
info_sozial_verständlichkeit=1	(–)	0,1715	0,0808	4,5039	1	0,034**
info_sozial_verständlichkeit=2	(–)	0,0611	0,0766	0,6359	1	0,425
info_sozial_verständlichkeit=3	(–)	0,0604	0,0728	0,6872	1	0,407
info_sozial_verständlichkeit=4	(–)	0,0603	0,0722	0,6969	1	0,404
info_sozial_verständlichkeit=5						
info_gb_bedeutung=1	(+)	0,0840	0,0919	0,8351	1	0,361
info_gb_bedeutung=2	(+)	0,0806	0,0728	1,2242	1	0,269
info_gb_bedeutung=3	(+)	0,0021	0,0634	0,0010	1	0,974
info_gb_bedeutung=4	(+)	-0,0228	0,0582	0,1529	1	0,696
info_gb_bedeutung=5						
info_gb_verständlichkeit=1	(+)	0,0082	0,1127	0,0054	1	0,942
info_gb_verständlichkeit=2	(+)	-0,0445	0,0956	0,2163	1	0,642
info_gb_verständlichkeit=3	(+)	-0,0221	0,0891	0,0616	1	0,804
info_gb_verständlichkeit=4	(+)	-0,0065	0,0871	0,0056	1	0,940
info_gb_verständlichkeit=5						

Variable	Erwartetes Vorzeichen	Koef-fizient	Standard-fehler	Wald Chi-Quadrat	df	p-Wert
info_gb_vertrauenswürdigkeit=1	(+)	0,1122	0,1034	1,1772	1	0,278
info_gb_vertrauenswürdigkeit=2	(+)	0,0433	0,0805	0,2903	1	0,590
info_gb_vertrauenswürdigkeit=3	(+)	-0,0160	0,0688	0,0544	1	0,816
info_gb_vertrauenswürdigkeit=4	(+)	-0,0195	0,0660	0,0871	1	0,768
info_gb_vertrauenswürdigkeit=5						
gb_aktionärsbrief=1	(–)	-0,1101	0,1029	1,1436	1	0,285
gb_aktionärsbrief=2	(–)	-0,1667	0,0803	4,3121	1	0,038**
gb_aktionärsbrief=3	(–)	-0,1649	0,0736	5,0209	1	0,025**
gb_aktionärsbrief=4	(–)	-0,0693	0,0710	0,9545	1	0,329
gb_aktionärsbrief=5						
gb_aufsichtsratsbericht=1	(–)	0,1053	0,1150	0,8372	1	0,360
gb_aufsichtsratsbericht=2	(–)	0,0151	0,1017	0,0221	1	0,882
gb_aufsichtsratsbericht=3	(–)	0,1222	0,0969	1,5930	1	0,207
gb_aufsichtsratsbericht=4	(–)	0,1462	0,0946	2,3894	1	0,122
gb_aufsichtsratsbericht=5						
gb_lagebericht=1	(+)	-0,0628	0,1022	0,3779	1	0,539
gb_lagebericht=2	(+)	0,1564	0,0807	3,7576	1	0,053*
gb_lagebericht=3	(+)	0,1486	0,0703	4,4662	1	0,035**
gb_lagebericht=4	(+)	0,0155	0,0652	0,0567	1	0,812
gb_lagebericht=5						
gb_bilanz=1	(+)	0,1275	0,1113	1,3113	1	0,252
gb_bilanz=2	(+)	0,0781	0,0812	0,9252	1	0,336
gb_bilanz=3	(+)	-0,0121	0,0686	0,0312	1	0,860
gb_bilanz=4	(+)	0,0135	0,0600	0,0503	1	0,823
gb_bilanz=5						
gb_kapitalflussrechnung=1	(+)	0,0657	0,1002	0,4297	1	0,512
gb_kapitalflussrechnung=2	(+)	0,0334	0,0902	0,1375	1	0,711
gb_kapitalflussrechnung=3	(+)	-0,0344	0,0842	0,1671	1	0,683
gb_kapitalflussrechnung=4	(+)	-0,0133	0,0804	0,0273	1	0,869
gb_kapitalflussrechnung=5						
gb_guv=1	(+)	-0,0280	0,1071	0,0684	1	0,794
gb_guv=2	(+)	-0,0683	0,0817	0,6994	1	0,403
gb_guv=3	(+)	0,0254	0,0680	0,1397	1	0,709

Variable	Erwartetes Vorzeichen	Koef-fizient	Standard-fehler	Wald Chi-Quadrat	df	p-Wert
gb_guv=4	(+)	0,0306	0,0573	0,2851	1	0,593
gb_guv=5						
gb_anhang=1	(+)	-0,0459	0,1207	0,1448	1	0,704
gb_anhang=2	(+)	-0,0208	0,1159	0,0321	1	0,858
gb_anhang=3	(+)	0,0150	0,1145	0,0172	1	0,896
gb_anhang=4	(+)	0,0294	0,1161	0,0642	1	0,800
gb_anhang=5						
dividendenbemessung_pflicht=1	(+)	-0,6855	0,0618	123,1407	1	0,000***
dividendenbemessung_pflicht=2	(+)	-0,4002	0,0609	43,2205	1	0,000***
dividendenbemessung_pflicht=3	(+)	-0,2017	0,0665	9,2004	1	0,002***
dividendenbemessung_pflicht=4	(+)	-0,1624	0,0681	5,6801	1	0,017**
dividendenbemessung_pflicht=5						
DPAG=0	(?)	0,1264	0,1592	0,6310	1	0,427
DPAG=1						
entfernung	(+)	0,0000	0,0005	0,0013	1	0,971
DPAG=0 * entfernung	(–)	0,0000	0,0005	0,0001	1	0,991
DPAG=1 * entfernung						

Pseudo R^2			**Chi-Quadrat**	**df**	**p-Wert**
Cox und Snell	0,02	**Likelihood-Ratio-Test**	322,404	63	0,000***
Nagelkerke	0,02	**Parallelitätstest**	873,171	189	0,000***
McFadden	0,01				

Anlage 21: Ergebnisse der ordinalen Regression für das Behavioral/Steuern-Modell (2004er Datensatz)

Variable	Erwartetes Vorzeichen	Koef-fizient	Standard-fehler	Wald Chi-Quadrat	df	p-Wert
alter	(+)	0,0091	0,0006	230,3684	1	0,000***
erfahrung	(–)	0,0033	0,0008	18,1438	1	0,000***
aktienvermögen	(–)	-0,0057	0,0004	220,0916	1	0,000***
anzahl_unternehmen	(–)	-0,0042	0,0009	23,5558	1	0,000***
steuern=0	(+)	0,3835	0,0163	555,7560	1	0,000***
steuern=1						
geschlecht_weiblich=0	(–)	-0,1298	0,0202	41,3984	1	0,000***
geschlecht_weiblich=1						
anlagestrategie=1	(–)	-1,8960	0,0337	3168,3034	1	0,000***
anlagestrategie=2	(–)	-0,7903	0,0189	1747,4363	1	0,000***
anlagestrategie=3						
wiwi_knowhow=0	(+)	0,1014	0,0169	35,8950	1	0,000***
wiwi_knowhow=1						
schulabschluss=0	(+)	0,0509	0,1080	0,2221	1	0,637
schulabschluss=1	(+)	0,1070	0,0216	24,6653	1	0,000***
schulabschluss=2	(+)	0,0433	0,0188	5,3045	1	0,021**
schulabschluss=3	(+)	0,0309	0,0240	1,6604	1	0,198
schulabschluss=4	(+)	0,0651	0,0362	3,2322	1	0,072*
schulabschluss=5						
wohnsituation=0	(+)	0,2366	0,0489	23,4410	1	0,000***
wohnsituation=1	(+)	0,0459	0,0195	5,5439	1	0,019**
wohnsituation=2	(+)	-0,0160	0,0481	0,1113	1	0,739
wohnsituation=3	(+)	0,0181	0,0240	0,5656	1	0,452
wohnsituation=4	(+)	0,0063	0,0205	0,0935	1	0,760
wohnsituation=5						
Pseudo R^2				**Chi-Quadrat**	**df**	**p-Wert**
Cox & Snell	0,08		**Likelihood-Ratio-Test**	5269,9508	19	0,000***
Nagelkerke	0,08		**Parallelitätstest**	495,2204	57	0,000***
McFadden	0,03					

Anlage 22: Ergebnisse der ordinalen Regression für das Agency-Modell (2004er Datensatz)

Variable	Erwartetes Vorzeichen	Koeffizient	Standardfehler	Wald Chi-Quadrat	df	p-Wert
angst_management=1	(–)	0,1087	0,0556	3,8167	1	0,051*
angst_management=2	(–)	0,0550	0,0284	3,7318	1	0,053*
angst_management=3	(–)	0,0525	0,0252	4,3495	1	0,037**
angst_management=4	(–)	0,0317	0,0244	1,6987	1	0,192
angst_management=5						
angst_mehrheitsaktionär=1	(–)	-0,1823	0,0702	6,7454	1	0,009***
angst_mehrheitsaktionär=2	(–)	-0,0915	0,0411	4,9531	1	0,026**
angst_mehrheitsaktionär=3	(–)	-0,0096	0,0363	0,0706	1	0,791
angst_mehrheitsaktionär=4	(–)	0,0044	0,0345	0,0166	1	0,898
angst_mehrheitsaktionär=5						
angst_großaktionär=1	(–)	0,1308	0,0794	2,7129	1	0,100*
angst_großaktionär=2	(–)	0,0315	0,0379	0,6897	1	0,406
angst_großaktionär=3	(–)	0,0222	0,0312	0,5073	1	0,476
angst_großaktionär=4	(–)	0,0043	0,0283	0,0234	1	0,879
angst_großaktionär=5						
angst_banken=1	(–)	-0,0476	0,0526	0,8210	1	0,365
angst_banken=2	(–)	0,0291	0,0295	0,9737	1	0,324
angst_banken=3	(–)	0,0570	0,0256	4,9781	1	0,026**
angst_banken=4	(–)	0,0504	0,0244	4,2679	1	0,039**
angst_banken=5						
simmrecht_verzicht=0	(+)	0,3600	0,0168	461,3505	1	0,000***
simmrecht_verzicht=1						

Pseudo R^2			Chi-Quadrat	df	p-Wert
Cox & Snell	0,01	Likelihood-Ratio-Test	520,11	17	0,000***
Nagelkerke	0,01	Parallelitätstest	996,58	51	0,000***
McFadden	0,00				

Anlage 23: Ergebnisse der ordinalen Regression für das vollständige Modell (2004er Datensatz)

Variable	Erwartetes Vorzeichen	Koef-fizient	Standard-fehler	Wald Chi-Quadrat	df	p-Wert
alter	(+)	0,0074	0,0008	96,1516	1	0,000***
erfahrung	(–)	0,0035	0,0009	14,0868	1	0,000***
aktienvermögen	(–)	-0,0052	0,0005	128,8912	1	0,000***
anzahl_unternehmen	(–)	-0,0023	0,0010	5,5443	1	0,019**
steuern=0	(+)	0,4329	0,0192	505,8489	1	0,000***
steuern=1						
geschlecht_weiblich=0	(–)	-0,0917	0,0258	12,6356	1	0,000***
geschlecht_weiblich=1						
anlagestrategie=1	(–)	-1,9713	0,0411	2296,8916	1	0,000***
anlagestrategie=2	(–)	-0,8319	0,0231	1293,9929	1	0,000***
anlagestrategie=3						
wiwi_knowhow=0	(+)	0,1136	0,0197	33,3501	1	0,000***
wiwi_knowhow=1						
schulabschluss=0	(+)	0,0061	0,1444	0,0018	1	0,966
schulabschluss=1	(+)	0,1101	0,0271	16,4745	1	0,000***
schulabschluss=2	(+)	0,0144	0,0227	0,4003	1	0,527
schulabschluss=3	(+)	0,0211	0,0284	0,5541	1	0,457
schulabschluss=4	(+)	0,0455	0,0421	1,1676	1	0,280
schulabschluss=5						
wohnsituation=0	(+)	0,1689	0,0574	8,6487	1	0,003***
wohnsituation=1	(+)	0,0696	0,0238	8,5782	1	0,003***
wohnsituation=2	(+)	0,0106	0,0564	0,0356	1	0,850
wohnsituation=3	(+)	0,0241	0,0289	0,6942	1	0,405
wohnsituation=4	(+)	0,0274	0,0245	1,2563	1	0,262
wohnsituation=5						
angst_management=1	(–)	-0,0336	0,0590	0,3243	1	0,569
angst_management=2	(–)	-0,0338	0,0301	1,2666	1	0,260
angst_management=3	(–)	-0,0014	0,0266	0,0027	1	0,958
angst_management=4	(–)	0,0005	0,0256	0,0003	1	0,985

Variable	Erwartetes Vorzeichen	Koef-fizient	Standard-fehler	Wald Chi-Quadrat	df	p-Wert
angst_management=5						
angst_mehrheitsaktionär=1	(–)	-0,0438	0,0743	0,3474	1	0,556
angst_mehrheitsaktionär=2	(–)	0,0358	0,0437	0,6702	1	0,413
angst_mehrheitsaktionär=3	(–)	0,0670	0,0386	3,0179	1	0,082*
angst_mehrheitsaktionär=4	(–)	0,0336	0,0366	0,8444	1	0,358
angst_mehrheitsaktionär=5						
angst_großaktionär=1	(–)	0,0790	0,0839	0,8878	1	0,346
angst_großaktionär=2	(–)	-0,0155	0,0401	0,1489	1	0,700
angst_großaktionär=3	(–)	0,0023	0,0330	0,0049	1	0,944
angst_großaktionär=4	(–)	-0,0092	0,0299	0,0943	1	0,759
angst_großaktionär=5						
angst_banken=1	(–)	-0,0035	0,0558	0,0039	1	0,950
angst_banken=2	(–)	0,0228	0,0313	0,5287	1	0,467
angst_banken=3	(–)	0,0646	0,0270	5,7152	1	0,017**
angst_banken=4	(–)	0,0579	0,0257	5,0593	1	0,024**
angst_banken=5						
simmrecht_verzicht=0	(+)	0,2672	0,0182	216,7797	1	0,000***
simmrecht_verzicht=1						
Pseudo R^2				**Chi-Quadrat**	**df**	**p-Wert**
Cox & Snell	0,09		**Likelihood-Ratio-Test**	4140,20	36	0,000***
Nagelkerke	0,09		**Parallelitätstest**	1166,36	108	0,000***
McFadden	0,03					

Anlage 24: Ergebnisse der ordinalen Regression für das vollständige Modell mit Interaktionen (2004er Datensatz)

Variable	Erwartetes Vorzeichen	Koeffizient	Standardfehler	Wald Chi-Quadrat	df	p-Wert
steuern=0	(+)	0,4170	0,0441	89,3710	1	0,000***
steuern=1						
geschlecht_weiblich=0	(–)	-0,0895	0,0259	11,9098	1	0,001***
geschlecht_weiblich=1						
anlagestrategie=1	(–)	-1,7085	0,0795	461,7403	1	0,000***
anlagestrategie=2	(–)	-0,8630	0,0414	434,0124	1	0,000***
anlagestrategie=3						
wiwi_knowhow=0	(+)	0,1121	0,0197	32,3071	1	0,000***
wiwi_knowhow=1						
schulabschluss=0	(+)	0,0021	0,1446	0,0002	1	0,988
schulabschluss=1	(+)	0,0996	0,0275	13,1435	1	0,000***
schulabschluss=2	(+)	0,0086	0,0229	0,1414	1	0,707
schulabschluss=3	(+)	0,0180	0,0285	0,3990	1	0,528
schulabschluss=4	(+)	0,0448	0,0422	1,1295	1	0,288
schulabschluss=5						
wohnsituation=0	(+)	0,1660	0,0576	8,2974	1	0,004***
wohnsituation=1	(+)	0,0647	0,0238	7,3742	1	0,007***
wohnsituation=2	(+)	0,0081	0,0565	0,0204	1	0,887
wohnsituation=3	(+)	0,0192	0,0289	0,4416	1	0,506
wohnsituation=4	(+)	0,0256	0,0245	1,0859	1	0,297
wohnsituation=5						
angst_management=1	(–)	0,1438	0,2831	0,2582	1	0,611
angst_management=2	(–)	0,1363	0,1262	1,1666	1	0,280
angst_management=3	(–)	0,0776	0,0907	0,7334	1	0,392
angst_management=4	(–)	0,0976	0,0765	1,6289	1	0,202
angst_management=5						
angst_mehrheitsaktionär=1	(–)	0,1662	0,3140	0,2802	1	0,597
angst_mehrheitsaktionär=2	(–)	0,2327	0,1381	2,8398	1	0,092*
angst_mehrheitsaktionär=3	(–)	0,1899	0,0945	4,0353	1	0,045**

Variable	Erwartetes Vorzeichen	Koeffizient	Standardfehler	Wald Chi-Quadrat	df	p-Wert
angst_mehrheitsaktionär=4	(–)	0,0479	0,0786	0,3710	1	0,542
angst_mehrheitsaktionär=5						
angst_großaktionär=1	(–)	0,1585	0,4880	0,1055	1	0,745
angst_großaktionär=2	(–)	-0,2160	0,2239	0,9307	1	0,335
angst_großaktionär=3	(–)	-0,1294	0,1310	0,9765	1	0,323
angst_großaktionär=4	(–)	0,0180	0,0914	0,0389	1	0,844
angst_großaktionär=5						
angst_banken=1	(–)	0,3103	0,3182	0,9508	1	0,330
angst_banken=2	(–)	-0,2460	0,1602	2,3564	1	0,125
angst_banken=3	(–)	0,1188	0,1018	1,3622	1	0,243
angst_banken=4	(–)	-0,0462	0,0823	0,3151	1	0,575
angst_banken=5						
simmrecht_verzicht=0	(+)	0,2634	0,0182	208,3630	1	0,000***
simmrecht_verzicht=1						
mitarbeiter_dpag=0	(+)	-0,2061	0,0774	7,0840	1	0,008***
mitarbeiter_dpag=1	(+)	-0,0665	0,1456	0,2083	1	0,648
mitarbeiter_dpag=2						
DPAG=0	(+)	-0,2662	0,0662	16,1485	1	0,000***
DPAG=1						
alter	(+)	0,0073	0,0008	91,0730	1	0,000***
erfahrung	(–)	0,0039	0,0009	17,2130	1	0,000***
aktienvermögen	(–)	-0,0050	0,0005	118,7471	1	0,000***
anzahl_unternehmen	(–)	-0,0021	0,0010	4,4489	1	0,035**
mitarbeiter_dpag=0 * DPAG=0	(–)	0,2450	0,0851	8,2801	1	0,004***
mitarbeiter_dpag=1 * DPAG=0	(–)	0,1629	0,1595	1,0425	1	0,307
steuern=0 * anlagestrategie=1	(–)	-0,3474	0,0917	14,3526	1	0,000***
steuern=0 * anlagestrategie=2	(?)	0,0438	0,0490	0,7999	1	0,371
angst_management=1 * angst_mehrheitsaktionär=1	(+)	0,3803	0,4150	0,8397	1	0,359
angst_management=1 * angst_mehrheitsaktionär=2	(+)	0,5917	0,3483	2,8861	1	0,089*
angst_management=1 * angst_mehrheitsaktionär=3	(+)	0,1464	0,3407	0,1847	1	0,667
angst_management=1 * angst_mehrheitsaktionär=4	(+)	0,2255	0,3474	0,4212	1	0,516
angst_management=2 * angst_mehrheitsaktionär=1	(+)	-0,1584	0,2574	0,3789	1	0,538
angst_management=2 * angst_mehrheitsaktionär=2	(+)	-0,0174	0,1558	0,0125	1	0,911

Variable	Erwartetes Vorzeichen	Koeffizient	Standardfehler	Wald Chi-Quadrat	df	p-Wert
angst_management=2 * angst_mehrheitsaktionär=3	(+)	-0,0977	0,1410	0,4803	1	0,488
angst_management=2 * angst_mehrheitsaktionär=4	(+)	-0,0271	0,1387	0,0381	1	0,845
angst_management=3 * angst_mehrheitsaktionär=1	(+)	-0,2071	0,2401	0,7441	1	0,388
angst_management=3 * angst_mehrheitsaktionär=2	(+)	-0,1763	0,1289	1,8701	1	0,171
angst_management=3 * angst_mehrheitsaktionär=3	(+)	-0,1256	0,1118	1,2628	1	0,261
angst_management=3 * angst_mehrheitsaktionär=4	(+)	-0,0276	0,1058	0,0678	1	0,795
angst_management=4 * angst_mehrheitsaktionär=1	(+)	-0,1866	0,2341	0,6352	1	0,425
angst_management=4 * angst_mehrheitsaktionär=2	(+)	-0,0836	0,1190	0,4931	1	0,483
angst_management=4 * angst_mehrheitsaktionär=3	(+)	-0,0496	0,1002	0,2450	1	0,621
angst_management=4 * angst_mehrheitsaktionär=4	(+)	-0,0056	0,0936	0,0036	1	0,952
angst_management=1 * angst_großaktionär=1	(+)	-0,5489	0,3867	2,0142	1	0,156
angst_management=1 * angst_großaktionär=2	(+)	-0,5943	0,2826	4,4240	1	0,035**
angst_management=1 * angst_großaktionär=3	(+)	-0,5312	0,2729	3,7878	1	0,052*
angst_management=1 * angst_großaktionär=4	(+)	-0,5005	0,2723	3,3774	1	0,066*
angst_management=2 * angst_großaktionär=1	(+)	0,2191	0,2994	0,5356	1	0,464
angst_management=2 * angst_großaktionär=2	(+)	-0,1154	0,1392	0,6877	1	0,407
angst_management=2 * angst_großaktionär=3	(+)	-0,1100	0,1176	0,8749	1	0,350
angst_management=2 * angst_großaktionär=4	(+)	-0,0409	0,1100	0,1382	1	0,710
angst_management=3 * angst_großaktionär=1	(+)	0,1991	0,2954	0,4543	1	0,500
angst_management=3 * angst_großaktionär=2	(+)	0,1273	0,1234	1,0649	1	0,302
angst_management=3 * angst_großaktionär=3	(+)	0,0809	0,0954	0,7184	1	0,397
angst_management=3 * angst_großaktionär=4	(+)	0,0737	0,0847	0,7583	1	0,384
angst_management=4 * angst_großaktionär=1	(+)	-0,0241	0,3019	0,0064	1	0,936
angst_management=4 * angst_großaktionär=2	(+)	0,0353	0,1181	0,0892	1	0,765
angst_management=4 * angst_großaktionär=3	(+)	-0,0561	0,0882	0,4040	1	0,525
angst_management=4 * angst_großaktionär=4	(+)	-0,0286	0,0755	0,1435	1	0,705
angst_management=1 * angst_banken=1	(+)	-0,2709	0,2570	1,1109	1	0,292
angst_management=1 * angst_banken=2	(+)	-0,1354	0,2133	0,4029	1	0,526
angst_management=1 * angst_banken=3	(+)	-0,0592	0,2088	0,0803	1	0,777
angst_management=1 * angst_banken=4	(+)	0,0038	0,2104	0,0003	1	0,986
angst_management=2 * angst_banken=1	(+)	-0,2385	0,1851	1,6614	1	0,197
angst_management=2 * angst_banken=2	(+)	-0,0119	0,1052	0,0128	1	0,910
angst_management=2 * angst_banken=3	(+)	-0,1094	0,0922	1,4065	1	0,236
angst_management=2 * angst_banken=4	(+)	-0,0991	0,0899	1,2146	1	0,270

Variable	Erwar-tetes Vorzei-chen	Koef-fizient	Stan-dard-fehler	Wald Chi-Quadrat	df	p-Wert
angst_management=3 * angst_banken=1	(+)	-0,2160	0,1837	1,3837	1	0,239
angst_management=3 * angst_banken=2	(+)	-0,0440	0,0943	0,2174	1	0,641
angst_management=3 * angst_banken=3	(+)	-0,1333	0,0780	2,9224	1	0,087*
angst_management=3 * angst_banken=4	(+)	-0,0836	0,0743	1,2648	1	0,261
angst_management=4 * angst_banken=1	(+)	-0,3748	0,1943	3,7206	1	0,054*
angst_management=4 * angst_banken=2	(+)	-0,0340	0,0921	0,1363	1	0,712
angst_management=4 * angst_banken=3	(+)	-0,1382	0,0749	3,4034	1	0,065*
angst_management=4 * angst_banken=4	(+)	-0,0106	0,0687	0,0238	1	0,877
angst_management=4 * angst_banken=5	(+)	0a	0,0000	0,0000	0	0,000***
angst_management=5 * angst_banken=1	(+)	0a	0,0000	0,0000	0	0,000***
angst_management=5 * angst_banken=2	(+)	0a	0,0000	0,0000	0	0,000***
angst_management=5 * angst_banken=3	(+)	0a	0,0000	0,0000	0	0,000***
angst_management=5 * angst_banken=4	(+)	0a	0,0000	0,0000	0	0,000***
angst_management=5 * angst_banken=5	(+)	0a	0,0000	0,0000	0	0,000***
angst_mehrheitsaktionär=1 * angst_großaktionär=1	(+)	-0,4101	0,5459	0,5644	1	0,452
angst_mehrheitsaktionär=1 * angst_großaktionär=2	(+)	-0,0324	0,3579	0,0082	1	0,928
angst_mehrheitsaktionär=1 * angst_großaktionär=3	(+)	0,1057	0,3187	0,1101	1	0,740
angst_mehrheitsaktionär=1 * angst_großaktionär=4	(+)	-0,3229	0,3221	1,0046	1	0,316
angst_mehrheitsaktionär=2 * angst_großaktionär=1	(+)	-0,6389	0,5196	1,5119	1	0,219
angst_mehrheitsaktionär=2 * angst_großaktionär=2	(+)	-0,1355	0,2383	0,3231	1	0,570
angst_mehrheitsaktionär=2 * angst_großaktionär=3	(+)	0,0565	0,1615	0,1225	1	0,726
angst_mehrheitsaktionär=2 * angst_großaktionär=4	(+)	-0,1700	0,1388	1,5008	1	0,221
angst_mehrheitsaktionär=3 * angst_großaktionär=1	(+)	-0,7314	0,5384	1,8456	1	0,174
angst_mehrheitsaktionär=3 * angst_großaktionär=2	(+)	-0,0243	0,2292	0,0113	1	0,916
angst_mehrheitsaktionär=3 * angst_großaktionär=3	(+)	-0,0350	0,1343	0,0681	1	0,794
angst_mehrheitsaktionär=3 * angst_großaktionär=4	(+)	-0,1859	0,1015	3,3585	1	0,067*
angst_mehrheitsaktionär=4 * angst_großaktionär=1	(+)	-0,7054	0,6444	1,1982	1	0,274
angst_mehrheitsaktionär=4 * angst_großaktionär=2	(+)	0,0836	0,2378	0,1236	1	0,725
angst_mehrheitsaktionär=4 * angst_großaktionär=3	(+)	0,1141	0,1339	0,7257	1	0,394
angst_mehrheitsaktionär=4 * angst_großaktionär=4	(+)	-0,0891	0,0895	0,9907	1	0,320
angst_mehrheitsaktionär=1 * angst_banken=1	(+)	-0,7448	0,4031	3,4134	1	0,065*
angst_mehrheitsaktionär=1 * angst_banken=2	(+)	0,0340	0,2748	0,0153	1	0,902
angst_mehrheitsaktionär=1 * angst_banken=3	(+)	-0,0442	0,2424	0,0332	1	0,855
angst_mehrheitsaktionär=1 * angst_banken=4	(+)	-0,0338	0,2478	0,0186	1	0,892

Variable	Erwartetes Vorzeichen	Koeffizient	Standardfehler	Wald Chi-Quadrat	df	p-Wert
angst_mehrheitsaktionär=2 * angst_banken=1	(+)	-0,6451	0,3519	3,3612	1	0,067*
angst_mehrheitsaktionär=2 * angst_banken=2	(+)	0,1149	0,1826	0,3960	1	0,529
angst_mehrheitsaktionär=2 * angst_banken=3	(+)	-0,1041	0,1356	0,5892	1	0,443
angst_mehrheitsaktionär=2 * angst_banken=4	(+)	-0,0695	0,1214	0,3275	1	0,567
angst_mehrheitsaktionär=3 * angst_banken=1	(+)	-0,5554	0,3502	2,5158	1	0,113
angst_mehrheitsaktionär=3 * angst_banken=2	(+)	0,1737	0,1702	1,0418	1	0,307
angst_mehrheitsaktionär=3 * angst_banken=3	(+)	0,0437	0,1153	0,1438	1	0,705
angst_mehrheitsaktionär=3 * angst_banken=4	(+)	0,0744	0,0988	0,5667	1	0,452
angst_mehrheitsaktionär=4 * angst_banken=1	(+)	-0,5086	0,3648	1,9433	1	0,163
angst_mehrheitsaktionär=4 * angst_banken=2	(+)	0,0666	0,1716	0,1508	1	0,698
angst_mehrheitsaktionär=4 * angst_banken=3	(+)	-0,0102	0,1117	0,0084	1	0,927
angst_mehrheitsaktionär=4 * angst_banken=4	(+)	-0,0042	0,0914	0,0021	1	0,963
angst_großaktionär=1 * angst_banken=1	(+)	0,8741	0,3625	5,8157	1	0,016**
angst_großaktionär=1 * angst_banken=2	(+)	0,6307	0,2973	4,5005	1	0,034**
angst_großaktionär=1 * angst_banken=3	(+)	0,0029	0,2760	0,0001	1	0,992
angst_großaktionär=1 * angst_banken=4	(+)	0,2291	0,2936	0,6089	1	0,435
angst_großaktionär=1 * angst_banken=5	(+)	0a	0,0000	0,0000	0	0,000***
angst_großaktionär=2 * angst_banken=1	(+)	0,7708	0,2658	8,4069	1	0,004***
angst_großaktionär=2 * angst_banken=2	(+)	0,3299	0,1431	5,3174	1	0,021**
angst_großaktionär=2 * angst_banken=3	(+)	0,2477	0,1238	4,0026	1	0,045**
angst_großaktionär=2 * angst_banken=4	(+)	0,2616	0,1195	4,7912	1	0,029**
angst_großaktionär=3 * angst_banken=1	(+)	0,4321	0,2562	2,8444	1	0,092*
angst_großaktionär=3 * angst_banken=2	(+)	0,1554	0,1192	1,7011	1	0,192
angst_großaktionär=3 * angst_banken=3	(+)	0,0889	0,0952	0,8725	1	0,350
angst_großaktionär=3 * angst_banken=4	(+)	0,1340	0,0895	2,2412	1	0,134
angst_großaktionär=4 * angst_banken=1	(+)	0,3529	0,2489	2,0105	1	0,156
angst_großaktionär=4 * angst_banken=2	(+)	0,1461	0,1123	1,6914	1	0,193
angst_großaktionär=4 * angst_banken=3	(+)	0,0306	0,0846	0,1304	1	0,718
angst_großaktionär=4 * angst_banken=4	(+)	0,1605	0,0769	4,3519	1	0,037**

Pseudo R^2			**Chi-Quadrat**	**df**	**p-Wert**
Cox & Snell	0,09	**Likelihood-Ratio-Test**	4258,40	139	0,000***
Nagelkerke	0,10	**Parallelitätstest**	1936,25	417	0,000***
McFadden	0,03				

Anlage 25: Ergebnisse der ordinalen Regression für das Signaling-Modell (2004er Datensatz)

Variable	Erwartetes Vorzeichen	Koeffizient	Standardfehler	Wald Chi-Quadrat	df	p-Wert
info_medien_bedeutung=1	(–)	0,1170	0,1145	1,0433	1	0,307
info_medien_bedeutung=2	(–)	0,2553	0,0622	16,8543	1	0,000***
info_medien_bedeutung=3	(–)	0,1326	0,0353	14,1146	1	0,000***
info_medien_bedeutung=4	(–)	0,0987	0,0282	12,2770	1	0,000***
info_medien_bedeutung=5						
info_medien_verständlichkeit=1	(–)	0,1206	0,1335	0,8171	1	0,366
info_medien_verständlichkeit=2	(–)	-0,0628	0,0703	0,7965	1	0,372
info_medien_verständlichkeit=3	(–)	-0,0491	0,0397	1,5307	1	0,216
info_medien_verständlichkeit=4	(–)	-0,0231	0,0351	0,4361	1	0,509
info_medien_verständlichkeit=5						
info_sozial_bedeutung=1	(–)	0,1829	0,0843	4,7091	1	0,030**
info_sozial_bedeutung=2	(–)	0,1552	0,0816	3,6230	1	0,057*
info_sozial_bedeutung=3	(–)	0,1408	0,0811	3,0125	1	0,083*
info_sozial_bedeutung=4	(–)	0,1232	0,0838	2,1607	1	0,142
info_sozial_bedeutung=5						
info_sozial_verständlichkeit=1	(–)	-0,0419	0,0574	0,5332	1	0,465
info_sozial_verständlichkeit=2	(–)	-0,0788	0,0539	2,1409	1	0,143
info_sozial_verständlichkeit=3	(–)	-0,0850	0,0511	2,7649	1	0,096*
info_sozial_verständlichkeit=4	(–)	-0,1022	0,0510	4,0247	1	0,045**
info_sozial_verständlichkeit=5						
info_gb_bedeutung=1	(+)	-0,0937	0,0655	2,0448	1	0,153
info_gb_bedeutung=2	(+)	-0,0498	0,0510	0,9556	1	0,328
info_gb_bedeutung=3	(+)	-0,0607	0,0438	1,9188	1	0,166
info_gb_bedeutung=4	(+)	0,0168	0,0399	0,1773	1	0,674
info_gb_bedeutung=5						
info_gb_verständlichkeit=1	(+)	-0,1992	0,0794	6,2867	1	0,012**
info_gb_verständlichkeit=2	(+)	-0,1065	0,0682	2,4390	1	0,118
info_gb_verständlichkeit=3	(+)	-0,0357	0,0635	0,3166	1	0,574
info_gb_verständlichkeit=4	(+)	-0,0160	0,0619	0,0668	1	0,796
info_gb_verständlichkeit=5						
info_gb_vertrauenswürdigkeit=1	(+)	0,2034	0,0734	7,6779	1	0,006***

Variable	Erwartetes Vorzeichen	Koeffizient	Standardfehler	Wald Chi-Quadrat	df	p-Wert
info_gb_vertrauenswürdigkeit=2	(+)	0,0805	0,0586	1,8866	1	0,170
info_gb_vertrauenswürdigkeit=3	(+)	0,1130	0,0514	4,8303	1	0,028**
info_gb_vertrauenswürdigkeit=4	(+)	0,0780	0,0496	2,4694	1	0,116
info_gb_vertrauenswürdigkeit=5						
gb_aktionärsbrief=1	(–)	0,2837	0,0825	11,8291	1	0,001***
gb_aktionärsbrief=2	(–)	0,2334	0,0733	10,1544	1	0,001***
gb_aktionärsbrief=3	(–)	0,2586	0,0703	13,5403	1	0,000***
gb_aktionärsbrief=4	(–)	0,1861	0,0688	7,3242	1	0,007***
gb_aktionärsbrief=5						
gb_aufsichtsratsbericht=1	(–)	0,0675	0,0894	0,5702	1	0,450
gb_aufsichtsratsbericht=2	(–)	0,0097	0,0800	0,0146	1	0,904
gb_aufsichtsratsbericht=3	(–)	-0,0773	0,0767	1,0139	1	0,314
gb_aufsichtsratsbericht=4	(–)	-0,1032	0,0747	1,9069	1	0,167
gb_aufsichtsratsbericht=5						
gb_lagebericht=1	(+)	0,0202	0,0856	0,0559	1	0,813
gb_lagebericht=2	(+)	-0,0591	0,0568	1,0846	1	0,298
gb_lagebericht=3	(+)	-0,0456	0,0462	0,9731	1	0,324
gb_lagebericht=4	(+)	-0,0590	0,0417	2,0041	1	0,157
gb_lagebericht=5						
gb_bilanz=1	(+)	0,3482	0,0884	15,5017	1	0,000***
gb_bilanz=2	(+)	0,1527	0,0596	6,5707	1	0,010**
gb_bilanz=3	(+)	0,1920	0,0475	16,3544	1	0,000***
gb_bilanz=4	(+)	0,1033	0,0394	6,8680	1	0,009***
gb_bilanz=5						
gb_kapitalflussrechnung=1	(+)	-1,3404	0,0717	349,5082	1	0,000***
gb_kapitalflussrechnung=2	(+)	-1,0994	0,0605	330,2442	1	0,000***
gb_kapitalflussrechnung=3	(+)	-0,8105	0,0544	221,8321	1	0,000***
gb_kapitalflussrechnung=4	(+)	-0,3797	0,0504	56,7051	1	0,000***
gb_kapitalflussrechnung=5						
gb_guv=1	(+)	0,2922	0,0840	12,1036	1	0,001***
gb_guv=2	(+)	0,3341	0,0594	31,6568	1	0,000***
gb_guv=3	(+)	0,2394	0,0473	25,6348	1	0,000***
gb_guv=4	(+)	0,1407	0,0382	13,5898	1	0,000***
gb_guv=5						

Variable	Erwartetes Vorzeichen	Koeffizient	Standardfehler	Wald Chi-Quadrat	df	p-Wert
gb_anhang=1	(+)	-0,5767	0,0869	44,0080	1	0,000***
gb_anhang=2	(+)	-0,4317	0,0828	27,1577	1	0,000***
gb_anhang=3	(+)	-0,3457	0,0818	17,8461	1	0,000***
gb_anhang=4	(+)	-0,2212	0,0837	6,9751	1	0,008***
gb_anhang=5						
dividendenbemessung_pflicht=1	(+)	0,7003	0,0432	263,1330	1	0,000***
dividendenbemessung_pflicht=2	(+)	0,4562	0,0425	115,1311	1	0,000***
dividendenbemessung_pflicht=3	(+)	0,2279	0,0465	23,9881	1	0,000***
dividendenbemessung_pflicht=4	(+)	0,0858	0,0478	3,2227	1	0,073*
dividendenbemessung_pflicht=5						

Pseudo R^2			**Chi-Quadrat**	**df**	**p-Wert**
Pseudo R-Quadrat	0,05	**Likelihood-Ratio-Test**	1723,1706	60	0,000***
Cox und Snell	0,06	**Parallelitätstest**	-	180	-
Nagelkerke	0,03				

Anlage 26: Börsensituation zu den Befragungszeitpunkten

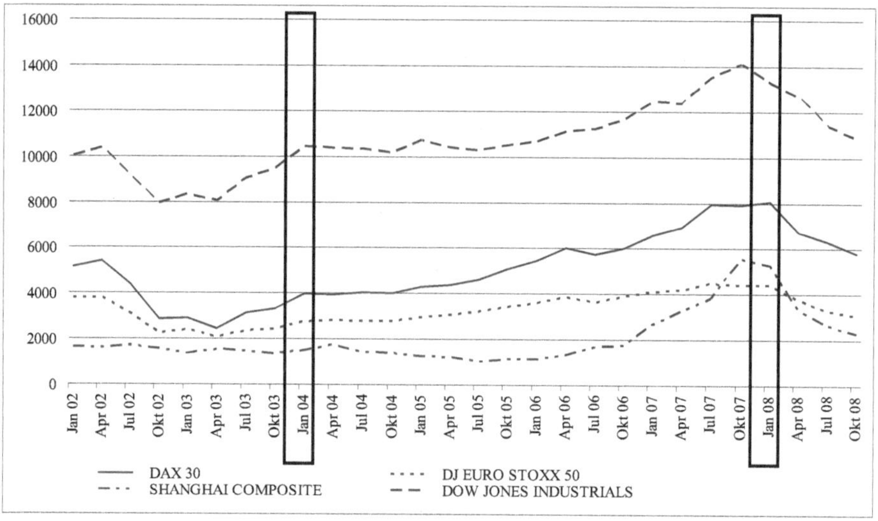

Anlage 27: Robustheitstest 1 (Probit-Link)

Variable	Erwartetes Vorzeichen	Koef-fizient	Standard-fehler	Wald Chi-Quadrat	df	p-Wert
steuern=0	(+)	0,1722	0,0267	41,6222	1	0,000***
steuern=1						
geschlecht_weiblich=0	(-)	-0,0664	0,0189	12,2758	1	0,000***
geschlecht_weiblich=1						
anlagestrategie=1	(-)	-0,7902	0,0582	184,0752	1	0,000***
anlagestrategie=2	(-)	-0,4603	0,0239	371,3182	1	0,000***
anlagestrategie=3						
wiwi_knowhow=0	(+)	0,0647	0,0141	20,9287	1	0,000***
wiwi_knowhow=1						
schulabschluss=0	(+)	0,0086	0,1000	0,0073	1	0,932
schulabschluss=1	(+)	0,0470	0,0200	5,5096	1	0,019**
schulabschluss=2	(+)	0,0014	0,0165	0,0071	1	0,933
schulabschluss=3	(+)	0,0530	0,0213	6,2236	1	0,013**
schulabschluss=4	(+)	0,0030	0,0315	0,0091	1	0,924
schulabschluss=5						
wohnsituation=0	(+)	0,1278	0,0534	5,7295	1	0,017**
wohnsituation=1	(+)	-0,0026	0,0180	0,0208	1	0,885
wohnsituation=2	(+)	-0,0893	0,0454	3,8709	1	0,049**
wohnsituation=3	(+)	0,0065	0,0202	0,1019	1	0,750
wohnsituation=4	(+)	0,0226	0,0170	1,7646	1	0,184
wohnsituation=5						
simmrecht_verzicht=0	(+)	0,1298	0,0132	96,8129	1	0,000***
simmrecht_verzicht=1						
alter	(+)	0,0050	0,0005	85,2634	1	0,000***
erfahrung	(-)	-0,0006	0,0007	0,7982	1	0,372
aktienvermögen	(-)	-0,0020	0,0003	39,9771	1	0,000***
anzahl_unternehmen	(-)	-0,0022	0,0007	11,6924	1	0,001***
steuern=0 * anlagestrategie=1	(-)	-0,1982	0,0719	7,5937	1	0,006***
steuern=0 * anlagestrategie=2	(?)	0,0222	0,0305	0,5281	1	0,467
Pseudo R^2			**Chi-Quadrat**		**df**	**p-Wert**
Cox und Snell	0,07	**Likelihood-Ratio-Test**	1971,9128		22	0,000***
Nagelkerke	0,07	**Parallelitätstest**	440,7039		66	0,000***
McFadden	0,03					

Anlage 28: Robustheitstest 2 (Umklassifizierter Regressand)

Variable	Erwartetes Vorzeichen	Koef-fizient	Standard-fehler	Wald Chi-Quadrat	df	p-Wert
steuern=0	(+)	0,3012	0,0472	40,8104	1	0,000***
steuern=1						
geschlecht_weiblich=0	(–)	-0,0859	0,0335	6,5889	1	0,010**
geschlecht_weiblich=1						
anlagestrategie=1	(–)	-1,4618	0,1073	185,4830	1	0,000***
anlagestrategie=2	(–)	-0,8332	0,0421	390,8018	1	0,000***
anlagestrategie=3						
wiwi_knowhow=0	(+)	0,1290	0,0250	26,5939	1	0,000***
wiwi_knowhow=1						
schulabschluss=0	(+)	0,0694	0,1769	0,1542	1	0,695
schulabschluss=1	(+)	0,0692	0,0354	3,8228	1	0,051*
schulabschluss=2	(+)	-0,0038	0,0291	0,0169	1	0,897
schulabschluss=3	(+)	0,0841	0,0376	5,0063	1	0,025**
schulabschluss=4	(+)	-0,0088	0,0558	0,0251	1	0,874
schulabschluss=5						
wohnsituation=0	(+)	0,2208	0,0944	5,4667	1	0,019**
wohnsituation=1	(+)	-0,0065	0,0319	0,0421	1	0,837
wohnsituation=2	(+)	-0,1987	0,0807	6,0548	1	0,014**
wohnsituation=3	(+)	0,0003	0,0358	0,0001	1	0,994
wohnsituation=4	(+)	0,0317	0,0301	1,1112	1	0,292
wohnsituation=5						
simmrecht_verzicht=0	(+)	0,2183	0,0233	87,8528	1	0,000***
simmrecht_verzicht=1						
alter	(+)	0,0073	0,0010	59,0817	1	0,000***
erfahrung	(–)	-0,0013	0,0012	1,3140	1	0,252
aktienvermögen	(–)	-0,0036	0,0006	39,8046	1	0,000***
anzahl_unternehmen	(–)	-0,0034	0,0012	8,5133	1	0,004***
steuern=0 * anlagestrategie=1	(–)	-0,3844	0,1328	8,3830	1	0,004***
steuern=0 * anlagestrategie=2	(?)	0,0365	0,0540	0,4581	1	0,499

Pseudo R^2			**Chi-Quadrat**	**df**	**p-Wert**
Cox und Snell	0,07	**Likelihood-Ratio-Test**	1951,0744	22	0,000***
Nagelkerke	0,08	**Parallelitätstest**	232,6899	22	0,000***
McFadden	0,03				

Anlage 29: Robustheitstest 3 (nur die 30 % Spätesten)

Variable	Erwartetes Vorzeichen	Koef-fizient	Standard-fehler	Wald Chi-Quadrat	df	p-Wert
steuern=0	(+)	0,2678	0,0909	8,6827	1	0,003***
steuern=1						
geschlecht_weiblich=0	(–)	-0,1817	0,0597	9,2734	1	0,002***
geschlecht_weiblich=1						
anlagestrategie=1	(–)	-1,2768	0,1990	41,1747	1	0,000***
anlagestrategie=2	(–)	-0,8824	0,0807	119,6077	1	0,000***
anlagestrategie=3						
wiwi_knowhow=0	(+)	0,1831	0,0460	15,8424	1	0,000***
wiwi_knowhow=1						
schulabschluss=0	(+)	-0,1931	0,3274	0,3479	1	0,555
schulabschluss=1	(+)	-0,0176	0,0673	0,0687	1	0,793
schulabschluss=2	(+)	-0,0406	0,0548	0,5484	1	0,459
schulabschluss=3	(+)	0,0654	0,0699	0,8748	1	0,350
schulabschluss=4	(+)	-0,0253	0,1037	0,0597	1	0,807
schulabschluss=5						
wohnsituation=0	(+)	0,0282	0,1572	0,0322	1	0,858
wohnsituation=1	(+)	0,0244	0,0573	0,1811	1	0,670
wohnsituation=2	(+)	-0,0979	0,1447	0,4583	1	0,498
wohnsituation=3	(+)	-0,0826	0,0658	1,5764	1	0,209
wohnsituation=4	(+)	-0,0206	0,0577	0,1275	1	0,721
wohnsituation=5						
simmrecht_verzicht=0	(+)	0,2661	0,0434	37,5927	1	0,000***
simmrecht_verzicht=1						
alter	(+)	0,0067	0,0018	14,4775	1	0,000***
erfahrung	(–)	-0,0004	0,0022	0,0301	1	0,862
aktienvermögen	(–)	-0,0055	0,0010	27,1600	1	0,000***
anzahl_unternehmen	(–)	-0,0022	0,0022	0,9823	1	0,322
steuern=0 * anlagestrategie=1	(–)	-0,4661	0,2439	3,6513	1	0,056*
steuern=0 * anlagestrategie=2	(?)	0,1599	0,1028	2,4218	1	0,120
Pseudo R^2				**Chi-Quadrat**	**df**	**p-Wert**
Cox und Snell	0,07		**Likelihood-Ratio-Test**	588,1751	22	0,000***
Nagelkerke	0,08		**Parallelitätstest**	315,7320	66	0,000***
McFadden	0,03					

Anlage 30: Robustheitstest 4 (nur die 10 % Spätesten)

Variable	Erwartetes Vorzeichen	Koef-fizient	Standard-fehler	Wald Chi-Quadrat	df	p-Wert
steuern=0	(+)	0,3695	0,1585	5,4311	1	0,020**
steuern=1						
geschlecht_weiblich=0	(–)	-0,1898	0,0989	3,6840	1	0,055*
geschlecht_weiblich=1						
anlagestrategie=1	(–)	-1,4555	0,3638	16,0035	1	0,000***
anlagestrategie=2	(–)	-0,9117	0,1449	39,6001	1	0,000***
anlagestrategie=3						
wiwi_knowhow=0	(+)	0,2414	0,0805	9,0013	1	0,003***
wiwi_knowhow=1						
schulabschluss=0	(+)	0,3061	0,9264	0,1092	1	0,741
schulabschluss=1	(+)	-0,0973	0,1168	0,6938	1	0,405
schulabschluss=2	(+)	-0,0737	0,0963	0,5858	1	0,444
schulabschluss=3	(+)	0,0092	0,1172	0,0061	1	0,938
schulabschluss=4	(+)	-0,0156	0,1742	0,0080	1	0,929
schulabschluss=5						
wohnsituation=0	(+)	-0,5861	0,2789	4,4159	1	0,036**
wohnsituation=1	(+)	-0,0891	0,0988	0,8145	1	0,367
wohnsituation=2	(+)	-0,3488	0,2675	1,7011	1	0,192
wohnsituation=3	(+)	-0,0814	0,1150	0,5005	1	0,479
wohnsituation=4	(+)	-0,1703	0,1004	2,8802	1	0,090*
wohnsituation=5						
simmrecht_verzicht=0	(+)	0,1947	0,0752	6,7100	1	0,010***
simmrecht_verzicht=1						
alter	(+)	0,0084	0,0030	7,7972	1	0,005***
erfahrung	(–)	-0,0031	0,0038	0,6736	1	0,412
aktienvermögen	(–)	-0,0058	0,0018	10,2550	1	0,001***
anzahl_unternehmen	(–)	-0,0046	0,0038	1,4757	1	0,224
steuern=0 * anlagestrategie=1	(–)	-0,8879	0,4504	3,8866	1	0,049**
steuern=0 * anlagestrategie=2	(?)	0,1248	0,1798	0,4816	1	0,488

Pseudo R^2			**Chi-Quadrat**	**df**	**p-Wert**
Cox und Snell	0,09	**Likelihood-Ratio-Test**	262,4447	22	0,000***
Nagelkerke	0,10	**Parallelitätstest**	123,5660	66	0,000***
McFadden	0,04				

Literaturverzeichnis

Abdellaoui, M./Bleichrodt, H./Paraschiv, C. (2007): Loss aversion under prospect theory: A parameter-free measurement, in: Management Science, Vol. 53, S. 1659-1674.

ACC/PWC (2001): Steuern in den USA: Ein Leitfaden für deutsche Investoren, Frankfurt am Main.

Agresti, A. (1996): Analysis of ordinal categorical data, 2. Aufl., Hoboken.

Aharony, J./Dotan, A. (1994): Regular dividend announcements and stockholder's returns: An empirical analysis, in: Financial Review, Vol. 29, S. 125-151.

Aharony, J./Swary, I. (1980): Ouarterly dividend and earnings announcements and stockholder's returns: An empirical analysis, in: Journal of Finance, Vol. 35, S. 1-12.

Aharony, J./Falk, H./Swary, I. (1988): Information content of dividend increases: the case of regulated utilities, in: Journal of Business Finance and Accounting, Vol. 15, S. 401-14.

Akerlof, G. (1970): The market for "lemons": Quality uncertainty and the market mechanism, in: Quarterly Journal of Economics, Vol. 84, S. 488-500.

Akremi, L./Baur, N. (2011): Kreuztabellen und Kontingenzanalyse, in: Akremi, L./Baur, N./Fromm, S. (Hrsg.): Datenanalyse mit SPSS für Fortgeschrittene 1: Datenaufbereitung und uni- und bivariate Statistik, 3. Aufl., Wiesbaden, S. 169-210.

Ali, A./Zarowin, P. (1992): The role of earnings levels in annual earnings-returns studies, in: Journal of Accounting Research, Vol. 30, S. 286-296.

Allen, F./Michaely, R. (2003): Payout policy, in: Constantinides, G.M./Harris, M./Stulz, R. (Hrsg.): Handbook of economics of finance, Volume 1A, S. 337-429.

Allen, F./Bernardo, A.E./Welch, I. (2000): A theory of dividends based on tax clienteles, in: Journal of Finance, Vol. 55, S. 2499-2536.

Allerbeck, K.R. (1978): Meßniveau und Analyseverfahren: Das Problem „strittiger Intervallskalen", in: Zeitschrift für Soziologie, 7. Jg., S. 199-214.

Ambarish, R./John, K./Williams, J. (1987): Efficient signalling with dividends and investments, in: Journal of Finance, Vol. 42, S. 321-343.

Amihud, Y./Li, K. (2006): The declining information content of dividend announcements and the effects of institutional holding, in: Journal of Financial and Quantitative Analysis, Vol. 41, S. 637-660.

Amihud, Y./Murgia, M. (1997): Dividends, taxes, and signaling: Evidence from Germany, in: Journal of Finance, Vol. 52, S. 397-408.

Amihud, Y./Mendelson, H./Uni, J. (1999): Number of shareholders and stock prices: Evidence from Japan, in: Journal of Finance, Vol. 54, S. 1169-1184.

Amromin, G./Harrison, P./Sharpe, S. (2008): How did the 2003 dividend tax cut affect stock prices, in: Financial Management, Vol. 37, S. 625-646.

Anderson, R.H./Epstein, M. (1996): The usefulness of corporate annual reports to shareholders in Australia, New Zealand, and the United States: An international comparison, Greenwich.

Andres, C./Betzer, A./van den Bongard, I./Haesner, C./Thiessen, E. (2011): Dividend announcements reconsidered: Dividend changes versus dividend surprises, abrufbar unter: http://papers.ssrn.com/sol3/papers.cfm?abstract_id=1763201 (Stand: 25.08.2011).

Ang, J.S. (1987): Do dividends matter? A review of corporate dividend theories and evidence, New York.

Ang, J.S./Ciccone, S.J. (2009): Dividend irrelevance policy, in: Baker, H.K. (Hrsg.): Dividends and dividend policy, Hoboken, S. 97-113.

Ang, J.S./Peterson, D.R. (1985): Return, risk, and yield: Evidence from ex ante data, in: Journal of Finance, Vol. 40, S. 537-548.

Antipov, E./Pokryshevskaya, E. (2010): Applying CHAID for logistic regression diagnostics and classification accuracy improvement, in: Journal of Targeting, Measurement and Analysis for Marketing, Vol. 18, S. 109-117.

Arch, E.C. (1993): Risk-taking: a motivational basis for sex differences, in: Psychological Reports, Vol. 73, S. 3-11.

Armstrong, J.S./Overton, T.S. (1977): Estimating nonresponse bias in mail surveys, in: Journal of Marketing Research, Vol. 14, S. 396-402.

Arnott, R.D./Asness, C.S. (2003): Surprise! Higher dividends = higher earnings growth, in: Financial Analysts Journal, Vol. 59, S. 70-87.

Arrow, K.J. (1970): Essays in the theory of risk bearing, Amsterdam.

Arrow, K.J. (1985): The economics of agency, in: Pratt, J.W./Zeckhauser, R.J. (Hrsg.): Principals and agents: The structure of business, Boston, S. 37-51.

Asquith, P./Mullins D.W. (1983): The impact of initiating dividend payments on shareholder wealth, in: Journal of Business, Vol. 56, S. 77-96.

Atkinson, L. (1988): The measurement-statistics controversy: Factor analysis and subinterval data, in: Bulletin of the Psychonomic Society, Vol. 26, S. 361-364.

Auerbach, A.J./Hassett, K.A. (2007): The 2003 dividend tax cuts and the value of firm: An event study, in: Auerbach, A.J./Hines J.R./Slemrod, J. (Hrsg.): Taxing corporate income in the 21st century, Cambridge, S. 93-139.

Auerbach, A.J./Slemrod, J. (1997): The economic effects of the tax reform act of 1986, in: Journal of Economic Literature, Vol. 35, S. 589-632.

Ayers, B.C./Cloyd, C.B./Robinson, J.R. (2002): The effect of shareholder-level dividend taxes on stock prices: Evidence from the revenue reconciliation act of 1993, in: Accounting Review, Vol. 77, S. 933-947.

Babinec, T. (1990): CHAID response modelling and segmentation, in: Quirk's Marketing Research Review, S. 12-15.

Backhaus, K./Erichson, B./Plinke, W./Weiber, R. (2011): Multivariate Analysemethoden: Eine anwendungsorientierte Einführung, 13. Aufl., Berlin.

Badunenko, O./Barasinska, N./Schäfer, D. (2009): Risk attitude and investment decisions across European countries – Are women more risk averse investors than men?, abrufbar unter: http://www.diw.de/documents/publikationen/73/diw_01.c.96136.de/diw_finess_06020.pdf (Stand: 25.08.2011).

Bae, K.-H,/Tan, H./Stulz, R.M. (2005): Do local analysts know more? A cross-country study of the performance of local analysts and foreign analysts, abrufbar unter: http://papers.ssrn.com/sol3/papers.cfm?abstract_id=816144 (Stand: 25.08.2011).

Bai, Y./Green, C.J. (2010): International diversification strategies: revisited from the risk perspective, in: Journal of Banking and Finance, Vol. 34, S. 236-245.

Bajaj, M./Vijh, A.M. (1990): Dividend clienteles and the information content of dividend changes, in: Journal of Financial Economics, Vol. 23, S. 193-219.

Bajaj, M./Vijh, A.M. (1995): Trading behavior and the unbiasedness of the market reaction to dividend announcements, in: Journal of Finance, Vol. 50, S. 255-279.

Bajaj, M./Vijh, A.M./Westerfield, R.W. (2002): Ownership structure, agency and dividend policy, in: Research in Finance, Vol. 19, S. 1-28.

Bajtelsmit, V.L./Bernasek, A. (1996): Why do women invest differently than men?, in: Financial Counseling and Planning, Vol. 7, S. 1-10.

Bajtelsmit, V.L./Bernasek, A./Jianakoplos, N.A. (1999): Gender differences in defined contribution pension decisions, in: Financial Services Review, Vol. 8, S. 1-10.

Baker, H.K./Farrelly, G.E. (1988): Dividend achievers: a behavioural look, in: Akron Business & Economic Review, Vol. 19, S. 79-92.

Baker, H.K./Haslem, J.A. (1973): Information needs of individual investors, in: Journal of Accountancy, Vol. 184, S. 64-69.

Baker, H.K./Haslem, J.A. (1974a): The impact of investor socioeconomic characteristics on risk and return preferences, in: Journal of Business Research, Vol. 2, S. 469-476.

Baker, H.K./Haslem, J.A. (1974b): Toward the development of client-specified valuation models, in: Journal of Finance, Vol. 29, S. 1255-1263.

Baker, H.K./Farrelly, G.E./Edelman, R.B. (1985): A survey of management views on dividend policy, in: Financial Management, Vol. 14, S. 78-84.

Baker, H.K./Hargrove, M.B./Haslem, J.A. (1977): An empirical analysis of the risk-return preferences of individual investors, Vol. 12, S. 377-389.

Baker, H.K./Powell, G.E. (1999): How corporate managers view dividend policy?, in: Quarterly Journal of Business and Economics, Vol. 38, S. 17-27.

Baker, M./Wurgler, J. (2004a): A catering theory of dividends, in: Journal of Finance, Vol. 59, S- 1125-1165.

Baker, M./Wurgler, J. (2004b): Appearing and disappearing dividends: the link to catering incentives, in: Journal of Financial Economics, Vol. 73, S. 271-288.

Baker, M./Wurgler, J. (2006): Investor sentiment and the cross-section of stock returns, in: Journal of Finance, Vol. 61, S. 1645-1680.

Baker, M./Wurgler, J. (2007): Investor sentiment in the stock market, in: Journal of Economic Perspectives, Vol. 21, S. 129-151.

Baker, M./Nagel, S./Wurgler, J. (2007): The effect of dividends on consumption, in: Brookings Papers on Economic Activity, Vol. 38, S. 231-276.

Baker, H.K./Powell, G.E./Veit, E.T. (2002): Revisiting the dividend puzzle: Do all of the pieces now fit?, in: Review of Financial Economics, Vol. 11, S. 241-261.

Bakshi, G./Chen, Z. (1994): Baby boom, population aging, and capital markets, in: Journal of Business, Vol. 67, S. 165-202.

Bali, R. (2003): Variation in ex day dividend pricing: Myth or realtiy?, in: Journal of Economics and Finance, Vol. 27, S. 190-210.

Bali, R./Hite, G.L. (1998): Ex dividend day stock price behavior: Discreteness of tax-induced clienteles?, in: Journal of Financial Economics, Vol. 47, S. 127-159.

Ball, I./Farnhill, D./Wangeman, J.F. (1984): Sex and age differences in sensation seeking: Some national comparisons, in: British Journal of Psychology, Vol. 75, S. 247-265.

Ball, R.J./Brown, P. (1968): An empirical evaluation of accounting income numbers, in: Journal of Accounting Research, Vol. 6, S. 159-178.

Ballwieser, W. (1995): Aktuelle Aspekte der Unternehmensbewertung, in: Die Wirtschaftsprüfung, 48. Jg., S. 119-129.

Ballwieser, W. (2011): Unternehmensbewertung: Prozeß, Methoden und Probleme, 3. Aufl., Stuttgart.

Bamberg, G./Coenenberg, A.G. (2006): Betriebswirtschaftliche Entscheidungslehre, 13. Aufl., München.

Banerjee, S./Gatchev, V.A./Spindt, P.A. (2007): Stock market liquidity and firm dividend policy, in: Journal of Financial and Quantitative Analysis, Vol. 42, S. 369-398.

Bank, S.A. (2004): The dividend divide in Anglo-American corporate taxation, in: Journal of Corporation Law, Vol. 30, S. 1-50.

Banz, R.W. (1981): The relationship between return and market value of common stocks, in: Journal of Financial Economics, Vol. 9, S. 3-18.

Barber, B.M./Odean, T. (2001): Boys will be boys: gender, overconfidence, and common stock investment, in: Quarterly Journal of Economics, Vol. 116, S. 261-292.

Barberis, N./Thaler, R. (2003): A survey of behavioral finance, in: Constantinides, G.M/Harris, M./Stulz, R. (Hrsg.): Handbook of the economics of finance, Amsterdam, S. 1051-1123.

Barclay, M.J. (1987): Dividends, taxes and common stock prices: The ex-dividend day behavior of common stock prices before the income tax, in: Journal of Financial Economics, Vol. 19, S. 31-44.

Barclay, M.J./Smith Jr., C.W. (1988): Corporate payout policy: Cash dividends versus open-market-repurchases, in: Journal of Financial Economies, Vol. 22, S. 61-82.

Barlett, S.A./Chandler, R.A. (1997): The corporate report and the private Shareholder: Lee and Tweedie twenty years on, in: British Accounting Review, Vol. 29, S. 245-261.

Bartholdy, J./Brown, K. (2004): Testing the multiple types of marginal investor in ex-day pricing, in: Multinational Finance Journal, Vol. 8, S. 173-209.

Bar-Yosef, S./Huffman, L. (1986): The informational content of dividends: A signalling approach, in: Journal of Financial and Quantitative Analysis, Vol. 21, S. 47-58.

Basner, R./Hirth, H. (2011): Signalisierung und Dividendenpolitik: Theorie und Empirie, in: Betriebswirtschaftliche Forschung und Praxis, 63. Jg., S. 76-100.

Bauer, T. K./Fertig, M./Schmidt, C.M. (2009): Empirische Wirtschaftsforschung: Eine Einführung, Berlin.

Baur, N. (2011): Das Ordinalskalenproblem, in: Akremi, L./Baur, N./Fromm, S. (Hrsg.): Datenanalyse mit SPSS für Fortgeschrittene 1: Datenaufbereitung und uni- und bivariate Statistik, 3. Aufl., Wiesbaden, S. 211-222.

Bay, W. (1990): Dividenden, Steuern und Steuerreformen: ein internationaler Vergleich, Wiesbaden.

Beaver, W./Kettler, P./Scholes, M. (1970): The association between market determined and accounting determined risk measures, in: Accounting Review, Vol. 45, S. 654-682.

Bebchuk, L.A./Kraakman, R.H./Triantis, G. (2000): Pyramids, cross-ownership, and dual class equity: The mechanism and agency costs of separating control from cash-flow rights, in: Morck, R.K. (Hrsg.); Concentrated corporate ownership, Chicago, S. 295-318.

Becht, M./Boehmer, E. (2003): Voting control in German corporations, in: International Review of Law and Economics, Vol. 23, S. 1-29.

Becker, B./Ivković, Z./Weisbenner, S. (2011): Local dividend clienteles, in: Journal of Finance, Vol. 66, S. 655-683.

Beggs, D.J./Skeels, C.L. (2006): Market arbitrage of cash dividends and franking credits, in: Economic Record, Vol. 82, S. 239-252.

Below, S.D./Johnson, K.H. (1996): An analysis of shareholder reaction to dividend announcements in bull and bear markets, in: Journal of Financial and Strategic Decisions, Vol. 9, S. 15-26.

Benartzi, S./Michaely, R./Thaler, R. (1997): Do changes in dividends signal the future or the past?, in: Journal of Finance, Vol. 52, S. 1007-1034.

Benesh, G.A./Keow, A.J./Pinkterton, J.M. (1984): An examination of market reaction to substantial shifts in dividend policy, in: Journal of Financial Research, Vol. 7, S. 131-142.

Bernard, V./Thomas, J. (1990): Evidence that stock prices do not fully reflect the implications of current earnings for future earnings, in: Journal of Accounting and Economics, Vol. 13, S. 305-340.

Bernardo, A.E./Bhagwan, C./Goyal, A. (2007): Growth options, beta, and the cost of capital, in: Financial Management, Vol. 36, S. 5-17.

Bernhardt, D./Douglas, A./Robertson, F. (2005): Testing dividend signalling models, in: Journal of Empirical Finance, Vol. 12, S. 77-98.

Bernheim, B.D. (1991): Tax policy and the dividend puzzle, in: The RAND Journal of Economics, Vol. 22, S. 455-476.

Bernheim, B.D./Wantz, A. (1995): A tax-based test of the dividend signaling hypothesis, in: American Economic Review, Vol. 85, S. 532-551.

Bertaut, C.C./Starr-McCluer, M. (2000): Household portfolios in the United States, in: Finance and Economics Discussion Series, abrufbar unter: http://www.federalreserve.gov/pubs/feds/2000/200026/200026abs.html (Stand: 25.08.2011).

Bertrand, M./Mehta, P./Mullainathan, S. (2002): Ferreting out tunneling: An application to Indian business groups, in: Quarterly Journal of Economics, Vol. 117, S. 121-148.

Bhardwaj, R.K./Brooks, L.D. (1999): Further evidence on dividend yields and the ex-dividend day stock price effect, in: Journal of Financial Research, Vol. 22, S. 503-514.

Bhattacharya, S. (1979): Imperfect information, dividend policy, and 'The bird in the hand' fallacy, in: Bell Journal of Economics, Vol. 10, S. 259-270.

Black, F. (1976): The dividend puzzle, in: Journal of Portfolio Management, Vol. 2, S. 5-8.

Black, F./Scholes, M. (1973): The pricing of options and corporate liabilities, in: Journal of Political Economy, Vol. 81, S. 637-654.

Black, F./Scholes, M. (1974): The effect of dividend yield and dividend policy on common stock prices and returns, in: Journal of Financial Economics, Vol. 1, S. 1-22.

Blanchflower, D.A. (2000): Self-employment in OECD countries, in: Labour Economics, Vol. 7, S. 471-505.

Bleymüller, J./Gehlert, G./Gülicher, H. (2008): Statistik für Wirtschaftswissenschaftler, 15. Aufl., München.

Blouin, J.L./Ready, J./Shackelford, D. (2003): Capital gains taxes and equity trading: Empirical evidence, in: Journal of Accounting Research, Vol. 41, S. 611-651.

Blume, M.E. (1980): Stock returns and dividend yields: Some more evidence, in: Review of Economics and Statistics, Vol. 62, S. 567-577.

Blume, M.E./Crockett, J./Friend, I. (1974): Stockownership in the United States: Characteristics and trends, in: Survey of Current Business, Vol. 54, S. 16-40.

BMF (2010): Datensammlung zur Steuerpolitik: Ausgabe 2010, abrufbar unter: http://www.bundesfinanzministerium.de/nn_4160/DE/Wirtschaft__und__Verwaltung/Steuern/Steuerschaetzung__einnahmen/Weitere__Informationen/1009301a5002,templateId=raw,property=publicationFile.pdf (Stand: 25.08.2011).

Bodie, Z./Kane, A./Marcus, A.J. (1999): Investments, 4. Aufl., Boston.

Bolster, P.J./Van Janjigian, V. (1991): Dividend policy and valuation effects of the tax reform act of 1986, in: National Tax Journal, Vol. 44, S. 511-518.

Borges, M.R. (2008): The ex-dividend day stock price behavior: The case of Portugal, in: Atlantic Economic Journal, Vol. 36, S. 15-30.

Born, J.A. (1988): Inside ownership and signals: Evidence from dividend initiation announcement effects, in: Financial Management, Vol. 17, S. 38-45.

Born, J.A./Rimbey, J.N. (1993): A test of the Easterbrook hypothesis regarding dividend payments and agency costs, in: Journal of Financial Research, Vol. 16, S. 251-260.

Borokhovich, K.A./Brunarski, K.R./Kehr, J.B. (2005): Dividends, corporate monitors and agency costs, in: The Financial Review, Vol. 40, S. 37-65.

Bozec, Y./Laurin, C. (2008): Large shareholder entrenchment and performance: Empirical evidence from Candada, in: Journal of Business Finance & Accounting, Vol. 35, S. 25-49.

BP (2011a): BP 2010 results and investor update, abrufbar unter: http://www.bp.com/liveassets/bp_internet/globalbp/STAGING/global_assets/downloads/B/bp_fourth_quarter_2010_results_presentation_slides.pdf (Stand: 25.08.2011).

BP (2011b): Financial and Operating Information 2005-2009, abrufbar unter: http://www.bp.com/liveassets/bp_internet/globalbp/STAGING/global_assets/downloads/F/FOI_2005_2009_full_book.pdf (Stand: 25.08.2011).

Bradley, M./Capozza, D.R./Seguin, P.J. (1998): Dividend policy and cashflow uncertainty, in: Real Estate Economics, Vol. 26, S. 555-580.

Brainard, W.C./Tobin, J. (1968): Pitfalls in financial model building, in: American Economics Review, Vol. 58, S. 99-122.

Brav, A./Graham, J./Harvey, C./Michaely, R. (2005): Payout policy in the 21st century, in: Journal of Financial Economics, Vol. 77, S. 483-527.

Brealey, R.A./Myers, S.C. (2003): The dividend controversy, in: Brealey, R.A./Myers, S.C./Allen, F. (Hrsg.): Principles of Corporate Finance, 7. Aufl., New York, S. 439-465.

Brealey, R.A./Myers, S.C./Allen, F. (2011): Payout policy, in: Brealey, R.A./Myers, S.C./Allen, F. (Hrsg.): Principles of Corporate Finance, 10. Aufl., New York, S. 391-417.

Brennan, M.J. (1970): Taxes, market valuation and corporate financial policy, in: National Tax Journal, Vol. 23, S. 417-427.

Brennan, M.J. (1971): A note on dividend irrelevance and the Gordon valuation model, in: Journal of Finance, Vol. 26, S. 1115-1121.

Brennan, M.J./Cao, H.H. (1997): International portfolio equity flows, in: Journal of Finance, Vol. 52, S. 1851-1880.

Brennan, M.J./Thakor, A.V. (1990): Shareholder preferences and dividend policy, in: Journal of Finance, Vol. 45, S. 993-1018.

Brickley, J.A. (1983): Shareholder wealth, information signaling, and the specially designated dividend, in: Journal of Financial Economics, Vol. 12, S. 187-209.

Brook, Y./Charlton Jr., W.T./Hendershott, R.J. (1998): Do firms use dividends to signal large future cash flow increases?, in: Financial Management, Vol. 27, S. 46-57.

Brooks, L.D/Edwards, C.E. (1980): Marginal stockholders and implied tax rates, in: Review of Economics and Statistics, Vol. 42, S. 616-619.

Brown, D. (1990): Age clienteles induced by liquidity constraints, in: International Economic Review, Vol. 31, S. 891-912.

Bulan, L./Subramanian, N./Tanlu, L. (2007): On the timing of dividend initiations, in: Financial Management, Vol. 36, S. 31-65.

Busse von Colbe, W./Laßmann, G. (1990): Betriebswirtschaftstheorie 3: Investitionstheorie, Berlin.

Byrnes, J.P./Miller, D.C./Schafer, W.D. (1999): Gender differences in risk taking: A Meta-Analysis, in: Psychological Bulletin, Vol. 125, S. 367-383.

Camerer, C. (1995): Three cheers – psychological, theoretical, empirical – for loss aversion, in: Journal of Marketing Research, Vol. 42, S. 129-133.

Campbell, J.A./Beranek, W. (1955): Stock price behavior on ex-dividend dates, in: Journal of Finance, Vol. 10, S. 425-429.

Carroll, T. (1995): The information content of quarterly dividend changes, in: Journal of Accounting, Auditing and Finance, Vol. 10, S. 293-320.

Chan, L.K.C./Jegadeesh, N./Lakonishok, J. (1996): Momentum strategies, in: Journal of Finance, Vol. 51, S. 1681-1713.

Chaplinsky, S./Seyhun, H.N. (1990): Dividends and taxes: Evidence on tax-reduction strategies, in: Journal of Business, Vol. 63, S. 239-260.

Chapman, G.B./Johnson, E.J. (1994): The limits of anchoring, in: Journal of Behavioral Decision Making, Vol. 7, S. 223-242.

Charest, G. (1978): Dividend information, stock returns, and market efficiency – II, in: Journal of Financial Economics, Vol. 6, S. 297-330.

Chen, N.-F./Grundy, B./Stambaugh, R.F. (1990): Changing risk, changing risk premiums, and dividend yield effects, in: Journal of Business, Vol. 63, S. S51-S70.

Chen, S./Sehvlin, T./Tong, Y.H. (2007): Does the pricing of financial reporting quality change around dividend changes?, in: Journal of Accounting Research, Vol. 45, S. 1-40.

Chetty, R./Saez, E. (2005): Dividend taxes and corporate behavior: Evidence from the 2003 dividend tax cut, in: Quarterly Journal of Economics, Vol. 120, S. 791-833.

Chetty, R./Rosenberg, J./Saez, E. (2007): The effects of taxes on market responses to dividend announcements and payments: What can we learn from the 2003 dividend tax cut?, in: Auerbach, J./Hines, J./Slemrod, J. (Hrsg.): Taxing corporate income in the 21st century, Cambridge, S. 1-33.

Chevalier, J./Ellison, G. (1997): Risk taking by mutual funds as a response to incentives, in: Journal of Political Economy, Vol. 105, S. 1167-1200.

Chevalier, J./Ellison, G. (1999): Career concerns of mutual fund managers, in: Quarterly Journal of Economics, Vol. 114, S. 389-432.

Christie, W.G. (1990): Dividend yield and expected returns – The zero-dividend puzzle, in: Journal of Financial Economics, Vol. 28, S. 95-125.

Christie, W.G. (1994): Are dividend omissions truly the cruelest cut of all?, in: Journal of Financial and Quantitative Analysis, Vol. 29, S. 459-480.

Christie, W.G./Huang, R.D. (1994): The changing functional relation between stock returns and dividend yields, in: Journal of Empirical Finance, Vol. 1, S. 161-191.

Claessens, S./Djankov, S./Fan, J.P.H./Lang, L.H.P. (2002): Disentangling the incentive and entrenchment effects of large shareholdings, in: Journal of Finance, Vol. 57, S. 2741-2771.

Clark-Murphy, M./Soutar, G. (2005): Individual investor preferences: A segmentation analysis, in: Journal of Behavioral Finance, Vol. 6, S. 6-14.

Cleff, T. (2008): Deskriptive Statistik und moderne Datenanalyse: Eine computergestützte Einführung mit Excel, SPSS und STATA, Wiesbaden.

Cloyd, C.B./Li, O.Z./Weaver, C.D. (2006): Ticks and tax: The effects of price discreteness and taxation on the ex-dividend day returns, in: Journal of the American Taxation Association, Vol. 28, S. 23-46.

Cohn, R.A./Lewellen, W.G./Lease, R.C./Schlarbaum, G.G. (1975): Individual investor risk aversion and investment portfolio composition, in: Journal of Finance, Vol. 30, S. 605-620.

Congressional Research Service (2006): Individual capital gains income: Legislative history, abrufbar unter: http://assets.opencrs.com/rpts/98-473_20060518.pdf (Stand: 25.08.2011).

Cooper, I./Kaplanis, E. (1994): Home bias in equity portfolios, inflation hedging, and international capital market equilibrium, in: Review of Financial Studies, Vol. 7, S. 45-60.

Copeland, T.E./Weston, J.F./Shastri, K. (2008): Finanzierungstheorie und Unternehmenspolitik, 4. Aufl., München.

Coval, J.D./Moskowitz, T.J. (1999): Home bias at home: Local equity preference in domestic portfolios, in: Journal of Finance, Vol. 54, S. 2045-2073.

Croson, R./Gneezy, U. (2009): Gender differences in preferences, in: Journal of Economic Literature, Vol. 47, S. 1-27.

Cutler, D.M./Poterba, J.M./Summers, L.H. (1989): What moves stock prices?, in: Journal of Portfolio Management, Vol. 15, S. 4-12.

Dahlback, O. (1991): Saving and risk taking, in: Journal of Economic Psychology, Vol. 12, S. 479-500.

Daniel, K./Hirshleifer, D./Teoh, S.H. (2002): Investor psychology in capital markets: evidence and policy implications, in: Journal of Monetary Economics, Vol. 49, S. 139-209.

De Long, J.B./Schleifer, A./Summers, L.H./Waldmann, R.J. (1990): Noise trader risk in financial markets, in: Journal of Political Economy, Vol. 98, S. 703-738.

De Rooij, M./Renneboog, L. (2009): The catering theory of dividends, in: Baker, H.K. (Hrsg.): Dividends and dividend policy, Hoboken, S. 215-238.

DeAngelo, H./DeAngelo, L. (2006): The irrelevance of the MM dividend irrelevance theorem, in: Journal of Financial Economics, Vol. 79, S. 293-315.

DeAngelo, H./DeAngelo, L. (2007): Payout policy pedagogy: what matters and why, in: European Financial Management, Vol. 13, S. 11-27.

DeAngelo, H./DeAngelo, L. (2008): Dividend policy: Reconciling DD with MM, in: Journal of Financial Economics, Vol. 87, S. 528-531.

DeAngelo, H./DeAngelo, L./Skinner, D.J. (1992): Dividends and losses, in: Journal of Finance, Vol. 47, S. 1837-1863.

DeAngelo, H./DeAngelo, L./Skinner, D.J. (1996): Reversal of fortune: Dividend signaling and the disappearence of sustained earnings growth, in: Journal of Financial Economics, Vol. 40, S. 341-371.

DeAngelo, H./DeAngelo, L./Skinner, D.J. (2000): Special dividends and the evolution of dividend signaling, in: Journal of Financial Economics, Vol. 57, S. 309-354.

DeAngelo, H./DeAngelo, L./Skinner, D.J. (2009): Corporate payout policy, in: Foundations and Trends in Finance, Vol. 3, S. 95-287.

Demaris, A. (1992): Logit Modeling: Practical Applications, Newbury Park.

Denis, D.J./Denis, D.K./Sarin, A. (1994): The information content of dividend policies of Japanese and U.S. firms, in: Journal of Finance, Vol. 53, S. 879-904.

Desens, M. (2003): Die Besteuerung des Anteilseigners bei grenzüberschreitenden Gewinnausschüttungen: Überblick und Grundprobleme, in: Internationales Steuerrecht, 12. Jg., S. 613-621.

Dewenter, K.L./Warther, V.A. (1998): Dividends, asymmetric information, and agency conflicts: Evidence from a comparison of the dividend policies of Japanese and U.S. firms, in: Journal of Finance, Vol. 53, S. 879-904.

Dhaliwal, D.S./Li, O.Z. (2006): Investor tax heterogeneity and ex-dividend day trading volume, in: Journal of Finance, Vol. 56, S. 463-490.

Dhaliwal, D.S./Erickson, M.M./Trezevant, R. (1999): A test of the theory of tax clienteles for dividend policies, in: National Tax Journal, Vol. 52, S. 179-194.

Dhaliwal, D.S./Krull, L./Li, O.Z. (2007): Did the 2003 tax act reduce the cost of equity capital?, in: Journal of Accounting and Economics, Vol. 43, S. 121-150.

Dhaliwal, D.S./Li, O.Z./Trezevant, R. (2003): Is a dividend tax penalty incorporated into the return on a firms's common stock?, in: Journal of Accounting and Economics, Vol. 35, S. 155-178.

Dhaliwal, D.S./Krull, L./Li, O.Z./Moser, W. (2005): Dividend taxes and implied cost of equity capital, in: Journal of Accounting Research, Vol. 43, S. 675-708.

Dhillon, U.S./Johnson, H. (1994): The effect of dividend changes on stock and bond prices, in: Journal of Finance, Vol. 49, S. 281-289.

Dielmann, T.E./Oppenheimer, H.R. (1984): An examination of investor behavior during periods of large dividend changes, in: Journal of Financial and Quantitative Analysis, Vol. 19, S. 513-515.

Dong, M./Robinson, C./Veld, C. (2005): Why individual investors want dividends, in: Journal of Corporate Finance, Vol. 12, S. 121-158.

Dong, M./Robinson, C./Veld, C. (2009): Why individual and professional investors want dividends, in: Baker, H.K. (Hrsg.): Dividends and dividend policy, Hoboken, S. 405-420.

Dorn, D./Huberman, G. (2005): Talk and action: What individual investors say and what they do, in: Review of Finance, Vol. 9, S. 437-781.

Dörner, A./Slodczyk, K. (2010): BP bereitet Aktionäre auf weitere schlechte Nachrichten vor, in: Handelsblatt vom 14.06.2010 (Nr. 111), S. 22.

Dörschell, A./Franken, L./Schulte, J. (2009): Der Kapitalisierungszinssatz in der Unternehmensbewertung, Düsseldorf.

Dötsch, E./Pung, A. (2000): Die geplante Reform der Unternehmensbesteuerung, in: Der Betrieb, 53. Jg., Beilage Nr. 4, S. 1-19.

Doyle, P. (1973): The use of automatic interaction detector and similar search procedures, in: Operational Research Quarterly, Vol. 24, S. 465-467.

Driessen, J./Laeven, L. (2007): International portfolio diversification benefits: Cross-country evidence from a local perspective, in: Journal of Banking and Finance, Vol. 31, S. 1693-1712.

Druckarczyk, J. (1980): Unternehmensbewertung, 2. Aufl., München.

Dubofsky, D.A. (1992): A market microstructure explanation of ex-day abnormal returns, in: Financial Management, Vol. 21, S. 32-43.

Dubofsky, D.A./Bierman, L. (1988): The effect of discount dividend reinvestment plan announcements on equity value, in: Akron Business and Economics Review, Vol. 19, S. 58-68.

Durand, D./May, A.M. (1960): The ex-dividend behaviour of American telephone and telegraph Stock, in: Journal of Finance, Vol. 15, S. 19-31.

Dyl, E.A./Weigand, R.A. (1998): The information content of dividend initiations: Additional evidence, in: Financial Management, Vol. 27, S. 27-35.

Eades, K.M. (1982): Empirical evidence on dividends as a signal of firm value, in: Journal of Financial and Quantitative Analysis, Vol. 17, S. 471-500.

Eades, K.M./Hess, P.J./Kim, E.H. (1984): On interpreting security returns during the ex-dividend period, in: Journal of Financial Economics, Vol. 13, S. 3-34.

Eades, K.M./Hess, P.J./Kim, E.H. (1985): Market rationality and dividend announcements, in: Journal of Financial Economics, Vol. 14, S. 581-604.

Eades, K.M./Hess, P.J./Kim, E.H. (1994): Time-series variation in dividend pricing, in: Journal of Finance, Vol. 49, S. 1617-1638.

Easley, D./O'Hara, M. (2004): Information and the cost of capital, Journal of Finance, Vol. 59, S. 811-833.

Easterbrook, F.H. (1984): Two agency-cost explanations of dividends, in: American Economic Review, Vol. 74, S. 650-659.

Eberle, M. (2010): Ölfilm erreicht die Küste von Louisiana, in: Handelsblatt vom 07.05.2010 (Nr. 88), S. 33.

Eberle, M./Maisch, M. (2010): Die Konzernführung von BP übersteht eine kritische Woche, in: Handelsblatt vom 18.06.2010 (Nr. 115), S. 20.

Eberlein, J./Walther, U. (2001): Änderungen der Ausschüttungspolitik von Aktiengesellschaften im Lichte der Unternehmenssteuerreform, in: Betriebswirtschaftliche Forschung und Praxis, 5. Jg., S. 464-475.

Eckstein, P.P. (2010): Statistik für Wirtschaftswissenschaftler: Eine realdatenbasierte Einführung mit SPSS, 2. Aufl., Wiesbaden.

Eddy, A./Seifert, B. (1988): Firm size and dividend announcements, in: Journal of Financial Research, Vol. 11, S. 295-302.

Eddy, A./Seifert, B. (1992): Stock price reactions to dividend and earnings announcements: Contemporaneous versus noncontemporaneous announcements, in: Journal of Financial Research, Vol. 15, S. 207-217.

Edelen, R.M./Marcus, A.J./Tehranian, H.T. (2010): Relative sentiment and stock returns, in: Financial Analysts Journal, Vol. 66, S. 1-13.

Ellermann, H.-H. (2002): Dividendenpolitik und Long-Run-Performance in Deutschland, Wiesbaden.

Elliott, W.B (2006): Are investors influenced by pro forma emphasis and reconciliations in earnings announcements, in: Accounting Review, Vol. 81, S. 113-133.

Elliott, W.B./Hodge, F.D./Jackson, K.E (2008): The association between non-professional investors' information choices and their portfolio returns: The importance of investing experience, in: Contemporary Accounting Research, Vol. 25, S. 473-498.

Elton E.J./Gruber, M.J. (1970): Marginal stockholder tax rates and the clientele effect, in: Review of Economics and Statistics, Vol. 52, S. 68-74.

Elton, E.J./Gruber, M.J./Blake, C.R. (2005): Marginal stockholder tax effects and ex-dividend-day price behaviour: Evidence from taxable versus non-taxable closed-end funds, in: Review of Economics and Statistics, Vol. 87, S. 580-585.

Elton, E.J./Gruber, M.J./Rentzler, J. (1983): A simple examination of the empirical relationship between dividend yields and deviations from the CAPM, in: Journal of Banking and Finance, Vol. 7, S. 135-146.

Elton, E.J./Gruber, M.J./Rentzler, J. (1984): The ex-dividend day behaviour of stock prices; A re-examination of the clientele effect: A comment, in: Journal of Finance, Vol. 39, S. 551-556.

Embrey, L./Fox, J. (1997): Gender differences in the investment decision making-process, in: Financial Counseling and Planning, Vol. 8, S. 33-40.

Epstein, M./Pava, M. (1993): The shareholder's use of corporate annual reports, Greenwich et al.

Erb, C./Harvey, C./Viskanta, T. (1994): Forecasting international equity Correlations, in: Financial Analysts Journal, Vol. 23, S. 761-767.

Ernst, E./Gassen, J./Pellens, B. (2005): Verhalten und Präferenzen deutscher Aktionäre: Eine Befragung privater und institutioneller Anleger zu Informationsverhalten, Dividendenpräferenz und Wahrnehmung von Stimmrechten, in: von Rosen, R. (Hrsg.): Studien des Deutschen Aktieninstituts, Heft 29, Frankfurt am Main.

Ernst, E./Gassen, J./Pellens, B. (2009): Verhalten und Präferenzen deutscher Aktionäre: Eine Befragung von privaten und institutionellen Anlegern zum Informationsverhalten, zur Dividendenpräferenz und zur Wahrnehmung von Stimmrechten, in: von Rosen, R. (Hrsg.): Studien des Deutschen Aktieninstituts, Heft 42, Frankfurt am Main.

Errunza, V./Hogan, K./Hung, M.-W. (1999): Can the gains from international diversification be achieved without trading abroad?, in: Journal of Finance, Vol. 54, S. 2075-2107.

Eun C.E./Huang W./Lai, S. (2008): International diversification with large- and small-cap stocks, in: Journal of Financial and Quantitative Analysis, Vol. 43, S. 489-524.

Evans, D.S./Leighton, L.S. (1989): Some empirical aspects of entrepreneurship, in: American Economic Review, Vol. 79, S. 519-535.

Evans, D.A./Holcomb, J.H./Chittenden, W.T. (1989): The relationship between risk-return preference and knowledge in experimental financial markets, in: Journal of Behavioral Economics, Vol. 18, S. 19-40.

Faccio, M./Lang, L.H.P./Young, L. (2001): Dividends and expropriation, in: American Economic Review, Vol. 91, S. 54-78.

Faff, R./Hallahan, T./McKenzie, M. (2009): Nonlinear linkages between financial risk tolerance and demographic characteristics, in: Applied Economics Letters, Vol. 16, S. 1329-1332.

Faff, R./Mulino, D./Chai, D. (2008): On the linkage between financial risk tolerance and risk aversion, in: Journal of Financial Research, Vol. 31, S. 1-23.

Fama, E.F. (1968): Risk, return and equilibrium: Some clarifying comments, in: Journal of Finance, Vol. 23, S. 29-40.

Fama, E.F. (1980): Agency problems and the theory of the firm, in: Journal of Political Economy, Vol. 88, S. 288-307.

Fama, E.F./French, K.R. (1992): The cross-section of expected returns, in: Journal of Finance, Vol. 47, S. 427-465.

Fama, E.F./French, K.R. (1993): Common risk factors in the returns on stock and bonds, in: Journal of Financial Economics, Vol. 33, S. 3-56.

Fama, E.F./French, K.R. (1997): Industry costs of equity, in: Journal of Financial Economics, Vol. 43, S. 153-193.

Fama, E.F./French, K.R. (1998): Taxes, financing decisions, and firm value, in: Journal of Finance, Vol. 53, S. 819-843.

Fama, E.F./MacBeth, J.D. (1973): Risk, return, and equilibrium: Empirical tests, in: Journal of Political Economy, Vol. 71, S. 607-636.

Farinha, J./Lopez-de-Foronda, O. (2009): The relation between dividends and insider ownership in different legal systems: International evidence, in: European Journal of Finance, Vol. 15, S. 169-189.

Fedenia, M./Grammatikos, T. (1991): Portfolio rebalancing and the effective taxation of dividends and capital gains following the tax reform act of 1986, in: Journal of Banking and Finance, Vol. 15, S. 501-519.

Feenberg, D. (1981): Does the investment interest limitation explain the existence of dividends?, in: Journal of Financial Economics, Vol. 9, S. 265-269.

Fehrs, D./Benesh, G./Peterson, D. (1988): Evidence of a relation between stock price reactions around cash dividend changes and yields, in: Journal of Financial Research, Vol. 11, S. 111-123.

Feldmann, D./Gross, S. (2005): Mortgage default: Classification tree analysis, in: Journal of Real Estate Finance and Economics, Vol. 30, S. 369-396.

Felten, C. (2002): Prospect Theorie und Marketing, in: Zeitschrift für betriebswirtschaftliche Forschung, 52. Jg., S. 67-86.

Filbeck, G. (2009): Asymmetric information and signaling theory, in: Baker, H.K. (Hrsg.): Dividends and dividend policy, Hoboken, S. 163-177.

Filbeck, G./Mullineaux, D.J. (1999): Agency costs and dividend payments: The case of bank holding companies, in: Quarterly Review of Economics and Finance, Vol. 39, S. 409-418.

Flickinger, N. (2007): XBRL in der betrieblichen Praxis: Elektronisches Business-Reporting nach internationalem Standard, Berlin.

Forbes, S./Beranek, W. (1988): The tax-clientele CAPM and firm-size effects: The evidence, in: Journal of Business and Economics, Vol. 27, S. 87-112.

Fox, C.F./Tversky, A. (1998): A belief-based account of decision under uncertainty, in: Management Science, Vol. 44, S. 879-895.

Francis, B./Hasan, I./Waisman, M. (2007): Does geography matter to bondholders?, abrufbar unter: http://www.frbatlanta.org/filelegacydocs/wp0702.pdf (Stand: 25.08.2011).

Francis, J./Schipper, K./Vincent, L. (2005): Earnings and dividend informativeness when cash flow rights are separated from voting rights, in: Journal of Accounting and Economics, Vol. 39, S. 329-360.

Franke, G./Hax, H. (2004): Finanzwirtschaft des Unternehmens und Kapitalmarkt, 5. Aufl., Berlin.

Frankfurter, G.M./Wood, B.G. (2002): Dividend policy theories and their empirical tests, in: International Review of Financial Analysis, Vol. 11, S. 111-138.

Frankfurter, G.M./Kosedag, H./Schmidt, H./Topalov, M. (2002): The perception of dividends by management, in: Journal of Psychology and Financial Markets, Vol. 3, S. 202-217.

Frederickson, J.R./Miller, J.S. (2004): The effects of pro forma earnings disclosures on analysts' and nonprofessional investors' equity valuation judgements, in: Accounting Review, Vol. 79, S. 667-686.

French, K.R./Poterba, J.M. (1991): Investor diversification and international equity markets, in: American Economic Review, Vol. 81, S. 222-226.

Friedman, M./Savage, L.J. (1952): The expected-utility hypothesis and the measurability of utility, in: Journal of Political Economy, Vol. 60, S. 463-474.

Froot, K.A./Perold, A.F./Stein, J.C. (1992): Shareholder trading practices and corporate investment horizons, in: Journal of Applied Corporate Finance, Vol. 6, S. 42-58.

Fuller, K.P./Blau, B.M. (2010): Signaling, free cash flow and "nonmonotonic" dividends, in: Financial Review, Vol. 45, S. 21-56.

Fuller, K.P./Goldstein, M.A. (2011): Do dividends matter more in declining markets, in: Journal of Corporate Finance, Vol. 17, S. 457-473.

Gadarowski, C./Meric, G./Welsh, C./Meric, I. (2007): Dividend tax cut and security prices: Examining the effect of the jobs and growth tax relief reconciliation act of 2003, in: Financial Management, Vol. 36, S. 89-106.

Galguera, L./Luna, D./Méndez, M.P. (2006): Predictive segmentation in action: Using CHAID to segment loyalty card holders, in: International Journal of Market Research, Vol. 48, S. 459-479.

Gebhardt, W.R./Lee, C.M.C./Swaminathan, B. (2001): Toward an implied cost of capital, in: Journal of Accounting Research, Vol. 39, S. 135-176.

Gehrig, T. (1993): An information based explanation of the domestic bias in international equity investment, in: Scandinavian Journal of Economics, Vol. 95, S. 97-109.

Gerke, W./Mager, F./Röhrs, A. (2005): Twenty years of international diversification from a German perspective, in: Schmalenbach Business Review, Vol. 57, S. 86-102.

Gerke, W./Oerke, M./Sentner, A. (1997): Der Informationsgehalt von Dividendenänderungen auf dem deutschen Aktienmarkt, in: Die Betriebswirtschaft, 57. Jg., S. 810-822.

Ghosh, C./Woolridge, J.R. (1989): Stock-market reaction to growth-indicated dividend cuts: Are investors myopic?, in: Managerial and Decision Economics, Vol. 10, S. 25-35.

Giannetti, M./Simonov, A. (2006): Which investors fear expropriation? Evidence from investors' portfolio choices, in: Journal of Finance, Vol. 61, S. 1507-1547.

Glassman, D.A./Riddick, L.A. (1996): Why empirical international portfolio model fail: Evidence that model misspecification creates home asset bias, in: Journal of International Money and Finance, Vol. 15, S. 275-312.

Glover, S.M. (1997): The influence of time pressure and accountability on auditors' processing of nondiagnostic information, in: Journal of Accounting Research, Vol. 35, S. 213-226.

Gollier, C./Zeckhauser, R.J. (2002): Horizon length and portfolio risk, in: Journal of Risk and Uncertainty, Vol. 24, S. 195-212.

Gombola, M.J./Liu, F-Y. (1999): The signaling power of specially designated dividends, in: Journal of Financial and Quantitative Analysis, Vol. 34, S. 409-424.

Gonedes, N.J. (1978): Corporate signaling, external accounting, and capital market equilibrium: Evidence on dividends, income, and extraordinary items, in: Journal of Accounting Research, Vol. 16, S. 26-79.

Gordon, M.J. (1959): Dividends, earnings, and stock prices, in: Review of Economics and Statistics, Vol. 41, S. 99-105.

Gordon, M.J. (1963): Management of corporate capital, optimal investment and financing policy, in: Journal of Finance, Vol. 18, S. 264-272.

Gordon, R.H./Bradford, D.F. (1980): Taxation and the stock market valuation of capital gains and dividends, in: Journal of Public Economics, Vol. 14, S. 109-136.

Gosnell, T.F./Keown, A.J./Pinkerton, J.M. (1996): The intraday speed of stock price adjustments to major dividend changes: Bid-ask bounce and order flow imbalances, in: Journal of Banking and Finance, Vol. 20, S. 247-266.

Grable, J.E. (2000): Financial risk tolerance and additional factors that affect risk taking in everyday money matters, in: Journal of Business and Psychology, Vol. 14, S. 625-630.

Grable, J.E./Joo, S. (1997): Determinants of risk preference: Implications for the family and consumer science professionals, in: Family, Economics and Resource Management Biennial, Vol. 2, S. 19-24.

Grable, J.E./Joo, S. (1999): Factors related to risk tolerance: A further examination, in: Consumer Interests Annual, Vol. 45, S. 53-58.

Grable, J.E./Lytton, R.H. (1998): Assessing financial risk tolerance: Do demographic, socioeconomic, and attitudinal factors work?, in: Family Economics and Resource Management Biennial, Vol. 3, S. 1-9.

Grable, J.E./Lytton, R.H. (1999): Financial risk tolerance revisited: the development of a risk assessment instrument, in: Financial Services Review, Vol. 8, S. 163-181.

Graham, J.R. (2003): Taxes and corporate finance: A review, in: Review of Financial Studies, Vol. 16, S. 1075-1129.

Graham, J.R./Isaac, A.G. (2002): The behavioral life-cycle theory of consumer behaviour: Survey evidence, in: Journal of Economic Behavior & Organization, Vol. 48, S. 391-401.

Graham, J.R./Kumar, A. (2006): Do dividend clienteles exist? Evidence on dividend preferences of retail investors, in: Journal of Finance, Vol. 61, S. 1305-1336.

Graham, J.R./Harvey, C. R./Huang, H. (2009): Investor competence, trading frequency, and home bias, in: Management Science, Vol. 55, S. 1094-1106.

Graham, J.R./Michaely, R./Roberts, M.R. (2003): Do price discreteness and transactions costs affect stock returns? Comparing ex-dividend pricing before and after decimalization, in: Journal of Finance, Vol. 58, S. 2611-2635.

Grauer, R.R./Hakansson, N.H. (1987): Gains from international diversification: 1968-1985 returns on portfolios of stocks and bonds, in: Journal of Finance, Vol. 42, S. 721-739.

Grinblatt, M.S./Keloharju, M. (2001): How distance, language, and culture influence stockholdings and trades, in: Journal of Finance, Vol. 56, S. 1053-1073.

Grinblatt, M.S./Keloharju, M. (2009): Sensation seeking, overconfidence, and trading activity, in: Journal of Finance, Vol. 64, S. 549-577.

Grinblatt, M.S./Masulis, R.W./Titman, S. (1984): The valuation effects of stock splits and stock dividends, in: Journal of Financial Economics, Vol. 13, S. 461-490.

Grinstein, Y./Michaely, R. (2005): Institutional holdings and payout policy, in: Journal of Finance, Vol. 60, S. 1389-1426.

Grotherr, S. (2000): Das neue Körperschaftsteuersystem mit Anteilseignerentlastung bei der Besteuerung von Einkünften aus Beteiligungen, in: Betriebs-Berater, 55. Jg., S. 849-860.

Grubel, H. (1968): Internationally diversified portfolios: Welfare gains and capital flows, in: American Economic Review, Vol. 58, S. 1299-1314.

Grullon, G./Michaely, R./Swaminathan, B. (2002): Are dividend changes a sign of firm maturity?, in: Journal of Business, Vol. 75, S. 387-424.

Grullon, G./Michaely, R./Benartzi, S./Thaler, R.H. (2005): Dividend changes do not signal changes in future profitability, in: Journal of Business, Vol. 78, S. 1659-1682.

Gstädtner, T. (2009): Die Besteuerung privater Kapitalanlagen, Köln.

Guedes, J.C./Loureiro, G. (2006): Estimating the expropriation of minority shareholders: Results from a new empirical approach, in: European Journal of Finance, Vol. 12, S. 421-448.

Guenther, D.A./Jung, B./Williams, M. (2005): The effect of the 2003 dividend tax rate reduction on corporations' cost of equity capital, abrufbar unter: http://www.business.illinois.edu/accountancy/events/symposium/tax/proceedings/proceedings_2005/Guenther.pdf (Stand 25. 08.2011).

Gugler, K./Yurtoglu, B.B. (2003): Corporate governance and dividend pay-out policy in Germany, in: European Economic Review, Vol. 47, S. 731-758.

Guiso, L./Jappelli, T./Terlizzese, D. (1996): Income risk, borrowing constraints, and portfolio choice, in: American Economics Review, Vol. 86, S. 158-172.

Günkel, M./Fenzl, B./Hagen, C. (2000): Diskussionsforum Unternehmenssteuerreform – Steuerliche Überlegungen zum Übergang auf ein neues Körperschaftsteuersystem, insbesondere zum Ausschüttungsverhalten bei Kapitalgesellschaften, in: Deutsches Steuerrecht, 38. Jg., S. 445-453.

Gutter, M./Fox, J./Montalto, C.P. (1999): Racial differences in investor decision making, in: Financial Services Review, Vol. 8, S. 149-162.

Haberstock, L. (2005): Einführung in die betriebswirtschaftliche Steuerlehre: Mit Fallbeispielen, Übungsaufgaben und Lösungen, 13. Aufl., Bielefeld.

Hackenbrack, K.E. (1992): Implications of seemingly irrelevant evidence in audit judgment, in: Journal of Accounting Research, Vol. 30, S. 126-136.

Haesner, C./Schanz, D. (2011): Taxes and the valuation of dividends: A study of dividend announcements in Germany, abrufbar unter: http://papers.ssrn.com/sol3/papers.cfm?abstract_id=1811742 (Stand: 07.09.2011).

Hajek, S./Riedl, A. (2009): Dubiose Doppelrolle, in: Wirtschaftswoche vom 21.02.2009 (Nr. 9), S. 76-81.

Hakansson, N.H. (1982): To pay or not to pay Dividend, in: Journal of Finance, Vol. 37, S. 415-428.

Hallahan, T.A./Faff, R.W./McKenzie, M.D. (2004): An empirical investigation of personal financial risk tolerance, in: Financial Services Review, Vol. 13, S. 57-78.

Han, K.C. (1994): The effect of the 1986 tax reform act on ex-dividend day return behaviour, in: Journal of Financial Research, Vol. 17, S. 175-186.

Handjinicolaou, G./Kalay, A. (1984): Wealth redistribution or changes in firm value – An analysis of returns to bondholders and stockholders around dividend announcements, in: Journal of Financial Economics, Vol. 13, S. 35-63.

Handley, J.C. (2008): Dividend policy: Reconciling DD with MM, in: Journal of Financial Economics, Vol. 87, S. 528-531.

Hank, B. (1999): Informationsbedürfnisse von Kleinanlegern: Zur Gestaltung von Investor Relations, Frankfurt am Main.

Hanna, S.D./Lindamood, S. (2005): Risk tolerance of married couples, in: Proceedings of the Academy of Financial Services, S. 1-28.

Hanna S.D./Gutter M.S./Fan J.X. (2001): A measure of risk tolerance based on economic theory, in: Financial Counseling and Planning, Vol. 12, S. 53-60.

Hanna, S.D./Gutter, M.S./Fan, J.X. (1998): A theory based measure of risk tolerance, in: Proceedings of the Academy of Financial Services, S. 10-11.

Hariharan, G./Chapman, K./Domian, D. (2000): Risk tolerance and asset allocation for investors nearing retirement, in: Financial Services Review, Vol. 9, S. 159-170.

Harlow, W.V./Brown, K.C. (1990): Understanding and assessing financial risk tolerance: A biological perspective, in: Financial Analysts Journal, Vol. 46, S. 50-63.

Hartmann-Wendels, T. (1986): Dividendenpolitik bei asymmetrischer Informationsverteilung, Wiesbaden.

Hau, H. (2001): Location matters: An examination of trading profits, in: Journal of Finance, Vol. 56, S. 1959-1983.

Haugen, R.A. (1997): Modern Investment Theory, 4. Aufl., London.

Hausch, D.B./Seward, J.K. (1993): Signaling with dividends and share repurchases: A choice between deterministic and stochastic cash disbursements, in: Review of Financial Studies, Vol. 6, S. 121-154.

Haw, I.H./Kim, W.-S. (1991): Firm size and dividend announcement effect, in: Journal of Accounting, Auditing and Finance, Vol. 6, S. 325-347.

Heald, G.I. (1972): The application of the Automatic Interaction Detector (A.I.D.) programme and multiple regression techniques to the assessment of store performance and site selection, in: Operational Research Quarterly, Vol. 23, S. 445-457.

Healy, P.M./Palepu, K.G. (1988): Earnings information conveyed by dividend initiations and omissions, in: Journal of Financial Economics, Vol. 21, S. 149-175.

Hearth, D./Rimbey, J.N. (1993): The dividend-clientele controversy and the tax reform act of 1986, in: Quarterly Journal of Business and Economics, Vol. 32, S. 68-81.

Heiden, S. (2002): Kursreaktionen auf Dividendenankündigungen: Ereignisstudie am deutschen Kapitalmarkt, Wiesbaden.

Henne, A./Ostrowski, S./Reichling, P. (2009): Dividend yield and stability versus performance on the German stock market – A descriptive study, in: Review of Managerial Science, Vol. 3, S. 225-248.

Himmelberg, C.P./Hubbard, R.G./Palia, D. (1999): Understanding the determinants of managerial ownership and the link between ownership and performance, in: Journal of Financial Economics, Vol. 53, S. 353-384.

Hoberg, G./Prabhala, N.R. (2009): Disappearing dividends, catering, and risk, in: Review of Financial Studies, Vol. 22, S. 80-116.

Hockmann, H. (1978): Gewinnverwendungspolitik und Dividendenabschlag nach der Körperschaftsteuerreform, in: Der Betrieb, 31. Jg., S. 1994-1997.

Hodge, F.D. (2003): Investor's perceptions of earnings quality, auditor independence, and the usefulness of audited financial information, in: Accounting Horizons, Vol. 17, S. 37-48.

Hodge, F.D./Pronk, M. (2006): The impact of expertise and investment familiarity on investors' use of online financial report information, in: Journal of Accounting, Auditing and Finance, Vol. 21, S. 267-292.

Hodge, F.D./Kennedy, J.J./Maines, L.A. (2004): Does search-facilitating technology improve the transparency of financial reporting?, in: Accounting Review, Vol. 79, S. 687-703.

Hoffman, V.B./Patton, J.M. (1997): Accountability, the dilution effect, and conservatism in auditors' fraud judgments, in: Journal of Accounting Research, Vol. 35, S. 227-237.

Hoshi, T./Kashyap, A./Scharfstein, D. (1993): The choice between public and private debt: An analysis of post-deregulation corporate financing in Japan, abrufbar unter: http://www.nber.org/papers/w4421.pdf?new_ window=1 (Stand: 25.08.2011).

Hotchkiss, E.S./Lawrence, S. (2007): Empirical evidence on the existence of dividend clienteles, abrufbar unter: http://papers.ssrn.com/sol3/papers.cfm?abstract_id=1001429 (Stand: 25.08.2011).

Howatt, B./Zuber, R.A./Gandar, J.M./Lamb, R.P. (2009): Dividends, earnings volatility and information, in: Applied Financial Economics, Vol. 19, S. 551-562.

Howe, J.S./Shen, Y.P. (1998): Information associated with dividend initiations: Firm-specific or industry-wide?, in: Financial Management, Vol. 27, S. 17-26.

Howe, K.M./He, J./Kao, G.W. (1992): One-time cash flow announcements and free cash-flow theory: Share repurchases and special dividends, in: Journal of Finance, Vol. 47, S. 1963-1975.

Howe, K.M./Vogt, S./He, J. (2003): The effect of managerial ownership on the short- and long-run response to cash distributions, in: Financial Review, Vol. 38, S. 179-196.

Hsu, C.H.C./Kang, S.K. (2007): CHAID-based segmentation: International visitors' trip characteristics and perceptions, in: Journal of Travel Research, Vol. 46, S. 207-216.

Hubermann, G. (2001): Familiarity breeds investment, in: Review of Financial Studies, Vol. 14, S. 659-680.

Impson, M. (1997): Market reaction to dividend-decrease announcements: public utilities vs. unregulated industrial firms, in: Journal of Financial Research, Vol. 20, S. 407-422.

Iqbal, Z./Rahman, M.H. (2003): Operational actions and reliability of the signaling theory of dividends: An investigation of earnings anomaly following dividend cuts and omissions, in: Quarterly Journal of Business and Economics, Vol. 41, S. 13-25.

Ivković, Z./Weisbrenner, S. (2005): Local does as local is: Information content of the geography of individual investors' common stock investments, in: Journal of Finance, Vol. 60, S. 267-306.

Jain, R. (2007): Institutional and individual investor preferences for dividends and share repurchases, in: Journal of Economics and Business, Vol. 59, S. 406-429.

Jakob, K./Ma, T. (2004): Tick size, NYSE rule 118, and ex-dividend day stock price behavior, in: Journal of Financial Economics, Vol. 72, S. 605-625.

Jamieson, S. (2004): Likert scales: How to (ab)use them, in: Medical Education, Vol. 38, S. 1217-1218.

Jann, B. (2005): Einführung in die Statistik, 2. Aufl., München.

Janssen, J./Laatz, W. (2007): Statistische Datenanalyse mit SPSS für Windows, 6. Aufl., Berlin.

Jayaraman, N./Shastri, K. (1988): The valuation impacts of specially designated dividends, in: Journal of Financial and Quantitative Analysis, Vol. 23, S. 301-312.

Jayaraman, N./Shastri, K. (1993): The effect of the announcements of dividend increases on stock return volatility: The evidence from the options market, in: Journal of Business Finance & Accounting, Vol. 20, S. 673-685.

Jensen, G.R./Johnson, J.M. (1995): The dynamics of corporate dividend reductions, in: Financial Management, Vol. 24, S. 31-51.

Jensen, M.C. (1972): Studies in the theory of capital markets, New York.

Jensen, M.C. (1986): Agency costs of free cash flow, corporate finance, and takeovers, in: American Economic Review, Papers and Proceedings, Vol. 76, S. 323-329.

Jensen, M.C./Mecking, W.H. (1976): Theory of the firm: Managerial behavior, ageny costs and ownership structure, in: Journal of Financial Economics, Vol. 3, S. 305-360.

John, K./Lang, L.H.P (1991): Insider trading around dividend announcements: Theory and evidence, in: Journal of Finance, Vol. 46, S. 1361-1389.

John, K./Williams, J. (1985): Dividend dilution, and taxes: A signalling equilibrium, in: Journal of Finance, Vol. 40, S. 1053-1070.

John, K./Knyazeva, A./Knyazeva, D. (2008): Does geography matter? Firm location and corporate payout policy, abrufbar unter: http://papers.ssrn.com/sol3/papers.cfm?abstract_id=1101641 (Stand: 25.08.2011)

Johnson, S./Porta, R.L./Lopez-De-Silanes, F./Schleifer, A. (2000): Tunneling, in: American Economic Review, Vol. 90, S. 22-27.

Johnson, S.A. (1995): Dividend payout and the valuation effects of bond announcements, in: Journal of Financial and Quantitative Analysis, Vol. 30, S. 407-423.

Jones, C.M. (2002): A century of stock market liquidity and trading costs, abrufbar unter: http://papers.ssrn.com/sol3/papers.cfm?abstract_id=313-681 (Stand: 25.08.2011).

Jordan, J. (2004): Behavioral Finance und Werbung für Investmentfonds: Beeinflussung der Risiko-Rendite-Wahrnehmung privater Anleger, Wiesbaden.

Kadapakkam, P./Martinez, V. (2008): Ex-dividend returns: The mexican puzzle, Journal of Banking and Finance, Vol. 32, S. 2453-2461.

Kahneman, D./Tversky, A. (1979): Prospect theory: An analysis of decision under risk, in: Econometrica, Vol. 47, S. 263-291.

Kahneman, D./Tversky, A. (1982): The psychology of preferences, in: Scientific American, Vol. 246, S. 136-142.

Kaiser, T. (2010): BP verschließt Öl-Leck erfolgreich mit Schlamm, in: Die Welt vom 05.08.2010 (Nr. 180), S. 9.

Kaiser, T. (2011): BP schreibt wegen Ölpest erstmals seit 1992 Verlust, in: Die Welt vom 02.02.2011 (Nr. 27), S. 12.

Kalay, A. (1980): Signalling, information content, and the reluctance to cut dividends, in: Journal of Financial and Quantitative Analysis, Vol. 15, S. 855-865.

Kalay, A. (1982): The ex-dividend day behavior of stock prices: A re-examination of the clientele effect, in: Journal of Finance, Vol. 37, S. 1059-1070.

Kalay, A. (1984): The ex-dividend day behavior of stock prices: A re-examination of the clientele effect: A reply, in: Journal of Finance, Vol. 39, S. 557-561.

Kalay, A./Loewenstein, U. (1985): Predictable events and excess returns: The case of dividend announcements, in: Journal of Financial Economics, Vol. 14, S. 423-449.

Kalay, A./Michaely, R. (2000): Dividends and taxes: A re-examination, in: Financial Management, Vol. 29, S. 55-75.

Kalev, P.S./Nguyen, A.H./Oh, N.Y. (2008): Foreign versus local investors: Who knows more? Who makes more?, in: Journal of Banking and Finance, Vol. 32, S. 2376-2389.

Kampen, J./Swyngedouw, M. (2000): The ordinal controversy revisited, in: Quality & Quantity, Vol. 34, S. 87-102.

Kane, A./Lee, Y.K./Marcus, A. (1984): Earnings and dividend announcements: Is there a corroboration Effect?, in: Journal of Finance, Vol. 39, S. 1091-1099.

Kang, J.K./Stulz, R.M. (1997): Why is there a home bias? An analysis of foreign portfolio equity ownership in Japan, in: Journal of Financial Economics, Vol. 46, S. 3-28.

Kaserer, C./Roos, S./Wenger, E. (2002): Tax driven one-time dividends and the managerial discretion hypothesis: new evidence from Germany, abrufbar unter: http://papers.ssrn.com/sol3/papers.cfm?abstract_id=302127 (Stand: 25.08.2011).

Kass, G.V. (1980): An exploratory technique for investigating large quantities of categorical data, in: Applied Statistics, Vol. 29, S. 119-127.

Kato, K./Loewenstein, U. (1995): The ex-dividend-day behaviour of stock prices: The case of Japan, in: Review of Financial Studies, Vol. 8, S. 817-847.

Kawano, L. (2010): The dividend clientele hypothesis: Evidence from the 2003 tax act, abrufbar unter: http://papers.ssrn.com/sol3/papers.cfm?abstract_id=1668158 (Stand: 25.08.2011).

Kedia, S./Panchapagesan, V./Uysal, V. (2005): Geography and acquirer returns, abrufbar unter: http://papers.ssrn.com/sol3/papers.cfm?abstract_id=871513 (Stand: 25.08.2011).

Keim, D.B. (1985): Dividend yields and stock returns: Implications of abnormal January returns, in: Journal of Financial Economics, Vol. 14, S. 473-489.

Kelly, M. (1995): All their eggs in one basket: Portfolio diversification of US households, in: Journal of Economic Behavior and Organization, Vol. 27, S. 87-96.

Kennedy, P. (2003): A Guide to Econometrics, 5. Aufl., Cambridge.

Kennedy, P. (2008): A Guide to Econometrics, 6. Aufl., Cambridge.

Kent, D./Hirshleifer. D./Teoh, S.H. (2002): Investor psychology in capital markets: Evidence and policy implications, in: Journal of Monetary Economics, Vol. 49, S. 139-209.

Kessler, D./Wolff, E.N. (1991): A comparative analysis of household wealth patterns in France and in the United States, in: Review of Income and Wealth, Vol. 37, S. 249-266.

Keynes, J.M. (1936): The general theory of employment, interest and money, Cambridge.

Khang, K./King, T.-H.D. (2006): Does dividend policy relate to cross-sectional variation in information asymmetry? Evidence from returns to insider trades, in: Financial Management, Vol. 35, S. 71-94.

Kilka, M./Weber, M. (2000): Home bias in international stock return expectations, in: Journal of Psychology and Financial Markets, Vol. 1, S. 176-192.

Kinkki, S.S. (2008): Minority protection and dividend policy in Finland, in: European Financial Management, Vol. 14, S. 470-502.

Koch, P.D./Shenoy, C. (1999): The information content of dividend and capital structure policies, in: Financial Management, Vol. 28, S. 16-35.

Köhler, S. (2000): Unternehmenssteuerreform 2001: Auswirkungen des Steuersenkungsgesetzes auf deutsche Auslandsinvestitionen, in: Deutsches Steuerrecht, 38. Jg., S. 1849-1857.

König, R.J. (1990): Ausschüttungsverhalten von Aktiengesellschaften, Besteuerung und Kapitalmarktgleichgewicht, Hamburg.

Kormendi, R./Lipe, R. (1987): Earnings innovations, earnings persistence, and stock returns, in: Journal of Business, Vol. 60, S. 323-345.

Korn, C. (2009): Ausgaben und Verluste bei Anteilen an Kapitalgesellschaften in Teileinkünfteverfahren und Abgeltungsteuer, in: Deutsches Steuerrecht, 47. Jg., S. 2509-2513.

Koski, J.L. (1996): A microstructure analysis of ex-dividend stock price behavior before and after the 1984 and 1986 tax reform acts, in: Journal of Business, Vol. 69, S. 313-338.

Kothari, S.P. (2001): Capital markets research in accounting, in: Journal of Accounting and Economics, Vol. 31, S. 105-231.

Kuhn, N./Greiten, T./Rekic, E. (2009): Privataktionäre in börsennotierten Unternehmen: Ergebnisse einer Umfrage, in: von Rosen, R. (Hrsg.), Studien des DAI, Heft 46, Frankfurt am Main.

Kühnel, S.-M./Krebs, D. (2009): Statistik für die Sozialwissenschaften, 4. Aufl., Hamburg.

Kumar, M.S./Persaud, A. (2002): Pure contagion and investors' shifting risk appetite: Analytical issues and empirical evidence, in: International Finance, Vol. 5, S. 401-436.

Kumar, P. (1988): Shareholder-manager conflict and the information content of dividends, in: Review of Financial Studies, Vol. 1, S. 111-136.

Kumar, P./Sorescu, S.M./Boehme, R.D./Danielsen, B.R. (2008): Estimation risk, information, and the conditional CAPM: Theory and evidence, in: Review of Financial Studies, Vol. 21, S. 1037-1075.

Kwan, C.C.Y (1981): Efficient market tests of the informational content of dividend announcements: Critique and extension, in: Journal of Financial and Quantitative Analysis, Vol. 16, S. 193-206.

La Porta, R./Lopez-de-Silvanes, F./Shleifer, A./Vishny, R.W. (2002): Investor protection and corporate valuation, in: Journal of Finance, Vol. 57, S. 1147-1170.

La Porta, R./Lopez-de-Silvanes, F./Shleifer, A./Vishny, R.W. (2000): Agency problems and dividend policies around the world, in: Journal of Finance, Vol. 55, S. 1-33.

Lakonishok, J./Vermaelen, T. (1986): Tax-induced trading around ex-dividend days, in: Journal of Financial Economics, Vol. 16, S. 287-319.

Lamdin, D.J./Hiemstra, C. (1993): Ex-dividend day share price behavior: Effects of the tax reform act of 1986, in: Review of Economics and Statistics, Vol. 75, S. 778-783.

Lang, L.H.P./Litzenberger, R.H. (1989): Dividend announcements: Cash flow signalling vs. free cash flow hypothesis, in: Journal of Financial Economics, Vol. 24, S. 181-191.

Lang, M.H./Shackelford, D.A. (2000): Capitalization of capital gains taxes: evidence from stock price reactions to the 1997 rate reduction, in: Journal of Public Economics, Vol. 76, S. 69-85.

Lasfer, M. (2008): Taxes and ex-day returns: Evidence from Germany and the U.K., in: National Tax Journal, Vol. 61, S. 721-742.

Laub, P.M. (1976): On the informational content of dividends, in: Journal of Business, Vol. 49, S. 73-80.

Lease, R.C./Lewellen, W.G./Schlarbaum, G.G. (1974): The individual investor: Attributes and attitudes, in: Journal of Finance, Vol. 29, S. 413-433.

Lease, R.C./John, K./Kalay, A./Loewenstein, U./Sarig, O.H. (1999): Dividend policy: Its impact on firm value, Boston.

Lee, B.S. (1995): The response of stock prices to permanent and temporary shocks to dividends, in: Journal of Financial and Quantitative Analysis, Vol. 30, S. 1-22.

Leftwich, R./Zmijewski, M.E. (1994): Contemporaneous announcements of dividends and earnings, in: Journal of Accounting, Auditing and Finance, Vol. 9, S. 725-762.

Leland, H.E./Pyle, D.H. (1977): Informational asymmetries, financial structure, and financial intermediation, in: Journal of Finance, Vol. 32, S. 371-387.

Leuz, C./Lins, K./Warnock, F.E. (2009): Do foreigners invest less in poorly governed firms?, in: Review of Financial Studies, Vol. 2, S. 3245-3285.

Leverkus, J.C. (1969): Das Verhalten der Kleinaktionäre in seiner Bedeutung für die Eigentumspolitik, Berlin.

Levin, I.P./Sneyder, M.A./Chapman, D.P. (1988): The interaction of experiential and situational factors and gender in a simulated risky decision-making task, in: Journal of Psychology, Vol. 122, S. 173-181.

Levy, H./Sarnat, M. (1970): International diversification of investment portfolios, in: American Economic Review, Vol. 60, S. 668-675.

Levy, O./Galili, I. (2008): Stock purchase and the weather: Individual differences, in: Journal of Economic Behavior & Organization, Vol. 67, S. 755-767.

Lewellen, W.G./Lease, R.C./Schlarbaum, G.G. (1977): Patterns of investment strategy and behavior among individual investors, in: Journal of Business, Vol. 50, S. 296-333.

Lewellen, W.G./Stanley, K.L./Lease, R.C./Schlarbaum, G.G. (1978): Some direct evidence on the dividend clientele phenomenon, in: Journal of Finance, Vol. 33, S. 1385-1399.

Lewis, K.K. (1999): Trying to explain home bias in equities and consumption, in: Journal of Economic Literature, Vol. 37, S. 571-608.

Li, O.Z. (2007): Taxes and valuation: Evidence from dividend change announcements, in: Journal of the American Taxation Association, Vol. 29, S. 1-23.

Li, W./Lie, E. (2006): Dividend changes and catering incentives, in: Journal of Financial Economics, Vol. 80, S. 293-308.

Liang, H./Moreaum, L./Park, C. (2011): Investment opportunities and dividend omissions, in: Journal of Business Research, Vol. 64, S. 1108-1115.

Liberda, B./Szymczak, M. (2011): Earning and saving competences of individuals in a local community in Poland, abrufbar unter: http://papers.ssrn.com/sol3/papers.cfm?abstract_id=1822003 (Stand: 25.08.2011).

Lie, E. (2000): Excess funds and the agency problems: An empirical study of incremental cash disbursements, in: Review of Financial Studies, Vol. 13, S. 219-248.

Lightner, T.A./Morrow, M./Ricketts, R.C./Riley, M.E. (2008): Investor response to a reduction in the dividend tax rate: Evidence from the jobs and growth tax relief reconciliation act of 2003, in: Journal of the American Taxation Association, Vol. 30, S. 21-46.

Likert, R. (1932): A technique for the measurement of attitudes, in: Archives of Psychology, Vol. 22, S. 1-55.

Lincoln, J.R./Gerlach, M.L./Ahmadjian, C.L. (1996): Keiretsu networks and corporate performance in Japan, in: American Sociological Review, Vol. 61, S. 67-88.

Lindell, M.K./Whitney, D.J. (2001): Accounting for common method variance in cross-sectional research designs, in: Journal of Applied Psychology, Vol. 86, S. 114-121.

Lintner, J. (1956): Distribution of incomes of corporations among dividends, retained earnings, and taxes, in: American Economic Review, Vol. 46, S. 97-113.

Lipson, M.L./Macquieira, C.P./Megginson, W. (1998): Dividend initiations and earnings surprises, in: Financial Management, Vol. 27, S. 36-45.

Litzenberger, R.H./Ramaswamy, K. (1979): The effect of personal taxes and dividends on capital asset prices: Theory and empirical evidence, in: Journal of Financial Economics, Vol. 7, S. 163-195.

Litzenberger, R.H./Ramaswamy, K. (1980): Dividends, short selling restrictions, tax-induced investor clienteles and market equilibrium, in: Journal of Finance, Vol. 35, S. 469-482.

Litzenberger, R.H./Ramaswamy, K. (1982): The effect of dividends on common stock prices: Tax effects or information effects?, in: Journal of Finance, Vol. 37, S. 429-443.

Liu, Y./Szewczyk, S.H./Zantout, Z. (2008): Underreaction to dividend reductions and omissions?, in: Journal of Finance, Vol. 63, S. 987-1020.

Longin, F./Solnik, B. (1995): Is the correlation in international equity returns constant: 1960-1990?, in: Journal of International Money and Finance, Vol. 14, S. 3-26.

Longin, F./Solnik, B. (2001): Extreme correlations in international equity markets, in: Journal of Finance, Vol. 56, S. 649-676.

Low, S.-W./Glorfeld, L./Hearth, D./Rimbey, J.N. (2001): The link between bank monitoring and corporate dividend policy: The case of dividend omissions, in: Journal of Banking & Finance, Vol. 25, S. 2069-2087.

Lyons, A./Neelakantan, U./Scherpf, E. (2008): Gender and marital differences in wealth and investment decisions: Implications for researchers, financial professionals, and educators, abrufbar unter: http://www.networksfinancialinstitute.org/Lists/Publication%20Library/Attachments/109/2008-WP-02_Lyons%20et%20al.pdf (Stand: 25.08.2011).

MacKinlay, A.C. (1997): Event studies in economies and finance, in: Journal of Economic Literature, Vol. 35, S. 13-39.

Maditinos, D.I./Šević, Ž./Theriou, N.G./Tsinani, A.V. (2007): Individual investors' perceptions towards dividends: The case of Greece, in: International Journal of Monetary Economics and Finance, Vol. 1, S. 18-31.

Magidson, J. (1982): Some common pitfalls in causal analysis of categorical data, in: Journal of Marketing Research, Vol. 19, S. 461-471.

Magidson, J. (1993): The use of the new ordinal algorithm in CHAID to target profitable segments, in: Journal of Database Marketing, Vol. 1, S. 29-48.

Maines, L.A./McDaniel, L.S. (2000): Effects of comprehensive-income characteristics on nonprofessional investors' judgments: The role of financial-statement presentation format, in: Accounting Review, Vol. 75, S. 179-207.

Malloy, C.J. (2005): The geography of equity analysis, in: Journal of Finance, Vol. 60, S. 719-755.

Manakyan, H./Carroll, C. (1990): An empirical examination of the existence of a signaling value function for dividends, in: Journal of Financial Research, Vol. 13, S. 201-210.

Mancinelli, L./Ozkan, A. (2006): Ownership structure and dividend policy: Evidence from Italian firms, in: European Journal of Finance, Vol. 12, S. 265-282.

Markowitz, H. (1952): Portfolio selection, in: Journal of Finance, Vol. 7, S. 77-91.

Markowitz, H. (1959): Portfolio selection: Efficient diversification of investments, New York.

Marsh, T.A./Merton, R.C. (1987): Dividend behavior for the aggregate stock market, in: Journal of Business, Vol. 60, S. 1-40.

Massa, M./Simonov, A. (2006): Hedging, familiarity and portfolio choice, in: Review of Financial Studies, Vol. 19, S. 633-685.

McCaffrey, K./Hamill, P. (2000): Dividend initiation announcements effects in initial public offerings, in: Applied Financial Economics, Vol. 10, S. 533-542.

McConnell, J.J./Servaes, H. (1990): Additional evidence on equity ownership and corporate value, in: Journal of Financial Economics, Vol. 27, S. 595-612.

McInish, T.H. (1982): Individual investors and risk-taking, in: Journal of Economic Psychology, Vol. 11, S. 123-134.

Megginson, W.L. (1996): Corporate finance theory, Reading.

Meier-Pesti, K./Penz, E. (2008): Sex or gender? Expanding the sex-based view by introducing masculinity and femininity as predictors of financial risk taking, in: Journal of Economic Psychology, Vol. 29, S. 180-196.

Meinhövel, H. (1999): Defizite der Prinzipal-Agent-Theorie, Lohmar.

Merton, R.C. (1987): A simple model of capital market equilibrium with incomplete information, in: Journal of Finance, Vol. 42, S. 483-510.

Metz, V. (2007): Der Kapitalisierungszinssatz bei der Unternehmensbewertung, Wiesbaden.

Michaely, R. (1991): Ex-dividend day stock price behavior: The case of the 1986 reform act, in: Journal of Finance, Vol. 46, S. 845-859.

Michaely, R./Murgia, M. (1995): The effect of tax heterogeneity on prices and volume around the ex-dividend day: Evidence from the Milan Stock Exchange, in: Review of Financial Studies, Vol. 8, S. 369-399.

Michaely, R./Vila, J.L. (1995): Investors' heterogeneity, prices, and volume around the ex-dividend day, in: Journal of Financial and Quantitative Analysis, Vol. 30, S. 171-198.

Michaely, R./Thaler, R.H./Womack, K.L. (1995): Price reactions to dividend initiations and omissions: Overreaction or drift?, in: Journal of Finance, Vol. 50, S. 573-608.

Miller M.H. (1987): The informational content of dividends, in: Dornbusch, R./Fischer, S./Bossons, J. (Hrsg.): Macroeconomics and finance: Essays in honor of Franco Modigliani, Cambridge, S. 37-58.

Miller, M.H. (1986): Behavioral rationality in finance: The case of dividends, in: Journal of Business, Vol. 59, S. 451-468.

Miller, M.H./Modigliani, F. (1961): Dividend policy, growth, and the valuation of shares, in: Journal of Business, Vol. 34, S. 411-433.

Miller, M.H./Rock, K. (1985): Dividend policy under asymmetric information, in: Journal of Finance, Vol. 40, S. 1031-1051.

Miller, M.H./Scholes, M.S. (1978): Dividends and taxes, in: Journal of Financial Economics, Vol. 6, S. 333-364.

Miller, M.H./Scholes, M.S. (1982): Dividends and taxes: Some empirical Evidence, in: Journal of Political Economy, Vol. 90, S. 1118-1141.

Modigliani, F./Miller, M.H. (1958): The cost of capital, corporation finance and the theory of investment, in: American Economic Review, Vol. 48, S. 261-297.

Modigliani, F./Pogue, G.A. (1975): Alternative investment performance fee arrangements and implications for SEC regulatory policy, in: Bell Journal of Economics, The RAND Corporation, Vol. 6, S. 127-160.

Morck, R./Shleifer, A./Vishny, R. (1988): Management ownership and market valuation, in: Journal of Financial Economics, Vol. 20, S. 293-315.

Morgan, I.G. (1982): Dividends and capital asset prices, in: Journal of Finance, Vol. 37, S. 1071-1086.

Morin, R.A./Suarez, A.F. (1983): Risk aversion revisited, in: Journal of Finance, Vol. 38, S. 1201-1216.

Moser, W.J./Puckett, A. (2009): Dividend tax clienteles: Evidence from tax law changes, in: Journal of the American Taxation Association, Vol. 31, S. 1-22.

Mukherjee, T. (2009): Agency costs and the free cash flow hypothesis, in: Baker, H.K. (Hrsg.): Dividends and dividend policy, Hoboken, S. 145-161.

Müller, D. (2007): Moderatoren und Mediatoren in Regressionen, in: Albers, S./Klapper, D./Konradt, U./Walter, A./Wolf, J. (Hrsg.): Methodik der empirischen Forschung, 2. Aufl., Wiesbaden.

Naranjo, A./Nimalendran, M./Ryngaert, M. (1998): Stock returns, dividend yields, and taxes, in: Journal of Finance, Vol. 53, S. 2029-2057.

Naranjo, A./Nimalendran, M./Ryngaert, M. (2000): Time variation of ex-dividend day stock returns and corporate dividend capture: A re-examination, in: Journal of Finance, Vol. 55, S. 2357-2372.

Nardi, P.M. (2003): Doing survey research: A guide to quantitative methods, Boston.

Nisbett, R./Zuckier, H./Lemley, R. (1981): The dilution effect: Nondiagnostic information weakens the implications of diagnostic information, in: Cognitive Psychology, Vol. 13, S. 248-277.

Nissim, D./Ziv, A. (2001): Dividend changes and future profitability, in: Journal of Finance, Vol. 56, S. 2111-2133.

Nölte, U. (2008): Managementprognosen, Analystenschätzungen und Eigenkapitalkosten: Empirische Analysen am deutschen Kapitalmarkt, Bochum.

O'Brien, T.V./Durfee, P.E. (1994): Classification tree software, in: Marketing Research, Vol. 6, S. 36-39.

Oehler, A.R. (2000): Behavioral Finance: Theoretische, empirische und experimentelle Befunde unter Marktrelevanz, in: Österreichisches Bank Archiv, 48. Jg., S. 978-989.

Oehler, A.R./Rummer, M./Wendt, S. (2008): Portfolio selection of German investors: On the causes of home-biased investment decisions, in: Journal of Behavioral Finance, Vol. 9, S. 149-162.

Ofer, A.R./Siegel, D.R. (1987): Corporate financial policy, information, and market expectations: An empirical investigation of dividends, in: Journal of Finance, Vol. 42, S. 889-911.

Ofer, A.R./Thakor, A.V. (1987): A theory of stock price responses to alternative corporate cash disbursement methods: Stock repurchases and dividends, in: Journal of Finance, Vol. 42, S. 365-394.

Ogden, J./Jen, F./O'Connor, P. (2003): Advanced corporate finance: Policies and strategies, Upper Saddle River.

Otto, T. (2007): Die Besteuerung von gewinnausschüttenden Körperschaften und Anteilseignern nach dem Halbeinkünfteverfahren, Berlin.

Palsson, A.-M. (1996): Does the degree of relative risk aversion vary with household characteristics?, in: Journal of Economic Psychology, Vol. 17, S. 771-787.

Parker, S. (2004): The economics of self-employment and entrepreneurship, Cambridge.

Patell, J.M./Wolfson, M.E. (1984): The intraday speed of adjustment of stock prices to earnings and dividend announcements, in: Journal of Financial Economics, Vol. 13, S. 223-252.

Pellens, B./Gassen, J./Richard, M. (2003): Ausschüttungspolitik börsennotierter Unternehmen in Deutschland, in: Die Betriebswirtschaft, 63. Jg., S. 309-332.

Pellens, B./Schremper, R. (2000): Theorie und Praxis des Aktienrückkaufs in den USA und Deutschland, in: Betriebswirtschaftliche Forschung und Praxis, 52. Jg., S. 132-156.

Pellens, B./Strzyz, A. (2009): Rechnungslegung von Unternehmen und Konzernen, in: Hommelhoff, P./Hopt, K./Werder, A.v. (Hrsg.): Handbuch Corporate Governance, 2. Aufl., Stuttgart, S. 533-561.

Peng, L. (2005): Learning with information capacity constraints, in: Journal of Financial and Quantitative Analysis, Vol. 40, S. 307-329.

Penman, S.H. (1983): The predictive content of earnings forecasts and dividends, in: Journal of Finance, Vol. 38, S. 1181-1199.

Penman, S.H. (2010): The predictive content of earnings forecasts and dividends, in: Journal of Finance, Vol. 38, S. 1181-1199.

Perez-Gonzalez, F. (2002): Large shareholders and dividends: Evidence from U.S. tax reforms, abrufbar unter: http://papers.ssrn.com/sol3/papers.cfm?abstract_id=337640 (Stand: 25.08.2011).

Perridon, L./Steiner, M./Rathgeber, A.W. (2009): Finanzwirtschaft der Unternehmung, 15. Aufl., München.

Perrin, P.J. (2007): Geschlechts- und ausbildungsspezifische Unterschiede im Investitionsverhalten, Bern.

Petersohn, H. (2005): Data Mining: Verfahren, Prozesse, Anwendungsarchitektur, München.

Peterson, P.P./Peterson, D.R./Ang, J.S. (1985): Direct evidence on the marginal rate of taxation on dividend income, in: Journal of Financial Economics, Vol. 14, S. 267-282.

Pettit, R.R. (1972): Dividend announcements, security performance, and capital market efficiency, in: Journal of Finance, Vol. 27, S. 993-1007.

Pettit, R.R. (1976): The impact of dividend and earnings announcements: A reconciliation, in: Journal of Business, Vol. 49, S. 86-96.

Pettit, R.R. (1977): Taxes, transactions costs and the clientele effect of dividends, in: Journal of Financial Economics, Vol. 5, S. 419-436.

Podsakoff, P.M./MacKenzie, S.B./Lee, J.-Y./Podsakoff, N. (2003): Common method biases in behavioral research: A critical review of literature and recommended remedies, in: Journal of Applied Psychology, Vol. 88, S. 879-903.

Poterba, J.M. (1991): Dividends, capital gains, and the corporate veil: Evidence from Britain, Canada, and the United States, in: Bernheim, B.D./Shoven, J.B. (Hrsg.): National Saving and Economic Performance, Chicago, S. 49-74.

Poterba, J.M./Summers, L.H. (1984): New evidence that taxes affect the valuation of dividends, in: Journal of Financial Economics, Vol. 5, S. 419-436.

Pott, C./Vögtle, M. (2009): Aktienrückkäufe versus Dividende: Eine performanceorientierte Betrachtung, in: Finanz-Betrieb, 11. Jg., S. 558-567.

Powell, M./Ansic, D. (1997): Gender differences in risk behaviour in financial decision-making: An experimental analysis, in: Journal of Economic Psychology, Vol. 18, S. 605-628.

Pratt, J.W. (1964): Risk aversion in the small and in the large, in: Econometrica, Vol. 32, S. 122-136.

Prokop, A. (2006): Strategische Ausschüttungspolitik deutscher Aktiengesellschaften, Wiesbaden.

Rantapuska, E./Kaustia, K. (2008): Do investors reinvest dividends and tender offer proceeds?, abrufbar unter: https://www.eurofidai.org/pmb/opac_css/en/fr/fr/Kaustia.pdf (Stand: 25.08.2011).

Rayo, S./Cortes, A.M. (2010): Applying Chaid to identify the accounting-financial characteristics of the most profitable real estate companies in Spain, in: Journal of Economics, Finance and Administration Science, Vol. 15, S. 51-71.

Rech, C. (2008): Das Teileinkünfteverfahren im Rahmen der Abgeltungsteuer 2009, in: Zeitschrift für Bilanzierung, Rechnungswesen und Controlling, 32. Jg., S. 86-89.

Reinganum, M.R. (1981): Misspecification of capital asset pricing: Empirical anomalies based on earnings yields and market values, in: Journal of Financial Economics, Vol. 9, S. 19-46.

Reynolds, P.D. (1997): Who starts new firms?, Preliminary explorations of firms-in-gestation, in: Small Business Economics, Vol. 9, S. 449-462.

Richard, M. (2007): Kapitalschutz der Aktiengesellschaft: Eine rechtsvergleichende und ökonomische Analyse deutscher und US-amerikanischer Kapitalschutzsysteme, Frankfurt am Main.

Richardson, G./Sefcik, S.E./Thompson, R. (1986): A test of dividend irrelevance using volume reactions to a change in dividend policy, in: Journal of Economic Theory, Vol. 10, S. 174-186.

Richter, R./Furubotn, E.G. (2003): Neue Institutionenökonomik, 3. Aufl., Tübingen.

Riley, W.B./Chow, K.V. (1992): Asset allocation and individual risk aversion, in: Financial Analysts Journal, Vol. 48, S. 32-37.

Robin, A.J. (1991): The impact of 1986 tax reform act on ex-dividend day returns, in: Financial Management, Vol. 20, S. 60-70.

Rosenberg, B./Marathe, V. (1979): Test of capital asset pricing hypotheses, in: Research in Finance, Vol. 1, S. 115-223.

Roston, M. (1997): Mutual fund managers and life cycle risk: An empirical investigation, Chicago.

Rozeff, M.S. (1982): Growth, beta and agency costs as determinants of dividend payout ratios, in: Journal of Financial Research, Vol. 5, S. 249-259.

Rubinstein, M. (1976): The irrelevancy of dividend policy in an Arrow-Debreu economy, in: Journal of Finance, Vol. 31, S. 1229-1230.

Ruwisch, S. (2002): Zur Beurteilung der Ausschüttungspolitik börsennotierter Gesellschaften aus Aktionärssicht: Eine Analyse der Vermögenswirkungen von Dividendenzahlungen und Aktienrückkäufen, Hamburg.

Saadi, S./Dutta, S. (2009): Taxes and clientele effects, in: Baker, H.K. (Hrsg.): Dividends and dividend policy, Hoboken, S. 127-144.

Salas, J.M. (2006): Dividend initiations, analysts forecasts, and the cost of captial, abrufbar unter: http://papers.ssrn.com/sol3/papers.cfm?abstract_id=885687 (Stand: 25.08.2011).

Sant, R./Cowan, A.R. (1994): Do dividends signal earnings? The case of omitted dividends, in: Journal of Banking and Finance, Vol. 18, S. 1113-1133.

Sapienza, P./Zingales, L./Maestripieri, D. (2009): Gender differences in financial risk aversion and career choices are affected by testosterone, in: Proceedings of the National Academy of Sciences, Vol. 106, S. 15268-15273.

Schendera, C. (2008): Regressionsanalyse mit SPSS, München.

Schiener, J. (2006): Bildungserträge in der Erwerbsgesellschaft: Analysen zur Karrieremobilität, Wiesbaden.

Schipper, K./Vincent, L. (2003): Earnings quality, in: Accounting Horizons, Vol. 17, S. 97-110.

Schmidt, R.H./Terberger, E. (1997): Grundzüge der Investitions- und Finanzierungstheorie, 2. Aufl., Wiesbaden.

Scholz, J.K. (1992): A direct examination of the dividend clientele hypothesis, in: Journal of Public Economics, Vol. 49, S. 261-285.

Schremper, R. (2002): Aktienrückkauf und Kapitalmarkt: Eine theoretische und empirische Analyse deutscher Aktienrückkaufprogramme, Frankfurt am Main.

Schubert, R./Brown, M./Gysler, M./Brachinger, H.W. (1999): Final decision-making: Are woman really more risk-averse?, in: American Economic Review, Vol. 89, S. 381-385.

Schulz, A. (2006): Der Einfluss von Dividenden auf Aktienrenditen, Wiesbaden.

Schwebach, R.G./Olienyk, J.P./Zumwalt, J.K. (2002): The impact of financial crises on international diversification, in: Global Finance Journal, Vol. 13, S. 147-161.

Seasholes, M.S./Zhu, N. (2009): Individual investors and local bias, in: Journal of Finance, Vol. 65, S. 1987-2010.

Seida, J.A./Wempe, W.F. (2000): Do capital gain tax rate increases affect individual investors' trading decisions?, in: Journal of Accounting and Economics, Vol. 30, S. 33-57.

Sharpe, W.F. (1964): Capital asset prices: A theory of market equilibrium under conditions of risk, in: Journal of Finance, Vol. 19, S. 425-442.

Shawky, H.A./Kuenzel R./Mikhai A. (1997): International portfolio diversification: A synthesis and an update, in: Journal of International Financial Markets, Institutions & Money, Vol. 7, S. 303-327.

Shefrin, H.M. (2000): Beyond great fear: Understanding behavioural finance and the psychology of investing, Oxford.

Shefrin, H.M./Statman, M. (1984): Explaining investor preference for cash dividends, in: Journal of Financial Economics, Vol. 13, S. 253-282.

Shefrin, H.M./Thaler, R.H. (1988): The behavioral life-cycle hypothesis, in: Economic Inquiry, Vol. 26, S. 609-643.

Shleifer, A./Vishny, R.W. (1997): A survey of corporate governance, in: Journal of Finance, Vol. 52, S. 737-783.

Sialm, C. (2009): Tax changes and asset pricing, in: American Economic Review, Vol. 99, S. 1356-1383.

Sigloch, J. (2000): Unternehmenssteuerreform 2001: Darstellung und ökonomische Analyse, in: Steuer und Wirtschaft, 77. Jg., S. 160-176.

Simon, H.A. (1997): Models of bounded rationality: Empirically grounded economic reason, Massachusetts.

Skinner, D.J./Soltes, E. (2011): What do dividends tell us about earnings quality?, in: Review of Accounting Studies, Vol. 16, 2011, S. 1-28.

Skinner, D.L. (1993): Twenty-five years of tax law changes and investor response, in: Journal of Financial Research, Vol. 16, S. 61-70.

Slodczyk, K. (2010a): BP verschiebt Dividenden-Beschluss, in: Handelsblatt vom 07.06.2010 (Nr. 106), S. 26.

Slodczyk, K. (2010b): BP-Investoren fürchten um die bislang üppige Dividende, in: Handelsblatt vom 27.05.2010 (Nr. 100), S. 21.

Smith, C.W./Warner, J.B. (1979): On financial contracting: An analysis of bond covenants, in: Journal of Financial Economics, Vol. 7, S. 117-161.

Smith, M. (2003): Research Methods in Accounting, London.

Solnik, B. (1974): Why not diversify international rather than domestically?, in: Financial Analysts Journal, Vol. 30, S. 48-54.

Sommer, U. (2009): Dividenden sprudeln trotz Krise, in: Handelsblatt vom 20.04.2009 (Nr. 75), S. 1.

Sonquist, J.A. (1969): Finding variables that work, in: Public Opinion Quarterly, Vol. 33, S. 83-95.

Sonquist, J.A./Baker, E.L./Morgan, J.N. (1971): Searching for structure: An approach to analysis of substantial bodies of micro-data and documentation for a computer program, Michigan.

Spector, P.E. (1987): Method variance as an artifact in self-reported affect and perceptions at work: Myth or significant problem, in: Journal of Applied Psychology, Vol. 72, S. 438-443.

Spence, M. (1974): Competitive and optimal responses to signals: An analysis of efficiency and distribution, in: Journal of Economic Theory, Vol. 7, S. 296-332.

Spengel, C./Ernst, C. (2008): Private Kapitalanlagen vor und nach der Einführung der Abgeltungsteuer: Eine steuerplanerische Analyse, in: Deutsches Steuerrecht, 46. Jg., S. 835-841.

SPSS (2010): IBM SPSS Decision Trees 19.

Streim, H. (1988): Grundzüge der handels- und steuerrechtlichen Bilanzierung, Stuttgart et al.

Stulz, R.M. (1988): Managerial control of voting rights: Financing policies and the market for corporate control, in: Journal of Financial Economics, Vol. 20, S. 25-54.

Stulz, R.M. (1990): Managerial discretion and optimal financing policies, in: Journal of Financial Economics, Vol. 26, S. 3-27.

Stulz, R.M. (2005): The limits of financial globalization, in: Journal of Finance, Vol. 60, S. 1595-1638.

Subrahmanyam, A. (2008): Behavioral finance: A review and synthesis, in: European Financial Management, Vol. 14, S. 12-29.

Swoboda, P./Uhlir, H. (1975): Einfluß der Einkommensbesteuerung der Aktionäre auf den Dividendenabschlag: Eine empirische Untersuchung, in: Zeitschrift für betriebswirtschaftliche Forschung, 27. Jg., S. 489-499.

Talmor, E. (1981): Asymmetric information, signaling and optimal corporate financial decisions, in: Journal of Financial and Quantitative Analysis, Vol. 16, S. 413-438.

Temme, D./Paulssen, M./Hildebrandt, L. (2009): Common Method Variance: Ursachen, Auswirkungen und Kontrollmöglichkeiten, in: Die Betriebswirtschaft, 69. Jg., S. 123-146.

Tesar, L.L./Werner, I.M. (1995): Home bias and high turnover, in: Journal of International Money and Finance, Vol. 14, S. 467-492.

Teusner, S. (2010): Kunden-Hersteller-Beziehungen unter Berücksichtigung des Marktklimas: Eine empirische Studie im Bereich Fast Moving Consumer Goods, Wiesbaden.

Thaler, R.H. (1985): Mental accounting and consumer choice, in: Marketing Science, Vol. 4, S. 199-214.

Thaler, R.H. (1990): Saving, fungibility and mental accounts, in: Journal of Economic Perspectives, Vol. 4, S. 193-205.

Thaler, R.H. (1999): The end of behavioral finance, in: Financial Analysts Journal, Vol. 56, S. 12-17.

Thaler, R.H./Shefrin, H.M. (1981): An economic theory of self-control, in: Journal of Political Economy, Vol. 89, S. 392-406.

Trost, S. (2009): Determinanten der Ausschüttungspolitik aus Anteilseigner- und Unternehmensperspektive: Theoretische und empirische Analyse von deutschen Aktiengesellschaften, Erlangen.

Tutz, G. (2000): Die Analyse kategorialer Daten: Anwendungsorientierte Einführung in Logit-Modellierung und kategoriale Regression, München.

Tversky, A./Fox, C.R. (1995): Weighting risk and uncertainty, in: Psychological Review, Vol. 102, S. 269-283.

Tversky, A./Kahneman, D. (1974): Judgment under uncertainty: Heuristics and biases, in: Science, Vol. 185, S. 1124-1131.

Tversky, A./Kahneman, D. (1983): Extensional versus intuitive reasoning: The conjunction fallacy in probability judgment, in: Psychological Review, Vol. 90, S. 293-315.

Tversky, A./Kahneman, D. (1992): Advances in prospect theory: Cumulative representation of uncertainty, in: Journal of Risk and Uncertainty, Vol. 5, S. 297-323.

Tversky, A./Wakker, P. (1995): Risk attitudes and decision weights, in: Econometrica, Vol. 63, S. 1255-1280.

Unser, M. (1999): Behavioral Finance am Aktienmarkt: Empirische Analyse zum Risikoverhalten individueller Anleger, Bad Soden.

Uppal, R. (1992): The Economic determinants of the home country bias in investors' portfolios: A survey, in: Journal of International Financial Management and Accounting, Vol. 4, S. 171-189.

Venkatesh, P.C. (1989): The impact of dividend initiation on the information content of earnings announcements and returns volatility, in: Journal of Business, Vol. 62, S. 175-197.

Vermaelen, T. (1981): Common stock repurchases and market signalling: An empirical study, in: Journal of Financial Economics, Vol. 9, S. 139-183.

Vermaelen, T. (1984): Repurchase tender offers, signaling and managerial incentives, in: Journal of Financial and Quantitative Analysis, Vol. 19, S. 163-181.

Vogelheim, P./Schoenbachler, D.D./Gordon, G.L./Gordon C.C. (2001): The importance of courting the individual investor, in: Business Horizons, Vol. 44, S. 69-76.

von Glasenapp, G. (2008): Die Auswirkungen der Unternehmensteuerreform 2008 auf die Einkünfte aus Kapitalvermögen, in: Betriebs-Berater, 63. Jg., S. 360-367.

von Neummann, J./Morgenstern, O. (1953): Theory of games and economic behavior, 3., Aufl., Princeton.

Wallach, M./Kogan, N. (1961): Aspect of judgment and decision making: Interrelationships and changes with age, in: Behavioral Science, Vol. 6, S. 23-26.

Wang, H./Hanna, S. (1997): Does risk tolerance decrease with age?, in: Financial Counseling and Planning, Vol. 8, S. 27-32.

Wann, C./Long, M. (2009): Do liquidity induced changes in aggregate dividends signal aggregate future earnings growth?, in: Journal of Economics and Finance, Vol. 33, S. 1-12.

Watts, R.L. (1973): The information content of dividends, in: Journal of Business, Vol. 46, S. 191-211.

Watts, R.L. (1976a): Comments on 'On the informational content of dividends' by P. Michael Laub, in: Journal of Business, Vol. 49, S. 81-85.

Watts, R.L. (1976b): Comments on 'the impact of dividend and earnings announcements: A reconciliation' by R. Richardson Pettit, in: Journal of Business, Vol. 49, S. 91-106.

Weinstein, D./Yafeh, Y. (1998): On the costs of a bank-centered financial system: Evidence from the changing main bank relations in Japan, in: Journal of Finance, Vol. 53, S. 635-672.

Welch, I. (2000): Views of financial economists on the equity premium and on professional controversies, in: Journal of Business, Vol. 73, S. 501-537.

Wenger, E./Hecker, R./Knoesel, J. (1997): Abfindungsregeln und Minderheitenschutz bei börsennotierten Kapitalgesellschaften, in: Gahlen, B./ Hesse, H./Ramser, H.J. (Hrsg.): Schriftenreihe des wissenschaftlichen Seminars Ottobeuren, Band 26, Finanzmärkte, Tübingen, S. 93-145.

White, G.I./Sondhi, A.C./Fried, H.D. (2003): The analysis and use of financial statements, 3. Aufl., New York.

Whitworth, J./Rao, R.P. (2010): Do tax law changes influence ex-dividend stock price behavior? Evidence from 1928 to 2005, in: Financial Management, Vol. 39, S. 419-445.

Wierichs, G./Smets, S. (2010): Gabler-Kompakt-Lexikon Bank und Börse, 5. Aufl., Wiesbaden.

Williams, J. (1988): Efficient signalling with dividends, investment, and stock repurchases, in: Journal of Finance, Vol. 43, S. 737-747.

Winkler, J.K. (2007): John D. Rockefeller: A portrait in oils, New York.

Wooldridge, J.M. (2009): Introductory econometrics: A modern approach, 4. Aufl., Andover.

Woolridge, J.R. (1982): The information of dividend changes, in: Journal of Financial Research, Vol. 5, S. 237-247.

Woolridge, J.R. (1983a): Stock dividends as signals, in: Journal of Financial Research, Vol. 6, S. 1-12.

Woolridge, J.R. (1983b): Dividend changes and security prices, in: Journal of Finance, Vol. 38, S. 1607-1615.

Wruck, K.H. (1994): Financial policy as a catalyst for organizational change: Sealed Air Corporation's leveraged special dividend, in: Journal of Applied Corporate Finance, Vol. 7, S. 20-37.

Yao, R./Hanna, S.D./Lindamood, S. (2004): Changes in financial risk tolerance, in: Financial Services Review, Vol. 13, S. 249-266.

Yoon, P.S./Starks, L.T. (1995): Signaling, investment opportunities, and dividend announcements, in: Review of Financial Studies, Vol. 8, S. 995-1018.

You, L./Daigler, R.T. (2010): The strength and source of asymmetric international diversification, in: Journal of Economics and Finance, Vol. 34, S. 349-364.

Zhang, Y./Farrell, K.A./Brown, T.A. (2008): Ex-dividend day price and volume: The case of 2003 dividend tax cut, in: National Tax Journal, Vol. 61, S. 105-127.

Zhu, N. (2002): The local bias of individual investors, abrufbar unter: http://papers.ssrn.com/sol3/papers.cfm?abstract_id=302620 (Stand: 28.05.2011).

Zuckerman, M. (1994): Behavioural expressions and biosocial bases of sensation seeking, Cambridge.

Zuckerman, M./Kuhlman, D.M. (2000): Personality and risk-taking: Common biosocial factors, in: Journal of Personality, Vol. 68, S. 999-1025.

Zuckerman, M./Eysenck, S./Eysenck, H.J. (1978): Sensation seeking in England and America: Cross-cultural, age and sex comparisons, in: Journal of Consulting and Clinical Psychology, Vol. 46, S. 139-149.

Betriebswirtschaftliche Forschung im Rechnungswesen

Herausgegeben von Nils Crasselt, Rolf Uwe Fülbier, Joachim Gassen, Bernhard Pellens und Thorsten Sellhorn

Band 1 Verena Hill: Rechnungslegungspolitik im Rahmen der Kaufpreisallokation. Eine theoretische und empirische Analyse deutscher kapitalmarktorientierter Unternehmen. 2011.

Band 2 Ulrich Küting: Rückstellungsbilanzierung nach HGB und IFRS. Normendeskription und empirische Analysen zur deutschen und internationalen Bilanzierungspraxis. 2011.

Band 3 Felix Fischer: Der Zusammenhang zwischen Rechnungslegung und Ausschüttungsbemessung. Eine empirische Analyse deutscher börsennotierter Aktiengesellschaften. 2011.

Band 4 Torben Auste: Einfluss von Lobbying auf den IFRS-Standardsetzungsprozess. 2012.

Band 5 Michael Fischkin: Determinanten der Prüferwahl und des Prüferwechsels auf dem deutschen Prüfungsmarkt für börsennotierte Unternehmen. Eine theoretische und empirische Untersuchung. 2012.

Band 6 Maximilian Lauerbach: Investitionssteuerung mit Risk Adjusted Performance Measures im Nicht-Finanzbereich. 2012.

Band 7 Marco Kreutzer: Wertorientierte Planung und Steuerung anhand des Residualgewinnkonzepts. Eine Analyse in Abhängigkeit vom zu Grunde liegenden Rechnungslegungssystem. 2012.

Band 8 Tim-Frederik Oehr: Sozio-ökonomische Aspekte der Regulierung der Rechnungslegung. 2012.

Band 9 Adam Strzyz: Determinanten der Dividendenpräferenz deutscher Privatanleger. 2013.

www.peterlang.de

Kolibri 360 GmbH
Ferdinand-Jühlke-Straße 7
99095 Erfurt, Deutschland
produktsicherheit@kolibri360.de